LOS HIJOS DE LA REVOLUCIÓN

FAMILIA, NEGOCIOS Y PODER
EN MENDOZA
EN EL SIGLO XIX

BEATRIZ BRAGONI

LOS HIJOS DE LA REVOLUCIÓN
FAMILIA, NEGOCIOS Y PODER EN MENDOZA EN EL SIGLO XIX

TAURUS

© 1999, Beatriz Bragoni
© De esta edición:
1999, Aguilar, Altea, Taurus, Alfaguara, S.A.
Beazley 3860. (1437) Buenos Aires

- Santillana S.A.
  Torrelaguna 60 28043, Madrid, España
- Aguilar, Altea, Taurus, Alfaguara, S.A. de C.V.
  Avda. Universidad 767, Col. del Valle, 03100, México
- Ediciones Santillana S.A.
  Calle 80, 1023, Bogotá, Colombia
- Santillana S.A.
  Avda. San Felipe 731 - Jesús María, Lima, Perú
- Ediciones Santillana S.A.
  Javier de Viana 2350. 11200, Montevideo, Uruguay
- Aguilar Chilena de Ediciones Ltda.
  Dr. Aníbal Ariztía 1444, Providencia, Santiago de Chile, Chile
- Santillana de Ediciones S.A.
  Avenida Arce 2333, Barrio de Salinas, La Paz, Bolivia
- Santillana S.A.
  Prócer Carlos Argüello 288, Asunción, Paraguay

ISBN: 950-511-505-9

Diseño de cubierta: Martín Mazzoncini
Fotografía: Archivo Familiar Panquegua

Hecho el depósito que indica la Ley 11.723

Impreso en Argentina. *Printed in Argentina*
Primera edición: julio de 1999

A Eduardo, por su complicidad

ÍNDICE

AGRADECIMIENTOS

Cuando inicio la lectura de algún libro me detengo en los agradecimientos porque allí se descubren las instituciones y las personas que, de una u otra forma, nutren la producción de cualquier texto. Aunque las ideas y el relato que aquí aparecen desplegados son de mi absoluta responsabilidad, quiero dar cuenta de mis deudas. Frente a un oficio, el de los historiadores, y a un contexto cultural que no siempre recibe con entusiasmo propuestas innovadoras, la posibilidad de poner en marcha las cosas que uno piensa y hace depende de la buena voluntad, del tiempo y del afecto que recibimos de personas valiosas.

En el inicio de mi itinerario debo mi reconocimiento a María del Rosario Prieto. Con ella no sólo accedí al manejo de un archivo sino que bajo su dirección aprendí a trabajar las relaciones entre historia y antropología. Zacarías Moutoukias reorientó mi investigación que, por entonces, contaba con más entusiasmo que recursos metodológicos acordes. Raúl Fradkin leyó mis manuscritos, me puso al tanto de bibliografía y me señaló interrogantes decisivos que, de otro modo, difícilmente hubiera conocido. También le debo haberme impulsado a inscribirme en la carrera de doctorado de la Universidad de Buenos Aires, vinculándome a Fernando Devoto, quien aceptó dirigir mi tesis. Bajo su dirección pude centrar mi tema de investigación en marcos metodológicos apropiados para arribar a buen término. Entre viajes periódicos y consultas a distancia, sus agudas sugerencias e importantes recomendaciones delimitaron el itinerario argumentativo de mi tesis. Creo que esos límites han sido efectivos a la hora de diseñar una investigación que no sólo buscaba reconstruir la historia de una familia mendocina del siglo XIX sino que pretendía, con procedimientos novedosos de la historia social, hablar del contexto histórico en el que transcurrió su experiencia. En otro registro, las provechosas y estimulantes sesiones del seminario dirigido por Hilda Sábato me permitieron pensar mejor los problemas políticos locales del siglo XIX en un marco de referencias histórico-políticas mucho más amplio que la experiencia nacional. Debo a Jorge Gelman su gentil lectura de algunos capítulos preliminares y recomendaciones bibliográficas de diferente tipo. Una particular deuda tengo con Ezequiel Gallo porque evaluó mi tesis y me impulsó a publicarla de inmediato.

Mi inclusión en un ámbito pautado por criterios académicos tuvo su contracara en los soportes intelectuales y vitales que encontré en el Instituto de Ciencias Humanas y Sociales del CRICYT. Alejandra Ciriza me contuvo afectiva e intelectualmente, discutió mis ideas con una agudeza singular que trasciende el campo de la teoría. De su mano pude integrarme al grupo de trabajo que dirige Arturo Andrés Roig. Dicho grupo, impregnado de la vocación de sumar gente al conocimiento del pasado, respetó sobremanera mis inquietudes y me facilitó todo tipo de documentación y de sugerencias que enriquecieron la investigación. Rodolfo Richard Jorba ha sido un verdadero compañero de tareas. Con él pude dialogar e intercambiar información mientras escribíamos nuestras tesis. Cristina Seghesso y Dardo Pérez Guilhou me orientaron provechosamente en los escasos escritos de la historia mendocina, dando cuenta de la importancia de promover distintas líneas de investigación que favorezcan al desarrollo historiográfico regional. A mi compañera de ruta, Silvia Sosa, debo su permanente aliento en esta carrera que compartimos y en la que crecimos juntas. A Silvia Cirvini le debo su confianza y buena compañía. A Darío Soria, Claudia Pedone y Viviana Lotfi les agradezco sus auxilios operativos y buena amistad. La eficiencia de Mario Ranalletti me permitió un buen acceso a la producción bibliográfica más reciente. Con Elma Montaña, Daniel Rossi y Estela Fernández compartimos los avatares del CONICET y las expectativas de que algún día se desarrolle otro modo de instrumentar políticas científicas en el país.

Florencia Curth de Cavannahg me permitió gentilmente acceder a la documentación de la familia González, ofreciéndome su casa y una parte de su tiempo para evocar fragmentos de la historia familiar. Tanto a ella como a los integrantes del jurado del concurso de Ensayo Histórico Diario UNO-Taurus "Juan Draghi Lucero" y a las personas que mejoraron mi original en este libro, María Fasce, Mercedes Sacchi y Florencia Verlatzky, les manifiesto mi sincero agradecimiento.

Mi trabajo también debe mucho a mi familia. Mis padres respaldaron incondicionalmente mis decisiones personales. A ellos les debo la vida (que ya es bastante), importantes convicciones y la posibilidad de crecer con mandatos flexibles. Mis hermanas, Marité y Gabi, estuvieron siempre dispuestas a tenderme una mano para sortear los inconvenientes cotidianos de mis tiempos laborales. Eduardo contribuyó en mucho para que yo pudiera cumplir mis deseos personales. Con él comparto una estimulante tarea cotidiana que vinculó nuestro amigo Alejandro Del Corro hace ya varios años. A mis hijos, Paloma y Santiago, les debo especialmente muchas horas de trabajo que podrían haberles pertenecido si yo no hubiera estado abocada a este interés particular del que obtengo, como algunos saben, mucho más que conocimientos históricos.

Beatriz Bragoni
Benegas, mayo de 1999

INTRODUCCIÓN

"Hacelo Videla, creo que ésto no te humilla ni te rebaja y
sólo cumples con el deber de la política por ser tu pariente,
con esto no pierdes nada y sí ganarás mucho"

Archivo Familiar Panquegua,
Magdalena Correas, 1842

"Es la creación, primero en la provincia hegemónica y
luego en el país en su conjunto, de una solidaridad
propiamente política que —sin enfrentarse
sistemáticamente con las solidaridades preexistentes
(alianzas familiares, alianzas de intereses que exceden los
límites de una región) y aún utilizándolas— tenga sin
embargo fuerza bastante para afirmar su superioridad
sobre éstas y vencer su resistencia cada vez que sea
necesario"

Halperin Donghi,
Revolución y guerra, 1979, 404)

1. Esta investigación describe la historia de una familia –los González– que a lo largo del siglo XIX conquistó un lugar preeminente en la sociedad y la política mendocina. Provenientes de la migración borbónica de fines del siglo XVIII y desde un núcleo familiar mínimo (los cónyuges y un hijo español), estos individuos experimentaron un proceso de enriquecimiento material importante en la Mendoza de las primeras décadas del ochocientos. Después de Pavón, pasaron a ocupar los principales puestos de administración estatal e instalaron a algunos de sus representantes en el poder político nacional. En 1870 estaban organizados en un cuasipartido personalizado, "los gonzalistas", y disputaron por la vía electoral o revolucionaria la primacía política en la provincia.

La historiografía regional ha rescatado, por cierto, fragmentos relativamente importantes de la participación de algunos de sus exponentes en el escenario político local. Sin embargo, la existencia de la frondosa y excepcional documentación privada de la familia González, que arranca en 1827 y se prolonga hasta las postrimerías del siglo XIX, nos ha permitido explorar el universo individual y colectivo de sus prácticas. De algún modo, esos testimonios permitieron descubrir un panorama complejo y fragmentario de las actividades económicas y del accionar político, esos registros ilustraron también la racionalidad empresaria que dirigía las inversiones y transacciones comerciales, los exponentes epistolares describieron el conjunto de sus relaciones políticas y los intersticios de la lucha por el poder. Otros testimonios (como los matrimonios y las testamentarías) permitieron reconocer el juego estratégico de las asociaciones familiares y del traspaso generacional, las diferenciaciones internas y el cuidado del patrimonio material y simbólico. Sin embargo, y observando la documentación resguardada por los González desde otro registro, el itinerario social exitoso de este grupo de individuos articulados por diferentes tipos de lazos, nos situó en una suerte de entrecruzamiento entre el contexto histórico donde se desarrolló una singular estrategia de prestigio común, y las acciones individuales y colectivas que coincidieron primero en el enriquecimiento material, y después en el ingreso al campo político.

Frente a las visiones más optimistas (y deterministas) sobre la formación de un grupo económicamente poderoso e influyente de la vida política provincial, el conjunto de las situaciones que describe esta investigación refieren a la homogeneidad y fisuras de la arquitectura familiar, a la relación entre riesgos/costos y beneficios de la primacía social y política, al manejo de recursos en un momento de niveles notables de desorden político e incluso territorial que abre una visión mucho más compleja del espacio regional donde se desarrollaron los acontecimientos y estrategias de la familia González. La imagen estereotipada y mecánica de los comportamientos de un grupo familiar que formó parte de la élite dirigente en la Mendoza del XIX se desdibuja en este caso porque si el itinerario revela un proceso de movilidad ascendente exitoso, éste no adquirió por cierto un recorrido unívoco y previsible.

El hecho de historiar la trayectoria familiar de los González parte de la idea de desentrañar el complicado proceso de construcción de la élite política provincial del siglo XIX desde otro registro: el de atender a las prácticas cotidianas de un grupo de individuos vinculados por diversos tipos de lazos a lo largo de un extenso período delimitado por la experiencia revolucionaria y la construcción del nuevo país. ¿Cómo puede ser explicado el exitoso itinerario social, económico y político de los González en el contexto posterior a 1820? ¿Qué tipo de recursos fueron eficaces para la promoción social y política? ¿En qué medida la historia de los González permite establecer relaciones con el contexto histórico en el interior del cual explayaron su primacía social y política? La idea de reconstruir la historia de esta familia mendocina entre 1800 y 1880 derivó en buena medida de la posibilidad de trabajar con un tipo de información primaria sin duda excepcional. La centralidad de lo que hemos denominado en general *Archivo Familiar Panquegua* (1827-1914) no radica en la existencia de información sobre los grandes problemas de una época medular en cuanto a la formación de la provincia o del país, sino en la información cotidiana que registra desde sus actividades económicas y políticas hasta sus deseos y conflictos puramente personales. Esa brecha hasta el momento inexplorada, y celosamente resguardada por más de un siglo, se constituyó en el eje vertebral de la investigación.

Sin duda, el conjunto de testimonios de los González nos situó en un cruce de situaciones teóricas y metodólogicas cuyo núcleo ha consistido en una suerte de *biografía del poder*. Esa mezcla compleja en la cual prestigio, poder y riqueza se entremezclan y coexisten para modificar el status socio-profesional de un conjunto de individuos interconectados en el desarrollo de un conflictivo proceso atravesado tanto por importantes rupturas como por persistentes continuidades. A través de la observación meticulosa y la descripción detallada del conjunto de sus prácticas cotidianas, fue posible explorar la manera en que los hombres y las mujeres del linaje consiguieron enarbolarse socialmente, disputar los resortes del poder político y conseguir que en el desarrollo de ese proceso, fueran reconocidos por el resto de la comunidad mendocina.[1]

La historia que se contará aquí parte entonces de la evidencia de la concentración de poder político y económico de la parentela e indaga hacia atrás. Es decir, en la investigación han sido relevantes tanto los recursos que coincidieron en el enarbolamiento social y económico como el ingreso a las estructuras formales de poder político después de 1850. A partir de ese momento, el escenario de relaciones sociales de los González es eminentemente público y el problema se sitúa en las estrategias tendientes a la conservación de los recursos materiales y simbólicos adquiridos en el zigzagueante itinerario individual y colectivo. La conexión de esos dos frentes de la historia de la parentela pudo delimitarse a través del acceso a otro tipo de información. Los *registros notariales (1810-1870)* constituyeron un excepcional recurso para desentrañar el juego de las redes personales en la dirección de los negocios y de la política.

La decisión de perseguir minuciosamente las estrategias individuales y colectivas de la parentela intentó explorar los mecanismos contingentes y calculados que culminaron en el éxito social y político teniendo en cuenta que los actores históricos no podían prever totalmente el resultado de sus prácticas[2]. Desde ese supuesto más o menos convalidado de la racionalidad de los agentes, la historia de los González, si muestra eficaces mecanismos de control y concentración de recursos, también revela los intersticios de las estructuras sociales, políticas y económicas de su tiempo. Una observación que privilegie el comportamiento de los individuos y del grupo en relaciones atravesadas tanto por el conflicto como por la cooperación, puede ofrecer fragmentos de situaciones que a la larga se presentan con una coherencia asombrosa, pero que no escapan a la delimitación de una lógica limitada que cubre las acciones de los individuos y del grupo.[3]

Partiendo entonces del supuesto de que la historia de la familia debe contemplar una visión más amplia y compleja que incluya la unidad de residencia y su estructuración interna pero que también se reconozca en situaciones menos institucionalizadas del mundo externo,[4] el análisis de las estrategias familiares de los González ha contemplado no sólo los vínculos de parentesco consanguíneos sino que además incluye alianzas y relaciones personales que permiten entrever formas de comportamiento tendientes a mejorar las condiciones de existencia de los individuos y del grupo sobre la base de reciprocidades y solidaridades. Una visión que contemple relaciones sociales jerarquizadas, de tipo horizontal y vertical, apunta a describir –en nuestro caso– la manera en que grupos de personas elaboran una estrategia de prestigio común. Los vínculos personales se presentan entonces como un recurso más de la racionalidad de los actores, en cuanto favorecen la constitución de grupos y la articulación de individuos.[5] Aunque también suponen una manera de aprehender la estructuración social desde perspectivas diferenciadas. En particular, la posibilidad de reconocer formas de constitución de los agentes sociales por complejos y diversos procesos de identificación social y política.[6] Nuestra hipótesis reconoce la importancia de las redes de relaciones personales en la organización de los negocios y en los modos de relación política, y serán consideradas como un recurso más de la racionalidad de los actores involucrados en esta historia familiar.

También esta historia puede pasar a formar parte de un hilo conductor más amplio y que consiste en interrogar, desde él, el contexto social, político y económico de los tiempos externos de los González. ¿Hasta qué punto este itinerario exitoso permite poner a prueba otro tipo de interrogantes que supera la historia familiar misma?

Nuestro trabajo ha intentado articular dos cuestiones vinculadas a la historia de la familia y las relaciones de parentesco. Por una parte considerándola como un universo de relaciones interpersonales, pero también abordándola como instancia de conexión con el mundo social, económico y político. Una amplia literatura ha venido revelando la importancia de las relaciones personales en la historia económica y social. El concepto de red social ha sido eficaz para analizar la lógica del mercado,[7] como también para conocer su función en la integración al mundo del trabajo.[8] Asimismo, esas relaciones están recibiendo una importante atención para delimitar su función en la conformación de la política moderna.[9] En conjunto, estas evidencias permiten descentrar la idea de que las relaciones personales sólo son asimilables a registros o códigos culturales de antiguas tradiciones y que su anulación está determinada por experiencias industriales. El caso entonces que aquí se analiza, una historia familiar que atraviesa las transformaciones de casi un siglo de vida social, política y económica mendocina, no sólo posibilitará reconocer la función de las redes en la promoción social y política sino que también puede sugerir el posible valor de su permanencia en un marco de rupturas relevantes y de transformaciones significativas. Asimismo el comportamiento individual y colectivo de los González en el siglo XIX, permitirá evaluar en qué medida su historia se convierte en un indicador para pensar el contexto en el cual transcurrió la experiencia familiar. ¿La reconstrucción de la historia familiar de los González permite examinar la configuración del poder en la Mendoza del siglo XIX? ¿En qué sentido este itinerario social exitoso permite explorar las posibles conexiones entre las jerarquías sociales heredadas del antiguo régimen colonial y el nuevo orden político? ¿Hasta qué punto el comportamiento individual y colectivo de este grupo de parientes y amigos políticos permite evaluar la función de los vínculos personales en la organización de la política?

2. Nuestra investigación no constituye más que una nueva exploración sobre la formación de los grupos de poder regionales y su incidencia en la configuración de la élite política de alcance nacional. Desde luego que ese objetivo se instala como universo de problemas porque no pretendemos darle una respuesta totalizadora que escaparía incluso al desarrollo de una tesis. Lo novedoso en este caso no es el tema sino el enfoque privilegiado para abordar un viejo problema de la historia argentina del siglo XIX: el de la formación de la élite política criolla en el marco de la ruptura del orden colonial y la construcción del nuevo país.

Halperin, al prologar su emblemático ensayo de los setenta, indica una suerte de ruptura historiográfica en cuanto al abordaje del "surgimiento de un centro de poder político autónomo, controlado por un número reducido de hombres en un área en que hasta la noción misma de actividad política había permanecido desconocida".[10] Ese resultado novedoso, sin embargo, debía ser reconocido en las posibles relaciones o conexiones entre el viejo orden colonial y el nuevo régimen político.[11] Si el proceso revolucionario inaugurado en 1810 había terminado de resquebrajar la endeble legitimidad del poder monárquico, ello no significa que las jerarquías sociales tradicionales no pudieran ser efectivas a la hora de construir una legitimidad de remplazo. Por consiguiente, los recursos sociales y políticos con los que contaron los grupos de poder en la reconstrucción del orden político incluyeron un conjunto de prácticas modernas combinadas con otras de herencia colonial. Esa particular mixtura de códigos de comportamiento individuales y colectivos parece impregnar el campo de relaciones políticas en todo el espacio iberoamericano.[12] Si en un comienzo las élites pretendieron instrumentar una serie de novedades ligadas a la nueva legalidad surgida con la revolución y que culminaron en fracasos institucionales de envergadura,[13] en la segunda mitad del siglo XIX tanto el robustecimiento de un sistema de alianzas entre los poderes locales como la progresiva injerencia del poder central sobre las autonomías provinciales sellaron la consolidación del estado moderno.[14]

Si esta lectura de larga duración ha permitido vincular el desarrollo político argentino con el de otras naciones hispanoamericanas, la experiencia de la Argentina criolla sentó una serie de interrogantes y de problemas relevantes sobre el itinerario del orden político posterior a 1820 y de la élite dirigente que lideró esa cohesión política hasta 1852 (que puede prolongarse incluso hasta 1880).

Esta investigación se propone examinar en el caso mendocino el recorrido del poder entre 1820 y 1880, prestando particular atención al conjunto de relaciones sociales que incidieron en la formación de la élite regional del período. La descripción detallada del universo de prácticas cotidianas de un grupo de individuos interconectados por distintos tipos de lazos, permitirá analizar la función de las redes personales tanto en la construcción de las bases de poder local como en su posible relación con instancias de reconocimiento político supralocal.

En una época donde el problema del poder preocupaba a los estudiosos latinoamericanos,[15] Halperin Donghi diseñó una rica imagen del sistema de entendimientos políticos que dominó el escenario político argentino al menos hasta 1852. Ese nuevo orden aparecía apoyado por una compleja alquimia de intereses públicos y privados, la cual condensaba solidaridades complejas entre las grandes familias herederas del poder colonial con los nuevos dueños del poder real surgidos tanto de la fractura del espacio político urbano como de la expansión ganadera y la ruralización de la política.[16]

De algún modo, ese escenario de relaciones sociales diseñado por Halperin remitía a una estructura de Antiguo Régimen en la cual las relaciones de parentesco ocuparon un lugar destacado tanto en la organización empresaria de los clanes mercantiles como en los modos de relacionarse con el poder político. Así como una abundante y diversa bibliografía ha revelado el papel de las familias en la conformación de las élites en todo el espacio iberoamericano de los siglos XVIII y XIX,[17] los estudiosos del mundo rioplatense han ofrecido un campo de referencias de inestimable valor para corroborar la dinámica de la élite tardocolonial y sus vinculaciones con el mundo económico y político.

Sobre la base de la defensa de intereses corporativos y apoyados en la institución representativa de la ciudad, los clanes familiares porteños, al tiempo que veían acrecentar sus riquezas, colaboraban en la dominación interna de las colonias americanas.[18] Para Moutoukias,[19] las parentelas de la élites coloniales constituían entonces el núcleo de redes de relaciones personales verticales y horizontales que activaban los circuitos comerciales entre la metrópoli, los puertos americanos y el interior del espacio colonial. En una configuración social donde el ejercicio de la magistratura conectaba a los miembros de la oligarquía indiana con el poder imperial, la burocracia virreinal se servía de esos vínculos para organizar cadenas de mando político y militar garantizando un virtual consenso colonial que articulaba a los poderes locales con la autoridad imperial.

Estas situaciones si diseñaban una élite colonial relativamente diversificada y fuertemente vinculada a la estructura burocrática indiana, no aseguraron necesariamente un tránsito exitoso de los viejos clanes mercantiles en el nuevo orden. Por el contrario, algunas de las grandes familias que habían concentrado importantes recursos en la segunda mitad del siglo XVIII no consiguieron adaptarse a los nuevos ritmos económicos y políticos de los tiempos tardocoloniales. El universo de comerciantes mayoristas del Buenos Aires virreinal ha mostrado que tanto la movilidad social ascendente como el hundimiento de clanes comerciales era una evidencia tangible en décadas anteriores a la ruptura política de 1810.[20] Desacertadas elecciones en el manejo de los negocios y los desajustes del comercio de ultramar en relación con las guerras europeas, parecen haber incidido en la recomposición de la élite porteña en los albores del nuevo siglo. En esa renovación también parece haber desempeñado un rol destacado en el ingreso a la región de nuevos actores. Provenientes de los movimientos poblacionales de fines de la era borbónica, estos comerciantes arribaron a los grandes centros de distribución y consumo coloniales integrándose a los sectores altos americanos a través de diversos accesos. Matrimonios estratégicos y asociaciones comerciales de diversa índole implicaron para los recién llegados las más aceitadas vías de interrelación con los clanes mercantiles de sólido arraigo regional. Una suerte de jerarquías internas y de distribución de funciones en el interior de estos núcleos empresariales, favorecieron una movilidad territorial notable de los individuos en el interior del espacio colonial que incidió de manera notoria en la formación de nuevas fortunas familiares de origen mercantil y con inversiones inmobiliarias rurales, semirrurales y urbanas.[21]

Estos cambios, sin embargo, no parecen indicar la existencia de élites diferenciadas. Por el contrario, las investigaciones sobre el caso de Buenos Aires revelan el diseño de una élite regional cuya dinámica interna estaría basada en la renovación de sus miembros y la persistencia de prácticas económicas diversificadas, que coinciden en señalar la inexistencia de élites sectorialmente diferenciadas. Según lo señala Raúl Fradkin,[22] el problema no radica en advertir la sustitución de una élite por otra. Al parecer, la modificación más relevante que se evidencia en algunos núcleos de la élite porteña entre finales del XVIII y 1830 está dada, sobre todo, por la capacidad de funcionar empresarialmente de manera diferente y no por la posibilidad de incorporar nuevos miembros. Por consiguiente, es la detección de este cambio el componente decisivo para evaluar el proceso de concentración del sector terrateniente que se consolida después de la independencia.

Si el mundo de la élite porteña muestra signos de renovaciones importantes no sólo en cuanto al reclutamiento de nuevos miembros sino en lo que respecta a la racionalidad empresaria que dirigía las inversiones, la relativa flexibilidad o permeabilidad del mundo rural rioplatense también ha sido objeto de atención. A diferencia del Halperin de los setenta, Carlos Mayo considera que la sociedad bonaerense pampeana se había renovado tanto como su economía en los últimos tramos del orden colonial, con lo cual señala la existencia de un universo de relaciones sociales menos estático o rígido.[23] De algún modo, sus conclusiones incorporan una cuña para repensar la existencia de un eje articulador que una posibilidades de movilidad social con el surgimiento de economías y sociedades modernas. Pareciera ser entonces que una vieja discusión historiográfica actúa de sustrato de los estudios sobre las transformaciones agrarias y la emergencia de nuevos sujetos sociales a lo largo del siglo XIX.[24] En conjunto, la experiencia social y económica del Buenos Aires de las primeras décadas del XIX revela matices e inflexiones que no parecen corresponderse con otros casos provinciales. La experiencia correntina, estudiada por José Carlos Chiaramonte,[25] no sólo revela la sobrevivencia de los mecanismos del capital mercantil en cuanto a la conformación regional del nuevo país, sino que además presenta el modo por el cual los viejos grupos dirigentes de raigambre colonial consiguieron reconstruir su poder económico y elaborar un correspondiente dominio político en el marco de la expansión ganadera. En consecuencia, la relativa diversificación social que arroja el caso bonaerense no es equiparable al de Corrientes.

Esta situación, sin embargo, no parece coincidir del todo con la experiencia mendocina, de la que sólo contamos con escasos estudios. De alguna manera, el problema puede situarse en el imbricado juego de la oligarquía rectora de la ciudad colonial, que concentró las principales funciones administrativas en conjunción con la defensa de intereses mercantiles desde la segunda mitad del siglo XVIII.[26] Sin embargo, son muy escasas las referencias bibliográficas que permiten reconocer los posibles nexos existentes entre el comportamiento de estos antiguos actores políticos y su correlato social y económico. Imbuidos de preguntas que pretendieron analizar en qué medida el comercio libre afectaba los intereses regionales y llevaba a la ruina a las manufacturas locales, los estudiosos de la primera mitad del XIX robustecieron más los contrastes que los puntos de intersección entre los intereses del Litoral y los de Mendoza.[27] Fueron justamente las investigaciones que miraron el fenómeno desde otras perspectivas las que diseñaron una imagen diferente, aunque no homogénea, del comercio mendocino del período tardocolonial y las primeras décadas de vida independiente.[28] Sobre la base de una estructura productiva diversificada y de oportunidades coyunturales originadas en otros mercados regionales o del exterior (como lo fue el chileno), la nueva provincia andina experimentó una recuperación económica importante después de 1830.[29] En un registro diferente al de los estudios que lo precedieron sobre la configuración económica de Mendoza de la segunda mitad del siglo XIX,[30] Rodolfo Richard Jorba ha identificado de qué manera núcleos de hacendados y comerciantes vinculados al poder político dieron forma a un modelo "ganadero comercial con agricultura subordinada" que delimitó las condiciones del posterior desarrollo agroindustrial vitivinícola.[31] En este sentido, algunas evidencias hacen sospechar un regular comportamiento empresarial de los grupos propietarios locales con sus pares del Litoral.[32] Esta suerte de recomposición de los viejos grupos mercantiles de la región, con intereses pecuarios notables y agrupados por vínculos familiares y de amistad diversos, parece haber sido importante a los hora de sellar lazos con el poder político provincial a partir de 1830.

Sin embargo, aunque se reconozca el papel de las grandes familias en el tránsito exitoso hacia el nuevo orden, esa situación no parece haber sido decisiva al momento de reconstruir un sistema de entendimientos políticos estable y duradero en la primera mitad del siglo XIX. A diferencia de Diana Balmori,[33] para quien las alianzas de familias notables determinaron las bases constitutivas del Estado moderno, Halperin considera que no sólo las bases materiales de los clanes familiares estaban fuertemente afectadas por los costos de la guerra sino que también el área de influencia a la que podían acceder era insuficiente para conquistar autoridad más allá de los límites de su localidad. De este modo, la base de constelaciones políticas sólidas y capaces de establecer alguna cohesión entre los distintos poderes regionales provino más bien de una red de relaciones personales entre personajes políticamente influyentes del interior del país. Bajo la sombra de la expansión ganadera y de la ruralización del poder, una compleja red de cambiantes e inestables relaciones personales consiguió erigir un sistema de entendimientos entre figuras de sólido influjo local. Si bien este nuevo estilo político impidió el robustecimiento institucional de las provincias, su dinámica no parece limitar, sin embargo, el ingreso de este tipo de relaciones personales en la esfera pública, aunque mantuvieran su sentido originario. Para Halperin, no es sorprendente que estas redes (hechas de coincidencias de intereses económicos y afinidades privadas), no favorezcan la consolidación de un sistema de equilibrio entre los poderes regionales, pero esa situación no elimina la posibilidad de que los dirigentes surgidos de la crisis de 1820 instrumentaran esos efectivos contactos económicos y personales para apoyar un sistema de alianzas políticas que sobrepasara su zona de influencia.

Aunque ese nuevo estilo político expresaría el ascenso a la gobernación en el estado de Buenos Aires del hacendado Juan Manuel de Rosas, más que difundirse al resto de las provincias de la Confederación argentina parece haber sido el resultado de la fragmentación territorial del poder que sucedió a la crisis institucional de 1820.

Por algún tiempo la historiografía destacaba el papel casi predominante de los caudillos regionales en el desarrollo político hispanoamericano del siglo XIX.[34] Sin embargo, en las últimas décadas, la importancia de las instancias institucionales en la construcción de los regímenes representativos modernos ha resituado el problema de la política y lo político del período en un marco que supera las historias nacionales.[35] Bajo el amparo de la legislación hispánica y de normas constitucionales más modernas, las nuevas comunidades políticas obtuvieron un liderazgo decisivo en la configuración del poder después de 1820. Para José C. Chiaramonte, el tema debe ser ubicado en la irrupción del estado autónomo provincial que delimitó la configuración de la confederación argentina hasta 1852.[36] La acción de los caudillos provinciales y las relaciones existentes entre los gobiernos locales no representaron una instancia de reconocimiento político estatal nacional, sino que por el contrario constituyeron muestras de relaciones políticas interprovinciales. Entre la quiebra del tradicional espacio político colonial y la irrupción de la campaña, los estados provinciales y sus grupos dirigentes se debatían a su vez en un juego de tensiones políticas e institucionales atravesados por viejos y nuevos principios de representación política.[37]

Mientras estos análisis dirimen las tensiones existentes entre "la fuerza de la costumbre" y los principios de la nueva legalidad republicana, otros estudios han revelado la irrupción de prácticas políticas acordes con el universo de referencias culturales derivadas de la invención de la política. En este sentido, Pilar González Bernaldo ha reconocido la importancia de diversas manifestaciones de sociabilidad en el espacio político porteño en la primera mitad del siglo XIX y su vinculación con el aprendizaje de la nación moderna.[38] En franco contraste con las conclusiones ensayadas por Mark Szuchman sobre la élite porteña,[39] González Bernaldo destaca las diversas formas de acción y participación de esos sectores sociales poco vinculados al estado provincial pero conectados a la política desde otro tipo de experiencias.

Si este tipo de abordajes atestiguan la importancia de la sociabilidad moderna en la configuración de la élite política porteña de la primera mitad del siglo porque permiten reconstruir las formas de relación y de sus posibles influencias con el régimen político, el modo en que las élites hispanoamericanas consiguieron materializar el orden político después de la independencia sigue siendo considerado por la historiografía. En este sentido, el régimen diseñado por el gobernador de Buenos Aires después de 1835 supuso, para Halperin, la fórmula más eficaz para disciplinar a las clases propietarias y obtener el apoyo de las masas.[40] Para entonces, el nudo del conflicto residía en el control de los sectores subalternos porque el proceso revolucionario y la guerra los había ubicado de hecho en el campo político. Las novedosas funciones del estado provincial dieron cabida a un rosario de personeros, diseminados en el territorio provincial, que aceitaban las relaciones entre el gobernador y las bases rurales y urbanas. En ellos radicaba el nexo principal entre el poder del Estado y los sectores subalternos, que participaban de los comicios desde muy temprano. La proliferación de personas-instituciones que controlaban la campaña (especialmente funciones de Justicia y de policía de ascendiente borbónico) permitieron estrechar relaciones entre individuos y colectivos sociales asentados en la campaña con los administradores y dueños del poder.[41]

Este tipo de participación e integración política en el juego faccioso ha sido revisado por Hilda Sábato para un período posterior. Sobre dos planos relativamente diferenciados parece cabalgar la agitada vida política porteña entre 1862-1880. Una de sus caras remite a la delimitación de una "cultura política movilizacionista" que incluía a diversos actores de la ciudad.[42] La otra parece representarse en un juego político más fraccionado donde empleados públicos e individuos –integrados por vínculos verticales y horizontales– participaban en los comicios en franca discordancia con las élites. En el marco de un escenario político impregnado de la prensa facciosa y de clubes políticos y parroquiales, la competencia electoral de esos años delimitaba un universo de instituciones que producían el sufragio.

De este modo, las elecciones porteñas aceitaban las relaciones entre sociedad civil y gobierno, dando paso a la conformación de una esfera pública escindida de ciudadanos en sentido genérico.[43]

El ejercicio electoral no agotó, por cierto, el campo de relaciones entre sociedad civil y sistema político en la segunda mitad del siglo XIX. Otras manifestaciones de inclusión en el espacio político porteño, bonaerense y del Litoral revelan la incidencia de los extranjeros en la configuración política de entonces.[44] A la sombra de las libertades civiles, grupos de inmigrantes se integraban a la esfera pública a través de numerosas instituciones étnicas como profesionales, desdibujándose así una fuerte imagen historiográfica sobre la escasa naturalización de los inmigrantes al país receptor y su incidencia en el sistema político.

De algún modo estos resultados refieren, en conjunto, al complejo juego de reglas y comportamientos políticos que experimentaron ciudades o escenarios políticos atravesados por la creciente expansión agropecuaria vinculada al mercado mundial a partir de la segunda mitad del siglo XIX. Un universo de relaciones sociales y políticas protagonizado por competencias electorales, asociaciones diversas, manifestaciones callejeras y periódicos facciosos y étnicos remite sin duda a estrechas relaciones entre sociedad civil y poder político. Sin embargo, este escenario de ciudades o provincias "imbuidas de temperamento cívico" no parece ser homologable con otras experiencias provinciales.

Natalio Botana ha considerado recientemente en qué medida diferentes articulaciones de la política en provincias medianas y chicas incidieron en la conformación del Orden Conservador.[45] Para Botana, el régimen político que hegemonizó la política argentina hasta 1916 era la síntesis de tendencias de antiguo régimen en el marco de la legalidad republicana, en cuyo diseño las oligarquías provinciales habían cumplido un papel decisivo en la afirmación del poder central. Sobre la base de mecanismos eficazmente aceptados, los grupos de poder regionales retuvieron el control político e institucional ejerciendo la representación en sentido invertido.[46] Al hacer hincapié en las instancias corporativas de la representación que favorecía el control sobre la sucesión, Botana introduce una suerte de cuña para repensar la función de las relaciones personales en las formas de hacer política de la Argentina moderna que no sería exclusiva de las oligarquías locales.

Aunque esta lectura se apoya en una tradición historiográfica que asigna a las provincias del interior la persistencia de mecanismos políticos de antiguo régimen, también parece remitirse a una imagen que aún se mantiene sobre el desarrollo político mendocino del siglo XIX.

Conviene recordar que el abordaje de la experiencia política mendocina, si bien no dejó de lado las posibles relaciones con otros poderes provinciales, es una visión subsidiaria de una serie de supuestos que impregnó los estudios al respecto. En buena medida, la atención puesta tanto en la constitución de los poderes públicos como en el progresivo deterioro de la autonomía provincial después de 1861 ante el creciente protagonismo del gobierno nacional, diseñó una visión de la política escasamente relacionada con sectores sociales ajenos al grupo dominante que gobernaba. El primer ejemplo en este sentido lo constituye el análisis de Lucio Funes, quien inauguró una visión que aún persiste sobre la formación de los grupos políticos provinciales después de 1861.[47] Para el historiador mendocino, la oligarquía era subsumible a los "gobiernos de familia" y esta situación no sólo impidió reconocer las relaciones de la élite liberal con formas de articulación previas entre los grupos de poder y el estado provincial sino que también contribuyó a pensar el problema de la política mendocina en términos formales o institucionales. En este registro deben ser ubicados los estudios de Dardo Pérez Guilhou, que analizó diversos aspectos de la conformación de los poderes públicos provinciales con núcleo en la progresiva injerencia de los gobiernos nacionales en el desarrollo político local.[48] Imbuido de idénticos supuestos, José Luis Masini no se limitó a describir de qué manera la élite provincial se integraba a la política nacional después de 1861, sino que tendió a reconstruir la economía y sociedad que la soportaba. Ese ensayo, sin embargo, si bien reconstruye una etapa decisiva de la élite política mendocina, sólo atiende a un período muy breve que impide vincular el fenómeno en un proceso mucho más complejo.[49]

Preocupada por idénticos problemas, Cristina Seghesso indagó un poco más atrás, y 1852 pasó a constituir un punto de ruptura importante en la historia de la provincia en cuanto al desarrollo de sus grupos políticos.[50] Una reconstrucción que privilegia formas de relación políticas institucionales deja de lado, sin embargo, visiones complejas del campo del poder porque desdibuja la acción de las facciones en el diseño del régimen de gobierno. Aun así, el análisis deja entrever un aspecto central del cambio de reglas políticas después de Caseros que obtuvo en la prensa, los clubes y los partidos los ejes centrales del proceso político doméstico hasta 1890.

Este tipo de relaciones no son tan visibles en el estudio de Pablo Lacoste cuando analiza el conflicto entre los grupos internos de la élite provincial después de 1880. Si bien Lacoste tiene en cuenta el anclaje económico y social de los miembros de la élite política, esa situación no logra modificar del todo la imagen de una élite política encerrada en sí misma.[51] Ese era el resultado de prácticas políticas dominadas por los vínculos familiares, el nepotismo y el clientelismo político, los que son observados en un registro que apunta a reconocer la reproducción de la misma élite, y deja de lado la efectiva instrumentación de esos recursos en la forma de hacer política que sobrevivió incluso a la fractura de la élite conservadora.

3. Este trabajo ha sido organizado en cinco capítulos además de esta introducción y de las reflexiones finales que lo acompañan.

El capítulo primero presenta el desarrollo y dinámica de la red empresaria familiar entre 1827 y 1880. El proceso de configuración y de su funcionamiento en el ámbito regional ha sido observado desde las prácticas económicas de los actores familiares al paso de la información proveniente del Archivo Familiar y de los protocolos notariales de Mendoza del período 1810-1870. Un marco flexible de intereses individuales y colectivos delimita un recorrido empresario atravesado por una de las transformaciones más radicales de la economía regional, y donde las mismas redes de relaciones personales habrían signado un rasgo importante de su comportamiento económico.

Sobre este último aspecto está centrado el segundo capítulo. Alejado de una perspectiva de racionalidad absoluta de los agentes económicos, el capítulo promete recorrer el comportamiento económico de los actores familiares haciendo hincapié en el análisis de las pautas de inversión de este grupo económico regional entre 1820 y 1890. La naturaleza de los activos que enriquecieron a los González permitirá reconocer los componentes de su acción empresarial. El averiguar cómo operan los intereses grupales en un sistema económico en transformación, sistema sobre el que se montan situaciones nuevas que involucran a esos mismos intereses, presentará aspectos relativamente novedosos pero asentados en tradicionales mecanismos del accionar empresario. Sobre este aspecto, las redes de relaciones personales se habrían constituido en uno de los recursos mas visibles de sus relaciones económicas.

El capítulo tercero está dedicado a la sociabilidad familiar. Después de reconstruir las prácticas económicas a lo largo de tres generaciones familiares y los rasgos de la racionalidad empresaria, el capítulo historiza algunos aspectos centrales de los comportamientos sociales de los González. Dos dimensiones del universo de prácticas sociales han podido ser abordadas para dirimir los elementos menos tangibles, aunque no por ello menos relevantes, de la estrategia colectiva de prestigio común. Por cierto, aquellas más privadas como el matrimonio, la herencia y las tensiones mas visibles entre el mundo social, las reglas familiares y los deseos y acciones individuales. Como contracara de ese universo íntimo, una dimensión más vinculada al mundo exterior o público: los sitios de residencia y las viviendas como también las sepulturas mostrarán algunas marcas sintomáticas de la diferenciación social y personal.

El capítulo cuarto está dedicado al juego estratégico de relaciones de poder del grupo familiar. El mundo de lo político en el conjunto de las prácticas de nuestros actores no representa más que una exploración detenida sobre los recursos que intervienen en la construcción de relaciones de poder de la parentela en la primera mitad del siglo XIX. En un momento donde se fracturan viejas relaciones de dominio, y donde surge un nuevo principio de legitimación eminentemente político, el recorrido de los comportamientos de los miembros de la familia revela el arbitrio diversificado de recursos funcionales en la lucha por el poder político provincial y la posterior integración en una clase política de alcance suprarregional.

El último capítulo recorre este último problema. Esto es, la manera en que un grupo político provincial logra conquistar los vértices más altos de la estructura de poder de la provincia en virtual conexión con dimensiones supralocales de relaciones políticas. La descripción del itinerario político y de los recursos que intervienen en la lucha por el poder provincial presenta un universo de actores entrelazados por diferentes vínculos, pero que no asegura por sí mismo el éxito de la estrategia política a la red de parientes y amigos. En un nuevo contexto que tiene que ver con el asentamiento de la unidad política, las prácticas de estos actores, si bien se reconocen en las nuevas reglas del juego político después de 1853, no por ello dejan de revelar mecanismos tradicionales de las relaciones de poder.

4. Me parece oportuno señalar que he incluido en las notas finales de cada capítulo las *referencias bibliográficas* imprescindibles, y que al final del trabajo se encuentran discriminadas las *fuentes primarias* utilizadas para este ensayo. He tratado de respetar los giros y la terminología de la correspondencia familiar con el propósito de reproducir las expresiones tal como aparecen en los originales. Finalmente, he integrado bajo la denominación Archivo Familiar Panquegua (A.F.P.) toda la correspondencia, copiadores, notas, balances, facturas, etcétera, que consulté y organicé durante algunos años, pertenecientes a la señora Florencia Curth de Cavannahg y a Ricardo González Moreno.

FAMILIA GONZALEZ

Juan GONZALEZ TRONCOSO (+1822)
c.c. Gregoria MILLEIRO (+1811)

I- GENERACIÓN

Lucas (+1840) c.c. 1803 Mercedes MARCOS (?) — **Fray Carlos** — **Benito José** (n. 1803 + 1854) c.c. 1818 Leocadia MARCOS (+1822) 2ª nupcias en 1828 Rita PINTOS (+c.1879)

II- GENERACIÓN

Descendencia de Lucas

- **Segunda** (+Bs. As. c.1865)
- **Ventura**
- **Benito** c.c.1847 Demofila VIDELA C.
- **Sixto**
- **Mercedes**
- **Leonor** c.c.1867 José C. BORBON (consang.)
- **Lucas, el Grande** (n.1829+1904) c.c. Rosa DELGADO IVARBALS
- **Tomasa** (n.1829+1861) c.c. Emilio VILLANUEVA
- **Carlos** c.c. Teresa VIDELA-CORREAS (Gobernador 1863-1866)
- **José** (f.s.)
- **Salvador** c.c. Encarnación SEGURA-GODOY
- **Daniel** c.c. Carolina GARCIA-BOMBAL
- **Carmen** c.c. Daniel José Luis MARCO CONIL
- **Rita** c.c. José María VIDELA
- **Nicanor** c.c. Clementina ARROYO
- **Melitón** c.c. Elvira GONZALEZ-VIDELA (consang.)
- **Celia**

III- GENERACIÓN

- **Elvira**
- **Angelina** c.c. Enrique G. VIDELA
- **Florencia** c.c. Carlos G. VIDELA
- **Celina** c.c. Carlos GONZALEZ-DELGADO
- **Juan** c.c. Matilde GONZALEZ
- **Leonor** c.c. José ESTRADA
- **Delia**
- **Josefina** c.c. Miguel SORONDO
- **Rosa** c.c. Roque SAENZ PEÑA
- **Carlos** c.c. Celina GONZALEZ V. (consang.)
- **Benito** "el gran operador político"
- **Cesar**
- **Luisa**
- **Julia**
- **Emilio** c.c. Elena REGUEYRA
- **Matilde** c.c. Juan BORBON (consang.)
- **Carmen** c.c. 1893 Federico PALACIO

Descendencia de Carmen/Daniel:
- **Luis** c.c. Manuel GARCIA
- **Leonor** c.c. Virginia CORREA
- **Daniel**
- **José B.**
- **Julio**
- **Emilio**
- **Lucas Cesar** c.c. Anatilde GUERRICO
- **Rita**
- **Adelina**
- **Juan**
- **José**

Descendencia de Rita/José María VIDELA:
- **José** c.c. María FERREYRA
- **Magdalena** c.c. Santiago VALLEE

Descendencia:
- **José Domingo** c.c. María O'DONNELL
- **Matilde** c.c. Jorge BOMBAL
- **Segunda**
- **Delfina**
- **Elena** c.c. Julio LASMASTRES
- **Guillermo** c.c. Aurora HOWARD
- **Elvira** c.c. David GUINAZU
- **Luis** c.c. Leonor RAFFO

IV- GENERACIÓN

- **Elcira** c.c. Melitón GONZALEZ
- **Luis** (f.s.)
- **Ricardo** c.c. Rosario FUNES
- **Félix** (f.s.)
- **Sixto** (f.s.)
- **Mercedes** (n.1856) c.c. Stgo. de la LASTRA
- **Elina** c.c. 1879
- **Ernesto** c.c. Ezequiel GARCIA
- **Enrique** (n.1880) c.c. Angelina GONZALEZ (consang.)
- **José B.** (f.s.)
- **Eduardo** (f.s.)
- **Carlos** (n.1864) c.c. Florencia GONZALEZ (consang.)
- **Alberto** c.c. Leonor PUEBLA

Capítulo 1

Negocios de familia, negocios de individuos (siglo XIX)

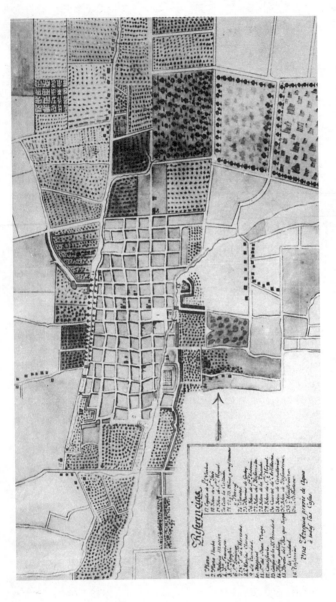

Plano de la ciudad agrícola sarmientina hacia 1822, el escenario material de la experiencia social de los González en las primeras décadas de vida independiente.

(Foto: gentileza del arquitecto Ricardo Ponte.)

"Aquí toda la familia sigue sin novedad, y repartida en sus chacras y algunos de los sobrinos en viaje, practicando sus carreras de comerciantes." La cita pertenece a Daniel González Pintos, uno de los principales individuos integrados en la red empresaria familiar en 1880, en una época en que –según la mayoría de los estudiosos del proceso de transformación socioeconómico y espacial de Mendoza– se estaban poniendo en marcha las bases de un modelo de desarrollo de características agroindustriales orientado al mercado interno en expansión.[1] Sin embargo, en la identificación socio-profesional que Daniel atribuye a sus sobrinos se altera un panorama interpretativo acerca de la caracterización de uno de los agentes sociales privilegiados de ese proceso, porque hace referencia, complementariamente, a actividades agropecuarias y comerciales aún a fines del siglo XIX. El texto de Daniel incluye también un elemento adicional, y es el que viene a englobar a toda una estrategia económica de éxito: la apelación a los lazos familiares o de parentesco, uno de los principales recursos instrumentados por los grupos mercantiles que, desde fines del siglo XVIII, habrían hegemonizado las relaciones económicas en la región.

En efecto, el relevamiento de las prácticas económicas de uno de los grupos familiares que se había enriquecido en la primera mitad del XIX en Mendoza, nos permitirá descifrar el conjunto de recursos movilizados por los individuos que integraban esta red empresaria. Pero si esta reconstrucción del itinerario económico y de la acumulación de riqueza de una parentela de Mendoza pretende incorporar instancias de explicación sobre los marcos de acción individual y colectiva del desarrollo de los negocios, es importante también señalar las modalidades de un complejo universo de relaciones económicas que, hegemonizado por el dominio del capital mercantil, dio origen a una economía y sociedad capitalistas. Sin embargo, más que radicales oposiciones entre un orden socioeconómico y otro, interesa aquí explorar la conexión existente entre formas de relaciones previas, y otras nuevas que se inauguran con la aceleración de un proceso socioeconómico promovido por factores externos, pero que a su vez coincidió con el accionar de heterogéneos y articulados grupos sociales.

La pregunta que atravesará este capítulo, entonces, intentará articular el universo de situaciones y relaciones que posibilitaron la acumulación de riqueza de la familia González. En este sentido, las prácticas económicas, sean comerciales o productivas, coincidirán en el diseño de una virtual lógica social que prevé la instrumentación de importantes recursos, entre ellos, la observación de las redes de relaciones personales ocupa un lugar central.

1. LA RELACIÓN COMERCIAL ENTRE BUENOS AIRES Y MENDOZA EN LAS PRIMERAS DÉCADAS DEL SIGLO XIX

Juan González Troncoso era oriundo del Obispado de Tui, Galicia, donde había nacido en 1756. En 1777 había contraído matrimonio con Gregoria Milleiro, y de esta unión habían nacido dos hijos: Lucas y Carlos. A fines del siglo XVIII, y como otros muchos peninsulares, decidió emigrar al Río de la Plata junto con su esposa y Lucas, el primogénito. Carlos, en cambio, permaneció en la península después de haber ingresado a una orden religiosa. Es difícil precisar el tiempo de estadía de Juan González en Buenos Aires. Al parecer, sus actividades comerciales lo llevaban a movilizarse por el interior del territorio rioplatense, mientras que el núcleo familiar residía en Buenos Aires. En efecto, en 1803 había nacido su tercer hijo, José Benito. La posición económica de los cónyuges no parece haber sido demasiado preeminente al momento de su arribo a Buenos Aires: en 1811, Gregoria Milleiro declaró en su testamento "haber entrado al matrimonio sin capital ni herencia mía, como asimismo mi esposo, por ser ambos povres".[2] Esta declaración de pobreza es importante, porque sugiere que el proceso de acumulación de riqueza tuvo su origen en el Río de la Plata.

El desarrollo de las actividades de Juan González en la plaza comercial de Mendoza data por lo menos de 1808, y su radicación definitiva puede ser registrada en 1814, un año después de la muerte de su esposa.[3] Sin embargo, la información disponible no sugiere un posicionamiento económico demasiado relevante.

Una integración comercial más estructurada pareciera caracterizar, sin embargo, las actividades de su primogénito. En Buenos Aires, Lucas ingresa en una red comercial bastante densa que le permitiría encumbrarse como comerciante próspero. Posteriormente formalizó su alianza con Mercedes, una de las hijas del comerciante receptor, Miguel Marcó. De esta manera, Lucas inauguró un virtual liderazgo familiar que dependía fuertemente de la preeminencia económica y de la autonomización como comerciante de "efectos de ultramar".[4] Por su parte, en 1818 José Benito robustece la formalización de las alianzas al contraer matrimonio con una hermana de su cuñada Mercedes, Leocadia Marcó. Benito era muy joven (tenía 15 años). Seis años antes, al testar en Buenos Aires, la madre le había encomendado al hijo mayor la tutoría.[5]

Las actividades mercantiles de Juan en Mendoza estaban ligadas al comercio de vinos con el Paraguay, pero no podemos considerar ninguna relevancia de su nivel de negocios; tampoco su patrón de residencia ni la conformación de su unidad doméstica revelan preeminencia social alguna: en 1814 habitaba en un cuartel semiperiférico de la ciudad junto con su hijo José Benito y un esclavo de Guinea.

Por otra parte, la sociedad comercial que mantuvo con sus hijos durante algunos años no había generado ninguna superioridad sobre ellos. Muy por el contrario, la prosperidad económica de Lucas y Benito fue manifestada por él mismo en un testamento fechado en 1827, y por eso mejoró en una quinta las hijuelas de los hijos del segundo matrimonio, "en consideración a que mis hijos Lucas y José Benito tienen para la misericordia de Dios, bastantes bienes e fortuna para una cómoda subsistencia aun independientemente de la herencia".[6] En ese año, su patrimonio consistía en una "Haciendita en San José" donde había invertido 1850 pesos, el capital de 12.000 pesos –extraídos de una sociedad comercial con un vecino llamado Antonio Cerra– y una casa en el "Pueblo", que había ingresado al matrimonio su segunda esposa, Carmen Anglada, una española e hija natural que había enviudado en 1816 y con quien tuvo dos hijos.[7] Como se ve, dos aspectos se advierten en las prácticas económicas de Juan: la interdinámica relación entre autonomía profesional-sociedad familiar, y una marcada tendencia a la monoactividad de tipo comercial, que demuestra el carácter en un principio subsidiario de inversiones en agricultura y ganadería configurado por la compra de la hacienda.

Una primera observación sobre las actividades comerciales de estos individuos parece indicar el carácter no uniforme y hasta asimétrico de las relaciones comerciales de esta red empresaria familiar. Es más, los *registros de alcabalas*[8] no indican ningún tipo de formalización de negocios societarios: Juan, Lucas y Benito se registran individualmente, situación distante de la de otros comerciantes, que se presentan a cargo de alguna que otra compañía comercial. En 1812, Lucas integra la lista de comerciantes de efectos introducidos desde Buenos Aires a Mendoza con un capital declarado de 3452 pesos. En 1814, la suma es prácticamente triplicada (10.000 pesos) y, en 1818, es el comerciante que más capital ingresa: 27.475 pesos. Podríamos convenir que, en seis años, Lucas ha conquistado una sólida posición que lo deriva a radicarse definitivamente en la plaza porteña.

Sin embargo, sus vinculaciones comerciales en Mendoza no concluyeron. Para su comercio, Lucas requería de uno de los productos que progresivamente los empresarios regionales habían incorporado para sortear el declive de la exportación de vinos hacia Buenos Aires.[9] En 1823, el comerciante mendocino José Ceferino Palma le inició juicio en Mendoza por el "infiel manejo y requeridas pérdidas en la administración de mas de 60 q. de arina flor que remiti a consignación de su casa (en Buenos Aires) en el año pasado de 1822".[10] El conflicto no sólo atestigua la radicación de Lucas en Buenos Aires, sino que además permite reconocer la personalización de las relaciones comerciales porque el trato efectivizado con un "dependiente personero" implicaba casi automáticamente la responsabilidad comercial del comerciante mayor. Si Lucas González antepuso en el pleito la decisión de su encargado del negocio, fue para desplazar su responsabilidad en el caso. Sin embargo, el comerciante afectado no tardó en radicar el pleito en Buenos Aires, que constituía la plaza mercantil de Lucas, y donde su harina había sido recibida.

El seguimiento de los registros de alcabalas indican también que el comportamiento empresarial de Benito y Juan González estaba orientado en las primeras décadas del XIX a la actividad mercantil. Benito en 1820 (de 17 años, casado y relativamente autonomizado de la sociedad comercial con su padre y hermano) ingresó "efectos" por un capital de 20.700 pesos, seguido de su padre con 7900 pesos. En 1828, el ingreso de Benito se reduce radicalmente: 3950 pesos, situación que sugiere el desplazamiento de este tipo de comercio con Buenos Aires.[11] Si retomamos la idea de Juan manifestada en su testamento, en el cual declara una virtual posición social acomodada de los dos hijos de su primer matrimonio, y observamos la particular acumulación de Benito hacia 1825, estaríamos habilitados a decir que, entre capitales líquidos declarados y propiedades inmuebles, su patrimonio ascendía a 25.000 pesos, lo que no constituye, para la ciudad periférica que tratamos, un nivel desdeñable de acumulación de fortuna: el *censo de fortunas de 1823* indica que el máximo patrimonio declarado en Mendoza era de 70.000 pesos.[12]

A propósito de ello, el testamento de Juan viene a ofrecer un sugerente indicio sobre los negocios de algunos comerciantes locales: la inversión en tierras. Si Juan denunciaba la propiedad de una "Haciendita", sus hijos incorporarían a sus patrimonios individuales, propiedades rurales y urbanas. Los hermanos coinciden en sus pautas de inversiones y conocen simultáneamente un primer movimiento de diversificación, soportado por las transformaciones económicas que la amenaza del comercio libre y la emergencia de prácticas económicas alternativas que sostienen un accionar empresarial atento Benito adquiere entre 1825 y 1827 la "Hacienda de Potreros", distante una legua y media de la ciudad, y suma, además, una casa en el "pueblo" lindante a prominentes vecinos y comerciantes de Mendoza.[13] Al mismo tiempo, Lucas invierte en dos estancias en el Litoral (una en Las Saladas y otra en Capilla del Señor). Estas propiedades adquiridas por los dos hermanos individualmente, habrían favorecido la formación y dinamismo de un eje comercial-familiar que interactuaba en función de las coyunturas del mercado del Litoral y Chile.

2. Los negocios de los hermanos, 1827-1840

La correspondencia entre los dos hermanos desde 1827 hasta 1840 constituye un verdadero inventario de los productos comercializados y de la mediación interdependiente que cada uno realizaba.

El intercambio comercial era fluido, y manifestaba en buena medida las condiciones del comercio interregional. Lucas derivaba a la plaza de Mendoza "efectos de ultramar", azúcar de La Habana, tabaco paraguayo o de Virginia, yerba y, sobre todo, el ganado de sus estancias. En julio de 1830, Benito expresa su asombro de que, a pesar de las "refriegas de la provincia de Buenos Aires", Lucas concentrara 7000 cabezas de ganado en sus estancias fuera de las ventas.[14]

Los potreros de Benito servían al mantenimiento del ganado en su trayecto a la región de Aconcagua, por lo que su mediación era primordial para calcular el mejor momento para la venta: "Hemos salido bien de la invernada con toda la hacienda, dentro de quince días hay pastos grandes, su boyada está muy hermosa... Las demás se la empezaré a matar en octubre en adelante en caso no encuentre buena venta en pie". Si Benito no ubicaba la hacienda de su hermano en el mercado chileno, podía recurrir a la matanza y abastecer de carne al mercado local, para lo cual contaba con dos barracas de su propiedad, una urbana y otra rural.[15]

Estas evidencias refieren a la interconexión de los negocios entre los hermanos y sugieren que muy a pesar de la conflictividad política, el intercambio comercial entre las áreas centrales de producción ganadera y la plaza mendocina era posible por su estrecha vinculación con el mercado del Pacífico.[16] Por otra parte, la dinámica mercantil entre ambos aparecía sostenida por el intercambio de favores que, a los ojos de Benito, se constituía en el principal recurso de su creciente capitalización personal. No había otro motivo para este comerciante menor del espacio económico interregional que las incesantes manifestaciones de agradecimiento a su hermano mayor: "Yo le he de sacar cuanto pueda en su beneficio, para de ese modo recompensar en alguna parte los continuos favores que de toda clase recibo de Ud.".[17]

En contrapartida de su servicio y como mecanismo de reciprocidad, Benito se aseguraba la ubicación y comercialización de la producción de su hacienda. La intermediación, entonces, era fundamental. En noviembre de 1832, pensaba recoger 1000 fanegas de trigo, porque tenía 35 cuadras sembradas y "los trigos están muy hermosos, con eso y la fruta tendremos cómo mover en el venidero las árreas".[18] Junto al negocio del trigo, la harina elaborada en su propio molino construido en 1827 y las frutas secas, aparece aquí un nuevo elemento de articulación del comercio entre Benito y Lucas: el sistema de fletes, que no sólo estaba orientado al servicio personal o familiar, sino que también podía servir a otros comerciantes.[19]

El juego recíproco entre los hermanos se asentaba en la confianza depositada en cada uno de ellos porque ayudaba a vehiculizar tres elementos sustanciales para el desarrollo comercial: la información, las nuevas relaciones y el crédito. De esta manera, Benito operaba en la plaza local y preveía qué situaciones podían beneficiar a su hermano o no: "sobre el tabaco paraguayo que piensa mandar debo advertirle que será mejor en caso de que le haya salido que no lo mande porque aquí no tiene ya ni cuarta parte del consumo que tenía antes...".[20] Pero la defensa de los intereses de Lucas estaba estrechamente ligada al desarrollo de sus viejos o nuevos negocios, porque tanto la prosperidad del porteño como su propia red de relaciones comerciales podían ponerse a su disposición. Ejemplo de ello lo constituye el arribo a Mendoza, para su posterior paso a Chile, de algunos comerciantes ingleses que Benito se encargaba de dirigir por el paso cordillerano, y las cartas endosadas despachadas por Lucas para que su hermano se relacionara al otro lado de la cordillera.

En esa época, el juego de las redes aparecía claramente perfilado en el sistema de crédito y dependía en gran medida de la lealtad y confianza depositada en las garantías personales. La escasez de circulante hacía de los préstamos particulares un aspecto relevante de los mecanismos de crédito y, en este sentido, las condiciones de prosperidad no siempre aparecían representadas en los balances o inventarios de las testamentarías porque muestran –como lo ha expresado Moutoukias para fines del XVIII– el "latido del sistema": el reconocimiento de las deudas aparece ligado a las garantías personales de la operación comercial. De esta manera, las lealtades personales y las obligaciones derivadas de los lazos de parentesco o amistad proporcionaban los canales para la obtención del crédito y aseguraban la confianza entre prestamistas y prestatarios.[21] En noviembre de 1827, Benito le escribe: "Es concluida la diligencia de buscar el dinero a intereses para remitirle a Ud. los 5000 pesos valor de los 500 novillos por haberme facilitado don Zapata con el interés del 1 y medio por ciento, haciéndome mucho favor, pues en el día claman los hombres de este servicio apurados porque se les de el 2 y medio por ciento". El bajo interés del préstamo otorgado por José Albino Zapata (un prominente hombre de negocios local) perfila el fenómeno antes enunciado, porque el valor del dinero es mínimo. Es Benito quien plantea la diferenciación en el precio local del dinero. Ese precio también podía ser el resultado de una estrecha relación personal que comprometía a Benito a la reciprocidad.[22]

De esta manera, se hace difícil detectar la posición económico-financiera de los individuos debido a la complcjidad de las relaciones de intercambio que los hacía deudores y acreedores al mismo tiempo: las manifestaciones de Benito sobre la dificultad de emprender negocios que dieran una "regular utilidad" aparecen vinculadas al envío de remesas de dinero por parte de Lucas en 1831. Aunque también Benito adquiría la figura de comerciante prestamista o de fiador de crédito a terceros.

En efecto, las relaciones crediticias de Benito González Milleiro atraviesan varias instancias.[23] Las prácticas crediticias aparecen en varias oportunidades registradas en protocolos notariales, pero la misma irresolución de algunos casos sugiere la virtual tensión de los activos en la configuración del patrimonio personal. Al mismo tiempo, la delegación de poderes para la ejecución de esos bienes sostiene la tesis de la centralidad de las redes personales para una mejor resolución de las deudas. Una serie de operaciones ilustran bien estos mecanismos del capital comercial, que incluyen relaciones comerciales de Benito en el nivel de negocios locales. Otros ejemplos lo muestran como operador de negocios extrarregionales vinculados con comerciantes y vecinos de las provincias de San Luis y Buenos Aires. Veamos entonces las situaciones protocolizadas que confluyen sobre su persona.

Entre 1827 y 1829, Benito presta dinero a dos comerciantes puntanos.[24] Después de saldar sus deudas locales con el poderoso comerciante Zapata,[25] Benito pasa a otorgar préstamos en la ciudad de Mendoza. En efecto, al año siguiente de obtener ese beneficio (en 1835) Benito cambia su rol y ajusta poderosamente los términos del valor de su dinero: presta a Juan Estrella y María Videla 320 pesos (rédito de 8 años de un principal de 800) al mismo interés que contrajo su deuda (5 por ciento anual), dándoles un plazo de nueve meses para efectuar dicho pago.[26]

Las operaciones de crédito de Benito aparecen regularmente en los años siguientes.[27] Podemos convenir entonces en que los mecanismos del intercambio comercial requerían de estos virtuales activos por parte de los comerciantes locales y de individuos ajenos al ámbito regional, pero vinculados al comercio mendocino. ¿De qué otra manera podemos reconocer que en 1846 Benito recibe un amplio poder de parte de un vecino de Buenos Aires para que le cobre una letra en Mendoza?[28] Así también Benito debía apelar a delegaciones personales para cobrar viejas deudas en la vecina provincia de San Luis.[29] En consecuencia, este conjunto de prácticas comerciales parece revelar un ejercicio mercantil que utiliza las relaciones personales para asegurar el rumbo de los negocios individuales y grupales. Ese tipo de vinculaciones activaba de hecho un circuito comercial delineado en el marco de la recuperación de la vía chilena y del litoral. En ese contexto, y en franca oposición con los comerciantes correntinos estudiados por Chiaramonte,[30] las prácticas comerciales de Benito y de Lucas parecen indicar también la "natural" complementariedad de instancias productivas y de comercialización.[31]

3. Parientes y allegados en la organización de la red empresaria en la primera mitad del siglo XIX

La red empresaria dependía de la organización interna de los negocios, que podían ser ejercidos de manera individual o colectiva, entre otras formas. La empresa reconocía una estructura diferenciada: un núcleo íntimo constituido por los hermanos; un segundo nivel, conformado por parientes o allegados fieles depositarios de los intereses comerciales y por lo general pertenecientes al grupo por el hecho de compartir bienes simbólicos; y un tercer estadio, el de operadores que se esparcían en los territorios delimitados por el espacio económico interregional.

La integración de Jorge Lamarca a los negocios de los hermanos ejemplifica el juego relacional de los allegados. En un comienzo, Lamarca dirigía el sistema de arreas y tropas de Benito González y, como hombre de extrema confianza para la consecución de los negocios de su patrón mendocino, debió trasladarse, hacia comienzos de la década de 1830, a administrar los negocios de Lucas González en Buenos Aires. Y una vez "residente en la República de Buenos Aires", era depositario de poderes amplios realizados por José Benito para que lo representara ante esa plaza.[32] Su desplazamiento implicó una suerte de reacomodamiento de la red de Benito, cuando el porteño Melitón Arroyo pasó a ocupar ese lugar. Hasta ese momento había ocupado una posición periférica, pero pronto adquiriría funciones de administración en el almacén y tienda de Benito en la ciudad. Melitón siguió vinculado a Benito por varias décadas, a pesar de su posterior emancipación comercial al convertirse en propietario de una tienda y almacén en una localidad de la campaña.[33] Jorge Lamarca también ejercitó un importante itinerario comercial después de la muerte de Lucas, en 1840. En 1866 figuró en un listado de socios de la Sociedad Rural de Buenos Aires.

El requerimiento de individuos externos a la red inicial era pues de vital importancia, e indudablemente el tiempo requerido para la formación profesional no era corto, porque el aprendizaje incluía por cierto la confianza personal. En agosto de 1833, Benito expresa: "con respecto a mi ida no me es posible moverme porque mis atenciones de afuera, aunque de poco valor, son molestosas y todavía no tengo un hombre de mi confianza a quien recomendarlas, como antes lo hacía con el que está allá...".[34] La referencia obligada al lugar desempeñado por Jorge Lamarca en los negocios del cuyano deja entrever también una suerte de movilidad geográfica –y de conquista de nuevas posiciones en el interior de la red empresaria– en el nivel de allegados o dependientes.

Si Benito debió construir efectivos lazos personales en el nivel de los dependientes, su hermano Lucas en cambio reclutó del universo de parientes a dos individuos para administrar su estancia de Las Saladas: Vicente Marcó y José Cayetano Borbón.

El español Vicente Marcó estuvo relacionado con los González desde muy temprano. En 1811 fue testigo de Gregoria Milleiro en el momento de testar en la quinta de su primo Miguel Marcó. Hacia 1830, Vicente seguía vinculado al comercio de efectos de ultramar. Era propietario de un buque que unía el puerto de Buenos Aires con Valparaíso y la costa del Pacífico. También comerciaba por vía terrestre con distantes mercados como Salta y Tarapacá. El perfil de Borbón era diferente. Había nacido en Buenos Aires y se había educado en el Colegio de Ciencias Morales. Se vinculó con importantes descendientes de la burguesía comercial rioplatense y de otras ciudades del viejo virreinato: compartió sus clases con Gutiérrez, Sarratea y Alberdi, entre otros.

La relación entre los González y estos primos porteños era relativamente fluida. A través de la correspondencia periódica que recibía de su hermano, Benito estuvo al tanto de las operaciones comerciales que realizaban. A su vez, en la medida de sus conocimientos, informaba sobre el estado de algunos centros de consumo.[35]

Como se ve entonces, la red empresaria dependía de un juego recíproco de cohesión y reciprocidad interna que hacía a su sobrevivencia más allá de la posición individual de los miembros. La actividad mercantil requería de fuertes lealtades personales porque aseguraban un manejo relativamente exitoso de los negocios de los individuos y del grupo. El año que Lucas decidió incluir a Marcó y Borbón en la administración de su estancia, Benito expresó de manera notable la centralidad de la estrategia individual y colectiva: "es que si los nuestros no fuesen, lo han de aprovechar otros extraños".[36]

Avanzar en el tiempo implica reconocer importantes reformulaciones en el interior de esta virtual organización empresaria que reconocía negocios en conjunto y de individuos.

Del matrimonio de Benito con Leocadia Marcó habían nacido seis hijos: tres varones, Benito, Sixto, y José Ventura y tres mujeres, Leonor, Segunda y una niña que vivió poco tiempo. Hacia mediados de la década de 1820, Benito enviuda, y contrae matrimonio ahora con Rita Pintos. Rita era hija de un protomédico portugués, vecino destacado de la ciudad que en setiembre de 1810 había asistido a la reunión del cabildo abierto. En 1814 había residido en el cuartel de San Miguel y por lo tanto había sido vecino de Juan y Benito González. De este matrimonio nacieron ocho hijos: cinco varones y tres mujeres. Bien pronto los varones se acoplaron a "la carga de la cruz tan pesada" que significaba mantener y reproducir los negocios del padre. A la existencia de un núcleo familiar numeroso (y donde la incidencia del número de varones asegu-

raba la consecución del linaje comercial), Benito contaba
ya con un saber de negocios adquirido por las prácticas
comerciales ejercitadas junto a su padre desde la década
de 1810. Esta situación había implicado una relativa autonomización y capitalización en los críticos años veinte, la
cual le permitía disponer de crédito social, porque retenía
propiedades para ser hipotecadas. Sumaba a ello un patrón de relaciones empresariales que le permitía acoplarse
a coyunturas favorables para reproducir o mantener su posición económica. Se definiría así la conformación de un
verdadero clan familiar, donde progresivamente conflui-
rán los negocios individuales de cada uno de los miembros –padre e hijos, como más adelante veremos– con divisiones claras y hasta complementarias en el ejercicio de
ciertas y determinadas funciones, y en el interior del cual
pueden reconocerse ciertas tensiones atravesadas por el
conflicto y la cooperación.

Después de 1840 el intercambio comercial entre los
hermanos González se interrumpe intempestivamente:
Lucas fue víctima del terror rosista, y aquella regular relación comercial de la parentela local con la red radicada en
Buenos Aires debe redefinirse.[37] Sin embargo, esa relación aparece sustentada ahora, y en función de la radicación en Valparaíso, por un pariente íntimamente ligado a
la red empresaria familiar que hasta ese trágico año había
administrado los campos de Lucas en el Litoral. De esta
manera, José Cayetano Borbón y el hijo del finado Vicente Marcó, José Luis, se constituyeron en los principales
proveedores de los almacenes y tiendas de Benito González en Mendoza. Por el contrario, el circuito ganadero con
el Litoral aparecía ahora sostenido por una red de comer-
ciantes-amigos que proveía del ganado para su venta en el
mercado chileno. El general Ángel Pacheco y el prominente hombre de negocios bonaerense Jaime Llavallol, fueron
los más importantes proveedores de Benito en materia de
ganado para ser volcado en el mercado chileno y local.

La crisis de la relación entre el Litoral y Mendoza
orienta –dentro del plano de la contingencia de la coyuntura política– a la redefinición de red empresaria, la cual
iba de la mano de cotidianas redes de relaciones persona-

les esparcidas en un espacio interregional ahora más amplio que incluye el puerto de Valparaíso y la región del valle de Aconcagua. Asociado con Carlos Lamarca, Borbón había instalado en ese puerto un importante comercio. Sumaba a ello la propiedad de una agencia naviera en sociedad con Mariano Sarratea, otro de los porteños exiliados. Al mismo tiempo, la muerte del líder nato de la parentela produjo un virtual desmantelamiento de las propiedades (rurales y urbanas) y de su red de allegados, lo cual obliga a la refuncionalización de las relaciones comerciales.[38]

Podríamos inferir el cuadro de los negocios edificados por la empresa familiar de los González hacia mediados del siglo XIX. En ella, la coherencia de su funcionamiento interno albergaba tensiones y contradicciones que se corresponden con un universo social en el que las redes informales de vínculos primarios aseguraban la cohesión y proveían el cuadro de cooperación necesarios a la organización de la empresa; situación no muy distante de lo que Moutoukias observa para fines del siglo XVIII en Buenos Aires.

4. EL PATRIMONIO DE BENITO GONZÁLEZ Y LA INTEGRACIÓN DE LOS HIJOS EN LOS NEGOCIOS HACIA 1854

De la testamentaría de Benito González se desprende la posesión de dos "casas y tiendas" en el "pueblo", una en la calle principal de la después denominada "Ciudad vieja", a cargo de su fiel dependiente Melitón Arroyo.[39] La otra, distante unas pocas cuadras, a cargo de José Wenceslao Martínez.[40] Benito sumaba a estas dos propiedades urbanas la "Hacienda de Potreros", ubicada en Panquegua, que contaba en esos años con potreros de alfalfa, viñas, frutales, barraca, casa de trato, oratorio con capellanía, bodega, molino y una casa principal. Se agregaban también dos sitios incultos, uno en el Tapón de Sevilla[41] y otro en La Dormida. Su inventario reconoce también la posesión de dos estancias de invernada en la cordillera: Manantiales y Uspallata.

Ahora bien, junto a la descripción e inventario de los

bienes, aparece un conjunto de acreedores que atestiguan operaciones de crédito libradas por Benito. La lista incluía desde particulares hasta el mismo Estado provincial. El activo declarado ascendía a 65.141 pesos y el pasivo representaba alrededor de 23.837 pesos.[42]

El análisis del inventario de sus bienes sugiere algunas consideraciones. En primer lugar el 55,72 por ciento está representado en diversas formas de propiedad territorial: urbana (19,41 por ciento), semiurbana (26,70 por ciento) y rural (particularmente las estancias de montaña), que representa el 9,61por ciento. La cuestión de "Uspallata", empero, ofrece un matiz diferencial. El inventario estipula sólo el ganado allí existente porque no están resueltos aún los títulos de posesión del campo, que se explicitan mucho más tarde[43].

Sin embargo, al volver a observar el activo y el pasivo de Benito se advierten complejas relaciones entre el padre, los hijos y el universo de proveedores y deudores. El total de las deudas representaba el 36,59 por ciento del inventario, distribuidas entre dos casas comerciales cuyos propietarios eran Borbón y Marcó. Su deuda con la casa "Borbón y Lamarca" de Valparaíso sumaba 6900 pesos y a José Luis Marcó, su futuro yerno, le debía 1818 pesos en concepto de productos para el "almacén de la chacra". Los deudores eran sus propios hijos, otros comerciantes (las deudas activas e "incobrables" ascendían a 6300 pesos) y el Estado provincial (la deuda se valuó en 12.417 pesos). Por lo tanto, las hijuelas albergaban en su interior bienes y... deudas.

Veamos entonces las deudas intrafamiliares que involucran las relaciones comerciales de los hijos que parecen sugerir una suerte de figura de adelantos no expresados por la vía de protocolos, pero sí inscriptas en la testamentaría de 1854 como deudas.[44]

En realidad, la somera descripción del inventario de Benito González, de sus activos y pasivos, sugiere más cosas que su individual posición patrimonial, porque los mecanismos incluidos en la resolución de los bienes vienen a atestiguar las condiciones de autonomía y de sociedad en los negocios emprendidos por estos individuos. Es más, la interconexión en los negocios del padre y de los hijos revela el abanico diverso de transacciones comerciales que se seguían orientando al suministro de recursos desde Valparaíso, en donde hacían sus compras para sus almacenes y tiendas. En buena medida, Benito servía como soporte de los negocios de los hijos, y así podían éstos instrumentar el *crédito social* de su padre. En cierto modo, las prácticas comerciales de los González suponen un comportamiento empresario de tipo colectivo, porque los hijos podían utilizar el stock de mercaderías del padre: "en el momento de recibir tu carta se la mostré a Pepe y he convenido en comprarte lo que me pides cuando vuelva a Valparaíso donde veré si se encuentran a buen precio los géneros que me indicas, puedes tomar lo que necesites de todo lo que yo mando para que te surtas por ahora, pues me parece que va un buen surtido de los efectos de más consumo". [45]

Mientras el viejo patriarca Benito González apoyaba el desarrollo empresario de los hijos, sus negocios locales seguían siendo administrados por su leal dependiente y amigo, Melitón Arroyo. Relativamente independizado, aunque vinculado a la red empresaria de su ex patrón, Melitón seguía sorteando los avatares comerciales de Benito, dando cuenta de la importancia de la interrelación de los individuos en la agilización de los cobros o de los pagos sobre distantes centros de consumo.[46]

Si la relación con Valparaíso resolvía el surtido de efectos para los almacenes y tiendas, la actividad comercial con el Litoral coincidía siempre en la compra del ganado, y las tareas dependían casi exclusivamente de los hermanos con funciones jerarquizadas. En 1852, Carlos, Pepe y Salvador González esperaban reunir una cantidad estimable de crías de novillos en el norte bonaerense: "Hoy he concluido de ver a todos los individuos que tienen hacienda en el Norte, esto es de cría de novillos, y me han pedido disparates. Sin embargo creo que entraré en negocio con el General Pacheco, que me pide a escoger de sus rodeos 3 y medio y me dice que hay novillada muy grande, es el único que tiene más hacienda y también menos escogida, si esta fuera buena le tomaré 1.500 cabezas, 1.000 para nosotros y el resto para Salvador, para el efecto despacho mañana a Salvador y a Pepe a ver la hacienda, y también para que vean alguna otra...".[47] Mientras Salvador y Pepe dirigieron los arreos de las compras recién realizadas, Carlos permaneció un mes más entre Buenos Aires y Santa Fe en la espera de tropas provenientes del Tucumán que le aseguraran el suministro de 800 o mil bueyes a más de las mulas que había adquirido al mismo Pacheco. De esta manera, Carlos manifestaba a su hermano Benito los términos de cooperación en los mecanismos de compra de ganado en el Litoral; también le informaba de la venta de sombreros adquiridos en Valparaíso.

5. LAS REGLAS DE LA HERENCIA: CONFLICTOS Y RECIPROCIDADES FAMILIARES

Pero si la muerte de Benito podía representar una virtual amenaza para la continuidad de los negocios y la unificación del patrimonio, el mismo reparto de los bienes puso a prueba un conjunto de recursos movilizados que incluía la posición individual de los herederos en el interior de la familia-empresa, las aptitudes personales de cada uno de ellos y la puesta en marcha de una estrategia colectiva que propendía a la sobrevivencia del grupo más allá de los destinos individuales.[48] El análisis del reparto de los bienes indica entonces la existencia de desigualdades entre los herederos. En cierto sentido, la diferenciación existente viene a expresar una suerte de estratificación en el interior de la parentela la cual le permite afrontar la coyuntura exitosamente.

La innegable desigualdad que a primera vista surge en torno a la distribución del patrimonio es el papel asignado a las mujeres. El ámbito urbano de las propiedades repartidas entre las mujeres hace sospechar que el manejo de las tiendas y almacenes podía estar bajo la dirección de algunos allegados e incluso de sus propios parientes.[49] Al mismo tiempo, el contenido de las hijuelas –que, recordemos, incluía deudas intrafamiliares– revela también la existencia de los "aumentos", lo cual ponía sobre todo a las mujeres y a los menores bajo la protección o dominio de ciertos herederos.

La distribución de los bienes entre los hijos del primer matrimonio de Benito muestra que las condiciones de formación de las hijuelas dependió no sólo de la posición de los herederos en el interior de la parentela, sino además de la contingencia del reconocimiento patrimonial después de muerto el cónyuge. De esta manera, Benito González Marcó obtuvo el reconocimiento de la dote –2400 pesos– ingresada por su madre en 1818, que fue dividida entre él y sus hermanos. En este sentido, la posición dominante de los hijos de la viuda fue en detrimento de los hermanos del primer matrimonio y Benito (h) acusó, en esa ocasión, el no reconocimiento de la dote de su madre –capital que habría administrado su padre en su original proceso de compra de tierras–, lo que le significó una desventaja en el reparto de los bienes. Por otra parte, Benito era uno de los deudores de la testamentaría por hacer uso de los potreros de Uspallata y, por este motivo, recibió dos potreros de la Hacienda de Panquegua, el compromiso de saldar algunas deudas a sus hermanos y hermanas, y el prorrateo de las acreencias de su padre incluida la del Estado provincial.[50]

La composición de las hijuelas de Lucas II y Daniel González revela instancias que permiten detectar las asimetrías existentes en el reparto de los bienes –a pesar del idéntico valor asignado entre los herederos del segundo matrimonio–, sobre todo cuando estos individuos no residían en Mendoza, y *no estaban vinculados comercialmente con el padre o los hermanos*. Lucas, después de haber estudiado Derecho en Santiago de Chile, se encontraba en Madrid; y Daniel se había radicado en Valparaíso, donde llevaba a cabo sus iniciales experiencias comerciales en la casa de su padrino José Cayetano Borbón, uno de los principales acreedores de su padre. Lucas y Daniel, como así también los menores Nicanor y Melitón, recibieron parte de las deudas del Estado, las de otros comerciantes y el "aumento" que contenían las hijuelas de sus hermanos, el cual se habían comprometido a pagar. Pero estas situaciones también aportan otro tipo de asignaciones personales y colectivas de la parentela: la educación superior que recibía Lucas constituía un innegable "servicio" de la familia en su itinerario profesional individual.[51] Una resolución de bienes diferente puede advertirse en lo heredado por los hermanos Salvador y José Domingo, que sí estaban nucleados en el trabajo familiar.[52]

La composición de la hijuela de Carlos González presenta una alteración sustancial con respecto a las de sus hermanos. Si éstas sumaban 1583 pesos, la de Carlos ascendió a 22.840 pesos. ¿Cuál es la razón de semejante diferencia? Carlos decide asumir el valor de los créditos pasivos y se hace cargo de pagar a los acreedores que reconocía la testamentaría. Esta situación le permite asignarse la casi totalidad de la "Hacienda de Potreros", que, a más de prometer riqueza material por su producción de cereales y frutales, elaboración de vinos, existencia de alfalfares y elaboración de harina, dejaba entrever el peso social y económico innegable de esa Hacienda adquirida en la década del veinte. De esa manera, y de la mano de asumir importantes deudas, Carlos conseguía heredar el manejo de los negocios de su padre. Y, al mismo tiempo, se convertía en el principal acreedor intrafamiliar: Benito reconocía una deuda de 5548 pesos, valor del ganado vacuno, cabalgar, lanar y cabrío existente en la Estancia de Uspallata.

Estas razones ayudan a entrever dos importantes estrategias en la construcción del linaje familiar: una lógica de comportamiento económico que deriva de la relación entre ciclo evolutivo de la familia y estructura de la propiedad, que tiende a la circulación de la tierra en el ámbito restringido de las relaciones familiares.[53] Unido a ello, la tendencia de transferir las tierras productivas casi por entero a determinados herederos que prometían, previa adquisición del saber experimental de los negocios, reproducir la riqueza material heredada.

Pero ¿cuáles fueron los elementos de reciprocidad por los cuales algunos herederos aceptaron estas condiciones de reparto de los bienes? Las razones quizá deban buscarse en los intersticios del sistema de normas en torno a la herencia, que lograba superar el clima inmediato de la asignación de los bienes. Si Benito II había quedado en desventaja en relación de los términos de su herencia con respecto al liderazgo obtenido por su hermano Carlos, en 1863 la estrategia hereditaria de los González imprime una nueva vuelta de página al sistema de intercambio y de compensaciones.

La oportunidad la brindó la muerte de José María Videla Pacheco, el suegro de ambos. Como albaceas de sus esposas, Benito II y Carlos junto al principal heredero de la testamentaría, su doblemente cuñado José María Videla Correas (casado con una de sus hermanas, Rita González) acordaron la asignación de la estancia del Carrizal a Demo fila Videla de González, la esposa de Benito II, para lo cual se redujo en un 50 por ciento su precio.

El juego de reciprocidades entre estos hermanos y cuñados merece una mirada especial y detenida, porque la resolución de la herencia muestra regularidades notables en el uso de determinadas estrategias por parte de estos actores. ¿Son sólo resoluciones de bienes similares, o estas prácticas refieren a una estrategia que incluye a más de una parentela intentando controlar las bases de su posición económica y social?

José María Videla Pacheco era un comerciante y hacendado mendocino proveniente de prominentes linajes locales. Estaba casado con Magdalena Correas, hija de un destacado vecino de la ciudad, don Ramón Correas, quien se desempeñó como regular miembro del cabildo local. A diferencia de Benito González, José María había participado de la política mendocina como representante durante las administraciones del Partido del Orden, aunque el posterior dominio del fraile Aldao lo desplazó, junto con otros coterráneos opositores, y tuvo que exiliarse después de 1840.

Las actividades económicas de este individuo se identifican bastante con el itinerario profesional de José Benito González: puede decirse que ambos instrumentan idénticas estrategias de acumulación de riqueza. En su testamento declaró haber introducido al matrimonio entre siete y nueve mil pesos, y Magdalena había recibido como dote 200 pesos (valor de una esclava, herencia de su abuela) más 282 pesos por su haber paterno y materno. José María Videla también había invertido en propiedades rurales.[54] Sobre el predio de Panquegua (la posterior hacienda de San Miguel) arbitraría importantes inversiones por las cuales ese extenso terreno adquiriría un perfil muy similar a la hacienda de potreros de Benito González. Además, y también como Benito, había concentrado otras propiedades con las cuales podía complementar las actividades pecuarias.[55] El patrimonio ascendía un poco más de 60.000 pesos, cifra relativamente similar a la fortuna de González, aunque, a diferencia de éste, no tenía importantes deudas.

Pero veamos puntualmente la distribución de sus bienes. José María Videla murió después que su esposa, y el reparto del patrimonio se diferencia de la distribución de los bienes de Benito González porque éste había dejado viuda a su mujer. Así las cosas, los herederos de José María "deseando terminarla de un modo amigable han convenido" nombrar a Eusebio Videla Correas "en clase de perito y partidor de bienes para evitar las dilaciones y gastos y por el bien de la paz que debe reinar sus acciones y derechos".[56] Estas intenciones de los herederos sugieren pensar en un explícito acuerdo para evitar la amenaza representada por notables diferencias sobre la asignación del patrimonio familiar, que al entrar en sucesión podía correr un eventual riesgo a menos que se instrumentaran recursos sólidamente instituidos.

Entre los recursos implementados existirían algunos fundamentales. El primero tiene que ver con una práctica ya ejercitada por los González: el traspaso de los principales establecimientos productivos a un solo heredero, lo que permitía conservar no sólo la integridad de la propiedad sino también preservar los principales recursos para la consecución de los negocios y mantener así las fuentes de enriquecimiento del padre e incluso de los hijos. Tres de los nueve hermanos se encontraron en condiciones de beneficiarse de tal política: Francisco, Carlos y José María, todos iniciados en la carrera de comerciantes de la mano de los adelantos que les hiciera su padre para ejercitar la práctica comercial.[57] Las disposiciones testamentarias para sus hijas solteras suponen otra importante diferenciación en el tema de la herencia. José María dispuso utilizar las viejas reglas instituidas, por lo cual dispuso del tercio y del quinto de sus bienes representadas en la casa del pueblo.[58]

De esta manera, ciertos y determinados herederos

fueron beneficiados por la estrategia sobre el reparto de los bienes. Así, la hijuela de Carlos Videla estuvo compuesta de la "Hacienda de Potreros Cruz de Piedra", que contaba con edificios y vegetales, valuada en 3591,59 pesos, junto a utensilios y muebles.[59] La hijuela de José María Videla estuvo compuesta por la valiosa finca situada en el paraje de San Miguel.[60]

En realidad, la asignación de tales bienes constituía quizá el corolario de una serie de cuestiones vinculadas a reproducir la función de liderazgo de su padre, aunque éste último había dado muestras de promover la autonomización de los hijos en el rumbo sobre todo de prácticas mercantiles. Y, aunque el apoyo material del padre y la experiencia comercial llevada a cabo en vida eran fundamentales, la acción individual de José María (h) daba cuenta de una estrategia personal de liderazgo familiar y comercial.

En 1861, ante la necesidad de partir a Chile durante algún tiempo por negocios individuales, José María Videla Correas dio un poder general a su hermano Carlos. Y en 1862 dio un poder similar a Eusebio para atender en Chile negocios de importación.[61] Su vinculación con el mercado de importación, por la vía chilena y en especial sobre Valparaíso, tenía como objeto surtir las ramas del comercio local que atendía en la ciudad. Años antes de la muerte de su progenitor, en 1861, José María le había comprado su casa de negocio en 11.500 pesos plata a los plazos siguientes: 3500 a un año, 4000 a dos años y 4000 a tres años.[62] A las modalidades del negocio de vinos, de ganado y de frutas secas, las prácticas económicas de José María suman la actividad de prestamista.[63]

Pero volvamos ahora al tema inicialmente planteado, que resultaba de la asignación de los bienes y la distribución diferenciada del patrimonio como estrategia fundamental de poderosos linajes de comerciantes y hacendados que, en virtud de un juego de reciprocidades formalizado por alianzas matrimoniales, resguardan racionalmente los recursos fundamentales de su poderío económico. Si en el caso de la sucesión de Benito González las mujeres no habían heredado ningún tipo de bien inmueble (a excepción de la viuda, que habría retenido una de las casas del pueblo), la testamentaría de José María Videla presenta una situación singular porque Demofila Videla heredó la estancia del Carrizal. Esta asignación derivó de un acuerdo explícito entre los esposos de dos hermanas, Benito y Carlos González y José María Videla (h), en el cual los herederos acordaron disminuir el valor de la propiedad a la mitad de su precio. En un papelito azul intercalado con las fojas de la testamentaría, los principales referentes empresarios de estas dos familias interconectadas se comprometían a cumplir el acuerdo. ¿Qué situaciones familiares le dieron origen? Por una parte, Teresa, la esposa de Carlos, había recibido a cuenta más del doble de dinero que su hermana.[64] Por otro lado, José M. Videla era el principal deudor de la testamentaría y por lo tanto el heredero más preeminente. Asimismo, el esposo de Demofila, Benito González Marcó, había administrado eficazmente los negocios de su difunto suegro.[65]

6. NEGOCIOS, REDES Y MERCADO. LOS ITINERARIOS EMPRESARIOS DE BENITO, CARLOS, LUCAS Y DANIEL GONZÁLEZ (1854 Y 1880)

En el reparto de los bienes de Benito González vimos una relativa jerarquización entre los hermanos vinculados a la red empresaria familiar. Conviene revisar ahora las actividades económicas de los principales exponentes de este clan regional para después explorar el juego de las redes en el manejo de los recursos materiales, la información y su relación con el mercado.

Benito González Marcó había tenido el "privilegio" de ser el mayor de los hijos varones y por tanto había estado más tiempo ligado a los intereses de su padre. Paralelamente, Benito había mostrado una relativa autonomía en el mundo de los negocios que se constata en una activísima tarea profesional atravesada por diversos roles. En efecto, Benito se constituye en comprador de diezmos,[66] administrador de fondos de terceros, establece sociedades comerciales diversas y arrienda estancias o haciendas.[67] Al mismo tiempo acrecienta el número de sus propiedades rurales y urbanas. Es decir, suma a la estancia del Carrizal, una propiedad en "Cruz de Piedra" (Maipú) y otra en "Canota" (Las Heras). Las inversiones inmobiliarias de Benito en el ámbito urbano también fueron importantes.[68] Pero aunque esta concentración de propiedades rurales y urbanas no se aparta demasiado de la matriz de inversiones de su padre o de su suegro, Benito suma un nuevo elemento en el negocio ganadero, que coincide con el aumento de las exportaciones de ganado a Chile y además con la orientación de los negocios sobre el Atlántico.[69] Y si la provisión de la mercancía volvía a incluir al Litoral, su participación en una sociedad de cría y engorde de ganado en el sur de Córdoba revela la inversión de recursos en ese sector.[70]

La conexión mediterránea resulta importante de destacar, porque asegura una mediación importante en el espacio económico de la red familiar, constituyéndose en pivote no sólo de producción sino también de información sobre las condiciones para ubicar sus productos en el mercado del litoral o bien como sumistrador de bienes para la plaza local: la cría de ovejas en la cordobesa estancia de "Zucos" robustece la imagen de un empresario atento a las coyunturas del mercado, no sólo local sino también externo.[71] Posteriormente, el hijo de Eusebio pasó a desempeñar la dirección del negocio ganadero y se convirtió en el operador inmediato de los intereses comerciales mediterráneos de Benito: "Las haciendas pronto deben haber mucho por aquí porque desde el Rosario hasta aquí están en una seca espantosa... Ya hay aquí un comprador del Rosario pero está comprando barato por ser el primero... Frutos del pays absolutamente no hay pues están trayendo harina de Córdoba, y vino no hay aquí ni en el Río IV y se puede obtener buen precio. La harina está por aquí a seis pesos (el) quintal pero se espera que baje por la que viene en camino...".[72] Así, Emilio Blanco aseguraba a su socio el curso auspicioso de los productos que enviaba a Córdoba o al Litoral.[73] Los negocios pecuarios de Benito se vinculaban estrechamente con el país trasandino, aunque, como la mayoría de los hacendados mendocinos, no se convirtió en propietario de tierras en Chile. Efectivamente, en la década 1860 estaba asociado con un vecino chileno, Marcos Garello.[74]

Los negocios locales vinculaban también a un universo de actores individuales que incluía a su hermano menor, Melitón, casado con la hija mayor de Benito, Elcira; administraba el almacén de la ciudad y colaboraba en la dirección de la estancia cordobesa, la que finalmente adquiere en 1881.[75] Además, Benito contaba también entre sus subordinados con otro pariente: Manuel González de Jonte, un comerciante local venido a menos que se había presentado en concurso en 1859,[76] esposo de su tía Mónica González Anglada –una hija de Juan González– y encargado del otro almacén en la ciudad.

Por otra parte, las prácticas crediticias de Benito adoptaron varias modalidades y sus correspondientes registros nos han permitido detectar algunos matices importantes sobre las operaciones por él realizadas. Entre ellas, algunas se asemejan a situaciones anteriormente descriptas para los casos de su padre, de su tío o de su suegro.[77] Los valores son realmente importantes, si consideramos que el patrimonio de su padre al morir (en 1854) fue valuado en casi 60.000 pesos, y el de su suegro, en 1863, era de un valor muy similar. La disponibilidad de capital de Benito era realmente notoria hacia la década del sesenta. Y, en esta instancia, el perfil de Benito era muy semejante al de los importantes acreedores de su padre. Es como si los roles se hubieran modificado al ritmo del crecimiento patrimonial y del movimiento comercial que concentraba.

Pero conviene detenerse en las prácticas crediticias de Benito que involucran situaciones con sus propios hermanos. En 1861, Salvador González Pintos recibe de su medio hermano Benito 2480 pesos por el término de seis meses sin interés ninguno hipotecando la hacienda de potreros que ha comprado a Federico Solar y se compromete a que "Si en dos años [Benito] no recibe el dinero se obliga a devolver el total en oro u plata no en papel moneda".[78] Dos años después, en 1863, existiría una práctica similar. Esta vez Sixto González Marcó le debía a su hermano la cantidad de 900 monedas de plata u oro sellado hasta noviembre de 1863, pactando pagar en esos términos y "Si me paso del plazo estipulado abonaré a más el interés de 1 por ciento mensual".[79] De la lectura de los convenios resulta la inexistencia de intereses sobre el capital prestado, aunque el aseguramiento del cobro del dinero se haría, para el caso de Salvador, contra la hipoteca de la propiedad que había adquirido con ese dinero y en plata fuerte, situación que posibilitaría a Benito sujetar la posibilidad de evaporar sus recursos; la diferencia con su hermano Sixto (ambos hijos del primer matrimonio del progenitor) radica en que en el supuesto caso de no poder reintegrarlo en tiempos estipulados, Sixto pagaría un interés del 1 por ciento. El escasísimo interés impuesto resultaría quizá más beneficioso para su hermano, situación menos distante que para el caso de Salvador, quien estaría en condiciones más duras para devolver el capital. Razones éstas que hacen suponer una virtual tensión entre los intereses individuales de estos hermanos empresarios. En este sentido, la primacía económica del poderoso Benito aparece representada en su condición de principal prestador intrafamiliar y esta situación perfila el carácter subsidiario de sus dos hermanos. Al mismo tiempo, la cooperación de Benito en el proceso de adquisición de propiedades rurales de sus hermanos es de vital importancia y no debe ser subvalorada porque él mismo se aseguraría no sólo lealtades personales, sino que también favorecía el acrecentamiento patrimonial de la red de parientes.[80]

Al reconstruir el itinerario de *Carlos González Pintos*, la intrincada malla de negocios familiares sigue refiriendo a actividades complementarias del grupo de parientes. Tanto el comportamiento empresario como su actuación relevante en la vida política de Mendoza en la segunda mitad del XIX (ejerció la gobernación entre 1863-1866, convirtiéndose en uno de los líderes de las facciones locales), permiten sopesar el cruzamiento de roles y funciones de su perfil socio-profesional y político.

Recordemos que en 1852 Carlos estaba integrado a la familia-empresa realizando compras de ganado en el Litoral. También es importante volver a considerar que había heredado Panquegua en 1854, y de la mano de esa hacienda se había apropiado del manejo de los negocios de su padre, especialmente el vinculado a las invernadas de cordillera, al sistema de tropas y de harinas.

Carlos González ejercía el dominio sobre los terrenos de Uspallata, lo que le aseguraba el control sobre el camino a Chile (por Paramillos) del ganado que se exportaba. En 1863, había autorizado "a su nombre y representación de su propia persona, derechos y acciones, cobre y perciba de todas las personas que introduzcan hacienda vacuna, mular o cabalgares en el Cajón de la Villa de Uspallata a pastoreo tanto de esta provincia, como de la República de Chile, exigiendo el valor del pastaje como arreglo a las instrucciones que oportunamente le dará practicando dichas cobranzas...".[81] Entonces, ante la posibilidad de disponer de los forrajes necesarios para el ganado propio en el paso cordillerano, Carlos contaba con ventajas con respecto al resto de los hacendados mendocinos. Si bien éste no era el único acceso a Chile, constituía empero el más directo por su proximidad con el valle de Aconcagua. Por lo tanto se beneficiaba de todos los arreos que cruzaban a Chile o del ganado que invernaba allí hasta la apertura de la cordillera.[82] Tal era el tránsito, que en el año 1863 realizó un convenio con Jorge Mardones para el establecimiento de una posada.[83]

Las invernadas de cordillera requerían de haciendas en la llanura, y Carlos González no tardará en sumar a su patrimonio personal predios extensos que le posibilitaran el traslado del ganado. Por esta razón pasó a concentrar propiedades rústicas, situación que vuelve a perfilar el fenómeno de la especulación inmobiliaria en función de la incorporación de tierras factibles de ser explotadas ante progresivas mejoras tecnológicas en el sistema de regadío por parte del estado provincial.[84] En 1861, Pericles Ortíz y Felipe Corvalán le venden a Carlos mil cuadras de terreno inculto en Vizcacheras (departamento de La Paz) por 500 pesos y, en esos años realiza también inversiones urbanas.[85]

Al igual que su hermano Benito, Carlos pactó con otros empresarios regionales diferentes sociedades vinculadas fundamentalmente al establecimiento de estancias o de comercio en general.[86] También instrumentó prácticas crediticias. En algunas oportunidades, los préstamos no cobrados podían acrecentar su patrimonio inmobiliario.[87] En otras, adelantó mercaderías a compañías mercantiles.[88] Pero si el comportamiento empresario de este individuo sugiere un sostenido crecimiento económico, sus prácticas crediticias también advierten sobre las demandas de dinero. En 1861 Carlos recibe de la mano del fiel amigo de su padre y gobernador de Mendoza, Melitón Arroyo, como encargado de Pedro Zavalla, 6500 plata sellada con 1 y medio mensual hipotecando la hacienda de Panquegua.[89]

El perfil empresario de Carlos González lo constituía esa suerte de comerciante-hacendado-transportista-prestamista, y el manejo de sus inversiones estaba apoyado en un núcleo íntimo de relaciones de parentesco. Y, a diferencia de su hermano Benito, los tres hijos varones de Carlos se incorporaron de lleno a la "carrera de comerciantes". Carlos, Enrique y Alberto se incluían en esa red íntima con divisiones laborales precisas.[90] Por último, en 1882 se incorpora formalmente el cordobés Santiago de la Lastra, antiguo socio de Carlos en el traslado de ganado a Chile, al casarse con una de sus hijas, Mercedes. De algún modo esa diferenciación de funciones coaligaba los intereses económicos de Carlos, que, en 1879, eran lo suficientemente importantes como para amortiguar el riesgo de sus acciones.[91]

La información disponible sobre el desarrollo empresario de Carlos González remite a una serie de cuestiones relacionadas a su preeminencia social y política. Podríamos aventurarnos a manifestar que su figura concentraba atenciones para hacer negocios,[92] y en este sentido Carlos solicitó licencia como gobernador para dedicarse a ellos por cuatro meses. Pero también en el conjunto de sus prácticas empresariales se pueden percibir pautas de comportamiento más flexibles en comparación con las de sus pares: "Es verdad que Carlos tiene varias propiedades, y como es comerciante, si le dan a ganar en un negocio, lo vuelve a vender".[93]

La trayectoria de *Daniel González Pintos* ofrece más indicadores para observar la función de las redes de relaciones en la organización de los negocios. Era el quinto hijo del viejo Benito con Rita Pintos y bien supo aprovechar las vinculaciones esparcidas por el espacio económico a lo largo de su carrera de comerciante. Desde joven se desempeñó en la casa comercial de su tío-padrino José Cayetano Borbón en Valparaíso, pero sus relaciones con sus parientes residentes en Mendoza no se habían diluído. Todo lo contrario. En 1862, José Luis Marcó, residente ya en Mendoza, le otorgó un poder para que lo representara en la República de Chile porque tenía un juicio pendiente.[94] En Chile, entabló amistad con Mariano de Sarratea, un importantísimo comerciante y asesor político del general Mitre, además de ser también operador del general Paunero. Posteriormente, Daniel se trasladó a Mendoza, donde contrajo matrimonio con Carolina García Bombal, una rica heredera mendocina.[95]

Una vez radicado en Mendoza y en ejercicio de la administración del banco familiar, fenómeno al que posteriormente nos referiremos, Daniel adquirió un importante establecimiento productivo: "El Algarrobal".[96] El perfil de la hacienda era muy similar al de la de su hermano Carlos en Panquegua.[97] Basada fundamentalmente en el negocio ganadero, la propiedad se complementaba con otro establecimiento situado en la frontera sur provincial. La estancia "Las Peñas" reunía 30 leguas de "lindo campo, que está 12 leguas de llegar a San Rafael". El comercio del ganado con Chile podía favorecerse a través de los pasos del Planchón, Las Ancas, la Cruz de Piedra y el Portillo.[98] Daniel allí engordaba novillos y ganado criollo destinado para bueyes, sembraba trigo y elaboraba harina en el molino y después de 1890 sumó plantaciones de vid. También arrendaba sus potreros a otros hacendados del sur provincial, vendía pasturas o podía llegar a explotar la propiedad en sociedad con vecinos chilenos.[99]

Si Daniel se había incorporado de lleno en los negocios desde Mendoza, su aprendizaje comercial y su capital relacional lo posicionarían pronto en otro lugar. Su futuro empresario se asociaba al universo financiero después de 1866, y a la centralización de la información de los negocios de sus hermanos.

La documentación disponible vuelve a sugerir la existencia de diversas estrategias de regulación en las transacciones comerciales de los hermanos con el universo externo de relaciones económicas, que incluía la información sobre los rubros y momentos que podían auspiciar buenos negocios. La acción del gran mediador Daniel González, el único hermano radicado en el "pueblo", regulaba las operaciones comerciales. Desde ese lugar privilegiado –la ciudad y lo que ella posibilitaba, la concentración de información y de recursos–, avizoraba no siempre con éxito las relaciones de intercambio estrictamente individuales o colectivas. Daniel disponía de la información necesaria para arbitrar –dentro de otras cosas– el movimiento del ganado dentro de la red de parientes y así conseguir no dispersar los recursos monetarios: "No tendrás necesidad de comprar mulas, para no *gastar dinero*, y aquí se puede entenar la otra manada con las de Luis, unas de Nicanor y otras que ha comprado Melitón".[100] De esta manera, la solución dada a su hermano residía en la utilización del stock de ganado, que aun siendo comprado individualmente, podía ser destinado a compromisos comerciales de otros hermanos como síntoma visible de la reciprocidad y cooperación en los negocios. Si cada uno de los González involucrados en el negocio ganadero podía beneficiarse de los recursos del resto, Daniel también recibía comisiones de ellos en carácter de pago por sus servicios.[101] Esa relativa individualización de los negocios de los González no diseñaba totalmente la lógica empresaria, ya que seguía primando una organización familiar en el manejo del principal rubro de comercialización. En efecto, el negocio ganadero continuaba surtiendo los principales recursos de capitalización familiar.[102]

Las referencias más arriba esgrimidas coinciden en resaltar a la década de 1860 como el momento más relevante de la primacía económica de los González, no sólo por la acumulación de recursos desde el punto de vista de cada uno de los patrimonios individuales, sino por la aceleración de la dinámica de las relaciones comerciales entre los hermanos y de los agentes extrarregionales. El virtual eje del espacio económico lo constituían Chile y el litoral argentino, y sobre ese ámbito suprarregional nuestros actores hacen funcionar sus negocios de manera eficaz. Ese espacio se sostenía por cierto en un rosario de corresponsales u operadores estratégicamente ubicados en las villas y ciudades que delineaban las rutas del intercambio. Aunque fundamentalmente los centros más importantes eran Valparaíso, Mendoza, Rosario y Buenos Aires. En última instancia, del tipo de relaciones económicas intrumentadas por los González resaltan características ligadas a un comercio de grupo y no de individuos. Asimismo, la organización intrafamiliar estaba delimitada en función de una suerte de división interna del trabajo y por lo tanto el liderazgo intra y extrafamiliar dependía en buena medida de la posición interna dentro de esa división, y también de un juego de relaciones de fuerza que tenía como nudo de intersección la acción individual, dentro del marco de los negocios previos a la asignación de la herencia, y de los recursos movilizados por los actores.

7. "Daniel González y Cía.": la formalización de los negocios familiares, 1866-1880

Este juego individual y colectivo de los actores favorecía entonces la emergencia de la parentela como grupo económico regional, y esta situación puede ser percibida en la creación de una razón social orientada a la captación y el préstamo de dinero. En 1866 crean su propio Banco (y también el primer ejemplo de estas instituciones en la provincia), cuyo contrato celebratorio indica la existencia de cuatro socios capitalistas y un "gerente industrial". El capital societario sumaba 50.000 pesos, repartidos en cinco acciones: dos de propiedad de Benito González Marcó, una en favor de Carlos González, otra en favor de José María Videla (cuñado de ambos) y una más, repartida entre dos vecinos chilenos representados por Melitón Arroyo, el notable mediador de la parentela.[103] La distribución de las acciones no sólo viene a mostrar quién había dispuesto de más dinero para formar el banco, sino que también pone a prueba las cabezas más visibles de esta red económica local que se asociaban programáticamente en un acuerdo público. En cierto modo, la entidad resumía una suerte de paso intermedio entre las casas mercantiles (tradicionales instituciones de crédito) y el sistema bancario moderno.[104]

La información disponible sobre la trayectoria crediticia de la entidad indica no sólo el tipo de operaciones libradas en el espacio económico interregional, sino también la red de intermediarios y, una vez más, los liderazgos familiares que podían asignarse en función de las posiciones internas y externas al grupo en cuestión. Como vimos, el principal accionista era Benito González Marcó, pero el líder y operador del negocio era su hermano Daniel González Pintos, el "gerente industrial" que no retenía ninguna acción de la entidad. Por lo tanto, la organización societaria presenta la *formalización* de las prácticas crediticias de la red empresaria familiar que, en virtud de los negocios interregionales, requería del control de diferentes recursos para lograr un funcionamiento relativamente exitoso. Al analizar el comportamiento del banco de los González, ésta es su regularidad más visible, a pesar de que este intento innovador no fue coronado por el éxito empresarial, ya que fue liquidado en 1879. Sin embargo la riqueza de su desarrollo está en otra parte, porque es en la insistente apelación a las vinculaciones personales donde se advierten las características de su formación y desarrollo.

El banco se organizó desde Valparaíso a partir de la segunda mitad del año 65, y las bases de la sociedad en comandita acordadas fueron pacientemente delineadas por dos miembros de la red de negocios: el chileno Santiago Revetta y Daniel González. Desde un comienzo, la entidad operaría por medio de agentes dispersos en el espacio económico, el cual se ampliaría a medida que las operaciones lo permitieran sólo haciendo uso de la firma en la Provincia de Mendoza. Se operaría con moneda boliviana, porque era la más abundante y corriente en toda la República, y la liquidación del negocio se reduciría a oro.[105] ¿Cómo operaba el Banco González?

La gestión encabezada por Daniel González obtuvo en el rosario de agentes extrarregionales un eficaz funcionamiento. En efecto, la dirección o manejo de estos asuntos muestra un universo de actores individuales diversos pero articulados por la actividad comercial y financiera, que podían o no significar para los González relaciones económicas nuevas. Los intermediarios del banco en Buenos Aires (Llavallol e hijos), en Rosario (Pedro L. Ramayo), en Córdoba (Conil), en Los Andes (José Izaza), en San Juan (Eusebio Videla) y en Valparaíso (José Cerveró y Cía.) eran individuos o instituciones privadas que estaban vinculados familiar, comercial o políticamente con los González desde la década del 50.[106] Daniel en este caso accedía directamente a sus corresponsales y la interconexión determinaba las formas de circulación de la información y un control diferenciado de la misma. Esto es, acceder comercialmente a uno de esos agentes significaba ingresar en un complejo circuito financiero interregional que incluía por cierto instituciones de crédito más formales. Esa incorporación en el enmarañado abanico de relaciones no suponía por cierto una equiparación entre los agentes, sino que las asimetrías entre las instituciones producían diferenciaciones importantes. Aun así, era de fundamental importancia operar con este tipo de agentes porque estaban vinculados a instituciones de crédito más poderosas. La relación con la firma "Jaime Llavallol e Hijos" de la ciudad de Buenos Aires otorga una buena instancia para ilustrar este asunto.[107] El Banco González obtuvo un crédito permanente de 10.000 pesos fuertes, pudiendo girar hasta esa cantidad con la condición de que los descubiertos no superaran los tres meses, con un interés del 12 por ciento anual sobre las sumas del debe, lo cual podía "dar margen a una corriente de negocios mutuamente ventajosa". Por giros y letras de cambio se cobraba un medio por ciento, y las operaciones podían ser libradas contra bancos extranjeros (London y River Plate Bank) como también contra otras casas comerciales (Otero y Cía, Freyer Hnos. y Cía.) y particulares de distintos centros urbanos como Rosario, Córdoba e incluso Valparaíso.[108] El mecanismo de las operaciones consistía en *"aceptar siempre los cargos y abonos que resulten de las contra cuentas que se sirvan Uds. pasarnos al recibo, de las que les pasaremos siempre bajo el mismo sistema de números"*, con un porcentaje más ventajoso de las comisiones para la casa porteña. A pesar de que el mantenimiento de la cuenta corriente con Llavallol resultaba más elevada que los servicios que obtenían de similares casas mercantiles de Valparaíso, donde recibían mayores intereses de sus depósitos y acciones, la vinculación porteña era notable: el incremento de la cartera de clientes, al menos, sugiere el acrecentamiento de la relación comercial.[109]

La intermediacion del Banco González era importante para este tipo de casas comerciales y bancos porque los vinculaba con la plaza chilena. Si el banco familiar compraba servicios, ellos también los vendían por lo que la entidad bancaria se integraba al circuito con funciones diferenciadas. La ventaja que ofrecían era la proximidad y relación con Valparaíso, que servía a los operadores individuales e institucionales de Rosario y Buenos Aires: "La presente será entregada a Uds. por chasqui que ordenamos al Sr. Pedro Ramayo haga a Uds. desde el Rosario, quieran Uds., sin pérdida de tiempo, despachar otro a Valparaíso, con el pliego adjunto para los Sres. F. Huth Gruning y Cía. Ese chasqui permanecerá en Valparaíso el tiempo necesario para traerles la contestación y así que llegue a esa nos mandaran Uds. dicha contestación, sea por chasqui dirigido a Ramayo, sea a nosotros mismos por el mismo correo".[110] La relación del banco familiar con el Banco de Londres y Río de la Plata –sucursal Rosario– también da cuenta de este fenómeno.[111]

El esquema de articulación de los miembros de la red comercial y financiera requería de la vinculación con Buenos Aires y la relación cuasi-institucional con la casa Llavallol no la prefiguraba totalmente. Se hace pues necesario indagar las relaciones de la parentela en esa ciudad para reconocer de qué manera la estrategia familiar alcanzaba una dimensión que superaba los marcos locales.

La trayectoria de *Lucas González Pintos* (1827-1908) es la que plantea las referencias supralocales de una virtual política de prestigio común, porque ese itinerario constituye el corolario de las dinámicas sociales que confluyen sobre el enarbolamiento social y colectivo. Lucas había sido el depositario de las expectativas familiares para transitar caminos alternativos a la carrera de comerciantes seguida por sus hermanos. A Lucas lo habían enviado a estudiar Derecho en Santiago de Chile. Una vez graduado, siguió los consejos de Alberdi (amigo de su tío y de su padre) y viajó a Europa. Revalidó su título en Madrid,[112] volvió a

Chile y se trasladó a Mendoza, donde asumió cargos políticos importantes.[113] De manera complementaria, Lucas ejerció representaciones de casas comerciales mayoristas inglesas radicadas en Chile.[114]

Esta integración de tipo dual entre los intereses profesionales y el ejercicio de funciones en el interior del Estado era dependiente de la inclusión de Lucas en una abigarrada red de relaciones personales que le posibilitaba actuar de manera diversificada.[115] En Mendoza, contrajo matrimonio con Rosa Delgado, hija de Francisco Delgado, un importantísimo jurista y político liberal mendocino.[116] Esta sería la matriz de comportamiento de Lucas. Esto es, una combinación de intereses políticos y comerciales centrados en sus cualidades profesionales y en el ejercicio de la función pública.

¿De qué manera se insertaba Lucas en la empresa familiar de los González en Mendoza? A simple vista, no compartía ninguna de las inversiones o actividades realizadas por sus hermanos. Sin embargo, las relaciones con sus parientes mendocinos se basaba en la prestación y contraprestación de servicios. En efecto, Lucas constituía un virtual nexo entre los intereses inmediatos de los mendocinos y el amplio campo de relaciones personales y empresariales que imprimían el rumbo de los nuevos tiempos: las finanzas y las inversiones extranjeras.

Al testear la información sobre las relaciones de Lucas con los intereses empresariales de sus hermanos, la primera situación que se revela es el aprovechamiento de las vinculaciones de Lucas por parte de sus parientes. En 1878, su hermano Daniel le expresaba: "Me parece bien que le pagues a Conil (personaje cordobés) el saldo que le debemos... La relación tuya con ese señor, se ha extendido a todos los hermanos y hoy sirve de agente a Carlos, Benito, Melitón, quienes le mandan consignaciones de harinas y fideos, y les cobra las letras para la compra de sus ganados..."[117]. En cierto modo esa activación era posible porque Lucas era de hecho un importante operador financiero del banco familiar.[118] ¿Esta situación agotaba la relación de Lucas con sus hermanos y el universo de las finanzas? Por cierto que no.

Lucas González formaba parte del directorio del Banco Nacional de Buenos Aires.[119] Y si sus conexiones servían a sus parientes, la propiedad de acciones nominativas de esa entidad financiera de los mendocinos había sido eficaz para conseguir el cargo. Daniel fue explícito cuando le manifestó que debía reintegrar las acciones a sus propietarios: "Entre las acciones del Banco Nacional que remitiste para poder ser elegido Director de ese negocio, iban unas a nombre de Carolina, otras a nombre de Melitón y otras a nombre de la familia de Luis Marcó. Cada uno te las prestó directamente, y podía pedírtelas lo mismo...".[120] Si el texto de Daniel muestra la funcionalidad de las acciones de los mendocinos para formar parte del directorio de la entidad financiera, también induce a pensar una calculada solidaridad grupal para que el individuo de la red más posicionado en las jerarquías sociales mantuviera o acrecentara las bases de su poder, el cual podía extenderse al resto de los parientes. Por lo tanto, la posición individual de Lucas sugiere la existencia de una constante renovación del abigarrado conglomerado de relaciones personales de origen local, que le permitía sostener su propio estatus profesional previa decisión de los parientes locales de adquirir acciones de ese banco y prestárselas de manera directa.

Ese virtual juego de cooperación puede ser reconocido en uno de los tantos episodios en los cuales Lucas activaba sus relaciones personales para canalizar demandas familiares. Entre 1878 y 1880, el banco familiar estaba en franca bancarrota, y las acciones de Daniel González se orientarán a la búsqueda de créditos que aliviaran el estado financiero de la entidad. Insistentemente Daniel recurrirá a la intermediación de su hermano Lucas.[121]

Pero, si bien las acciones individuales de Lucas se orientaron a salvar las urgencias planteadas por el operador mendocino, fue necesario también que movilizara sus propios recursos personales e institucionales para rescatar de las urgencias financieras la empresa de sus hermanos. Sobre este asunto conviene observar la relación del Banco González con el Banco Nacional y del gerente de la sucursal Rosario, Tiburcio Benegas, socio de su hermano Lucas en la explotación de ganado en Córdoba. En 1879, Daniel expresaba: "Como Ud. recordará, existe la responsabilidad solidaria en favor del Banco, de parte de Benito, Carlos, José María Videla y la mía, a más del capital acumulado en el Banco, en 13 años que tiene de existencia, y que ningun socio ha retirado nada ni utilidades ni de capital" y "Como tengo un capital de importancia empleado en los preparativos de una proveeduría, es que me quiero preparar de nuevos recursos, mientras tengo este reembolso y es la razón, porque le pido a Ud. me aumente el crédito".[122]

En buena medida las vinculaciones con Tiburcio Benegas podían robustecer las negociaciones para la obtención del dinero, pero su sola decisión no implicaba la seguridad máxima para poder hacerse del crédito solicitado. Era necesario concentrar negociaciones, y también relaciones, para garantizar el éxito de la operación. Por esos motivos, le escribía a Benegas en marzo de 1879: "Le he dicho a Santana, que pedir una autorización especial para esta cuenta de mi casa, tenía el inconveniente de estar Lucas en el Directorio, y es un compromiso para él, una solicitud de esta clase, y hemos convenido que quede como una resolución de su parte, teniendo en cuenta que mi firma la representan 4 personas, que no tienen ninguna operación particular en el Banco Nacional, y que si necesitan alguna operación de crédito lo hacen con mi firma social... Puede estar muy tranquilo, porque mi negocio cada día marcha con mejor crédito... Agradezco sus buenos auxilios y contando con la marcha próspera de ese Banco Nacional, espero que haremos buenos negocios y así que se puedan impulsar en mayor escala".[123] Como se ve, la obtención del dinero debía prestar atención a una virtual desviación de la función de las redes personales en una instancia de ampliación de crédito de los González y donde era fundamental la existencia de la entidad financiera y comercial. Sin embargo, la cadena de mediaciones aceptó la resolución del pedido de Daniel porque la recomendación para Santana, "fue bien atendida y ahora estoy con más comodidad, hasta reunir más recursos que están repartidos en los diferentes negocios".

Así como Daniel, Carlos y Benito manejaban "diferentes negocios", la naturaleza de los intereses económicos de Lucas se orientaban hacia otros ámbitos. La formación profesional de Lucas y su experiencia financiera servía tanto para la administración de las cuestiones de Estado como también para constituirse en intermediario de grupos económicos extranjeros.

Desde 1872, Lucas era apoderado de la firma Murrieta y Cía., de Londres, y contrató con el gobierno de Santa Fe un empréstito. A partir de allí se integraría a diversos negocios vinculados a ferrocarriles y a la explotación de quebracho colorado.[124] Estas vinculaciones implicaban para Lucas hacerse de comisiones importantes por lo que su hermano celebraba "las nuevas comisiones recibidas de Europa, porque te dan a ganar algo y espero que te alcance para todas tus necesidades".[125] Lucas agregaba a sus inversiones una estancia en Sampacho, una suerte de reconversión de aquella antigua estancia de "Zucos". En la explotación ganadera Lucas estaba asociado también con Tiburcio Benegas (ex director del Banco Nacional en Rosario, posteriormente radicado en Mendoza; suegro del futuro ministro de Roca y gobernador provincial D. Emilio Civit, moderno viticultor y bodeguero, además de prominente político provincial, por lo que ejerció la gobernación entre 1886 y 1889). A esa altura, Lucas González podía alejarse de la función pública para "vivir más tranquilo y a pesar de todo el mundo",[126] al tiempo que dos de sus hermanos (Carlos y Melitón) ingresaban en el sistema financiero provincial después de liquidar el banco familiar en 1880.[127]

8. Un primer balance del itinerario económico familiar

El desarrollo de los negocios de los González recuerda en mucho los comportamientos económicos de importantes grupos mercantiles que desarrollaron su accionar en otros ámbitos regionales. Aun en un contexto geográfico y ante una estructura económica relativamente diferentes, una regular confluencia de prácticas comerciales y productivas sugiere la existencia de una lógica económica que incluía las lealtades personales para la conquista del éxito empresario y social. En efecto, partiendo de actividades mercantiles, este grupo familiar consiguió dar forma a una matriz de negocios con inversiones en diversos sectores de la economía. El manejo estratégico de esos recursos los ubicaría después de 1850 en la cúspide del poder económico provincial. De algún modo, la trayectoria de los González refiere a otros casos registrados en el contexto de la expansión ganadera bonaerense.[128] Cuando recientemente Halperin apela a un testimonio de Felipe Senillosa –que en 1840 se definía como comerciante–[129] para ilustrar el perfil complejo y ambivalente de uno de los miembros de la clase terrateniente porteña, las posibilidades de extrapolar esas situaciones a nuestro universo de actores individuales y colectivos resulta por demás elocuente.

Si bien esas similitudes pueden referir a analogías en cuanto al comportamiento social y económico de los nuevos actores herederos de la Revolución y la Independencia, las estrechas relaciones interregionales –registradas en este singular caso por la interconexión de individuos e intereses económicos– desdicen en mucho las imágenes más convencionales según las cuales, en el escenario posterior a la caída del poder central en 1820, la economía provincial habría estado caracterizada por movimientos centrífugos. Por el contrario, las evidencias con las que contamos difieren tanto de una imagen que centraba la dinámica provincial en un aislamiento como también de la que sostenía que Mendoza se había orientado hacia el Litoral después de 1885.[130]

En este sentido, la acumulación de riqueza de los González y el itinerario económico de los individuos nucleados en la red empresaria muestran que el éxito empresarial dependió tanto de la relación con Chile como de las relaciones comerciales con el área central de la pampa húmeda. Si en un comienzo las relaciones mercantiles habían permitido la ampliación regional de una red comercial porteña, la posterior radicación en Mendoza supuso un punto de flexión en la organización empresaria de la familia.[131] Lucas y Benito resuelven personalmente el ritmo del intercambio regional, se dividen el trabajo y se aseguran la no dispersión de los recursos. Para ello había sido de fundamental importancia la compra casi simultánea de propiedades rurales y urbanas.

En este contexto relacional interregional, la actuación de este tipo de "comerciante-hacendado-transportista-prestamista" dinamizaba diferentes sectores de la economía familiar.[132] Por estas razones, si Benito González ejercía funciones orientadas a la comercialización de ganado porque de hecho no concretó la invitación de su hermano para "poblar estancia" por lo menos en la década del treinta, esa situación no impidió que se convirtiera en productor regional de trigos y harinas. Esta imagen ambigua y zigzagueante donde Benito opera sólo como intermediario en un sector y como productor de otros rubros, delimita un universo de prácticas empresariales complejas que no son fáciles de definir.[133] De alguna manera el problema se vuelve a presentar en el comportamiento empresario de la generación posterior. ¿Cómo puede ser definido el perfil empresario de Benito González Marcó? De hecho, Benito era criador de ganado en el sur de Córdoba y operaba activamente en el comercio de ganado a Chile. El desplazamiento de recursos de un sector a otro puede referir de algún modo a un problema persistente de la historiografía. Este es, que el capital acumulado en el tráfico mercantil fue derivado a otros ámbitos, ceñidos de una lógica económica diferente.[134]

La inversión en propiedades rurales y urbanas merece una atención especial por varios motivos. En primer lugar, para señalar un desplazamiento de las actividades empresariales similar a los registrados en otros ámbitos regionales argentinos en los neurálgicos años veinte. En segundo término, porque la regular inversión en estos rubros sugiere un progresivo incremento de propiedades diseminadas en el ámbito local. Puede decirse que desde las iniciales compras en la década del veinte hasta la notable concentración de estancias y haciendas alrededor de los años sesenta, se delinea una relación diversificada: el espacio rural es tan relevante como el espacio urbano para canalizar recursos. Pero también en esas prácticas se perfilan otros fenómenos donde pueden rescatarse dos cuestiones. La primera tiene que ver con la compra de establecimientos que estaban funcionando en el momento de la adquisición, a los que incorporaron mejoras. No son, en estos casos, propiedades rústicas susceptibles de ser transformadas en tierras fértiles. En segundo lugar, el cuidado meticuloso sobre recursos centrales para conservar importantes establecimientos agropecuarios en el ámbito restringido de la parentela. Si existe por un parte una tenaz estrategia para mantener esos vitales recursos, que en su mayoría fueron adquiridos por los integrantes de la parentela en la década de 1820, las inversiones en propiedades rurales de los hijos de Benito a partir de las décadas del 50 y 60 mostraría un nuevo ciclo de compras de terrenos rústicos susceptibles de ser incorporados al oasis de riego en un corto plazo. Por otra parte, la compra de lotes en la "ciudad nueva" posterremoto, indica la regularidad de la estrategia inmobiliaria urbana.

Además, es bueno considerar aquí el perfil productivo de los principales establecimientos de los González. La combinación e integración de diferentes actividades parecen soportar las hipótesis de Richard Jorba, sobre todo cuando se constata la regularidad de una estructura económica diversificada que parece potenciar determinados rubros en coyunturas muy precisas o delimitadas.[135] Trigo, vides y ganado se alternan en el desarrollo de los negocios de la parentela en el siglo XIX.

En estos contextos, la función social de las redes de relaciones personales se revela como un mecanismo central, heterogéneo y uniforme, que sirvió tanto a la acumulación inicial de riqueza como al mantenimiento del posicionamiento económico.[136] Visto el fenómeno desde el encumbramiento, resulta casi imprescindible reconocer los mecanismos de su formación que muestra una estructura diferenciada, con divisiones en el ejercicio de funciones y posiciones precisas pero al mismo tiempo móviles. A su vez, la movilidad en el interior de la red, e incluso los procesos de reclutamiento o expulsión de miembros, eran el resultado de determinadas coyunturas, instancias éstas en las los actores individuales podían poner a prueba su conjunto personal de recursos. En este sentido, la diferenciación dependía del carácter de los recursos y de la oportunidad para ponerlos en marcha. Así, los mecanismos de enarbolamiento individual estaban "pegados" a la posición de cada uno de los miembros en la red empresaria, y el liderazgo aparece estrechamente vinculado a instancias previas en el manejo de los negocios, lo que constituirá un valioso antecedente para la posterior asignación no sólo de los bienes materiales heredados sino también del traspaso del "saber experimental" para la consecución y éxito de los mismos. En definitiva, el itinerario social de los González muestra que su construcción dependió de la capacidad de incluir, conservar o expulsar individuos que prometían mantener alta la posición social adquirida sobre la base de la existencia de un tipo de red calculadamente abierta. Por su organización interna y por sus relaciones con el mundo externo o económico, el carácter central de estas solidaridades mínimas y máximas prometerá que el capítulo siguiente puedan ser consideradas como uno de los ingredientes de la racionalidad empresaria de los González.

Capítulo 2

"Carreras de comerciantes":
la naturaleza de los activos
y el patrimonio de los González

Daguerrotipo del interior de la bodega de Panquegua.
(Foto: archivo familiar Panquegua.)

*Dos cuerpos de bodega antiguos de Panquegua, donde recayeron
las expectativas de la sucesión a la muerte de su propietario
a mediados del siglo XIX.*

(Foto: Cristián Lazzari.)

El itinerario empresarial de los González entre 1820 y 1880 nos ha revelado algunos aspectos vinculados a la acumulación de riqueza material. A simple vista, la trayectoria económica de estos empresarios regionales ha mostrado una destacada permeabilidad frente a las modificaciones operadas en el espacio económico local y suprarregional. Mirado en profundidad, ese itinerario no es lineal ni progresivo. Si desde 1820 puede delinearse una curva ascendente que aparece representada en la concentración de recursos materiales, esa situación fue dependiente tanto de las acciones individuales o colectivas como de coyunturas muy precisas. Las prácticas económicas de los individuos y del grupo familiar revelan más bien los efectivos nexos de diferentes contextos regionales. Ese conjunto de evidencias parecen indicar que el recorrido empresarial de este grupo de parientes dialoga tanto con la lógica económica de las élites tardocoloniales[1] como también con la que identifica y caracteriza a los núcleos empresariales iberoamericanos de la segunda mitad del siglo XIX.[2]

Al mismo tiempo, estas situaciones permiten poner a prueba algunas hipótesis relativas al comportamiento económico de las élites empresariales en el ámbito regional. Los González parecen desdecir la vieja imagen construida de los grupos tradicionales o "criollos" escasos de dinamismo y cuyos valores "culturales" chocaban con los del capitalismo moderno.[3] Todo lo contrario. Así como los González fueron actores económicos destacados de la economía mendocina previa al ochenta, en las décadas que siguieron, si bien no obtuvieron el mismo liderazgo, tampoco estuvieron fuera del proceso agroindustrial que se acelera después de 1885.[4] De este modo, la historia empresarial de los González corrobora las intuiciones planteadas por Balán a fines de la década de 1970.[5]

Cabe preguntarnos entonces en qué invirtieron los González a lo largo de sesenta años para poder ocupar un lugar destacado en el universo empresario mendocino del siglo XIX.

En conjunto, las prácticas económicas de este grupo de parientes revelan un abanico de inversiones cuyo núcleo central lo constituyó la actividad ganadera, después de 1830. Si en el interior del comportamiento empresario pareciera ser que las actividades mercantiles no dejaron de prevalecer, también desde ese nudo de transacciones económicas los González habrían derivado recursos a la producción vitivinícola. Por este motivo resulta importante descifrar la naturaleza de los activos que enriquecieron a estos empresarios regionales porque permite indagar –desde las instancias anteriores a la especialización vitivinícola– los recursos que les permitieron plegarse a una nueva y profunda reestructuración de la economía regional.

1. El universo de los negocios en la Mendoza del siglo XIX. Problemas, hipótesis y contexto económico de Mendoza, 1820-1880

Mendoza se encuentra recostada sobre la falda oriental de la cordillera de los Andes, al pie de sus partes más elevadas desde México hasta Tierra del Fuego. Un clima mediterráneo de escasísimas lluvias anuales diseñan un espacio semidesértico y agreste, enmarcado por el macizo andino y un conjunto de cordones montañosos vegetados en sus quebradas por hilos de agua provenientes del deshielo y de aguadas emergentes. La importancia de los ríos, entonces, es decisiva en la conformación espacial de la provincia, por lo que el aprovechamiento de los recursos hídricos reconoce una larga tradición que arranca con la acción de las comunidades indígenas y el dominio español.[6] Los esfuerzos se acentuaron durante buena parte del siglo XIX, cuando las administraciones provinciales herederas de la revolución de independencia, privilegiaron políticas concretas para ampliar la frontera de la "civilización". Se configuraron de este modo dos oasis: el del norte y el del sur, los cuales crecieron en función de cuatro ríos de montaña. Los ríos Mendoza y Tunuyán organizan el oasis norte; el Diamante y el Atuel riegan el oasis sur.[7] El dominio de sus cauces facilitó el riego, que permitió hacer, de terrenos inhóspitos, tierras altamente productivas. En 1855, el chileno Benjamín Vicuña Mackenna señalaba que el porvenir de Mendoza estaba en la agricultura y que esto dependía del aprovechamiento del agua.[8] Si la afirmación del chileno derivaba de una proyección hacia futuro, medio siglo después el desarrollo de vitivinicultura le daría en parte la razón. Efectivamente, el éxito de ese modelo agroindustrial dependió de la ampliación de la red de riego, que incorporó terrenos incultos y permitió así que se extendiera la frontera agrícola, que en el siglo XIX no alcanzaba al 1 por ciento del territorio provincial.[9]

En el marco de relaciones mercantiles derivadas tanto del comercio libre como de las guerras civiles de los inicios del '800,[10] Mendoza conoció una importante recuperación económica que es prácticamente visible a partir de 1830.[11] Por su ubicación geográfica, la ciudad sirvió como espacio de vinculación comercial entre el Pacífico y el Atlántico, al actuar a manera de bisagra entre dos centros neurálgicos de interconexión con el mercado mundial.[12] Esa situación había generado, a los ojos del británico W. Parish, un "espíritu comercial e industrioso" entre los habitantes mendocinos. En cierto modo, una estructura productiva diversificada había sido eficaz para sortear los desequilibrios del intercambio mercantil con Buenos Aires: trigo, harina, vino y frutas secas seguían constituyendo los principales productos que los mendocinos ubicaban en ese mercado. Aun obteniendo los productores locales buenas cosechas de trigo y de poseer molinos hidráulicos para elaborar harinas, el costo de los transportes les impedía competir con la harina norteamericana que ingresaba por el puerto de Buenos Aires.[13] Las rutas que comunicaban con

Buenos Aires eran las mismas que se instrumentaron durante el dominio colonial, y por ellas se arreaba fundamentalmente el ganado proveniente del Litoral.[14] Una virtual continuidad en el uso de esas huellas aseguraba las condiciones del intercambio. Pero, si la relación del Litoral mantuvo las tradicionales vías que incluían el Rosario, el Río Cuarto y San Luis, otra serie de postas intermedias aseguraban el tránsito ganadero y de personas: así, Achiras, Toro, Balde, constituyeron lugares de aprovisionamiento y descanso para los transportistas y arrieros. La rutas mendocinas recorrían diversas localidades: Corocorto (La Paz), La Dormida, San Martín, servían a la circulación interna de las mercancías para ser redistribuidas en instancias intermedias de engorde del ganado como Luján o Las Heras, territorios que permitían el acercamiento a la cordillera.[15]

La economía regional desde 1830 estuvo prácticamente dinamizada por la denominada "ganadería comercial", modelo que en resumidas cuentas se mantuvo sin grandes sobresaltos hasta 1885, cuando en el orden interno el ferrocarril atentó contra la producción forrajera que sostenía el sistema de cargas en las provincias del interior y cuando, en el ámbito externo, la demanda de ganado desde Chile comenzó a declinar desde finales de la década del 70. La ciudad de Mendoza y sus alrededores se constituyó en un escenario de relaciones comerciales y económicas relativamente duales al actuar como nexo de actividades comerciales, financieras y de transporte. Centro y periferia, ciudad y campaña daban forma entonces a un espacio económico vinculado con regiones externas y, por lo tanto, el control de ambas se constituía en un aspecto central de las transacciones comerciales. En un momento donde no existen prácticamente áreas más especializadas en determinados cultivos o actividades derivadas de ellas, el dominio estratégico del circuito ganadero será de fundamental importancia para el control de los negocios locales.

El núcleo entonces de la economía mendocina hacia 1850 estaba representado por el negocio del ganado, ya que el 80 por ciento de la superficie cultivada de la provincia estaba destinada a la alfalfa, que servía tanto al engorde de ganado para la vía chilena como al sostenimiento del sistema de transportes de los empresarios mendocinos que se desplazaban hacia el Litoral.[16] La abundancia de alfalfa hacía que el sistema de pastos artificiales se redujera al engorde,[17] aunque poca cantidad podía ser destinada a pasto enfardado, que se realizaba sólo en grandes explotaciones. Asimismo, la asociación del cultivo de alfalfa, cereales y viñedos dominaba aún en las décadas del 70 y 80 las principales explotaciones agrícolo-ganaderas del oasis norte de Mendoza. El campo se explotaba con técnicas muy rudimentarias –a excepción de la trilla, realizada con yeguas y algunas máquinas–.[18] De esta manera, el esquema de relaciones económicas dependía de variables ambientales y de simplificados esquemas productivos.[19]

Sin embargo, los beneficios derivados de la ganadería comercial fueron al parecer ventajosos para los empresarios mendocinos.[20] Si de la observación del chileno se desprende una capitalización dependiente del aumento de la demanda de esos bienes, la rentabilidad de la ganadería comercial dependía también del precio de la tierra –que según Vicuña era cuatro veces más bajo que en el valle central chileno–,[21] la escasa presión fiscal y el contrabando.[22]

Hacia fines del siglo XIX, la vitivinicultura ocuparía el núcleo de actividades económicas y daría a la provincia una imagen radicalmente diferente. Este había sido el resultado de la especialización económica de Mendoza hacia comienzos del presente siglo, enmarcado en las nuevas condiciones de inserción de la Argentina en la división internacional del trabajo, orientando a la agroindustria vitivinícola al suministro de bienes para el mercado interno. Bajo la protección e impulso del Estado provincial y del nacional, la tradición vitivinícola de Cuyo otorgó a Mendoza un papel relevante muy distante de las iniciales posiciones de comienzos del siglo XIX.[23] Y si bien la incorporación de nuevas tecnologías agrarias e industriales fue notable, mucho antes de tal aceleramiento –desde la década de 1870–, existen indicios importantes de modernización vitivinícola.[24]

La distancia que separa la realidad vitivinícola de la primera mitad del XIX de la de finales del siglo es realmente sustancial. Si a principios del siglo XIX el comercio de vinos locales había entrado en franco deterioro, dejando de constituir el principal rubro exportable con su principal centro de consumo que seguía siendo Buenos Aires, en 1883 Mendoza ya disponía de 2788 hectáreas con viña, cultivada en asociación con alfalfa, con baja densidad de cepas/ha (alrededor de 1500) y sujeta sólo a alguna labor cultural de poda. Al finalizar el siglo, 17.830 hectáreas habían sido incorporadas en modernas explotaciones a la vitivinicultura.[25] En ese corto lapso, la bodega sufrió también transformaciones notables: mientras que en 1887 existían 420 bodegas pequeñas, en 1899 el número aumenta a 1084. Y aunque para este año el 87 por ciento de los establecimientos tenían una capacidad menor a mil hectolitros,[26] la construcción de establecimientos tecnificados de gran volumen de producción vínica sugiere la emergencia de una escala mucho mayor de elaboración y comercialización de vinos.[27]

2. LA NATURALEZA DE LOS ACTIVOS DE LOS GONZÁLEZ (1820-1854)

Al historizar las pautas de inversión de la familia-empresa, pueden advertirse dos momentos diferenciados que no sólo refieren a mecanismos de concentración de recursos, sino que también incluyen estrategias tendientes a la conservación o mantenimiento de la posición económica adquirida. Un primer momento coincide con el robustecimiento de Benito González como comerciante en la plaza local, y en función de ello de una primera instancia de diversificación económica representada por la inversión rural y la producción triguera-harinera; el segundo se reconoce en la segunda mitad del siglo XIX, cuando los González se convierten en un grupo de importantes comerciantes, hacendados, financistas y transportistas mendocinos.

Analicemos ahora el primer momento, cuando se consolida la red empresaria familiar de la mano del intercambio mercantil entre Benito y Lucas González en las primeras décadas del siglo XIX (1820 a 1840). Las prácticas económicas de estos actores dejan entrever una suerte de lógica empresarial que combinaba mecanismos comerciales e instancias de producción agrícola y/o ganadera. Benito muestra más las condiciones regionales de mantener y reproducir las relaciones comerciales y complementarlas con la inversión en la producción de trigo y elaboración de harinas. Por lo menos así lo manifiesta en marzo de 1829, ante la propuesta de Lucas de invertir en la estancia de "Las Saladas": "Sobre mi establecimiento no tenga cuidado que yo por ahora no puedo poblar a causa de haber comprado en esta la casa de nuestro vecino D. Fabián González... y yo me resolví a entrar en ella por el lugar y el mérito que me le da a la mía, así que el principal que destinaba para la compra de ganado en este año se ha invertido en dicha casa y será preciso dar lugar a que las alas se críen otra vez para poderlo efectuar".[28] Como el texto lo indica, la acción individual converge en una lógica empresarial, la cual prevé la posibilidad de elección entre dos situaciones: la de poblar la estancia de su hermano o bien robustecerse en la plaza de comercio local. Si por una parte Lucas calculaba que su hermano podía destinar recursos para poblar la estancia, la elección de Benito da por supuesto que no sólo podía ejercer la función de mediador en la comercialización del ganado que Lucas derivaba del Litoral, sino que también podía convertirse en productor; situación que puede estar manifestando la posible derivación de recursos obtenidos en la acumulación mercantil de este mendocino a la expansión ganadera en el Litoral. Aunque también el comportamiento de Benito sugiere –como bien lo señala Fradkin– que la posesión e incremento de "fondos" se constituye en un aspecto primordial para que puedan aplicarse al fomento de las actividades productivas que aseguren la acumulación mercantil.[29] La inversión en ese visceral rubro de la ganadería constituyó un tópico central de la correspondencia de Benito a su hermano. Es más, insistentemente manifestó su preocupación por la marcha de la misma, dando a conocer su opinión sobre su organización y sus réditos. "Muy bien me parece su determinación de vender la estancia de la Capilla del Señor y reunir los criados a cargo de Coria en las Saladas, pues con los seis bien distribuidos hará mucho, y usted estará más tranquilo con aquella sola atención del campo".[30]

Benito no llegó a materializar su inversión en el campo de Lucas, pero esa situación no implicó que los beneficios económicos de su hermano no redundaran sobre los propios, como bien vimos en el capítulo anterior. En esos años, las deudas e inversiones realizadas en el negocio cerealero y en el comercio se lo impidieron: "yo de mi parte le estoy sumamente agradecido, por las repetidas ofertas que tiene a bien hacerme, por la que le doy las gracias deseando siempre en algún modo corresponderle tantos beneficios que de Ud. he recibido y estoy continuamente recibiendo. Con respecto a mi establecimiento en las Saladas debo decirle siempre estoy en efectuarlo pero no podrá ser en el presente año porque los fondos que hay en esta, y los más que se puedan recibir en este tiempo me lo impiden. Tengo que pagar a Zapata y pagar también a Ud. lo que le corresponde de la testamentaría de nuestro finado padre, pues hasta no cancelar todo esto que me aflige bastante no pienso emprender otra cosa".[31] Si Benito postergaba ese tipo de emprendimientos, era porque su situación patrimonial estaba sujeta a las deudas contraídas.

Un aspecto importante para examinar más detenidamente es el interés explícito de Benito por robustecer su condición de comerciante local. Si consideramos esta estrategia en función del uso de las reglas sociales, el accionar de Benito parece indicar la centralidad de una tradicional práctica de enarbolamiento social sujeta no sólo a un aspecto económico específico. Al parecer, Benito había ejercitado el *cursus honorum* de los comerciantes coronándolo con la adquisición de una casa comercial perteneciente a un prestigioso y antiguo comerciante de la ciudad.[32] Asimismo, la simultaneidad de la inversión comercial-urbana y la compra de la hacienda estarían hablando de la incidencia del espacio urbano en el entretejido social y económico del sistema de relaciones sociales posterior a 1820.[33] En esos años, Benito había dispuesto derivar 100 pesos anuales para el mantenimiento de una capellanía en su "Hacienda del Campo" distante a una legua y media del pueblo, la que estaría a cargo del reverendo Domingo Pedernera, perteneciente a la Orden de los Predicadores.[34]

Ahora bien, si las inversiones de los hermanos habían conocido hacia mediados de la década del '20 un inicial proceso de diversificación económica que los había transformado en productores, la década del '40 significará para Benito una nueva coyuntura que coincide con la desaparición trágica de su hermano, radicado en Buenos Aires. En un nuevo contexto económico regional, Benito González mostrará una nueva adaptación a los ritmos económicos, como lo venía ejercitando desde 1820. La producción de trigo y harinas declinará, pero sin desaparecer; a su vez, Benito acrecienta la siembra de alfalfa en sus potreros de Panquegua y Uspallata para el engorde de ganado que venía surtiendo al mercado chileno desde la década del '30.[35]

En resumen, el conjunto de prácticas económicas de estos González delimitan un comportamiento empresario basado en el flujo mercantil interregional, que otorga el pivote indispensable para derivar recursos a otros sectores. Para Benito, será casi indispensable apelar a la producción de forrajes y cereales; para Lucas, poblar estancias será el complemento natural de sus regulares operaciones mercantiles. Para ambos había sido decisiva la adquisición de los establecimientos rurales. En este contexto, la organización empresaria había dependido de fuertes vínculos personales y de sólidas reciprocidades entre los hermanos. La preeminencia de Lucas y la cuasisubordinación de Benito se basaba en una lógica de compensaciones internas que incidió en su posterior autonomización y que se perfiló al momento de la desaparición trágica del líder familiar. Después de 1840, Benito transita sin grandes obstáculos su propio enarbolamiento empresario, que volvió a incluir un conglomerado de personas como recurso fundamental. Para ello contaba quizá con el más eficiente recurso: la mayoría de sus hijos varones se integraron de lleno en la "carrera de comerciantes". Es en el recambio generacional donde se puede observar de qué manera los González continuaron ejerciendo un efectivo uso de los marcos económicos interregionales, pero ahora para acrecentar y mantener la preeminencia social.

3. Los activos de los González, 1854-1880

Si bien los negocios de los sucesores de Benito revelan continuidades en el abanico de inversiones, no por ello dejan de agregar nuevas relaciones que confluyen en el accionar empresario entre 1854 y 1880. Sin duda, la diferencia entre el padre y los hijos está en la preeminencia económica que adquirieron en las décadas posteriores a la desaparición del progenitor. ¿En qué invirtieron los hermanos González para constituirse en empresarios prominentes?

El principal activo de los hermanos González entre 1852 y 1880 estaba vinculado a la producción y comercialización de ganado, que, al igual que los negocios de su padre, podían estar orientadas al mercado local o al externo. Pero, a diferencia de Benito González Milleiro, sus hijos habían concentrado de hecho el tradicional circuito de intercambio en función de sus propiedades rurales, semirrurales y urbanas. En efecto, la distribución espacial de las propiedades de cada uno de los miembros, cualquiera fuera su extensión y naturaleza, otorgaba un marco flexible para el desarrollo comercial porque en la práctica, funcionaban como unidad. Y, muy a pesar del crecimiento del número de los miembros y de la individualidad de las propiedades, entre 1852 y 1880 la dinámica de los negocios muestra la existencia de una densa red de relaciones personales que aglutinaba importantes propiedades diseminadas en el ámbito regional y extrarregional. Complementariamente, las propiedades de los González articulaban los mecanismos de intercambio agropecuario: el ganado que proveía la región pampeana que ahora incorporaba el sur cordobés seguía siendo posible con el envío de trigo y harinas a través de sus propios medios de transporte. Las estancias del Carrizal (Departamento de Luján) y de La Dormida (Santa Rosa), la haciendas de Panquegua (Las Heras) y de Cruz de Piedra (Maipú), la chacra del Algarrobal (Las Heras), la estancia de San Rafael unidas a las invernadas de Uspallata y Manantiales, ponen de relieve la interconexión de los miembros de la red familiar.

La utilización entonces de un tradicional circuito de intercambio no impidió por cierto que un nuevo tipo de vinculaciones económicas transitaran esos mismos recorridos. En efecto, el uso del circuito presentó por parte de estos individuos una notable modificación en la década de 1860. En cierta manera, Benito González Marcó cambió la estrategia de su padre y se convirtió en hacendado en el sur cordobés.[36] El negocio complementaba los intereses pecuarios de Benito en sus potreros de Cruz de Piedra y fundamentalmente en su estancia del Carrizal.[37] Aunque no ingresó en sus campos del Carrizal ningún mejoramiento radical que apuntara a reconvertir su estancia ganadera en otra cosa, fue el principal "capitalista" del proyecto bancario familiar y el único de los hermanos que se constituyó en criador de ganado en el sur cordobés.

Las pautas de inversión de Carlos eran por cierto más diversificadas que las de su hermano Benito, aunque su principal activo también consistía en la venta de ganado a Chile. Panquehua ocupaba un punto estratégico entre la ciudad y el paso cordillerano, porque se comunicaba con el pedemonte a través de Casa de Piedra, un reducto de invernada. La estancia de Manantiales era otro punto de descanso y alimento del ganado, previo a los abundantes potreros de Uspallata. El control de esa ruta por parte de Carlos casi culminaba en el sitio Punta de Vacas, el punto de intersección de los ríos de montaña (Cuevas y Vacas) que originan el cauce del Mendoza que desciende al pedemonte y la llanura mendocina para alimentar el oasis. Allí, Carlos ya no tenía controles estatales por el ganado que vendía o hacía pastar.[38] El minucioso manejo de la ruta hacia Chile se complementaba con la estancia de Santa Rosa y de Vizcacheras, ambas situadas al este provincial, próximas a San Luis.

Complementariamente, Carlos producía trigo y elaboraba harinas. Panquehua volvía a presentar el escenario privilegiado para ese tipo de producción. La construcción del molino hidráulico databa de 1827, pero Carlos agregó un nuevo eslabonamiento en ese negocio: la fabricación de fideos para ser vendidos a otros comerciantes, formar parte de sus ventas cotidianas en la "casa de trato" de la misma hacienda, venderlos en la ciudad o derivarlos a Córdoba y San Luis. Al mismo tiempo, la barraca o matanza de Panquehua hace ver que el abasto local formaba parte de sus negocios cotidianos. Los viñedos y la bodega resolvían el suministro de vinos artesanales porque tenían en Panquehua un tradicional reducto de producción, aunque Carlos fue el que inicialmente derivó capitales para la explotación de vides francesas.[39] Como se ve entonces, la hacienda se caracterizó por la diversificación de sus productos desde 1827 cuando Benito se hizo propietario de ella, y mantuvo esos rasgos aun cuando pasó a manos de un nuevo propietario. Carlos González resignificó los usos del establecimiento. Si en un comienzo el perfil productivo de la hacienda era cerealero y proveedor de frutas secas, posteriormente integró actividades vinculadas al comercio del ganado e incorporó viñedos, que le servirían más tarde para montar un establecimiento vitivinícola agroindustrial.

Las inversiones de Daniel González se orientaron también al negocio ganadero, que mantendrá hasta pasado el siglo XIX. Sin embargo, a diferencia de sus hermanos Benito y Carlos, que ingresaron a la actividad financiera desde actividades primarias, su acceso a este tipo de negocios fue posterior a la creación del banco. En efecto, la compra de la hacienda del Algarrobal data de 1869. El perfil que adquirió el "Algarrobal" era muy similar a la hacienda de Panquehua, pero a diferencia de su hermano Carlos, Daniel se desprendió del establecimiento porque sus expectativas estaban en otro lado.[40] La estancia "Las Peñas" (cuya administración se registra después de 1868 al contraer matrimonio con Carolina García Bombal) constituirá el principal reducto de operaciones comerciales y ganaderas de este González.

En cierto modo, las propiedades de los hermanos González se presentan como el núcleo del accionar empresario. Estas unidades de producción surtían de recursos y su dispersión ayudaba a prevenir riesgos. En particular la dispersión de las haciendas, estancias y chacras permitía desde aminorar la incidencia de factores climáticos hasta evitar el suministro de alfalfa de otros hacendados locales. Pero la preeminencia empresaria debe buscarse en la posibilidad de establecer *otros* negocios a partir de esos bienes. El modo por el cual los intereses pecuarios de estos individuos se integraron al sistema de transporte puede revelar este asunto.[41]

En efecto, la importancia de esta actividad en el patrón de negocios familiares fue expresada por Daniel en 1879: "Este año es más difícil que el año pasado para vender el ganado a un precio regular con Chile, así que si hubiéramos seguido el negocio, nos habría dado pérdidas. Hoy lo sostienen los que tienen pastos propios pues ya la alfalfa en Mendoza no tiene consumo, porque el FFCC ha suprimido nuestro tráfico, que lo hacíamos con nuestros carros y arrias de mulas, que era un contingente consumidor de pastos, que ha quedado muy reducido, y luego que llegue el FFCC, nos remataremos en este carro de negocio, pues la alfalfa sobra para las invernadas de vacunos, y el que no tiene con qué comprar ganado, no tiene a quién venderle pasto. A Chile le vino la ruina con el ferrocarril, y nosotros vamos caminando al mismo fin. Ya ves que yo no soy partidario del FFCC, pues es un negocio que consiste en un *tropero grande*, que viene a enterrar a todos los menores, y que no nos deja más que el *silbido* de sus máquinas llevándose el producido de sus fletes, que todo nos quedaba antes con nuestros propios recursos de transportes, que nos eran suficientes para lo que producimos en todas las provincias. Cuando iban nuestras expediciones al Rosario, todos los provincianos ganábamos con el transporte, y el Rosario tuvo su época favorable, amparado ese comercio con la visita de los provincianos. Desde que el FFCC Central empezó a trabajar, se ha sentido su dominio desde el Rosario al interior, y a medida que avanza es más notable el mal que nos causa".[42] Con una pluma si se quiere genial y metafórica, Daniel describió un universo de situaciones que no sólo remiten a un tipo de negocio que dejaría de formar parte de los activos de los González. En esa oportunidad, Daniel señalaba el mecanismo de integración espacial, económica y social del sistema de cargas y transportes previo al efecto del ferrocarril, que estructuraría una nueva geografía.[43] Asimismo, su agudo diagnóstico incluyó un espacio más amplio que el nacional porque, de hecho, sus intereses inmediatos estaban al otro lado de la cordillera. A su corresponsal de la villa de "Los Andes" en la República de Chile le manifestaba: "Adelantamos en frontera, pero nos viene la ruina a las Provincias del Interior con el FFCC, que se viene metiendo, y quitándonos el transporte de nuestros productos, en nuestros propios elementos de carros y mulas, que daban vida a las provincias, dando ocupación a mucha gente. Esa es la causa porque está pobre Chile, desde que le metieron el FFCC, dándole a los ingleses, lo que ganaban los criollos, es un progreso muy mal entendido".[44]

A los ojos de Daniel González, el progresivo avance del ferrocarril hacia el interior del país afectaba el conjunto de los beneficios generados por el servicio de transportes de carga prestado por carretas y tropas de carga. Esta situación revela en qué medida este tipo de comerciantes y transportistas locales acaparaban el tráfico comercial (importación y exportación de diversos productos) desde Rosario hasta la plaza de Mendoza. Por lo tanto, los tradicionales beneficios económicos que producía este virtual "comercio de tránsito" se veían amenazados por los ferrocarriles, dado que éstos tendieron a eliminar una importante red de intermediación comercial y de servicios, a la vez que redefinirían los circuitos y centros comerciales vigentes.[45]

En esa oportunidad Daniel también señaló el progresivo desmantelamiento de las redes de beneficiarios de ese tipo de comercio, el cual incluía un eslabonamiento de producción agrícola y de servicios representado por los potreros de alfalfa (en estancias de cordillera y en los oasis, además del circuito de postas y campos puntanos, cordobeses y del mismo territorio provincial), la compraventa de pastos y el suministro de carretas además del ganado.

Existirían por cierto algunas ideas núcleo en el relato de Daniel González sobre los efectos económicos y sociales del avance de los caminos de hierro. La primera recorre la cuestión del desplazamiento de tradicionales vías generadoras de excedentes que pasan ahora a otras manos, las de los ingleses. La segunda reconoce el universo de actores económicos y sociales integrados en el sector de transportes a lo largo de los circuitos del comercio interregional. En ambos textos, Daniel insiste en los efectos diferenciadores que causarían las redes ferroviarias en las provincias del Interior. Es una nueva relación entre centro y periferia lo que permite a Daniel reflexionar sobre una profunda transformación que afectaba un tradicional circuito de interacción económica que incluía el territorio chileno.

Este "progreso mal entendido" ¿autorizaría a caracterizar su racionalidad empresaria como desprovista de ingredientes modernos porque manifestaba su oposición al ferrocarril? Sin duda que no. La riqueza de la cita ubica no sólo el carácter central de la verticalidad de los negocios de los hermanos González, sino que también posibilita descubrir la defensa de intereses corporativos. En este caso, las nuevas condiciones del mercado y la tecnologización de los medios de transporte delimitaba niveles de competencia hasta el momento desconocidos. Probablemente la lógica de Daniel se asentaba en aspectos más inmediatos, donde el virtual progreso debía contemplar otras situaciones. Unas décadas atrás había formado una Comisión provincial que concertaría un proyecto para extender los servicios del Ferrocarril del Oeste, aunque convirtiéndose en accionista.[46] En un nuevo contexto que depende de factores externos y sobre el cual no puede influir, en su opinión priman intereses sectoriales. Esto es, la pérdida de un recurso fundamental para el desarrollo empresario lo enfrenta a una situación novedosa que amenaza la consecución de sus negocios y los de su familia. Pero a su vez, y aunque su opinión muestre que para Daniel los ferrocarriles ingleses implicaban un camino sin retorno, la relación de Lucas como mediador e inversionista en la misma actividad viene a plantear el carácter no uniforme de las relaciones empresariales de los hermanos. Lucas había conseguido ingresar en ese mundo de negocios porque había dispuesto de recursos diferentes de los de sus hermanos radicados en Mendoza. Para Daniel, por el contrario, el silbido de la locomotora adquiría un significado diferente del del discurso oficial.[47] Si para la clase política representaba la modernización, para Daniel González implicaba una seria amenaza sobre el patrón de inversiones de un vasto conjunto de empresarios regionales del interior del territorio nacional: los recursos que los provincianos ganaban con el transporte serían ahora capitalizados por los ingleses, por lo cual una de las redes de concentración y distribución de recursos que habían mantenido desde las primeras décadas del siglo XIX se desplazaría hacia otros beneficiarios.

De todas maneras, las agudas reflexiones de Daniel se anticipaban seis años a la llegada del ferrocarril a Mendoza. Y los González en esos años no sólo continuaron con sus tradicionales negocios sino que se anticiparon a los efectos negativos de los caminos de hierro en la organización empresaria como se verá más adelante. Aunque disminuido en volumen,[48] el negocio ganadero continuó como eje articulador de sus transacciones comerciales y la vía chilena siguió complementándose con el mercado local.[49] Nuevamente nuestro principal informante nos otorga buenos elementos para recorrer la naturaleza de los activos de los González en las últimas décadas del siglo XIX.

En esta oportunidad el escenario del accionar empresario es diferente pero no demasiado novedoso para este grupo familiar que desde hacía varias décadas encontraba en el poder político un fuerte sostén de vinculaciones empresariales. Como ya es bien sabido, las relaciones entre el estado provincial y las clases propietarias constituye uno de los temas más importantes para el desciframiento del comportamiento empresarial de estos actores, y ha recibido por parte de la historiografía importantes interpretaciones.[50]

En algunos puntos desarrollados en el capítulo anterior habíamos mencionado las vinculaciones económicas de los individuos involucrados en esta historia empresaria familiar y el estado provincial.[51] Estas evidencias soportan en parte el juego complejo y ambiguo de un grupo económico regional que desde 1860 estuvo fuertemente representado en el poder político de la provincia, pero no lo agota. Otro ámbito es el que vincula a Daniel González con el Estado nacional en la segunda mitad del siglo XIX: surtir de víveres a las tropas de la frontera sur en el último requerimiento de las fuerzas militares para asegurar la frontera interna.[52]

La proveeduría de Daniel González, en sociedad con su cuñado J. Francisco García, estaba organizada desde la estancia Las Peñas y éste era el negocio que le aseguraba importantes recursos cuando decidió vender su valiosa hacienda del Algarrobal.[53] Como es bien sabido, la llamada "Campaña del Desierto" implicó una movilización de recursos económicos importantes por parte del Estado nacional.[54] La línea de frontera sudoeste dirigida desde Mendoza por el general Rufino Ortega fue abastecida por la proveeduría de Daniel González y Francisco Schaeffer durante algún tiempo. Estos socios habían presentado ante el gobierno nacional una oferta (licitación pública mediante) de carne, galletas, azúcar y tabaco. Para ello se habían asociado con un mendocino residente en Buenos Aires, Agenor Chenaut (quien también colocaba letras y giros del Banco González en bancos porteños y londinenses), que era concuñado de Lucas González y quien conducía en ese año el ministerio de Relaciones Exteriores de Avellaneda.

En noviembre de 1878, Daniel se preparaba para entrar a competir con otros empresarios que pretendían ser los elegidos para surtir a las tropas que ampliarían la frontera: "Yo ya soy conocido en esa plaza y quiero alejar a todos los proveedores, y mi propuesta no puede hacerle tan baja, ninguna otra y te la acompaño, por separado". La necesidad de ser reconocido en Buenos Aires no implicaba por caso disputar posiciones con interesados porteños, porque en verdad los competidores más importantes eran los que podían proveer a las fuerzas militares en los límites geográficos más próximos a los territorios ocupados por los indígenas: "Aquí se dice que Francisco Civit y Joaquín Villanueva han contratado con el Gral Roca la compra de 1000 caballos y 1000 mulas... es probable que la *Comisión sea buena*".[55] Esta última suposición de Daniel nos ingresa al universo de la manipulación de recursos estatales y de las redes sociales que estructuraban grupos empresariales y poder político. A propósito de ello, Daniel buscó vincularse con uno de los jefes militares acantonados en San Rafael, Napoleón Uriburu, a través de su propio capital relacional, que incluía su identificación individual como hermano de Lucas González y, por la vía de éste, con el general Roca.[56]

Pero la estrategia diseñada por Daniel González no apuntaba solamente a salvaguardar sus recursos por la vía informal de relaciones con el Estado comprador de bienes y servicios, porque su pivote de abastecimiento estaba en posiciones inmejorables para surtir los requerimientos del avance de tropas desde el sur de Mendoza hasta Neuquén: "Sólo me intereso por esta frontera, porque tengo todos mis recursos, y busco consumir el ganado que engordo en mis pastos y la harina de mi molino. Cualquiera que saque esta proveeduría a menos precio que el mío, tiene que perder y tiene que *buscarme a mí*, para comprarme el ganado gordo y la harina y tal vez me da mejor resultado".[57]

Y aunque su confianza un tanto excesiva en el éxito de su estrategia preveía los recursos materiales que Daniel retenía y sus vinculaciones con los administradores del Estado nacional, su lógica incluía también la posibilidad de perder el negocio calculado: "El año pasado la volvió a obtener Tejerina y no puedo convencerme de que en la presentación de propuestas, deje de haber alguna informalidad, valiéndose esos señores prepotentes, de algún medio, para conocer todas las propuestas antes de abrirlas, y entonces fijar precio más bajo. Tú puedes calcular si es posible, ésto que te digo, y ver cómo evitarlo, llevando la propuesta en el momento de ser abiertas. Sin dar lugar a que esos empleados que intervienen, puedan abrirla tomando conocimiento de ella, y volver a cerrarla. Cuando se quiere preferir a un proveedor, creo que hay muchos medios para poder emplear que parezcan legales. El socio del Sr. Hardoy me propone arreglo... pero esto no pasa de conversación".[58]

El texto nos brinda un terreno sin interferencias donde observar la capacidad de los vínculos personales para incidir en las estructuras del Estado nacional como asignador de recursos. Para Daniel resultaba indispensable apelar a su hermano, tanto para evitar "informalidades" como también para hacer llegar su oferta por canales informales. De este modo, su lógica mostraba de qué manera podían canalizarse o derivarse recursos (en este caso, información e influencias) desde la función pública al dominio de los negocios privados.[59]

Si pensamos los negocios de estos individuos hacia finales del siglo XIX revisando ligeramente la relación entre la trayectoria social ascendente y los activos que los enriquecieron, el complejo y enredado universo de relaciones económicas puede ser o bien una rara excepción del juego particular de estos actores, o por el contrario puede mostrarnos el revés de la trama. ¿Las redes de relaciones personales que habían mostrado ser eficientes para el inicial proceso de acumulación de riqueza material seguían siendo funcionales al mantenimiento de los negocios particulares? ¿En qué medida estos recursos continuaron sosteniendo la preeminencia empresaria de los González?

Moutoukias ha sugerido para una economía colonial de Antiguo Régimen que "el principal activo de las empresas, la principal inversión –¿*el capital comercial?*– era el honor y la parentela de los que actuaban como comerciantes".[60] Que situaciones análogas puedan ser referidas al recorrido de los González en la primera mitad del XIX, no necesitaría de demasiados argumentos porque, como se ha visto, de su mano concentraron recursos, sirvieron para realizar inversiones estratégicas, organizaron vertical y horizontalmente a la empresa familiar. Los numerosos "empeños para quedar bien, aunque sea con sacrificio" expresados por Benito I, indicaban acertadamente que en el interior de las reglas del espacio económico era necesario mantener incólume el crédito social, dada la persistencia del curso honroso en el cumplimiento de los tratos convenidos.

Pero ¿qué tipo de modificaciones pueden haberse producido en este ámbito ante la aceleración de un proceso económico donde progresivamente coincidirán relaciones más despersonalizadas? En el manejo interno de los negocios no merece dudas la centralidad de la confianza y de lealtades personales para asegurar el éxito empresarial. Hijos, sobrinos y yernos formaban el núcleo de la organización empresaria.

Hasta aquí el cuadro que hemos delineado implicaría establecer que ante la complejidad y dinamismo de las relaciones económicas y sociales, la función de los vínculos primarios se habría circunscripto al ámbito privado de los negocios familiares. Parafraseando a Polanyi, la "gran transformación" había ya operado sobre las relaciones de estos agentes, y por lo tanto el carácter personal en que habían estado basadas las formas de intercambio se habían modificado en virtud de las equivalencias negociadas y no equivalencias fijas. Sin embargo, también conviene señalar que la supuesta impersonalidad del comercio regido por el principio del mercado es algo difícil de encontrar.[61]

Las prácticas económicas de los González en la segunda mitad del XIX parecen corresponderse con estos problemas. Es en la capacidad negociadora y de insistente mediación de Daniel González donde se perfila la importancia de activar, concentrar y distribuir recursos personalmente. Como ya hemos visto, el rosario de corresponsales a los que él accedía y sobre los que arbitraba las transacciones comerciales hace ver no sólo el dominio de su oficio, sino también su capacidad de generar y controlar redes capaces de movilizar recursos a partir de sus propias vinculaciones, las de sus hermanos y las de los amigos de sus hermanos.

La lógica empresaria de Daniel permitía también someter ese universo de recursos incluso ante entidades que, en teoría, eran menos permeables a la acción de las relaciones personales. En medio de la crisis financiera que terminó con la liquidación del banco en 1879, Daniel necesitaba ampliar la línea de crédito en el Banco Nacional. Después de consultar su problema con Lucas, director de la entidad en Buenos Aires, éste le escribió al gerente de la sucursal Rosario, su socio en la explotación ganadera en Córdoba (D. Tiburcio Benegas), quien a su vez se comunicó con su par mendocino, Tesandro Santanna. La recomendación para el mendocino "fue bien atendida".[62] Daniel se sintió aliviado al obtener una cuenta de 20.000 pesos con la firma de dos hermanos ajenos a la razón social, "Salvador y Nicanor que no están en la sociedad del Banco, obteniendo cada uno de ellos 10.000 pesos, y poder usar yo hasta los 50.000 que te indicaba...".[63] La cadena de

mediaciones personales había sido entonces lo suficientemente efectiva para obtener dinero ante instituciones bancarias formales.

De alguna manera este tipo de relaciones cuasi-insti-
tucionales activaban el circuito financiero en el interior del
espacio interregional. En consecuencia, la existencia de sociedades contractuales como también la progresiva injerencia de la banca moderna (sea pública o extranjera) no
supusieron la eliminación de las relaciones personales en
el acceso al crédito. De manera complementaria, esa lógica
asignaba recursos, controlaba información y manipulaba
situaciones. El gerente de Banco de Londres y Río de la
Plata de la ciudad de Rosario revelaba con particular agudeza la delimitación de ese virtual mercado de influencias
en el circuito financiero: "si en algo creen ustedes que les
pueda ser útil en Buenos Aires, tendré el mayor gusto en
prestar influencias que podamos tener, para conseguir la
pronta resolución del asunto."[64]

4. El ingreso a la modernización vitivinícola.
La transformación de la empresa familiar

El desarrollo de las actividades empresariales de los
González en Mendoza a partir de los años ochenta puede
mostrarnos estrategias alternativas y también desplazamientos de recursos en el interior de sus inversiones que,
hasta el momento, no habían constituido los rubros más
fuertes de las prácticas empresarias. La inversión en la
producción vitivinícola adquirirá progresivamente un aceleramiento pero sobre la base de una actividad que había
formado parte de sus intereses desde 1850. Complementariamente, los potreros de alfalfa continuaron engordando
ganado en el oasis sur, ya que los caminos de hierro llegaron a San Rafael en 1903. Asimismo el mercado chileno requería aún de ganado. Pero los potreros existentes en los
oasis del norte provincial, esos que habían surtido suficientemente el negocio ganadero, conocerán progresivamente
una transformación sustancial al ser remplazados por vides
y olivos, aunque no se elimine totalmente el cultivo de al-

falfa. ¿Qué estrategias instrumentaron los González para plegarse a la transformación económica de la provincia? Las desgravaciones impositivas realizadas por algunos integrantes del grupo familiar permiten explorar uno de los mecanismos instrumentados.[65] Entre 1887 y 1903 fueron exonerados del pago de impuestos a bienes raíces los miembros de la parentela que se plegaban al proceso transformador. Los ejemplos más representativos son los realizados por Carlos González Pintos (y su hijo Carlos González Videla), en los departamentos de Las Heras, Junín, Rivadavia y La Paz, con un total de 213 hectáreas desgravadas. Por otra parte Melitón González incorpora cepas de vid por un total de 27 hectáreas en el departamento de Guaymallén. Salvador González y su esposa Encarnación Segura poseen 50 hectáreas de viña en los departamentos de Santa Rosa, Junín y Guaymallén. Los herederos de Benito González Marcó (Ricardo, Félix, Sixto y José Domingo) incorporaron vides a 107 hectáreas de sus extensos campos del Carrizal, en el departamento de Luján. Por último, Daniel González es beneficiario de estas políticas con cuatro hectáreas en San Rafael y dos en Junín.

En conjunto, estas prácticas indican que la incorporación de los González al modelo agroindustrial vitivinícola no respondió tan sólo a la capacidad de innovación sino que el comportamiento empresario era subsidiario de las condiciones derivadas del mismo estado provincial.[66] Por otra parte, el comportamiento sugiere una particular tendencia de algunos miembros de la parentela referida a la multisectoralidad de sus propiedades que se esparcían en el oasis norte para prevenir riesgos climáticos sobre la producción vitícola, como el granizo o heladas.

Carlos González Videla seguía siendo propietario de Panquegua, un establecimiento productivo en trasformación pero con antecedentes vitivinícolas regularmente explotados en asociación con alfalfa.[67] Sumaba a esta propiedad la fábrica de fideos, vacas productoras de leche y un horno de cal.[68] Su hermano Enrique heredó la propiedad de Santa Rosa, que contaba también con un inicial proceso de diversificación económica ya que, en 1894, había instalado una bodega modesta. En construcciones que combinaban adobe, madera y caña, se montaba el establecimiento sobre 1200 metros cuadrados donde la elaboración de vinos se realizaba a través de prensas y sistema de reposo. La producción se almacenaba en cubas de álamo, aunque podía ser trasegada también en algunas pocas de roble; tareas que realizaban seis empleados argentinos permanentes y que podían a extenderse a 50 (varones, mujeres y diez niños) en tiempos de cosecha y elaboración.[69] El yerno de don Carlos, el cordobés Santiago De la Lastra, mantuvo la administración de los bienes heredados de su esposa Mercedes, en "Casa de Piedra" (una fracción de Panquegua en el mantenimiento de vacas lecheras). Sólo Alberto cuidaba los potreros de Uspallata. Pero, si bien Panquegua tiene que ver con la disponibilidad de recursos materiales para la transformación económica, es Tromel el establecimiento que inaugura la etapa agroindustrial vitivinícola en niveles de crecimiento cuantitativo y cualitativo importantes: la compra de 800 hectáreas en Rivadavia, y la construcción de una bodega tecnologizada ejemplifican una estrategia empresarial acorde a los nuevos tiempos.

Ahora bien, si nos concentramos en la dinámica interna de la producción y comercialización de los vinos elaborados por la firma "Bodegas y Viñedos Carlos González Videla" advertiremos las modalidades de la modernización vitivinícola dependientes de la incorporación de tecnología agraria e industrial. Sobre el primero de los aspectos se destaca la incorporación de cepas francesas, la sistematización de las podas, la rotación y mejoramiento del suelo, un mejor aprovechamiento del agua y su funcionalidad para aminorar los efectos de las heladas, la protección de cepas nuevas con montículos de tierra (ya que se necesitan cinco años para la primera cosecha). Todos recursos que confluían en el mejoramiento técnico para asegurar buenos volúmenes de cosecha anual en una agricultura de tipo intensivo.

Las mejoras realizadas en la bodega también merecen ser tenidas en cuenta. En 1895 el establecimiento contaba con tres cuerpos de bodega y casa patronal, su capacidad total era de 12.000 Hl (escaso volumen si lo comparamos con la bodega "El Trapiche" de Tiburcio Benegas que ascendía a 30.000 Hl). El equipamiento incluía una fuerza motriz de 25 HP, entre moledoras, bombas, alambiques, prensas, etc. El establecimiento requería de cinco empleados permanentes y 53 en vendimia, y tenía dirección técnica extranjera. La bodega disponía de un sistema de fermentación cerrado para la elaboración vínica. El valor de la propiedad ascendía a 310.000 pesos y el stock existente se valuó en 100.000. Pero, a diferencia de otros establecimientos vitivinícolas, no contaba en esos años con marcas propias ni con desvío ferroviario.[70]

La comercialización de los vinos entre 1910 y 1930 requiere de una explicitación adicional porque remite a las instancias de comercialización relativamente impersonales.[71] Las operaciones de las bodegas (Panquegua y Tromel) se realizaban a través de dos compañías comerciales ajenas a la sociedad familiar y residentes en la región del Litoral: la casa "Rafuls y Cía." de Rosario y la casa "Trullás y Montalto" de la Capital Federal. Si rastreamos los compradores de vino de la empresa mendocina, vemos que a través de Rafuls se concentraba la comercialización en una franja meridiana de la pampa húmeda, localidades del sur de Santa Fe, Corrientes, Córdoba y el sur de San Luis. La otra firma concentraba la comercialización en poblaciones rurales y urbanas de Buenos Aires (Tandil, Balcarce, Bahía Blanca, General Madariaga, Vivoratá, entre otras). La intermediación en el sur cordobés dependía por el contrario de un pariente, Benito González Delgado (uno de los hijos de Lucas). Como se ve, la red de distribución y comercialización de los vinos está vinculada al creciente desarrollo del mercado pampeano.

Pero el interés sobre el Litoral no se orientó solamente al mercado de consumo de sus productos, sino que sus intereses empresariales estaban ligados también al mercado internacional. En el capítulo anterior advertimos la inversión de Lucas González, Melitón González y Benito Villanueva (sobrino de ambos) en la explotación agropecuaria.[72] En esa oportunidad advertimos que el establecimiento había constituido un tradicional reducto ganadero de los González registrable al menos desde los años sesenta por la sociedad existente entre Benito González Marcó y los Blanco (Eusebio y Emilio). Por lo tanto, la propiedad de la estancia había circulado en el interior de la red empresaria siguiendo regulares pasos.[73] Esta situación es importante por tres motivos. El primero, porque a pesar de su fraccionamiento, el campo no deja de constituir un bien apreciado por los miembros de la red empresaria. Es decir que, más allá de individualización del negocio, subsiste un idéntico comportamiento económico perfilado por solidaridades de tipo horizontal. El segundo se vincula con una suerte de regularidad en el acceso al negocio. La práctica del arrendamiento es primordial antes de la adquisición de la estancia.[74] Asimismo, el tercer aspecto recuerda en mucho los consejos vertidos por el viejo Benito González Milleiro cuando le expresaba a su hermano Lucas (en 1833) que con sólo seis peones podía administrar bien el establecimiento de "Las Saladas". En 1879, Daniel le escribía al socio de su hermano, Tiburcio Benegas: "el [negocio] que inicia Ud. y Lucas en Zuco será uno de los mejores porque en pocos años, se reembolsará el capital, y quedará en aumento, y es un negocio que con dos visitas al año, de parte de los patrones, no necesitan distraer más tiempo. Este negocio con dinero a interés y campo arrendado sólo puede darle utilidad, haciendo bien la compra del ganado y tener mucha economía en toda".[75] Daniel expresaba, a su modo, hasta qué punto un propietario ausentista se garantizaba la rentabilidad de la estancia ganadera sin mayores riesgos.[76]

Por otra parte, la fracción que había pertenecido a Lucas y había heredado su hijo fue rematada por malas administraciones en 1934 por el Banco Italia. Esa oportunidad fue aprovechada por Carlos González Videla para adquirirla. El inicial hijo-administrador del viejo don Carlos lograba controlar un bien sumamente preciado por toda la familia: la estancia "Las Rosas" no sólo contaba con 8000 hectáreas explotadas sino que sumaba desvíos ferroviarios y un casco relevante que incluía una "villa" neoclásica con parque y caballerizas mandadas a contruir por el "gran Lucas" a fines del siglo XIX. En el 34, Carlos era el propietario de Panquegua y del establecimiento vitivinícola Tromel, situado en el departamento de Rivadavia. No sólo actividades primarias y secundarias diseñaron su lógica empresarial: otras actividades ligadas al sector de servicios confluían sobre sus inversiones, sobre todo cuando inaugura una entidad de seguros, "La Mercantil Andina".

5. EL ITINERARIO EMPRESARIAL DE LOS GONZÁLEZ: ¿ACTORES ECONÓMICOS MODERNOS O ANTIGUOS?

El resultado del análisis minucioso de la naturaleza de los activos que enriquecieron a los González entre 1820 y 1910 parece despejar, por cierto, algunos tópicos de la historiografía regional que atribuía escasas vinculaciones de los grupos nativos en el desarrollo de la agroindustria mendocina.[77] En efecto, el itinerario empresarial de los González revela en qué medida los grupos económicos nativos consiguieron transitar de manera relativamente exitosa los desequilibrios generados por el proceso revolucionario y las guerras civiles. Ante estas certezas, las evidencias resultantes de la trayectoria empresaria de este grupo de parientes mendocinos reconoce que si bien el proceso fue traumático, no por ello impedía procesos de movilidad social ascendente dependientes de un notable arbitrio de las reglas del juego económico local y supraregional.

En efecto, el enarbolamiento económico de los González en la segunda mitad del siglo XIX debe ser reconocido en el recorrido sinuoso que arranca a principios del siglo, y que ha presentado de la mano de la empresa familiar de los primeros González, la función del capital comercial en la irrupción de sus actividades productivas. Sin este antecedente resulta difícil reconocer el origen de los capitales o "fondos" destinados tanto a la explotación ganadera en el Litoral como a la producción de trigo y elaboración de harinas en Mendoza. Esto implica reconocer que el capital invertido en esos rubros si fue acumulado en el tráfico mercantil, pudo ser derivado a otro sector.[78] Al mismo tiempo, la inicial y compleja interrelación entre las actividades comerciales y las productivas da cuenta de un proceso de relaciones del espacio económico que no reconocía límites muy precisos entre lo rural y lo urbano. Es más, la interconexión posterior de sus propiedades rurales y urbanas muestra que el desarrollo exitoso de los negocios individuales y colectivos dependía de la estratégica ruta del intercambio comercial suprarregional, que en el recorrido de las décadas de acumulación de riqueza material habían podido controlar.

La naturaleza de los activos que habían enriquecido a los González parece indicar –como señalara oportunamente Moutóukias– la preeminencia de tres poderosos ingredientes: el saber experimental, el crédito y la capacidad de generar un universo de solidaridades para la consecución de los negocios individuales y colectivos en el cual la diversificación de las funciones (¿la estratificación?) era central como elemento vinculado al desarrollo empresario, porque les permitía concentrar y distribuir recursos variados.

En este sentido, las redes personales se constituyeron en uno de los recursos instrumentados por los actores para moverse en el mundo económico. A partir de múltiples figuras asociativas entre parientes, amigos y corresponsales, los vínculos personales regularon sus operaciones comerciales en el interior del sistema económico regional y extrarregional. Especialmente ese efectivo funcionamiento habría dependido del control sobre la información de los mercados o plazas en las que operaban, situación que dependía por cierto de la interconexión personal.[79] Asimismo, las redes personales fueron eficaces en la resolución favorable a los pedidos de dinero realizados por los González ante instituciones de crédito formales. Por lo tanto podemos definirlas como un ingrediente más de la racionalidad empresaria de estos actores.

Es muy probable que ese efectivo dominio del espacio económico previo a 1880 los ubicara en lugar estratégico para dirigir recursos a otro tipo de actividades empresariales. La creación del Banco González, las inversiones realizadas en la década del 80 tanto en la explotación vitivinícola en Mendoza como la que definió el ingreso a la producción ganadera en el sur de Córdoba, definen por cierto rasgos innovadores del comportamiento económico.[80] Este es el rasgo más visible del itinerario empresario de Carlos González. La modernización tanto de los cultivos de vid como de la artesanal bodega de Panquegua y el nuevo emprendimiento vitivinícola de Tromel constituyen las muestras visibles del *aggiornamiento* económico, ahora sí bajo modalidades productivas agroindustriales. Por lo tanto, los capitales que volcarán progresivamente a la vitivinicultura, se originarían en las actividades mercantiles ganaderas, lo cual no deja de relacionarla con instancias de producción subordinadas a esa misma actividad (como la alfalfa), y con el sistema de transportes hasta la llegada del ferrocarril (1885). Es fundamentalmente una modificación estructural la que en definitiva afectaría un patrón de inversiones que durante varias décadas les había asegurado una acumulación de capital notable: el carácter complementario de la producción de trigo, harinas y fideos y la elaboración de vinos (de cepajes criollos y franceses) de este empresario regional había constituido el motor sustancial que permitía equilibrar sus relaciones comerciales y generar excedentes.

Este cúmulo de situaciones y de comportamientos empresariales rastreados a lo largo de casi ochenta años parecen indicar también que la diversificación y la maximización de los recursos que concentraron no fueron suficientes para que los González mantuvieran el liderazgo empresario después de 1880.[81]

De algún modo, la respuesta a la fractura empresarial del grupo de parientes podría radicar en la incidencia de nuevos marcos regulatorios de la economía. La experiencia de los González como banqueros permitió examinar de qué manera se vieron afectados los intereses comerciales y financieros en el tránsito de transformaciones económicas de envergadura. Esa situación fue minuciosamente descrita por Daniel González a partir de 1873: su ejercicio financiero reveló desde un comienzo la insistente interferencia de las situaciones económicas de los individuos, del grupo y del contexto en el cual operaban. Si el objetivo del Banco era maximizar las beneficios económicos, la misma organización societaria y el mismo desenvolvimiento del negocio ganadero derivó en que se constituyera en una instancia dependiente y no autonomizada del principal recurso de capitalización, lo que condiciona su desarrollo y determina su liquidación. Asimismo, la estrategia diseñada –según los lineamientos vigentes en materia de finanzas– no resistió el embate de unificación monetaria en el país y en Chile.[82] En consecuencia, el accionar empresario, a pesar de concentrar recursos y de aminorar riesgos, obtuvo una importante fractura que, entre otras cosas, implicó la autonomización de los negocios de los hermanos.

Distintos resultados se observan en la trayectoria empresaria al analizar las otras dos experiencias innovadoras. En el caso vitivinícola, es visible que la tradición agrícola y ganadera de los González no entró en contradicción con la actividad industrial, aunque ésta estuvo limitada a la fabricación de vinos. La incorporación de nuevas tecnologías agrarias para un mejoramiento de los cultivos (cepajes franceses, técnicas de riego, etc.) indican la adopción de mecanismos que favorecieron la explotación vitícola. En la elaboración de los vinos también se registran innovaciones: dirección técnica extranjera, almacenamiento en cubas de roble, edificación de nuevos cuerpos de bodega. Asimismo, la comercialización de los vinos muestra un modo distinto de gestión empresarial, ya que se contratan servicios diferenciados de la red empresaria local.

Estas dos imágenes del desarrollo empresarial de los González muestra la dificultad de evaluar el éxito económico en el corto plazo. Si la experiencia bancaria culminó en un rotundo fracaso, la posibilidad de recuperación revelada en el accionar empresarial posterior abrió un curso diferente, caracterizado por la reconversión en la vitivinicultura y la explotación agropecuaria.

Hasta aquí, tanto el diseño de la organización de sus negocios como la racionalidad empresaria que dirigía esas acciones nos presentan un conjunto de individuos fuertemente interconectados por reciprocidades y solidaridades de grupo. De este modo, la historia de la familia y las relaciones de parentesco han mostrado un efectivo uso de los marcos económicos en los que estaban involucrados. Nos corresponde ahora dirigir la atención a las relaciones internas de ese universo de parientes.

Capítulo 3

Cuestiones de familia

La familia González en la casa de la Cierra o Challao a principios del siglo XX. Nótese la distribución de los parientes alrededor de Carlos González y Teresa Videla.

(Archivo familiar Panquegua.)

Hasta aquí, el itinerario ascendente de los González no deja de constituir un ejemplo más de convencionales trayectorias familiares exitosas.[1] Esa ejemplaridad, sin duda, radica en el fuerte sesgo diferenciador que se evidencia en la historia de esta familia a lo largo del siglo XIX. Si al momento de ingresar al Río de la Plata, en los inicios del '800, los González estuvieron vinculados a actividades mercantiles relativamente menores, el enriquecimiento material de las décadas posteriores los ubicaría en un lugar importante en la plaza de negocios de la provincia. Esa preeminencia social, de algún modo, signó el ingreso de los González en el universo político a través de diferentes vías, constituyéndose en un grupo político relevante después de 1861. En verdad, la distancia que separa al comerciante Juan González de su nieto Lucas, el pragmático político y operador de negocios de la familia, es abismal. La cuestión radica entonces en saber si ese exitoso itinerario fue producto de elecciones estratégicas o del azar.

En conjunto, las evidencias disponibles parecen sugerirnos que esta oposición es insuficiente y simplificadora porque, en última instancia, los actores no pudieron prever el resultado de sus prácticas. La acción de estos individuos, si bien puede ser considerada como producto de sujetos capaces de actuar de acuerdo con sus intereses, parece revelar más bien que sus actos no eran independientes ni del contexto familiar y social en el que estaban insertos, ni tampoco de situaciones coyunturales independientes de decisiones personales. Sin lugar a dudas, Benito González Milleiro había sido el padre de los exitosos, el que había logrado el desprendimiento de un pasado mediocre ligado sólo a las actividades mercantiles, el que había sorteado estrategias alternativas para que sus hijos transitaran otros recorridos. Sin embargo, el viejo Benito no sobrevivió al ascenso de Lucas ni a la consagración en la gobernación de su hijo Carlos. De algún modo, una voluntad constante de autorregulación dirigida a acrecentar los recursos materiales y a conservarse en esferas públicas de reconocimiento frente a la sociedad local, parece delinear la lógica de la familia y de los individuos.[2] El resultado exitoso de la estrategia de la parentela hace pensar que los actores poseían un relativo dominio sobre qué tipo de recursos debían instrumentar en un contexto cambiante, que, si bien imponía importantes innovaciones, también mantenía fuertes elementos basados en la costumbre. Desde este punto de partida, el contexto mendocino posibilitó que los González plantearan su propia estrategia no sólo para sobrevivir como grupo familiar sino también para ascender social y políticamente. ¿De qué manera podemos evaluar las prácticas sociales de los González que resultaron ser exitosas a la hora de obtener el reconocimiento de la sociedad mendocina del siglo XIX?

El capítulo promete recorrer la historia de la familia en conexión con el universo social de su tiempo. Se trata de reconocer, a través de sus prácticas individuales y colectivas, un juego cambiante de relaciones de negociación, cooperación y conflicto que definen la manera en que los individuos (y la parentela) se adecuaban o no al conjunto de normas que englobaban sus acciones. En consecuencia, dos ámbitos resultarán privilegiados en este capítulo. Uno más privado y regido por los principios de la reproducción social: el de las opciones matrimoniales, donde las formas de elección del cónyuge adquieren figuras relativamente elásticas que se adaptan al ciclo vital y se entrecruzan con cuestiones personales y normativas. Ligado a ello, retomaremos algunos problemas referidos a las prácticas hereditarias. El otro, más abierto y visible hacia el mundo social y externo: sus viviendas y sepulturas como muestras más tangibles del enarbolamiento social y del reconocimiento obtenido.

1. Alianzas matrimoniales y asociaciones familiares.
Solidaridades y conflictos en torno a la elección
del cónyuge

La política matrimonial encabezada por Lucas y Benito González Milleiro constituye uno de los mecanismos
privilegiados para el robustecimiento del parentesco por
alianzas más o menos pautadas.[3] Dos hermanos que con-
traen matrimonio con dos de las hijas de un comerciante
porteño explicitan formalizaciones de alianzas en medios
sociales y profesionales muy precisos, razón por la cual podemos suponer la funcionalidad del matrimonio para el
rumbo de los negocios no sólo de los González sino también del comerciante Miguel Marcó. Sin embargo, el segundo matrimonio de Benito es el que logra vincularlo a
un territorio específico y al ámbito urbano de Mendoza.
En 1827, después de trece años de residencia y ejercicio comercial en Mendoza y dos años después de haber adquirido un almacén frente a la plaza principal de la ciudad, Benito se casa con la única hija de un viejo vecino de su
padre, con lo cual refuerza aun más su vecindad.[4]

Las prácticas nupciales de los hijos e hijas de Benito
muestran un diverso abanico de situaciones que definen el
modo en que las relaciones personales crean (o refuerzan)
solidaridades y alianzas parentales. Entre 1847 y 1871, los
matrimonios de sus vástagos muestran, sin embargo, dos
momentos diferenciados de la política matrimonial. Analicemos los casos.

Seis matrimonios se realizan entre 1847 y 1856. En
esos nueve años, los González consiguieron establecer relaciones estrechas con parentelas preeminentes de Mendoza. Las dos alianzas realizadas con los Videla Correas
(la de Benito con Demofila en 1847 y la de Carlos con Teresa en 1855), la de Lucas con Rosa Delgado Ivarbals en el
mismo año, la de Salvador con una Segura Godoy (1856)
y la de Tomasa con Emilio Villanueva (1853) parecen indicar la flexibilidad de las familias de la élite liberal local
para establecer nexos con parentelas recientemente enri-

quecidas. Si la existencia de estos lazos entre un linaje en virtual ascenso y algunos segmentos de linajes de más antiguo arraigo permitieron a los González sellar alianzas con familias de sólidas tradiciones políticas que ingresaron al mundo político después de 1852, el matrimonio de Carmen con José Luis Marcó Conil (1856) sugiere, en cambio, la solidaridad de la parentela en el mundo empresario.

Después de 1862, la política nupcial presentó algunas novedades. Si el matrimonio de Daniel con Carolina García-Bombal (1868) seguía indicando la centralidad del matrimonio para el rumbo de los negocios, los tres matrimonios que se formalizaron en el interior de la familia corroboran la existencia de una política nupcial que tendía a concentrar recursos entre parientes. Dos matrimonios entre tíos y sobrinas (Borbón y Leonor en 1867; Melitón y Elcira en 1871) y el de Nicanor con Clementina Arroyo-Godoy (1868), la hija del antiguo dependiente, compadre y leal amigo del finado Benito, representan por cierto prácticas endogámicas relevantes.

Las prácticas matrimoniales de las hijas e hijos de estos González remiten a un campo de relaciones personales y parentales ya existente, en el interior del cual se define la elección del cónyuge. De un total de 27 matrimonios (sobre 57 hijos legítimos), cinco fueron consanguíneos: dos hijas de Benito González contrajeron matrimonio con dos hijos de Carlos, una de las hijas de Benito se casó con uno de los hijos de Lucas, un hijo de Borbón y Leonor se casó con una hija de Carlos, y una hija de Benito se casó son su tío Melitón.[5] Estos matrimonios concertados entre los hijos de los más prominentes miembros de la parentela parecen indicar la importancia de virtuales asociaciones intrafamiliares para prevenir situaciones de riesgo ante posibles dispersiones del patrimonio material. Al cotejar la alianzas concertadas y el patrimonio de los cónyuges se constata la importancia de determinados establecimientos productivos que entraban a circular en el interior de la parentela como lo constituyen los ejemplos de Panquegua, el Carrizal o los campos de Sampacho.[6]

En cuanto a las uniones matrimoniales efectuadas

con miembros de familias prominentes de Mendoza, son ocho los casos que representan el sostenimiento de una política de alianzas en el ámbito local.[7] Sin embargo, si bien esa política se mostraba abierta, no lo era lo suficiente como para incluir alianzas matrimoniales con familias políticamente opuestas. Los cónyuges de los González o de los Videla no fueron reclutados del principal grupo de familias enfrentadas en la política doméstica. Ninguno de ellos, varones o mujeres, contrajeron matrimonio con un Civit o un Villanueva después de 1860, cuando ambos bandos se disputaron la primacía política en la provincia. Por consiguiente, el matrimonio no fue usado para aminorar los conflictos políticos; situación que sugiere un sostenido reconocimiento social de tipo grupal que obtenía en las familias de la élite un referente colectivo, no individual.

Si estas situaciones remiten a alianzas matrimoniales con un fuerte sesgo local, la estrategia familiar de los González incluía una suerte de dimensionalidad espacial que le permitió reclutar yernos de otras provincias. En efecto, la política matrimonial no se circunscribió tan sólo a los ámbitos más restringidos de la sociedad mendocina: cuatro matrimonios con miembros de familias relevantes de Buenos Aires y de Córdoba robustecían el entramado de esta red de parientes que hacia fines del siglo XIX podía ingresar en el mercado matrimonial a algunas de sus mujeres. Leonor Borbón González se casaría con José Manuel Estrada, Rosa González Delgado lo haría con Roque Sáenz Peña; su hermana Josefina, con Miguel Sorondo. Una prima de ambas, la hija mayor del viejo don Carlos, Mercedes González, lo haría con un cordobés integrado a la red empresaria desde una década atrás: en 1882, Santiago de La Lastra contrajo matrimonio con ella, cuando Mercedes ya era considerada bien madura para hacerlo. Tenía 26 años...

El resto de los matrimonios de los nietos del viejo Benito González permite continuar explorando la flexibilidad y coherencia de la política nupcial. El surgimiento de nuevos actores en la vida social y económica de la provincia representaba una virtual amenaza para estos actores más históricos, y las relaciones entre los grupos incluyeron el matrimonio pero bajo criterios altamente selectivos. El principio regulador era el de la pertenencia de clase, aunque algunos ingredientes derivados de la etnicidad de los potenciales cónyuges podía sortear diferencias tangibles de acumulación de riqueza material. De esta manera miembros de familias inglesas, francesas y españolas que hubieran realizado un itinerario social meritorio se convertirían en los principales candidatos para ser incluidos dentro del abanico de opciones matrimoniales. Fue el caso de Julio Lasmastres, casado con Elena González González, una de las hijas de Melitón y Elcira. El padre de Julio, Hilario Lasmastres, había arribado en la segunda mitad del siglo XIX a Mendoza, donde ejerció prácticas comerciales variadas, para dedicarse luego a la producción de vinos finos. Su esposa, Madame Lasmastres, atendía una casa de sombreros en la ciudad, y el destino de Julio fue estudiar medicina en Buenos Aires. Su título coronó una nueva trayectoria familiar exitosa y llevó a cabo una carrera profesional fulminante que fue reconocida en las placas de homenaje después de su muerte. Julio fue sepultado en el mausoleo de su suegro, Melitón González, mientras que su padre yace en una tumba común en el mismo cementerio donde su hijo confirmó su estatus social de la mano de la historia familiar de su esposa.

Los otros casos tienen que ver con el reclutamiento de parientes desde profesiones altamente prestigiosas: una O'Donnell y una Howard, la primera, hija de un militar destinado a Mendoza y la otra, hija de un empleado calificadísimo del ferrocarril y posteriormente gerente del Banco de Londres corroboran –al decir de Bourdieu– los márgenes *prácticos* de la política matrimonial de la parentela.

Pero si bien la cuestión del matrimonio ha mostrado la casi ineludible elección del cónyuge dentro del abanico de la red de parientes o de familias aliadas que permitía la construcción de parentelas solidarizadas, las prácticas matrimoniales de los González no estuvieron ajenas a lo que Lawrence Stone ha denominado "el paso del respeto y el patriarcado al individualismo afectivo".[8] Algunos casos emblemáticos de oposición a los mandatos paternos han servido para mostrar la excepción al cumplimiento de normas rígidas sobre el control del matrimonio y de la familia.[9] ¿Estos comportamientos señalarían una suerte de autonomización frente a la hegemonía del patriarcado? ¿O, por el contrario, el universo de relaciones familiares muestra una relativa flexibilización de las conductas matrimoniales y sexuales? Ni lo uno ni lo otro sugieren los comportamientos matrimoniales en Hispanoamérica. Al menos, para el Río de la Plata, los estudios más recientes revelan aspectos relativamente flexibles de la conducta matrimonial y sexual.[10]

Pero ¿cuánto de personal tenía una elección matrimonial? En la exploración de algunas situaciones puede reconocerse la malla de los condicionamientos que regulaban la elección del cónyuge, que, siendo funcionales a un patrón paternalista, permiten entrever la capacidad de los actores para elegir en base a un abanico de posibilidades. Dos trayectorias femeninas paradigmáticas permitirán advertir de qué manera dos mujeres de la familia pueden arbitrar sus deseos individuales en un universo de prácticas pautadas por los mandatos patriarcales. En un marco de relativa rigidez de las prácticas matrimoniales. Leonor González pondrá a prueba una virtual autonomización frente a la elección de su cónyuge; complementariamente la decisión de Carolina García de González tendrá que ver con una situación diferente pero no por ello menos reveladora: ante la imposibilidad de tener hijos y frente al reconocimiento de su esposo de hijos extramatrimoniales, Carolina apela a la separación de bienes de la mano de una legislación novedosa. La nueva normativa le permite cuestionar un universo de pautas familiares que protegía la conducta de Daniel González y conseguir, de este modo, una valorización puramente personal.

Una carta de Leonor González Marcó dirigida a su hermano Benito nos permite realizar algunas reflexiones. Benito se había manifestado en contra del matrimonio con José C. Borbón (primo de Leonor y antiguo encargado de la estancia de Lucas González Milleiro, además proveedor de los hermanos González desde Valparaíso y muy vinculado a Alberdi).[11] La formalización de esta alianza deja entrever que las prácticas nupciales no estaban imbuidas de una racionalidad económica manifiesta, sino que la elección del cónyuge se realizaba dentro de la dimensión social de las redes de relaciones personales, del campo de relaciones constantemente utilizadas: "...tu silencio me entristece en estos momentos en que deseaba tu aprobación para haberme casado con más gusto. En la carta... me decías que tus deseos serían siempre en el sentido de mi felicidad y eso me hace esperar que no estarás descontento, pues yo creo que, si Dios quiere, he de ser muy feliz con Pepe que me conoce tanto y siempre se ha interesado por mí".[12] Esta situación sugiere la posibilidad de leer la decisión de Leonor como un punto de inflexión: a la vez que su futuro cónyuge estaba inserto en la red de relaciones familiares, la resistencia del hermano, menor pero varón, habla de una ruptura respecto del comportamiento esperado. Leonor elige su futuro marido dentro del abanico de posibilidades de la red empresaria familiar, pero su decisión es personal, y se realiza en función de razones sentimentales: "mi felicidad", "he de ser muy feliz con Pepe".

A pesar de la existencia de este tipo de experiencias, las reglas del matrimonio se correspondían con un universo pautado donde incluso en el terreno de los matrimonios consanguíneos el arreglo entre los padres de los cónyuges era una práctica regular a fines del siglo XIX. José Cayetano Borbón le escribía a su cuñado y futuro consuegro en 1886: "También recibí el documento o acta de consentimiento de Uds. que te había pedido. Está designado el día de mañana, a las 3 de la tarde, para que se firme el contrato de matrimonio de Matilde y Juan".[13] Los preparativos de la boda incluían el arreglo de la casa que habitaría la pareja y su amoblamiento, al mismo tiempo que una instancia contractual aseguraría la realización del "solemne acto que ha de unir a los dos jóvenes" fuertemente emparentados y con experiencias cotidianas de relación familiar. En el momento que Borbón le escribía a Carlos, en su casa porteña se encontraban alojadas su esposa Teresa y sus hijas Matilde y Carmencita.

Hacia fines del siglo XIX, el espacio femenino lo constituía fundamentalmente el mundo doméstico, el de la reproducción biológica y de la crianza de los hijos. Las González eran preparadas para el matrimonio y sus niveles de instrucción se correspondieron con esas expectativas.[14] Pero su valorización personal dependía de la posibilidad de contraer matrimonio rápidamente: "Lo felicito por el casamiento de Juanita, lo mismo de parte de Carolina, deseando que sea muy feliz. Merceditas, que vio su carta me encargó decirle que se acuerde de *buscarle* para ella, pues Ud. ya salió de su semilla (sic), y sólo le queda D. Carmen que será planta improductiva. Está visto que es hombre de buena producción, pues pronto ha encontrado colocación para todas. Ahora puede suceder que la Sra. Inés en Buenos Aires se le renueven las fuerzas, y vuelvan a empezar de nuevo, y a la vejez guaguantear alguna llapa".[15] El texto habla por sí sólo de la función social de las mujeres, así como también de la equivalencia trazada entre ciclo vital y ciclo reproductivo; la cuestión de la fertilidad se convierte en un aspecto central de la funcionalidad femenina y de su "honorabilidad", a la hora de cumplir con los mandatos familiares de la reproducción biológica y cultural. En una sociedad que consideraba que "una mujer que ha llegado a los quince años sin enamorarse, ha cometido una herejía", la cuestión de evitar la soltería era fundamental.[16]

Pero si bien la honorabilidad femenina tenía que ver con la capacidad de las mujeres de dar hijos a la familia, su misma reputación se debatía en cuestiones personales que afectaban al "nombre" de otra manera. Es en el caso de la infertilidad femenina y en la existencia de hijos extramatrimoniales por parte del marido, cuando se revelan algunas situaciones que podían atentar contra la durabilidad de los matrimonios.

Hacia fines de la década de 1890, Carolina García Bombal no vivía ya en San Rafael con su esposo Daniel González. Por el contrario, residía en la ciudad de Mendoza y viajaba asiduamente a Buenos Aires, donde se hospedaba en lo de su cuñada Leonor González de Borbón, con quien había entablado una fuerte amistad. Después de fallecida Leonor, Carolina reclamó a sus descendientes unos cuantos pesos que le había prestado a su cuñada.[17]

Pero el hecho de no tener hijos colocaba a esta mujer fuera de los moldes establecidos del comportamiento femenino: no era soltera, tampoco viuda, disponía de criadas para los quehaceres domésticos... Entonces, ¿cuál era su lugar?

Para algunas de sus cuñadas, la función de Carolina debía soportar situaciones excepcionales de otros miembros de la parentela, y su típico comportamiento burgués era desaprobado por sus congéneres: "un día fui a lo de las muchachas Videla y tuve discusión con la Negra, yo atacaba a Carolina que era la única que debía estar para cuidar a Leonor y servir de algo ya que ninguna otra de la familia podía ir por lo que tenían tantos niños".[18] Para otras, Carolina tenía suficientes argumentos que justificaban su comportamiento individual y sin duda excepcional con respecto de sus parientes (aunque no tanto de sus congéneres): "Se me levantó diciéndome que su tía, Carolina, no podía vivir de aire, que tú le habías retirado todos los recursos. Yo le contesté que era falso y que si así lo hubieras hecho sería muy bien hecho, porque ella debía estar aquí y con su marido. Dolores que está viviendo en la calle de Lavalle la ve todos los días en misa y en la noche en la novena muy elegante en talle, pero me dice Dolores que está tan flaca y tan fea lo mas desfigurada..." Aunque el comentario es de por sí descalificador de la persona de Carolina, la opinión de "todas las viudas y solteronas que estamos deseando verte" se orientaba a salvaguardar el orden familiar. La existencia de posiciones diferenciadas entre los integrantes de la familia a favor de Carolina o de Daniel no alteraba lo suficiente para manifestarse el conflicto matrimonial en un ámbito más público.

Para cuando a la viuda de Salvador González le parecía que Daniel no viajaría a la ciudad.[19] Carolina García Bombal decidió recurrir a un juzgado para dirimir su situación marital. El ámbito cerrado de los arreglos informales y de los silencios familiares no sería suficiente para dirimir su separación de Daniel González: "Yo nada sé de tus asuntos porque las veces que he ido a las casas de la familia ninguna sabe como están esos asuntos...".[20]

En la búsqueda de salidas y de resolución del conflicto, Carolina contrató los servicios de un abogado e inició una demanda para reclamar por los bienes patrimoniales. Su pedido aceptaba sólo la separación de su cónyuge, y expresó formalmente que no pretendía divorcio alguno sino tan sólo obtener alrededor de doscientas hectáreas de potreros de la estancia de San Rafael. Los trámites se habían iniciado hacia 1894 y aun en 1900 no se habían resuelto, porque Daniel no aceptaba lo reclamado por su esposa legítima. La actitud constante de Carolina por continuar la gestión se sostenía en un aspecto central de su condición femenina y repetiría el pleito cuantas veces fuera necesario: en 1898 Daniel había dispuesto por testamento que la mitad de sus bienes correspondían a doña Ascensión, su compañera, y la otra mitad a sus tres hijos (Julio, Delia y Roberto).[21]

En 1896, estando Carolina en Buenos Aires, pide la separación de bienes. En el alegato que había preparado su abogado se expresaba que "la situación en que se halla con respecto a su esposo es verdaderamente excepcional por falta de los recursos que antes le proporcionaba y ha podido convencerse que hay abandono en el cuidado de sus bienes dotales y que el mal estado en que se hallan tanto éstos como los bienes de la sociedad conyugal, la colocan en las condiciones del artículo 294 del Código Civil y queda habilitada para pedir la separación de bienes pues concurren todas las circunstancias y actos que constituyen lo que en el sentido legal y usual se llama mala administración... Que por otra parte el alejamiento personal... y la esterilidad de su matrimonio contribuye al descuido por parte del esposo de los deberes que la ley le impone."[22]

A los mandatos familiares y sociales Carolina antepuso su deseo personal y diseñó una estrategia alternativa amparada en una nueva legislación. Esa actitud apuntó a la defensa de su honorabilidad, que dependía del reconocimiento de su propio patrimonio familiar y que había servido materialmente a Daniel González.[23] El reclamo de esa fracción de tierra o del dinero necesario para satisfacer sus deseos tildados de "caprichosos" era la contrapartida de un virtual servicio que los García-Bombal habían canalizado a través de ese matrimonio realizado treinta años atrás. La estancia "Las Peñas", que Daniel retenía en sociedad con su cuñado Juan Francisco García, había sido heredada por la madre de Carolina en la primera mitad del siglo XIX.[24]

2. Algo más sobre las reglas de la herencia

La idea de retomar algunas cuestiones relacionadas con las costumbres sucesorias tiene por finalidad descifrar prácticas sociales orientadas a la reproducción del linaje familiar. Una vasta bibliografía ha considerado la tensión persistente entre las tendencias igualitarias y las diferenciaciones entre los herederos en pos de la sobrevivencia del grupo familiar. Prácticas resultantes no sólo del arbitrio de individuos ubicados en los vértices más altos de la escala social, sino también registradas en familias campesinas o de sectores subalternos porque son comportamientos que persiguen privilegiar a algunos herederos.[25] Las costumbres hereditarias proporcionan una urdimbre relativamente flexible en cuyo interior deben inscribirse las estrategias individuales, que, al mismo tiempo, hacen circular bienes materiales o simbólicos.

En el capítulo 1 se dedicó un extenso desarrollo a la estrategia de dos familias fuertemente emparentadas para evitar el desmembramiento del patrimonio de cada una de ellas. En esa oportunidad vimos de qué manera las prácticas sucesorias de los González y los Videla Correas representaron el juego arbitrario y pactado de la asignación de bienes fundamentales para garantizar la sobrevivencia del grupo familiar. Las costumbres de desigualdad, en ambos casos, aparecieron orientadas a preservar la integridad de una explotación o la preeminencia de individuos en el interior del grupo. Esas diferenciaciones, a su vez, se soportaron en mecanismos de compensación entre los herederos virtualmente excluidos.

El caso de los González como el de los Videla no ofrecen situaciones de expulsión de herederos. Por el contrario, las fortunas familiares hacia 1860 parecen haber sido lo suficientemente importantes como para garantizar, de una u otra manera, el desenvolvimiento económico y social de cada uno de ellos. Para los elegidos a recibir los principales recursos económicos de los González y los Videla, las cosas no eran sencillas. A más de ser depositarios de la consecución exitosa de los negocios, podían agregarse hermanos a su cargo, situación que aumentaba los costos personales para su manutención o crianza cuando eran menores. De esta manera, los principales establecimientos productivos fueron recibidos por los candidatos más idóneos para proseguir el rumbo empresario. Idoneidad derivada de aptitudes personales y de elecciones más o menos pautadas por el padre y los hijos. Carlos con Panquegua, José María Videla con la hacienda de San Miguel, Benito y la estancia del Carrizal, Carlos Videla con Cruz de Piedra y Salvador con los campos de Santa Rosa representan la eficacia de determinadas prácticas hereditarias, sobre todo cuando cada uno de estos individuos habían realizado tareas afines al universo de los negocios de sus progenitores. De esta manera, las sociedades de hecho, los adelantos recibidos, las ventajas obtenidas por el crédito social y patrimonial de sus padres implicaron la autonomización profesional en franca conexión con los intereses comerciales de los miembros de la red empresaria.

En la búsqueda de instituir fronteras y constituir los grupos, la cuestión de la descendencia era entonces fundamental. Benito González fue el patriarca de una extensa familia que bien puede resumir la expresión de que eran "una clase". Entre 1820 y 1840 catorce hijos (en su mayoría varones) habían nacido de dos matrimonios.

En función de la construcción de individuos solidarizados en la acción colectiva, la expectativa frente al sexo de los niños era notable porque –fundamentalmente los varones (después de un virtual aprendizaje)– podían incorporarse de manera activa a la empresa familiar. Ante el nacimiento de uno de sus vástagos, dicha funcionalidad a futuro la expresó Benito en correspondencia a su hermano, quien no tenía descendencia: "Por esta casa no hay más novedad que otro sobrinito que ha dado a luz Doña Rita

con gran felicidad y a la fecha se halla enteramente resta-
blecida, el que ponemos a las órdenes de Ud., y son seis varones (gracias a Dios) que si se crían, tendré quien me ayu-
de a llevar esta cruz".[26] Sus palabras no sólo condensan la
importancia antes mencionada, también dan cuenta de la
percepción de niveles de mortalidad infantil y de la inversión que requería la crianza. Pero Benito suma un elemento complementario: el reconocimiento formal de la autoridad del socio-hermano al ofrecerle sus hijos propios para
la tarea colectiva que suponía la sobrevivencia no sólo biológica sino social del grupo empresario.[27]

En efecto, el desprendimiento relativamente temprano de algunos niños o niñas era un comportamiento
bastante regular. La residencia alternada podía combinar-
se con extensas estadías en casa de algunos tíos que, a
cambio de protección e instrucción, recibían compañía.
Asimismo, la ubicación de los hijos en casas de otros parientes cuando eran adolescentes podía prometer una
educación más severa y controlada, funcional a los aco-
modamientos familiares. El hecho de transferir a otros la
carga de completar la formación de los hijos, si implicaba
una reducción del costo de la manutención hasta conquistada la formación profesional, también implicaba
que los más jóvenes aprendieran a discriminar las relaciones de trabajo de las de parentesco. Esta circulación de
niños y adolescentes en el interior de la red de parientes
por cierto creaba o robustecía los circuitos de intercambio, de prestaciones recíprocas entre los parientes. Este
fue el caso de las dos hijas de Benito con Leocadia Marcó
(Leonor y Segundita) después de haber fallecido, en la
década del veinte, su esposa. Ambas niñas residieron en
Buenos Aires acompañando a su tía Mercedes, quien no
había tenido hijos.

También Daniel González pasó varios años en Valparaíso con su tío y padrino José Cayetano Borbón, activísimo
empresario radicado en ese centro comercial y político.
Posteriormente, el casamiento entre Borbón y Leonor
González Marcó selló la residencia de ambos en la vieja casona de la tía Mercedes y, junto a sus dos hijos, se hicieron
cargo de Benito Villanueva González, quien, a raíz de la

muerte trágica de su núcleo familiar en el terremoto de 1861, había quedado huérfano. El posterior desarrollo comercial de Daniel –que, como vimos, articulaba intensas relaciones empresariales entre Chile, Mendoza y el Litoral– sugiere la centralidad de su experiencia como aprendiz en la red de negocios de su tío y padrino. Asimismo, la importancia del recorrido político de Benito González Villanueva como senador nacional por Mendoza durante la hegemonía conservadora, atestigua diferentes recorridos de las nuevas generaciones familiares.

Pero retomemos el problema antes planteado, porque en el tema de la herencia de los González no sólo resultará eficaz advertir el reparto de los bienes materiales sino que también es importante indagar algunas cuestiones ligadas a lo simbólico-cultural, aunque las dos dimensiones estén presentes y confluyan en cada uno de los acontecimientos y relaciones del ámbito doméstico y público.[28] En este intento complejo proponemos detenernos en ciertas instancias puramente exploratorias que tienden a descifrar cómo algunos individuos de la red de parientes fueron capaces de continuar ejerciendo prácticas diferenciadoras y detentadoras de distinción porque, en cierto modo, dispusieron de una serie de recursos heredados pero a los que sumaron su propio accionar individual.

Tres varones (Benito, Lucas, Carlos) parecen condensar los principales recursos familiares de esta red de parientes, y en la medida en que sus recorridos individuales fueron relativamente diferentes, sus propios "nombres" avizoraban que esos destinos individuales podían mostrar distintos y complementarios alcances.[29]

La función más privada o íntima de Benito González Marcó pareciera volver a mostrar el perfil social y familiar de su padre, aunque los contextos fueron un poco diferentes. Benito adquirió un papel más secundario desde el punto de vista público, pero no por eso menos importante. Sus intervenciones en la política doméstica de la parentela demostraron ser eficaces a la hora de defender el patrimonio (como se verá más adelante), pero su individual posición en el interior de la misma fue un tanto desplazada de la función más paternalista que exhibiera su padre.

Su identidad política, superada por los acontecimientos nacionales, pudo influir también sobre ese resultado. Otras circunstancias fortuitas, como que la mayoría de su descendencia fueron mujeres, pudieron significar que no podía competir con su virtual rival intrafamiliar, su hermano Carlos. Aunque una visión de más amplio alcance implicó que sus dos hijas se casaran con dos de sus sobrinos e hijos de Carlos. Pero si esta situación puede constatarse a posteriori, el perfil más secundario de Benito puede reconstruirse en décadas anteriores. A la noche del 23 de setiembre de 1865 y presurosas por contestar la carta reticente que les había enviado Benito a sus hermanas Leonor y Segunda González Marcó, éstas le expresaban: "Con muchísimo sentimiento vemos en ella cuanto te hemos hecho sufrir convocando a Carlos para que nos represente en los arreglos de los bienes del pobre Sixto. No puedes figurarte cuanto nos aflige haberte ofendido con esa determinación que creímos necesaria y cómoda para ti, por lo que nos decías en tu primera carta, que habías hecho todo con la anuencia del defensor de ausentes, por la parte que nos tocaba a nosotras. Por esto nos pareció que cualquier arreglo o duda que tuvieses te sería más fácil consultarlo allá con alguno de los hermanos que hiciera nuestras voces, que no tienen que escribirnos y esperar nuestra contestación, pues tratándose de estas cosas no sabemos nosotras mismas que determinar". Benito pudo sentirse ofendido porque sus hermanas demostraron no confiar en su persona, ya que él era parte interesada en el reparto de esos bienes. Por otra parte, los cálculos de Leonor y Segunda para elegir al apoderado se apoyaba en una situación altamente singular: en ese momento Carlos era el personaje más notoriamente público de la familia, porque ejercía la gobernación provincial y, por lo tanto, la defensa de esos intereses podía hacerse efectiva ante la posibilidad de que los hijos del difunto Sixto, que no eran legítimos, antepusieran recursos legales frente a los hermanos-herederos.

Pero la decisión de estas mujeres había estado apoyada en el consejo recibido de su medio hermano Lucas: "Después de recibir tu carta consultamos con Lucas lo

que debíamos hacer y a él le pareció bien que nombráse-
mos a Carlos para facilitar cualquier dificultad imprevista
que tú no podías resolver solo, por ser parte interesada.
Por esto mismo le mandamos a Carlos el poder hecho por
el escribano que estaba demasiado minucioso porque es
la forma en que ellos los hacen pero no porque nosotras
se lo hubiésemos pedido con esos detalles".[30] La solidaridad entre los miembros de la familia era real, pero las tensiones que dirigían las acciones también son relevantes:
"Deseamos que todo ésto que te decimos te satisfaga de algún modo querido Benito... Te agradecemos al mismo
tiempo la confianza con que nos escribes a este respecto,
pues aunque nos aflige mucho haberte mortificado de ese
modo nos consuela al mismo tiempo el que no te hayas
ofendido hasta el extremo de no manifestarnos tu sentimiento..."

En realidad, la incidencia de las relaciones de estos
actores individuales con un universo más público y en el
juego de la política, recaía en los liderazgos familiares. En
este sentido, el éxito colectivo era percibido en la conquista efectiva de los vértices más altos de la función pública y,
así, don Carlos González Pintos, coronó una política tenaz
de enarbolamiento personal y colectivo en el orden local.

Carlos había recibido su nombre en recuerdo de uno
de los hermanos de su padre, que después de haber sido
fraile se había secularizado en España. A la hora de la distribución de los bienes paternos, pudo advertirse el fuerte
sesgo empresarial que caracterizaba sus acciones al hacerse
del negocio ganadero de su progenitor y del relevante peso económico y familiar de la hacienda de Panquegua.
También se observó que Carlos no había recibido importantes bienes, de la mano de su matrimonio, para robustecer su posición comercial individual; por el contrario, en
esa instancia acordó con su hermano Benito el arreglo para que la estancia de su suegro la retuviera Demofila Videla, su cuñada y esposa de su hermano.

Frente a estas situaciones que no involucran relaciones familiares directas, la cuestión de los colaterales adquiere una matiz revelador y el espacio asignado a las acciones
individuales se convierte en un requisito casi ineludible pa-

ra la innovación personal. El bagaje de recursos provenientes de los colaterales puede vincularse a las experiencias políticas de dos viejos amigos de su padre: Eusebio Blanco y Melitón Arroyo. Melitón había cumplido con una serie de requisitos meritorios de prestigio social y de relación política: había sobrevivido a los efectos políticos posteriores a Caseros y había acumulado diversas marcas de identidad desde la actividad privada. Junto con Eusebio Blanco había ratificado el apoyo al vencedor de Pavón, y Carlos se iniciaría en la función pública a su lado al formar parte de Consejo de Gobierno cuando Melitón ejerció interinamente la gobernación en el 62 ante la muerte del gobernador Luis Molina.

En el resultado de una gestión coordinada de prestigio común, la ejemplaridad del itinerario socio-profesional de Lucas González Pintos permite esbozar algunas cuestiones. En primer lugar, la manera en que pudo apoderarse de la tradición política que su tío homónimo había representado hacia 1840, y que el nuevo clima de ideas había robustecido al denostar el pasado trágico del orden rosista y del cual el viejo Lucas González había sido víctima. Por otra parte, Lucas había sido el único de los hijos de Benito en el que la inversión en educación superior habría de potenciar las posibilidades para que adoptara un perfil profesional propio para la administración de funciones estatales de envergadura en el orden nacional. Aunque la importancia de la inversión familiar en su educación fue fundamental, y el destino virtualmente construido habría funcionado de manera eficaz, Lucas no dejó de concentrar recursos que podían favorecer su posición individual, y la ciudad de Buenos Aires era, de vuelta, el espacio privilegiado para explayar su relaciones personales y económicas. Entre ellas, dos episodios sugieren su alcance y dimensión: su vinculación personal con los Sáenz Peña y los Sorondo, y su relación con los inversores ingleses.[31]

En cierta medida, la transmisión y el reconocimiento de la posición social estaba relacionada con una serie de coacciones. Complementariamente, un virtual ejercicio de compensaciones internas favorecía el equilibrio entre los sucesores. Sin embargo los conflictos existentes en el interior de la red familiar, si bien podían ser superados o contenidos, en algunas ocasiones adquirieron un cariz de marcado enfrentamiento. La sucesión de Benito González fue ejectuda en 1854; varias décadas después podía ser cuestionada –en lo formal– porque no existían certificaciones expresas o títulos específicos que garantizaran la propiedad de algunos bienes inmuebles.

Si hacia 1860 los conflictos entre los herederos fueron neutralizados por una serie de reciprocidades mutuas, hacia fines del siglo los enfrentamientos entre ellos eran muy evidentes. Una serie de episodios permiten sospechar sobre ese nivel de conflictos intrafamiliares. En el primero, hacia 1870, los protagonistas son Carlos González y Benito González Marcó; en el segundo, a fines del siglo, José María Videla y Carlos González.

Si bien en el reparto de los bienes de Benito González, en 1854, habíamos visto un estratégico arbitrio de los recursos y las posiciones individuales para hacerse de determinados bienes, el resultado de tal asignación también nos muestra la densa red de conflictos entre los herederos en función de la necesidad de obtener el liderazgo familiar, representado en parte por el dominio efectivo de la hacienda de Panquegua. La división de la propiedad familiar originó discusiones entre los dos hermanos a propósito del deslinde de las fracciones de terreno heredadas. La correspondencia entre Carlos y Benito II muestra, simultáneamente, el conflicto y el peso de las redes familiares en la orientación de las estrategias de los actores: "...he ido a la chacra y encontré a los Chacón trabajando en un potrero... que en nuestra partición tomé...(como) parte de mi erencia... ese derecho me ha hecho ordenar al peón que se retirase sin querer usurparte tus derechos... pero sí hacer respetar los míos... Creo conveniente que nos arreglemos pues quiero ser el último en provocar por cosas insignificantes una ruptura escandalosa...".[32] En 1870, cuando el predominio económico de los González era indiscutido, la apelación a los derechos individuales sugiere que las relaciones entre los hermanos estaban soportadas en una virtual tensión derivada del entrecruzamiento de los intereses individuales y los de la parentela.[33]

La no publicitación de los conflictos se originaba en las solidaridades empresariales que aparecieron representadas en la creación del Banco del cual fueron socios entre 1866 y 1879.

Otra era la situación en 1880, cuando el Banco González había sido liquidado por un marcado cuestionamiento comercial y financiero. La fractura empresarial del grupo había producido la formalización de los conflictos personales, donde el "frente de parientes" que había caracterizado el comportamiento colectivo en décadas pasadas sería ahora suplantado por una disputa abierta e individual.

En efecto, la sociedad entre hermanos y cuñados no aseguró la lealtad en la consecución de los negocios. Después del pedido de liquidación, aparecen un conjunto de situaciones reveladoras del grado de conflictividad intrafamiliar que se había mantenido sujeta hasta la crisis financiera. El presidente de la Comisión Liquidadora era el gerente del Banco Nacional en Mendoza, Tesandro Santanna, el mismo individuo que había otorgado a Daniel una ampliación del crédito familiar para seguir operando dos años atrás. Pero las presiones de los acreedores produjeron la renuncia de uno de los integrantes de esa comisión, Javier Videla, porque existían "acreedores que se ocupan de promover ejecuciones contra la casa que ellos mismos nos encargaron liquidar" y "la hostilidad directa e indirecta que ejercen contra la casa en liquidación, varias personas ligadas por vínculos de estrecho parentesco con los Sres. socios de la misma, resultando de esta conducta incalificable que el desempeño de nuestra comisión se hace difícil y por demás odioso".[34]

José María Videla era uno de los involucrados en ese conflicto, y haría recaer todos sus esfuerzos en el patrimonio del individuo más posicionado del grupo empresario: Carlos. En esa oportunidad, como en años posteriores, José María llevaría a cabo importantes reclamos sucesorios sobre el inventario paterno de los González: "Muy sucio le ha salido a Don José María su proceder, y puede ponerse en las listas de los *Juan Antonios* (Zapata); pero estoy seguro que ya ha de haber visitado a Melitón para convencerlo que era indispensable el archivo de ese inventario, que al fin, el que más lo precisa eres tú para comprobar la procedencia de Panquegua. Si pretende pleito por la hijuela de Rita, te verías en el caso de hacer uso de la hijuela de Pepe, que te has comprado y que vale mucho más de lo que te ha costado. Si piden el remate de la casa, no ha de ser él que la puje mucho, y no se la dejaríamos llevar".[35] Los mecanismos de solidaridad que caracterizaron el recorrido empresario en los años anteriores habían desaparecido. Y la expresión de Daniel sobre su cuñado Videla lo ponía a la altura de Juan Antonio Zapata, el vecino de Carlos que se había prestado ante la simulación de ventas de una fracción de Panquegua y que interferiría en el reintegro protocolar de la propiedad.[36] A tal punto este juego ambiguo y familiar sobre la resolución de los bienes heredados era informal, que Carlos tuvo que alegar en los tribunales provinciales su derecho de propiedad no sólo de Panquegua sino también de sus posesiones en Uspallata. Para la justificación de Panquegua, Carlos disponía de los protocolos de compra de 1825 y 1827, y de la Testamentaría de 1854 que le asignó el inmueble. Pero fundamentó la posesión sobre los potreros de Uspallata en los testimonios que reconocían su uso histórico porque no contaba con la documentación concreta.[37]

Aunque estas trayectorias individuales contienen complicados elementos que sustancian bienes materiales y recursos inmateriales heredados, el carácter de la herencia de recursos simbólicos advierte más sobre los complejos márgenes en la asignación de los bienes y de la posición personal de los herederos. Mientras los principales recursos recayeron entre los varones, el conjunto de recursos recibidos por las mujeres generalmente adquiría un perfil menos explícito. Dos excepciones a la regla, la de Demofila recibiendo la estancia del Carrizal y la de la viuda de Benito González, Rita Pintos, corroboran el diseño de los arreglos informales previos a la liquidación de los bienes y de la asignación del mobiliario en un ámbito más privado. Es justamente en la ausencia de este tipo de traspaso de bienes muy personales en los inventarios de las Testamentarías donde se advierte el matiz contingente del reparto, que por lo general dependía de pactos implícitos entre las mujeres de la familia.

La discriminación sexual en torno a la asignación de los principales establecimientos signó el papel de las mujeres en el universo de relaciones familiares.[38] Sin embargo, en determinados contextos las mujeres podían ingresar al ámbito público.[39] Un ejemplo destacado de este asunto, y al cual nos referiremos en el capítulo siguiente, es el de Magdalena Correas de Videla. En las situaciones generadas a partir de las guerras civiles y del exilio político después de 1840, Magdalena Correas había intentado con éxito salvaguardar el patrimonio desde el punto de vista político. Además coordinó las actividades empresariales con el apoyo de sus hijas y algunos allegados, por lo que el mundo de los negocios no les era tampoco demasiado ajeno.[40] En general, las mujeres de estas familias no estaban excluidas de la estrategia familiar porque garantizaban la continuidad de la parentela, que se estructuraba como un grupo diferenciado y jerarquizado. La tutela ejercida por Magdalena ante la ausencia de su esposo y de sus hijos adultos habilitados en los negocios sugiere no sólo este tipo de inclusiones que podían llegar a darse en otras circunstancias como la muerte del cónyuge, sino que el ingreso dependía de la autoridad materna, de la defensa de sus propios intereses ingresados al matrimonio como dote y del usufructo de los bienes materiales acumulados durante la sociedad conyugal.

Complementariamente la significatividad de la herencia del mobiliario y de los objetos personales ha sido subrayada por una vasta historiografía que rescata lo cotidiano como indicador de los "estilos de vida", porque están presentes en el uso diario de las personas y porque al tratarse de efectos puramente personales referencian importantes modalidades del traspaso intergeneracional y de los significados que obtuvieron por sus herederos. Son fundamentalmente las mujeres de la familia las últimas depositarias de estos bienes preciados y que pueden pasar de las manos de las madres a hijas, o de tías a sobrinas, de abuelas a nietas. Fundamentalmente los muebles, la vajilla de loza, utensilios variados de bronce y cobre como pailas y moledores, las ollas de hierro, la plata labrada y algunas joyas personales obtenían significado en la medida en que estos objetos tenían que ver con tradiciones familiares cuyo mantenimiento debía ser asegurado. Ya en 1811, cuando Gregoria Milleiro había testado en la quinta de don Miguel Marcó junto a la Recoleta, ésta había dejado y cedido "mis alajitas a mi querida hija Doña Mercedes Marcó esposa de mi hijo Don Lucas, por la asistencia regular que ha tenido conmigo en toda la enfermedad".[41] Un virtual juego de reciprocidades y favores sorteaba el paso de estos objetos entre las mujeres González.

Pero si el universo del mobiliario y de los efectos personales privilegiaba su traspaso a las mujeres, el conjunto de prácticas no se dio una forma definitiva en ese ámbito. Es en el caso del conjunto de libros perteneciente a José María Videla donde se pueden reconocer algunos límites del traspaso generacional.

José María Videla Pacheco había concentrado a lo largo de su ciclo de vida un importante conjunto de libros, el cual fue inventariado en 1863 al momento de formar las hijuelas de sus herederos legítimos. No muchos de sus pares contaron con este tipo de bienes,[42] y el ingreso en el inventario sugiere que era un recurso disputable entre sus descendientes.

En el poco clasificado inventario de 1863,[43] los temas religiosos ocuparon un lugar destacado en su universo de preocupaciones literarias. La *Biblia* y el *Nuevo Testamento*, las *Historias de Santos* y el *Resumen de las Creencias*, los catecismos diversos y las historias eclesiásticas unidos a los tomos de *Filosofía Elemental*, de Jaime Balmes, prefiguran hasta qué punto la cuestión religiosa había formado parte de la sociabilidad de este individuo moldeado en el tránsito de configuraciones culturales diferentes.[44] En efecto, junto a esos textos, un abanico de manifestaciones literarias de entretenimiento jalonan el itinerario intelectual de José María hacia 1863. Si su sensibilidad literaria aparecía cruzada por un amplio espectro de lecturas que incluía desde las *Poesías*, de Zorrilla, y el *Quijote*, de Cervantes, hasta novelitas y relatos fantásticos o de misterio, los ejemplares de *La dama de las camelias*, *La cabaña del tío To-*

más y *Robinson Crusoe* parecen indicar hasta qué punto José María no sólo estaba al tanto de las novedades del siglo, sino que también podía leer en francés o inglés.[45] En este sentido, la existencia de diccionarios bilingües (francés/español, inglés/español), las diversas gramáticas castellanas (de Manuel Cortés) y los volúmenes para aprender hablar el francés o el inglés de acuerdo al método de Ollendorf, revelan aspectos diferenciados de su formación intelectual.[46]

Filosofía y política también estuvieron representadas en el universo de lecturas de José María. Algunos textos de Voltaire, de Montesquieu, un ejemplar de la Declaración de los Derechos del Hombre y los discursos de Mirabeau (escritos en francés), junto a las tomos de la historia militar y política de Napoleón prefiguran un conjunto de libros que marcan la matriz de reconocimiento político de este viejo ilustrado mendocino de la primera mitad del siglo XIX.[47] Si José María había considerado importante adquirir volúmenes de historia universal, de la Grecia clásica, de Derecho romano y algunos relatos sobre la vida de Londres y París,[48] la producción intelectual más inmediata estuvo escasamente representada en su biblioteca. Sólo una biografía de San Martín, una entrega de la *Campaña del Ejército Grande de Sud-América* junto a tres tomos de los famosos *Viajes*, de Wanton, que circularon en la segunda mitad del siglo XVIII, constituyen las únicas piezas literarias hispanoamericanas alojadas en su biblioteca.

José María también leyó textos para mejorar sus cultivos, sus ganados, sus vinos y su administración contable. Catecismos, manuales y tratados diversos dirigen la mirada hacia problemas relativos al suelo, a las observaciones químicas y farmacéuticas. A los principios elementales de la química (en su mayoría escritos en italiano), le seguía una "Guía práctica para curar sin mercurio" los efectos de la sífilis, escrita en francés.[49]

El repaso de este fondo bibliográfico inventariado en 1863 ha revelado por cierto un universo de inquietudes literarias y cognitivas de diversa índole. Si la experiencia de los González ha mostrado la importancia de la adquisición de conocimientos para el ascenso social, la biblioteca de José María Videla y su traspaso directo sin dispersión de ningún ejemplar a su hijo homónimo resuelve la cuestión de que la relación saber-liderazgo era heredable, y su materialidad pudo tener que ver con la retención de esos volúmenes que, aunque diversos y fragmentados, constituían un capital funcional para la diferenciación social, para la retención de autoridad y prestigio.

La hijuela de su hijo José María incorporaba este bien, sumamente preciado aunque su valor económico constituía un mínimo porcentaje del total del inventario –los libros sumaron sólo 145,22 pesos, cuando el total del patrimonio redondeaba los 60.000 pesos–. Pero también otros aspectos se filtran en la cuestión de la herencia: la biblioteca se hallaba en la valiosa hacienda de San Miguel, propiedad que heredó José María en su totalidad. Una concentración sutil, la de los libros, y una centralísima no dispersión del establecimiento, sugiere la regularidad de una práctica frente a la sucesión que buscaba superar los criterios igualitarios para robustecer una posición más general de la familia.

3. LUGARES Y SITIOS DONDE VIVIR

El juego de identificaciones y diferenciaciones familiares puede ser robustecido a través de otro tipo de mirada de las prácticas de este grupo de individuos emparentados. Los sitios de residencia y la configuración de las viviendas se constituyen en una suerte de cadena de indicios que permiten explorar algunos signos de reconocimiento social de la red de parientes que analizamos.[50] Lo que una vasta bibliografía ha definido como "cultura material" tiene que ver, en este caso, con la observación de la naturaleza de las cohesiones e identidades y solidaridades familiares. Al mismo tiempo, tanto las prácticas habitacionales como el lugar privilegiado del desarrollo de sus actividades cotidianas puede darnos elementos para evaluar si el estilo de vida de estos individuos se vio modificado a lo largo del siglo XIX.

Habíamos visto cómo los censistas de 1814 habían relevado la residencia urbana de Juan González en un cuartel semiperiférico de la ciudad de Mendoza. Los mismos censistas registraron también la residencia de su futuro consuegro, el protomédico Josep Pintos, en el mismo cuartel. Por el contrario, las residencias de los Videla y de los Correas se localizaban muy cerca de la plaza de la ciudad. Complementariamente, la vivienda de los miembros porteños de la red de parientes era también urbana. Miguel Marcó habitaba en la calle de la Recoleta y, la posterior asignación de la casa-habitación de Mercedes a sus sobrinos Leonor y Benito, en la misma calle, sugiere la identidad de la residencia o en todo caso de alguna fracción de la misma.

Pero si hacia 1825 el ejercicio comercial de los individuos incluidos en la red empresaria continuaba vinculándolos al ámbito urbano, la compra de una casa-habitación y tienda por parte de Benito González Milleiro situada a una cuadra de la plaza principal de la ciudad, sugiere instancias diferenciadoras en ese mismo espacio.[51] Ahora sería vecino de algunos líderes sociales y políticos de la provincia. Benito había logrado desplazarse, por cierto, al núcleo fundacional de la ciudad mendocina. Sin embargo, la complementariedad de los sitios de residencia ingresaría en estos años una dimensión más rural en el estilo de vida. El comportamiento de Benito concuerda con estos nuevos signos de emergencia social y económica: la hacienda de potreros (Panquegua) sería la depositaria de esas expectativas, pero no la única. Los hermanos concentraban, como ya vimos, distintas propiedades rurales situadas en el oasis norte provincial. Pero si nuestros actores preferían la "vida placentera de sus chacras", el nudo de operaciones comerciales se concentraba en el pueblo. Las ventajas que éste ofrecía para el suministro de información y el traspaso de mercancías lo constituían en un espacio privilegiado para el desarrollo de los negocios. Sin embargo, el éxito de los mismos dependía de largas estadías en la haciendas y chacras. Por lo tanto más que una oposición radical entre ciudad y campo, lo que parece prevalecer en el horizonte de prácticas de los González es una efectiva interacción de ambos escenarios.[52]

La alternancia de las residencias de los miembros de la familia se constituyó entonces en un aspecto central de sus prácticas cotidianas. En 1858, Daniel González le había expresado a su tío y padrino José C. Borbón (radicado en Chile): "A mi tía la veo más alegre y ya va pasando la fuerza de los calores, que la hacían poner de mal humor. Tomasita también está más contenta, en días pasados fue con Leonor, Carmelita, Rita y Luis a una chacra donde asistió y volvió contenta, que le había gustado muchísimo el lugar y comido como nunca. Ahora nos encontramos solos en el pueblo. Lucas y la Rosa se han ido al Challao, donde está la Rosa. Sólo mamita ha quedado de pueblera, con este motivo se ven más obligadas a salir al campo. Ayer las llevé a la Chimba y se entretuvieron un rato. Así que se vuelva Lucas del Challado irán con Carmelita para ocupar la misma casa. Y uno de estos días las hemos de llevar aunque sea por el día. Creo que en cuatro días más me pondré en camino y las dejaré bien recomendadas a todos los hermanos y que no las dejen de sacar a todas partes".[53] Aunque el texto referencia más cosas, la descripción de los paseos familiares muestra la cotidiana movilidad de los individuos entre diferentes lugares, y la propiedad personal de los sitios y de las casas quedaba sumergida en un sentido de pertenencia más grupal. Ante estas evidencias, resulta difícil reconocer la conformación de las unidades domésticas de los González. A simple vista, pareciera ser que los miembros de la familia podían alternar los lugares de residencia y ocupar incluso las mismas habitaciones.

Según los escasos planos de las viviendas existentes previas al terremoto de 1861, el diseño de las mismas respondían a la típica vivienda criolla con almacén y tienda al frente de las calles principales de la ciudad.[54] Una serie de cuartos seguían al espacio asignado al comercio minorista y mayorista, donde transcurría la vida cotidiana de la familia. La cocina al fondo, colindante a los predios asignados a la huerta, surtía de los alimentos de consumo diario. Un innumerable inventario de utensilios de cocina –entre tupines de hierro, cuchillos, moledoras, pailas y otros objetos– daban forma a la dieta de los González. Asimismo, hacia 1854, el resto de mobiliario de la casa del pueblo no parece indicar una inversión importante en bienes más suntuarios. Una que otra silla de madera noble, alguna alfombra y unos cuantos muebles con espejos de cristal se mezclaban con media docena de cucharitas de plata y otros pocos objetos exquisitos. Sólo treinta años más tarde se revelará otro tipo de consumo doméstico en torno al mobiliario.

El terremoto del 20 de marzo de 1861 destruyó gran parte de las construcciones públicas y privadas de Mendoza. Un fenómeno de tipo natural y el fuerte efecto político del enfrentamiento de Pavón en el mismo año implicaron marcadas motivaciones culturales sobre el alcance de una ruptura que no sólo adquirió significaciones en el ámbito edilicio y urbanístico.[55] En realidad, el terremoto significó para Mendoza pérdidas materiales y humanas verdaderamente importantes.[56] La ciudad necesitó veinte años para recuperarse de la catástrofe, y aunque ésta resultó funcional para los ejecutores del proyecto liberal que pretendió arrasar con la herencia de la sociedad colonial, las prácticas sociales, los hábitos y las costumbres, las formas o estilos de vida no se expresaron de inmediato en la nueva ciudad.

Es justamente uno de los artífices de la nueva configuración urbana, el entonces gobernador de la provincia don Carlos González, el que nos posibilita ingresar en un universo de prácticas más impregnadas en hábitos ya existentes que en otros más nuevos. En este sentido, el conjunto de edificios y la configuración espacial de su hacienda de potreros fueron reconstruidos en forma idéntica a la que existía al momento del sismo, porque se tomó como base las antiguas construcciones existentes desde la década del veinte.[57]

Pero el emplazamiento de la nueva ciudad también creó un virtual mercado inmobiliario de lotes urbanos susceptibles de ser adquiridos. Carlos González y algunos parientes más se plegaron a esa inversión que no sólo prometía una progresiva capitalización, sino que además les posibilitaría una posterior y centralísima residencia urbana.[58] Sin embargo, la edificación de viviendas en esos lotes no fue inmediata. Puede decirse que hasta fines de la década del 70, y de acuerdo a las expresiones de Daniel, los González se encontraban aún "repartidos en sus chacras". Carlos, en Panquegua y El Challao; Salvador, en La Dormida; Benito, en El Carrizal; Nicanor, en El Ramblón. Daniel sería el único de los hermanos que residía en la casa de la ciudad, porque la administración del banco familiar requería de su presencia en el pueblo.

Es recién después de 1878 cuando los González redefinen los sitios de residencia y la ornamentación de los mismos bajo nuevas modalidades de construcción. En ese año, Carlos González Pintos inaugura su "Casa Alta" en ocasión del matrimonio de su hija Elina con Exequiel García. El arquitecto belga Urbano Barbier irrumpió en la ciudad con un tipo de vivienda no conocida hasta ese momento en Mendoza. A esa altura de los acontecimientos, el mobiliario de los González mostró también una importante modificación. Maderas nobles para los muebles, cristales exquisitos en sus arañas y copas, porcelanas con monogramas personales, platería inglesa para sus bandejas y servicios de té.[59] En treinta años, los hábitos de consumo de los González se habían modificado sustancialmente y los objetos personales pasarán a ocupar un lugar destacado en la construcción de consenso respecto de la propia posición en la jerarquía social, que llegaba a incluir la publicitación de esos preciados bienes materiales en el momento del matrimonio: en 1910 los obsequios que recibían los nuevos esposos de la familia fueron publicados en la prensa mendocina.[60]

La innovación edilicia liderada por el patriarca Carlos González en 1878 sería repetida por otros representantes de la familia, quienes iniciaron un similar recorrido. A partir de allí, la dimensión de una vida más urbana hegemonizaría el universo de las prácticas habitacionales de las generaciones más jóvenes. Si para Carlos era importante notificar que su cuñada Clementina tenía casa en el pueblo en 1887 porque ya "se ha empachado del Ramblón", sus prácticas cotidianas seguían perfilando una tradicional alternancia aún en 1894: "Aquí estamos siempre divididos, yo con la vieja y Merceditas en Panquegua y Matilde en el pueblo con todos sus muchachos, porque el frío les dio la peste boba a todos".[61] Pero también es importante destacar los cambios operados en las construcciones de sus propiedades rurales: Lucas González contrató la construcción del casco de su estancia cordobesa de acuerdo a estilos neoclásicos, y Carlos agregó algunos edificios en su finca de Panquegua pero sin alterar su estilo criollo tradicional. La innovación de Lucas tuvo que ver probablemente con la inexistencia de plantas habitacionales importantes en el campo cordobés. Encargada a arquitectos extranjeros y presentado el proyecto en francés, la casona de la estancia "Las Rosas" incluía varios cuartos con baño privado, salón y comedor, biblioteca y un extenso jardín poblado de rosales. Este último escenario estaba enmarcado por el resto de los predios de la estancia, los cuales estaban atravesados por los caminos de hierro.

En cierto modo, el virtual desplazamiento de las prácticas habitacionales de los González residentes en Mendoza presenta modificaciones que no parecen haberse correspondido con las de los parientes residentes en la ciudad de Buenos Aires. Por el contrario, en estos últimos pareciera ser que el ámbito urbano no fue remplazado al menos desde 1860, adquiriendo un carácter más permanente como sitio privilegiado de sus viviendas o residencias particulares.

En general, el universo finisecular de prácticas encontrará a la mayoría de los González residiendo en centros urbanos importantes. La ciudad de Mendoza y la ciudad de Buenos Aires se convertirán en los principales escenarios donde transcurrirán sus negocios y su vida cotidiana. Pero si los parientes residentes en Buenos Aires muestran una residencia menos móvil, algunos parientes de Mendoza adquirirán un perfil más dinámico y orientado a afincarse en la Capital Federal. A partir de algunas pistas, podemos explorar qué líneas de la parentela podían sentirse atraídas por estas innovaciones que pueden significar algo más que un simple cambio de domicilio. La "Guía de Familias", el conocido *Libro Rosa* editado en Mendoza por la Liga Patriótica Argentina en 1930, nos ha permitido reconstruir los sitios de residencia de algunos miembros de este grupo familiar en Buenos Aires y en Mendoza.[62] De un universo de doce miembros allí inscriptos, ocho son los que se encuentran radicados en la Capital Federal y cuatro en Mendoza. A pesar de ello, tres de los ocho figuran también con propiedades rurales en Mendoza.

En esos años, la viuda de Melitón González se había mudado a la Capital y residía en Santa Fe al 3000 y compartía su casa con una de sus hijas, Elcira, casada con David Guiñazú. Su otra hija, Elena, casada con Julio Lasmastres, residía a una cuadra de distancia: Santa Fe al 3100. Por otra parte, Melitón y José Domingo, dos hijos de Melitón y Elcira, residían en la ciudad de Mendoza en una calle centralísima (Buenos Aires al 61 y al 66). Pero ambos hermanos contaban también con propiedades rurales en Mendoza y en Córdoba: Melitón retuvo la finca del "El Moyano" y la estancia "La Colorada"; José Domingo hizo lo propio con una finca en Ugarteche y la estancia cordobesa "Los Chañaritos". Otros miembros de la parentela se habían plegado a ese cambio: Eduardo González Videla residía en Rivadavia al 1700 y Emilio Villanueva González (hermano de Benito Villanueva) lo hacía en la calle Esmeralda al 900.

Los hijos de Carlos González Pintos residían en Mendoza. Carlos retuvo la "Casa Alta" y Panquegua junto a sus dos hijas: Elina (quien se mantuvo soltera) y Florencia, quien se casó con el porteño Alfredo Curth. Uno de los hijos de Benito González Marcó, Ricardo, residía con su familia a una cuadra de sus parientes (Lavalle 95) y era propietario de una fracción de la antigua estancia del Carrizal.

En general, estos casos representan algunas prácticas comunes. Los parientes mendocinos residían en tres arterias de la ciudad con una distancia aproximada de trescientos metros. Además, sus residencias albergaban a los hijos casados y solteros, y los jefes de familia poseían propiedades rurales. En el caso de los parientes con residencia en la ciudad de Buenos Aires, la regularidad de los comportamientos es también demostrable y la dimensión de identidad familiar está presente más allá de la dispersión de residencias urbanas. Pero también la observación de estas prácticas sugiere la posibilidad de reconocer un conjunto de relaciones sociales que traspasan al grupo familiar en particular.

4. El lugar de los muertos

El rastreo de algunas de las sepulturas familiares de los González, desde los primeros enterramientos en las iglesias locales, la cripta familiar y los mausoleos más recientes constituyen una observación pertinente a la hora de reconocer las cohesiones familiares en el ambiguo comportamiento de estos actores. Así como las viviendas y sus emplazamientos nos dieron elementos para advertir cómo vivieron los González a lo largo de un complejo proceso de rupturas y continuidades socioculturales y espaciales, sus sepulturas o las prácticas enterratorias de sus muertos también revelan comportamientos que referencian más cosas que la sola instancia de dar cristiana sepultura a los difuntos de la familia. De vuelta, una suerte de alquimia colectiva no desprovista de diferenciaciones resuelve una práctica que, contenida en lo más privado o íntimo de la familia, no deja de revelar inferencias que se registran en el universo social de la Mendoza del siglo XIX.

Las diversas menciones testamentarias sobre el lugar preferido para ser sepultado permiten establecer algunas coincidencias en los rasgos identificatorios del grupo o del linaje familiar. Juan González Troncoso orientó sus deseos a ser sepultado en el cementerio del convento de Santo Domingo.[63] Su hija Mónica González de Jonte, cuando testó al estar a punto de dar a luz a uno de sus hijos, pidió ser sepultada en el mismo cementerio donde yacía el padre.[64]

Pero la posición social adquirida por su hijo Benito implicó en buena medida que éste no recurriera a ninguno de los cementerios de las iglesias de Mendoza. Después de haber mantenido una capellanía desde 1831 en su hacienda de potreros, mandó a construir un oratorio donde se dispondría de una cripta para sepultar a los muertos de la familia. Efectivamente, en 1854 Benito sería sepultado en ella; en 1867 su hijo Sixto recibiría allí su sepultura y en 1865 sería sepultada Rita Pintos.

Después de la muerte de Rita, los González muestran un comportamiento más flexible en relación con sus muertos. Carlos González sería enterrado en la cripta familiar junto a su esposa Teresa Videla en 1916, muy a pesar de que la ley de cementerios había prohibido este tipo de prácticas.[65] Pero su virtual contrincante familiar, Benito González, no fue sepultado en la cripta, como así tampoco su esposa. Otros parientes, en cambio, sí fueron sepultados en Panquegua: Daniel (1900), Eduardo (1888), Encarnación Segura (1902) y su esposo Salvador (1900), Juan Borbón (1894) y Berta y Federico Palacio (1896 y 1897).

El año 1887 constituye un punto de flexión importante entre los comportamientos que rastreamos, derivado de la nueva ley de cementerios. Pero las prácticas enterratorias de este grupo familiar que había dispuesto de sus oratorios en el interior de sus haciendas encontrarán una nueva manera de diferenciación social representada por los monumentos, homenajes y/o mausoleos familiares. Aunque las ornamentaciones de los mausoleos familiares no adquieran expresiones importantes, algunos datos son interesantes de explicitar. En primer lugar, cuáles son los cementerios urbanos donde adquieren los lotes para la construcción del mausoleo; en segundo lugar, los accesos o calles del cementerio donde están ubicados; en tercer lugar, si llevan a cabo el traslado de sus muertos; en cuarto lugar, qué individuos lideran esos mismos mausoleos.

El cementerio donde se encuentran las sepulturas de los González y los Videla corresponde jurisdiccionalmente con sus lugares de residencia: el cementerio está en el departamento de Las Heras (aunque pertenezca a la ciudad-capital), donde tanto Carlos González Videla como José María Videla tenían sus principales establecimientos. Pero a estos dos exponentes mortuorios de la red de parientes, debemos sumar otras dos muestras visibles de diferenciación familiar e identidad social: el de Melitón González Pintos y el de Manuel De la Lastra (uno de los hijos de Mercedes González y Santiago De la Lastra).

El más antiguo es el encabezado por José María Videla. Está ubicado en la calle central de ingreso al cementerio frente al de uno de los linajes más prominentes de Mendoza: el de los Bombal.[66] También se encuentra sepultada Rita González y algunos de sus descendientes. El segundo en antigüedad es el que encabeza Melitón González Pintos. Pero el caso de Melitón se asemeja bastante al planteado por los Bombal: pareciera que refunda el linaje o en todo caso inaugura uno nuevo. Es particularmente singular que, a pesar de la residencia porteña de su esposa Elcira y de sus hijas Elena de Lasmastres y Elcira de Guiñazú hacia 1930, estas mujeres y sus esposos hayan recibido en ese mausoleo su sepultura. La ornamentación es simple, pero de envergadura. Se sitúa en una calle lateral del cementerio capitalino pero a escasos metros del de José María Videla y enfrente del encabezado por Carlos González Videla, el sucesor de su hermano sepultado en Panquegua.

Para la época en que a Carlos le correspondía sortear con este tipo de asuntos, las modalidades constructivas se habían modificado. La década de 1940 predisponía a seguir usando granito y bronce, pero bajo otro tipo de diseño y muy similar al de su sobrino Manuel De la Lastra, ubicado en diagonal sobre la misma calle del cementerio local.

La práctica de los mausoleos también se correspondió con los hábitos de los hermanos porteños. Lucas González mandó construir uno en el cementerio de La Recoleta. Lucas murió en 1908 en Nápoles y sus restos fueron trasladados a Buenos Aires, donde recibieron sepultura en ese mausoleo después que Victorino de la Plaza le rindiera homenaje en nombre de la clase dirigente nacional. Su estilo de vida cosmopolita, su inserción en el sistema financiero, su vinculación con los capitales extranjeros y sus dotes de productor agropecuario se materializaron *post mortem* en ese monumento que guarda también los restos de su yerno, el ex presidente de la República Roque Sáenz Peña.

5. En torno a los ámbitos y a las sociabilidades familiares

La historia de esta familia ha revelado algunos aspectos relevantes de una virtual política de prestigio común. La trama de la parentela parece haber sido lo suficientemente eficaz como para aglutinar diferentes recursos a lo largo de tres generaciones familiares.

Puede decirse que la historia de la familia y las relaciones de parentesco de los González aparece atravesada por una urdimbre de solidaridades y conflictos internos y externos de la parentela, que tienden a soslayar las ambigüedades del recorrido colectivo y personal en función del ciclo vital y el traspaso generacional. Una virtual noción de pertenencia, el principio regulador de la solidaridad familiar más allá de los conflictos internos, las diferencias sexuales y el papel de las mujeres, el robustecimiento de los matrimonios y el control sobre la sucesión del patrimonio material y simbólico, la formación profesional y las carreras individuales pueden testimoniar el alcance de la estrategia de la familia en la búsqueda de situaciones que le permitieran controlar el incierto y conflictivo proceso económico y político que atraviesa todo el siglo XIX. En ese marco de relaciones cambiantes, el éxito de González parece haber radicado en la interconexión de personas y en el dominio efectivo del conjunto de normas que englobaban sus acciones.[67]

Un funcionamiento eficaz de la política matrimonial y una prole numerosa posibilitó a los González sellar alianzas importantes, concentrarse sobre sí mismos y tender redes personales para conseguir nuevos aliados en el mundo empresario y político. Si en un comienzo los González fueron reclutados por núcleos familiares más o menos acomodados, la segunda generación editará una política de matrimonios concertada con importantes clanes familiares mendocinos de mediados del siglo XIX. A partir de allí, una fuerte tendencia a concentrarse sobre sí mismos advierte sobre la importancia de mantener y afianzar el desarrollo patrimonial de la parentela, como lo revelan los matrimonios consanguíneos que se concertaron después de 1870. A pesar de ello, las prácticas nupciales de los González parecen desdecir algunas fuertes imágenes de la literatura mendocina que asignaba al matrimonio y a las relaciones de parentesco una vía importante de aglutinamiento político. Por el contrario, las prácticas matrimoniales de los González después de 1860 no muestra ningún tipo de flexibilidad en este sentido: ningún González se casó con algún pariente de los Civit o los Villanueva.

Complementariamente, la política matrimonial de los González incluyó cónyuges de otros ámbitos regionales. Esos lazos, si bien revelan la relativa flexibilidad de las elecciones matrimoniales, también parecen remitir a prácticas individuales en el interior de un sistema de vínculos ya existente y de sociabilidades afines. Los matrimonios de los hijos de Lucas González o de César González Segura se realizaron a partir 1890 sobre la base de una red de relaciones construida al menos desde 1860...

La importancia de la bilateralidad de los González recuerda lo considerado por Moutoukias en su estudio sobre la Buenos Aires colonial. Las mujeres canalizan tantos recursos como los hombres de esta familia relevante en el mundo social, económico y político de la Mendoza del siglo XIX. Efectivamente, la participación femenina en la construcción social del grupo no sólo ha remitido a su función como garantizadora de la continuidad de los diferentes núcleos del tronco familiar, sino que sus acciones concretas incorporaron algunos fragmentos de innovación personal. Los argumentos de Leonor González al momento de contraer matrimonio con un individuo incluido en la red de parientes fueron personales y sostenidos por el deseo individual. Por otra parte, la situación relativamente novedosa planteada por Carolina García Bombal de González también revela el manejo de una situación individual en el marco del honor familiar, de su patrimonio y de las normas sociales.

Ligada a las prácticas nupciales, una estrategia relativamente coordinada parece haber favorecido la trasmisión de los principales recursos materiales a determinados herederos. En ese universo, si bien los varones ocuparon un lugar primordial, también las mujeres se convirtieron en portadoras de diferentes recursos. Como ya vimos, esa asignación podía depender de aptitudes individuales o aprendizajes afines con los bienes heredables. Esta situación ayuda a entrever que en el interior de este conglomerado de personas existían funciones diferenciadas y fuertemente jerarquizadas, dependientes de los liderazgos intrafamiliares y de conflictos interpersonales. Como contrapartida de tales desigualdades, un juego de compensaciones regulaba las acciones, aunque no eran previsibles del todo los resultados de esas negociaciones intrafamiliares.

Esas asimetrías internas no impedían la existencia de una importante cohesión que aglutinaba a los hombres y mujeres de este grupo de parientes. Por lo tanto, ese juego de compensaciones y reciprocidades entre los González habría soportado el proceso de enarbolamiento social y la posterior afirmación del grupo, situación que es registrable y evidente al menos hasta 1880. Tal había sido el resultado de una estrategia grupal que podía reconocer incluso el desprendimiento de algunos de sus miembros. Si bien esas situaciones generaban fuertes tensiones en el interior de la familia, implicaban, a la vez, cooperaciones relevantes que lograron impedir una fractura importante por lo menos hasta fines de siglo. A partir de allí, dos procesos complementarios atraviesan el itinerario familiar. Por una parte, la crisis y cuestionamiento de la empresa-familiar que había sido el motor fundamental del enriquecimiento material; por la otra, un virtual proceso de autonomización afectiva y también económica, derivada de las modificaciones en los marcos externos.

Ahora bien, si estos problemas nuclean las referencias más tangibles del mundo doméstico en conexión con el universo económico, político y social, la importante modificación operada por el acrecentamiento de riqueza material impuso a estos sujetos otro tipo de actitudes. Así, los sitios de residencia y las viviendas que albergaban a los grupos domésticos han revelado una parte sustancial de sus prácticas cotidianas, porque constituyeron el espacio privilegiado para el desarrollo de sus hábitos. Asimismo, ese espacio, que obtendrá profundas modificaciones a lo largo del siglo XIX, aparece como el escenario contenedor de sus relaciones más privadas y al mismo tiempo más públicas. A medida que la preeminencia social de los González adquiere relevancia en la comunidad mendocina, van cambiando sus modos de vivir, que, aun dependiendo de gustos personales, están pautados por su condición de actores relevantes del espacio social provincial.

De cualquier manera, y a pesar de las diferenciaciones y asimetrías de la posición de cada uno de los individuos, los sitios de residencia los identifica en un solo espectro de situaciones. Una inicial y central radicación urbana hasta la década del 30, una neurálgica alternancia residencial entre el campo y la ciudad hasta los ochenta, dependiente de un modelo económico familiar integrado y complementario. Después del 80, la relevancia de sus viviendas en centralísimos sitios urbanos de envergadura refieren a los rasgos públicos más identificables de un núcleo de mujeres y hombres merecedores de reconocimiento social. Esa dimensión eminentemente pública puede ser reconocida también en uno de los actos más privados de esta red de parientes. La muerte se trasforma en un elemento visible hacia el mundo social y esa experiencia se constituye en acción diferenciadora a través de los mausoleos, los que representan signos de distinción y emblemas de abolengo.

Hasta aquí, un esquema de solidaridades internas y externas definirían a los González como un núcleo familiar que consiguió hacerse de importantes herramientas para transitar cómodamente los carriles de un nuevo orden social y económico, el cual había modificado radicalmente la imagen de la provincia y del país en el siglo XIX. Ya en 1885, sus propios integrantes habían reconocido la necesidad de "estar nuevamente en el candelero", y podemos considerar que si bien esas modificaciones más estructurales los habían surtido de importantes recursos para constituirse en actores relevantes, su mismo desarrollo los había desplazado a posiciones más secundarias. A pesar de ello, una fuerte conciencia de pertenencia a las clases superiores de la sociedad local pareciera recorrer un itinerario empresarial y social marcadamente relevante a partir de 1860. Quizá por eso, para los descendientes de Benito González Milleiro era importante inventarle un pasado ligado a la Campaña Sanmartiniana. En esa experiencia epopéyica, los González encontraron una marca identificatoria que justificaría sus apetencias políticas posteriores. Los vértices más altos de los resortes locales de poder son concentrados por esta red de parientes en los años que arrancan con Pavón y que culminan con una derrota militar en sus campos de Santa Rosa en 1874. Esa situación nos obliga a inmiscuirnos en sus prácticas políticas de la primera mitad del siglo XIX. Un aceitado uso de los mecanismos de poder y de vinculaciones políticas presenta otra dimensión de los lazos de parentesco, en la cual los González vuelven a ofrecer un campo de relaciones observables sumamente rico para explorar la manera en que construyeron las bases de su poder.

CAPÍTULO 4

LAS BASES DEL PODER SOCIAL DE LOS GONZÁLEZ (PRIMERA MITAD DEL SIGLO XIX)

Las hermanas Angelina y Florencia antes de contraer matrimonio con sus primos Enrique y Carlos González Videla. La sólida estrategia familiar, dirigida a afirmar una polítca de prestigio común, buscaba hacer circular recursos en el núcleo de la parentela.

(Archivo familiar Panquegua.)

Ingresar en el ámbito de las relaciones políticas de la parentela en las primeras décadas del siglo XIX supone pasar a considerar un viejo y persistente problema relativo al paso de las viejas estructuras legadas del régimen colonial español en conexión con las nuevas jerarquías políticas derivadas de la mutación revolucionaria de 1810. En el interior de ese itinerario, si son relevantes las rupturas derivadas de la fractura del pacto colonial, también resulta posible pensar en la existencia de relaciones sociales propias de Antiguo Régimen, aunque se reconozca una débil estructuración social y política de lo que fue el Virreinato del Río de la Plata (sobre todo si la comparamos con otros centros de poder administrativos y económicos de las colonias hispanoamericanas).[1] La riqueza de ese proceso tal vez radica en que una sociedad y economía que habían dicho bastante poco hasta el siglo XVIII, consiguieron adquirir una imagen radicalmente diferente a lo largo del siglo XIX.

Especialmente para el caso argentino, existiría una serie de nuevas evidencias que despejan, por cierto, algunas fuertes imágenes del período que se abre con la revolución de independencia y las guerras civiles que le sucedieron. Derivados en gran medida del horizonte de problemas planteados por Halperin Donghi en su clásico ensayo de la década de 1970, los estudios existentes para la primera mitad del siglo XIX están vinculados a dos aspectos. Por una parte, el análisis de las nuevas entidades políticas surgidas a partir de 1820 (las provincias), estudios en los cuales se privilegian tanto la acción de los caudillos locales como también las instancias más institucionales vinculadas a la esfera estatal.[2] Por otro lado, un universo de problemas resumidos en lo que hoy se define como la "invención de la política" apunta a descubrir la manera en que emergen prácticas vinculadas al ejercicio de la soberanía y a las entidades de la política moderna.

Este asunto resulta central a la hora de detectar las conexiones entre los tradicionales mecanismos de poder en el juego político derivado de los principios liberales. En consecuencia, las tensiones existentes entre las prácticas políticas criollas y la irrupción de un nuevo principio de legitimación política constituye un tema reconsiderado por los historiadores en los últimos años. Si la aparición de estas prácticas definieron nuevos escenarios en las provincias del viejo Virreinato,[3] las nuevas reglas del juego político no implicaron desde un comienzo la supresión de comportamientos sujetos a tradicionales mecanismos de control político.[4]

Someter este conjunto de hipótesis al itinerario político de los González es el objetivo de este apartado, donde los interrogantes que se plantean tienen como universo referencial algunas de estas cuestiones. Fundamentalmente, la observación de los comportamientos políticos de los González a lo largo de un extenso y complejo período que atraviesa distintas configuraciones formales de poder político durante el siglo XIX en la provincia de Mendoza, otorgará una visión más compleja de las estrategias tendientes a la construcción y reproducción de las relaciones de poder de este grupo familiar. En la segunda mitad del siglo XIX, los González integrarán los vértices más altos de la estructura política provincial. Pero ese resultado será dependiente tanto de la acumulación de riqueza material en las décadas anteriores a Caseros como de un conjunto de estrategias sociales en el interior del cual la parentela y los vínculos personales ocuparán un lugar destacadísimo. A simple vista, el recorrido político de los González en las primeras décadas de vida independiente no ofrece muestras visibles del poder que concentraron después de Pavón. ¿Cómo se explica entonces ese resultado? Una exploración detenida y minuciosa del comportamiento público y privado puede mostrarnos la manera en que un grupo de individuos interconectados hacen uso de las reglas políticas en un contexto político que se transforma y que coloca a la revolución y a la guerra como el escenario de sus prácticas.

1. Ideas, facciones y prácticas políticas en Mendoza en la primera mitad del siglo XIX

El apoyo mendocino al proceso revolucionario iniciado en Buenos Aires se constituyó en respuesta de una vieja aspiración de los grupos de poder locales que, desde la implantación de las reformas borbónicas, habían rechazado la subordinación a Córdoba. En los primeros meses de 1810, Mendoza había elevado a las Cortes de Cádiz un proyecto por el cual se solicitaba la creación de la Intendencia que dependiera jurisdiccionalmente de Chile.[5] Para Comadrán Ruiz, "era la aspiración más cara de la oligarquía mendocina", que afincaba su poder en el cabildo de la ciudad. De esta manera, la acción revolucionaria dependió de ese efectivo protagonismo y la comunidad política local no tardó en optar por la propuesta revolucionaria rioplatense, desconociendo la acción contrarrevolucionaria de la ciudad cabecera mediterránea. De algún modo, la élite local, a través del cabildo, había puesto a prueba recursos políticos de raigambre colonial en el interior de un contexto más dinámico, el cual permitía romper con los lazos institucionales vigentes. Por consiguiente, es muy probable que la experiencia autonómica de la comunidad política mendocina haya revelado la capacidad de autogobierno de estas ciudades-provincia ante la *vacatio regis*, en el registro interpretativo sugerido por Guerra.[6]

Si los grupos locales habían cuestionado las modificaciones institucionales de las últimas décadas del siglo XVIII, la vieja aspiración mendocina de autonomización tuvo su corolario en 1813, cuando Mendoza formó parte de la "Gobernación de Cuyo", junto a San Juan y San Luis. A esa altura de los acontecimientos, las pretensiones de incorporarse a la jurisdicción chilena habían desaparecido.

En el interior de ese proceso y de la mano de la resolución del Triunvirato, la ciudad andina consiguió enarbolarse como cabecera de la unidad político-administrativa. Pero ese liderazgo no sería independiente de las nuevas condiciones políticas resultantes de la negociación con el frágil gobierno triunviral. En 1815 se desataría un nuevo conflicto entre el poder central y la comunidad local, que aparece emblematizado en la defensa de la figura de San Martín como gobernador, aumentando de esta manera el sesgo autonomista de Mendoza en pleno régimen revolucionario.[7]

Por otra parte, la comunidad mendocina en esos años transitaría por una experiencia relativamente inédita que se caracterizó por la gravitación de un poder político más directo. Si el peso del aparato estatal en Buenos Aires era evidente desde las últimas décadas del siglo XVIII, la experiencia colonial en la periférica ciudad de Mendoza no lo había sido tanto. En consecuencia, el conjunto de privilegios de los que había gozado la élite local sería afectado por el poder político-militar del gobernador San Martín. Contribuciones forzosas, destierros y reclutamientos militares fueron situaciones novedosas para la comunidad mendocina, que no tardaron en obtener en el Cabildo una oposición importante.

Después de la fractura de la gobernación de Cuyo en 1820, Mendoza asiste a un complejo universo de relaciones políticas que incluye, por una parte, el quiebre del tradicional espacio político colonial concentrado en la ciudad-cabildo y la instauración del gobierno provincial sobre un compromiso entre ciudad y campaña.[8]

El derrumbe del régimen revolucionario había dejado como heredera a una virtual clase política impregnada de ideas provenientes de los "descubrimientos modernos", que dispuso de una virtual autonomía para la construcción del estado provincial. Este grupo reducido de políticos ilustrados encaró importantes políticas públicas vinculadas a la organización del estado provincial y a los requerimientos de una clase propietaria que, aunque fragmentada, acordaba en promover acciones comunes realizadas en diferentes ámbitos. Hombres provenientes de linajes familiares preeminentes de Mendoza con formación profesional y riqueza reconocida ingresaron al ámbito político y desempeñaron diferentes cargos públicos imbuidos de valores y creencias modernos. Algunos de ellos (como Agustín Delgado, Bruno García, Tomás Godoy Cruz, entre otros más) eran también editores de los periódicos locales. Otros, en cambio, estaban suscriptos a ellos o favorecían la circulación de las hojas impresas a través de sus almacenes o bibliotecas particulares. Al parecer, los lectores suscriptos a esos periódicos no sobrepasaban los ochenta individuos, que en su mayoría no alcanzaban a los 30 años de edad. Pocos o muchos, viejos o jóvenes, lo cierto es que, aunque estos individuos aparecieran vertebrados por lazos convencionales, materializaron prácticas que distaron mucho de las moldeadas por el antiguo régimen. La importancia asignada a la libertad de expresión y a la discusión de ideas abre sin duda un escenario político muy diferente en el ambiente político doméstico. La intención de incidir y de moldear la opinión pública, de ingresar una cuña para señalar los pasos que debían ser seguidos, abre poderosamente una visión más compleja del desarrollo político de la provincia andina de las primeras décadas del XIX.

Pero si esta élite ilustrada criolla pensaba la sociedad como producto de un pacto entre individuos y virtuales ciudadanos,[9] el resultado de la experiencia política hacia 1824 había sido lo suficientemente aleccionadora como para mitigar la confianza en "la difusión y el progreso de las luces" y reconocer el dificultoso tránsito hacia el nuevo orden social y político: "Es llegado ya el término de nuestras tareas, después de una marcha constantemente sostenida en el espacio de veinte meses... Qué ruta tan erizada de escollos presenta un país a quien se enuncian algunas verdades por la primera vez! La Verdad y la Luz son sinónimas, por eso la primer impresión de ambas ofusca y deslumbra a los que están en tinieblas... Si creemos haber hecho algo útil es el vulgarizar ideas que no están al alcance de todos, pues que las prácticas recibidas tienen en su apoyo la fuerza de la costumbre, que es más poderosa que la vista del firmamento...".[10] La tensión entonces entre "costumbre" e "ideas", entre el peso de las jerarquías de poder tradicionales y la invención de nuevas relaciones sociales, se constituirá en el horizonte del desenvolvimiento de la política y la sociedad mendocinas de los años veinte.

La consolidación de la independencia de los pueblos sudamericanos después de Ayacucho (1824) sólo había dejado un camino para la organización política que no tenía motivos para ser cuestionado: "El gobierno representativo republicano es pues el único que nos conviene".[11] Sin embargo, era necesario consensuar la forma institucional que debía adquirir el futuro Estado, y el requisito casi ineludible era "combinar las instituciones de manera que cada uno encuentre su interés en mantenerlas...". El *Eco* reproducía una de las discusiones centrales sobre el diseño del régimen político: "No pudiendo pues establecerse otro gobierno que el representativo republicano, solo se trata de averiguar si este gobierno será de unidad, o federativo".[12] Y, aunque pueden descubrirse las preferencias unitarias de los editores del *Eco* y del *Iris,* porque ese sistema podría impedir "el poder despótico de los demagogos", la organización de tipo federal no era del todo desestimada porque representaba el producto de la experiencia.[13] Además, ese sistema podía sortear los conflictos que habían impedido la única conducción supralocal hasta el momento lograda: la experiencia del Directorio, centralizada en Buenos Aires, había identificado el sistema unitario con las aspiraciones hegemónicas de la provincia que había liderado la revolución y sostenido la guerra de emancipación en la década de 1810. Por el contrario, el sistema federal –para estos ilustrados– tenía que ver con que "un grande estado como el nuestro, compuesto de pueblos de diferentes costumbres, de necesidades particulares, y que ocupan una grande extención de territorio, no puede ser regido por un gobierno de unidad... El aislamiento en que han estado los pueblos ha fortificado lo que se llama *el espíritu de provincialismo*: la habitud de gobernarse por sí, se ha convertido en necesidad, y esta disposición invencible es la piedra angular sobre la que se debe edificar".

En cierto modo, la polémica plantea una serie de situaciones relativas al desarrollo de las nuevas entidades políticas (las provincias) después de 1820. En esos años, la tendencia federativa posibilitaba yuxtaponer las dos tradiciones políticas que habían protagonizado el itinerario del poder desde 1810: la de los "pueblos" (que remitía a un tipo de lenguaje y de códigos de comportamiento político de estilo antiguo) y el "espíritu de provincialismo" que condensaba la experiencia política posrevolucionaria. A su vez, los individuos y grupos que conformaban la élite política provincial establecían diferenciaciones entre el sistema político unitario y quienes lo promovían o ejecutaban, y esta discriminación de situaciones sugiere que, en los momentos previos a la fractura de la élite política mendocina, ésta podía coincidir en una suerte de fórmula intermedia tendiente a superar "una situación de provisionalidad permanente", caracterizada en un primer momento por la coexistencia de las soberanías de las ciudades, y después por las derivadas del ejercicio "soberano" de las provincias.[14]

Esta suerte de alquimia entre el fruto de la experiencia y los inventos modernos está relacionada también con la organización del régimen político provincial. El dilema entre "vieja" y "nueva representación" planteaba disyuntivas en el interior de los grupos de poder provinciales. Si por una parte algunos sectores de la élite local tomaba iniciativas de acuerdo a los "descubrimientos modernos", otros se resistían a eliminar algunas viejas instituciones heredadas del orden colonial. Especialmente la función representativa y electora de la institución urbana por excelencia: el Cabildo. Sin embargo, con la nueva provincia había surgido una nueva institución representativa, la Sala de Representantes, cuya naturaleza era radicalmente diferente.[15] Una discusión que se había entablado en torno al aumento de representantes (que hasta el momento eran cinco) brindó la oportunidad para que tanto el Ejecutivo provincial como la prensa ilustrada plantearan el debate en favor de la elección directa, que encontraba resistencias en la comunidad política.[16] En 1823, la Sala de Representantes decidió doblar el número de sus integrantes para ampliar la "representación popular".[17] Para ello apeló a la Junta Electoral, la institución a través de la cual el "pueblo" elegía a los capitulares.[18] El mecanismo indirecto generó de inmediato cuestionamientos importantes del mismo presidente de la Sala (en ejercicio de la gobernación), que se veía agravado ante evidentes maniobras para controlar el comicio que provenían del presidente de la Junta Electoral y alcalde de primer voto, el coronel del Regimiento de Granaderos don José Albino Gutiérrez. ¿Cómo definir el lugar que ocupaba este individuo? Gutiérrez quizá sintetizaba la confluencia de dos representaciones corporativas: la del cabildo y la militar. Esa conjunción sin duda entraba en contradicción con las representaciones políticas modernas promovidas por el gobierno provincial.

El Ejecutivo provincial y la prensa mendocina se pronunciaron públicamente en favor del ejercicio del voto de los ciudadanos. El nuevo orden político no podía seguir siendo regulado por las viejas representaciones urbanas, y era necesario robustecer el principal órgano de poder del sistema republicano de gobierno: "sin estos principios las deliberaciones de la Sala que por otra parte merecen el epíteto de honorable, será difícil que adquieran aquella fuerza, y respetabilidad necesaria".[19] El acontecimiento condensa sin duda una multiplicidad de tensiones. Por un lado, la convergencia de las representaciones tradicionales en contextos modificados por la militarización de la política y la ruralización del poder; por otro, eran formas diferentes de entender la política y su relación con la sociedad. Para algunos, la ampliación de la participación debía ser canalizada por las representaciones urbanas. Para otros, era indispensable modificar el régimen de elecciones. La elección directa de los representantes y la representación de la campaña por departamentos constituían las únicas vías posibles para garantizar el régimen representativo moderno.[20] Mientras el estado bonaerense había establecido el sufragio libre y directo en 1821 y el de San Juan promulgaba una ley electoral que ampliaba los derechos políticos a grupos sociales ajenos a la vieja condición de vecinos,[21] la élite ilustrada local acusaba los rasgos negativos de la "democracia antigua" y oponía a la concepción corporativa de la sociedad, una concepción individualista donde los ciudadanos eran los protagonistas fundamentales del nuevo orden político y las elecciones, el vínculo entre gobierno y gobernados.

La cuestión era entonces instrumentar medidas efectivas que legitimaran ese orden político en función de la progresiva expansión de la ganadería comercial y de las movilizaciones militares.[22] El problema también dará lugar a otro tipo de debate centrado en quiénes eran los depositarios legítimos de la soberanía y, por lo tanto, detentores de derechos políticos.

Aun considerando una ampliación de la ciudadanía porque se pretendía romper con los marcos representativos de la vieja corporación de la ciudad, la innovación planteada por el gobierno provincial limitaba el sufragio a los propietarios y letrados. En este sentido, la apelación a la elección directa está vinculada a un tipo de sujeto político que poco tenía que ver con la participación más amplia que se había nucleado en el cabildo y que se había expresado en esa elección de gobernador de 1824. En este contexto, el sufragio en Mendoza siguió un camino muy diferente del ideado por la elite criolla de los años veinte, y distó mucho de la experiencia porteña. La élite mendocina, por caso, entendía que la integración de la campaña y la modificación del régimen electoral eran medidas efectivas para eliminar "los vicios que hasta ahora se han introducido en el método de hacer las elecciones". Esos "vicios" tenían que ver con una práctica del sufragio ajena al universo de referencias socioculturales de la élite político-intelectual, porque consideraba que si bien todos los hombres eran iguales ante la ley, no todos debían intervenir en su confección y mucho menos intervenir en la formación de su gobierno. Esa élite no admitía que "unos hombres puestos por la naturaleza en una clase que les impide adquirir más conocimientos, que los análogos a unas ocupaciones rústicas, sean capaces de discernir los individuos más idóneos para gobernar... Por esto es que las constituciones hacen consistir la *soberanía del pueblo* en los interesados por sus propiedades, sus luces, y sus relaciones al sostén del orden social". La soberanía popular, por lo tanto, tenía poco que ver con "los Magistrados que abusando del aparato de su empleo" trataban de influir en las elecciones y de aquéllos que empleaban "el influjo de las riquezas para mover este *populacho* que de ningún modo compone lo que se llama *Pueblo*". [23]

Los ciudadanos, por lo tanto, no surgían de acciones manipulatorias por la vía del dinero o del empleo, sino que éstos debían constituirse en otros escenarios: "Que defienda cada uno, si se quiere, una opinión cualquiera, bien o mal fundada, pero que escoja para hacerla triunfar un campo más honroso, y armas más dignas de nuestros días, que las que puede suministrar la fuerza y la violencia. La prensa, las elecciones, la Sala de RR, las conversaciones particulares, he ahí otros tantos teatros en que se puede combatir con honor, y entablar una lucha, cuyo resultado debe ser infaliblemente el triunfo de la razón".[24]

El año de1825 marca, como ya lo adelantamos, el punto de partida de un fuerte enfrentamiento entre las facciones locales. J. A. Gutiérrez había sido electo por la vía indirecta, experiencia que significó, según el *Eco*, el comienzo del "gobierno del terror".[25] Lo que la prensa local definió como el "divorcio entre el gobierno y la comunidad" apareció reflejado en el pedido de supresión de las garantías individuales y la suma del poder público del año 1825, con lo cual se cancelaban los derechos de los virtuales ciudadanos.[26] Aunque la Sala no apoyó la medida propuesta por el Ejecutivo, la escisión entre el gobierno y la comunidad se planteaba ya como insalvable: "Llega en fin la época, en que sacudiendo todo freno se establece como única razón, como único recurso el reinado terrible del puñal. Entonces centenares de cabezas respetables caen de un solo golpe; el padre desconoce a su hijo, el hermano atraviesa el seno de su hermano, los nudos más sagrados se aflojan, y todo se vuelve horror y confusión; hasta que al fin los partidos cansados y destruidos, se entregan al primer demagogo bastante hábil para aprovecharse del desorden estableciendo sobre las ruinas de la Patria, un despotismo tanto más seguro, cuanto que no ha quedado en las almas ni un rasgo de energía para resistirle... Solo Mendoza se había mantenido tranquila en medio de la conflagración universal, y cuando todos los pueblos habían llegado a su término, y empezaban a cicatrizar las heridas de la guerra civil, Mendoza se había colocado en una actitud espantosa, pronta a sumergirse en un abismo cabado por las pasiones...".[27]

En este contexto complejo y fragmentado donde los acontecimientos locales suponen una importante conexión con conflictos interprovinciales (que pueden resumirse en el ascendiente político de Facundo Quiroga sobre un sector de la élite y la contrapartida unitaria liderada por Paz), los individuos y grupos políticos mendocinos conocerán una fuerte experiencia que llegó a radicalizar las propuestas organizativas más consensuadas de los años anteriores. Si unos años antes los editores de la prensa mendocina podían acordar en que el Estado nacional podía asumir formas reguladas por el "espíritu de provincialismo", hacia 1826 el contexto social y político de la provincia se había modificado lo suficiente como para apoyar la propuesta unitaria de 1826. De una visión mucho más matizada sobre la manera en que el Estado nacional debía organizarse,[28] progresivamente la radicalización de las opiniones derivó en una disyuntiva polarizada, y que alteró incluso el significado de las propuestas. Entonces lo federal pasó a ser identificado con el ejercicio arbitrario del poder y se constituyó en sinónimo de "anarquía". "El resultado necesario entre nosotros de la adopción del federalismo, sería la guerra civil... Es pues absolutamente indispensable que las autoridades nacionales se determinen a perecer antes que capitular con los facciosos y traidores, seguras de que todos los buenos ciudadanos les acompañaran en este sacrificio honroso y magnánimo...".[29]

En ese itinerario, algunos individuos que habían optado por la forma federativa apoyaron la aprobación de la constitución unitaria. Es todo un síntoma advertir las posiciones asumidas por Tomás Godoy Cruz y Juan Gualberto Godoy (dos importantes líderes políticos locales), quienes, después de haber redactado un informe sobre las ventajas del sistema federativo en 1825, integraron una larga lista de hombres y mujeres de familias mendocinas que adhirieron a la Constitución de 1826. ¿Qué razones movilizaron a estos individuos a adoptar tal actitud que poco tenía que ver con sus observaciones y proyectos de dos años atrás? Si preferían un diseño federativo para la organización nacional, ¿por qué apoyaron la fórmula unitaria del 26?

Los motivos hay que buscarlos en otra parte. Es en la

alteración del ambiente político de las provincias cuyanas donde deben indagarse las razones de estos desplazamientos, que están vinculados a la acción de otros actores políticos. *El Iris Argentino* había expresado que "El verdadero origen de la alarma que se ciente en algunos pueblos de parte de los gobiernos que los tiranizan, es el conocimiento que se difunde en la maza de los pueblos del triste estado en que se hallan por la opresión que esperimentan, y las preparaciones que hacen las autoridades nacionales, para contener los abusos de los gobernantes. Esta es la causa porque se les ve coligarse y calumniar a las autoridades nacionales: conmoverse, y pretender por medio de sofismas y de intrigas, y también a mano armada impedir la aceptación de la Constitución. Considerese todo esto y calcúlese cuáles serán sus miras al pretender la adopción del sistema federal. Qué hombre de bien, qué verdadero patriota ha de dejar de mirar como una señal de muerte para nuestra Patria, la aceptación de esta forma de Gobierno al observar que algunos caudillos en ciertas Provincias, y en otros furiosos demagogos insisten en que se adopten sus ideas, los primeros con la bayoneta y los segundos fraguando intrigas para desconcertarlo todo y embolvernos en desórdenes interminables?".

El apoyo a la Constitución del '26 era el recurso más inmediato que podían anteponer estos administradores del orden político a la creciente influencia de Facundo Quiroga en las provincias de Cuyo, situación que ejemplifica hasta qué punto la política transitaba por itinerarios diferentes de lo que la élite ilustrada había imaginado por entonces.[30] Desde 1825, el líder de los llanos riojanos había intervenido en la política cuyana a pedido del gobierno sanjuanino; en 1827 rompe relaciones con el gobernador sanjuanino Salvador del Carril y acrecienta sus relaciones comerciales-ganaderas con los militares mendocinos José A. Gutiérrez y José F. Aldao. En este contexto atravesado por una lógica de alianzas políticas que superaban los marcos locales de la política, y que incluían un territorio más amplio de relaciones de poder, la Constitución unitaria fue rechazada por ley en junio de 1827 después de haber sido discutida en la Sala de Representantes;[31] la medida fue condenada por la prensa local, y el gobierno provincial no tardó en ordenar la supresión de las imprentas de los periódicos opositores. Se cancelaba de este modo una particular relación entre sociedad y política. Para entonces, la autoridad derivaba de "cargar una espada", y no de las doctrinas y la práctica de los principios que aseguraban los derechos del ciudadano.[32]

Después de 1829, la configuración política mendocina conoce la irrupción del juego faccioso. Federales y unitarios se disputarán la primacía política provincial instrumentando un juego de alianzas que incluía el liderazgo militar del todavía coronel José F. Aldao para instaurar o mantener el orden político.[33] Si la década del treinta muestra la manera en que la economía provincial consiguió recuperarse después de la crisis de principios del XIX, también esa década muestra la progresiva injerencia del ex fraile y ahora militar que, por la vía de la delegación de funciones de la clase política y de la acción militar sobre los conflictos de frontera, culminaría con la concentración del poder provincial en 1840.[34] Ese frágil equilibrio político había sido dependiente también de un juego de arbitrajes militares y políticos externos donde la comunidad política mendocina estrechaba lazos con otros poderes provinciales reteniendo, sin embargo, una cuota relativamente importante de autonomía política.[35] Esos nexos, sin embargo, no reconocían lealtades políticas duraderas. Después de derrotado Paz, Mendoza adhiere al Pacto Federal de 1831.[36]

Esta Mendoza federal, si reconoció a Facundo como "nuestro Exmo. Protector", después de Barranca Yaco (1835) tuvo que establecer relaciones más directas con el gobernador de Buenos Aires. La política mendocina estará centrada en la figura de don Pedro Molina, quien desde posiciones unitarias en la década del veinte había conseguido diseñar una estrategia de gobierno eficaz, promoviendo importantes políticas públicas vinculadas al desarrollo económico provincial. La defensa de los intereses económicos provinciales puso al desnudo una estrategia regional que pretendió mejorar las condiciones del intercambio comercial con el principal mercado de consumo, que seguía siendo Buenos Aires.[37] Asimismo, el gobierno provincial organizó el Tribunal Consular apoyado en lineamientos expedidos por el antiguo virreinato rioplatense que observaba las ordenanzas de Bilbao y las Reales Ordenes adicionales de 1816, 1817 y 1818. Esta yuxtaposición de viejas reglas y prácticas novedosas del ejercicio del poder político también pueden ser visualizadas en el diseño del orden político provincial.

En efecto, si el régimen representativo moderno había sido delineado en la década anterior a través de un conjunto de normas y reglamentos que incluía la reforma electoral y el reglamento de policía, a partir de 1830 el ordenamiento político experimentó nuevas reformulaciones.[38] Asimismo, la construcción del poder político provincial dependió tanto de la reorganización de las milicias y el aumento de las fuerzas de líneas de frontera como del restablecimiento de los "cuerpos urbanos" materializado por el "esfuerzo hecho por la clase dirigente en función de la conservación del orden".[39]

De algún modo, esta fórmula transaccional de gobernabilidad no sobrevivió a 1840. El equilibrio político conseguido en los años de la gobernación de Pedro Molina se resquebrajó sensiblemente ante el nuevo estallido de la guerra en el espacio político interprovincial. Una "revolución liberal" vinculada al general Lavalle, que lideraba la "Coalisión del Norte", depuso al gobernador don Justo Correas. Sin embargo en 1841 el general Lamadrid, después de haber ingresado a la ciudad, fue derrotado por el general de la Confederación argentina Angel Pacheco en la batalla de Rodeo del Medio, que determina el alineamiento mendocino al orden político liderado por Rosas. El triunfo de Pacheco implicó, entre otras cosas, el exilio de un grupo importante de unitarios mendocinos y el predominio político-militar de Aldao hasta 1845. En este marco político atravesado por experiencias políticas del nuevo orden y por la ruralización del poder, el faccionalismo no definía necesariamente el juego de relaciones políticas. Y, mientras la comunidad política local se debatía en el escenario de la lucha facciosa, el espacio social mendocino de las primeras décadas del siglo XIX daba muestras sin embargo de que el ingreso en la política podía realizarse de otra manera.

2. Contribuciones forzosas, donaciones, fusilamiento
y exilio: las relaciones de los primeros González
con la política, 1810-1840

Hasta la década del treinta, las relaciones del grupo
familiar residente en Mendoza con el poder político provincial no diferían mucho de las de aquellas parentelas que se
habían visto enriquecidas recientemente. Juan González
Troncoso fue de los españoles que se plegaron al movimiento revolucionario de 1810, y por eso no fue deportado
a San Luis como otros de sus paisanos. Al mismo tiempo la
creación de la Gobernación de Cuyo y la posterior organización del ejército sanmartiniano, constituyeron una buena
instancia de interrelación entre los comerciantes y el poder
político/militar de la localidad. En efecto, Juan y Lucas
González regularmente aparecen en las listas oficiales que
registran las donaciones y empréstitos forzosos requeridos
para la "Campaña Libertadora", impuestos a la población
mendocina. Las exigencias de dinero también podía prove-
nir del gobierno provincial, muy a pesar de la figura de
préstamos de particulares realizadas por el mismo gobierno
local o el cabildo de la ciudad. En este sentido, Juan y Lucas
González –como comerciantes españoles– participan del fi-
nanciamiento de los ejércitos y del poder político provincial.[40] Podríamos advertir en este tipo de participación con
la causa independentista, un notable efecto legitimador de
estos miembros de la comunidad local sobre todo por el
éxito de la empresa militar y política, a pesar de la posterior
radicación de Lucas en Buenos Aires.

Otra sería la relación del hijo menor de Juan nacido
en Buenos Aires. La manera en que afectaría su condición
de hijo de español nacido en América no sólo incidió en su
calidad de contribuyente del Estado, sino que además tuvo
que alistarse en el Cuerpo de los "Cívicos Blancos", como
otros de sus vecinos del Cuartel Sexto de la ciudad de Mendoza.[41] Esta fue la razón para que los biógrafos de José Benito lo definieran como militar.[42] Pero su participación en
el Ejército Libertador, si bien lo vincula con una experien-

cia militar, no implica que en ese ejercicio público Benito adquiriera rasgos identificatorios vinculados a ese sector profesional. La "Campaña de los Andes" se había iniciado en enero de 1817 y Benito fue "dado de alta en calidad de ayudante mayor del Regimiento de Cívicos", habiendo realizado "toda la campaña de Chile", pero regresando en 1818, año en que contrae matrimonio con Leocadia Marcó. Más que un ingreso en el mundo político local, la real o ficticia práctica militar de Benito está ligada a la invención de un pasado glorioso (que pretende posterior) para englobar una trayectoria burguesa relevante.

Sin embargo, la relación con el poder provincial sostenida por José Benito González desde fines de la década del diez puede observarse desde otro ángulo. Es justamente después de la separación de la sociedad comercial con su padre, que coincide con su matrimonio en 1818, cuando su autonomización profesional lo habilita para ser reconocido como comerciante local y, por lo tanto, iniciar una particular relación con el poder político y militar.

Las similitudes de sus prácticas de prestamista del gobierno provincial con las ejercidas por su padre son por demás elocuentes. En 1819 ofrece dinero voluntariamente "para atenciones del estado" y en ese mismo año entrega cuatro caballos al gobierno provincial ante su requerimiento.[43]

La correspondencia existente de Benito en esos años registra pocas evidencias sobre sus inquietudes políticas, y esta situación habla tanto de la actitud distante de Benito por el riesgo personal y patrimonial de los sucesos políticos, como también de su desinterés por la política doméstica. Pero es a través del itinerario de sus prácticas relacionadas con el mundo de la política donde aparecen algunos síntomas significativos de su accionar en ese ámbito. El comportamiento político de Benito González en los críticos años veinte aparece atravesado por una virtual lógica de relaciones de poder que tienden a controlar una situación personal y comercial que no se verá alterada de un modo sustancial. Un flexible uso de situaciones que podían poner en riesgo su patrimonio o alterar el desarrollo de sus negocios, coincidió en un conjunto de estrategias funcionales y de control personal. Benito no se abstuvo de intervenir en el escenario político local, pero tampoco esa incorporación habría representado lealtades políticas muy definidas. Ligado por lazos de amistad, de vecindad y de parentesco a individuos y familias de amplio arraigo en la sociedad y política mendocinas, Benito forma parte en 1825, por un brevísimo período, de la Sala de Representantes de la provincia.[44] En esos momentos, Benito era vecino de influyentes y destacados personajes mendocinos: Justo y Ramón Correas, Juan de Dios Correas, J. Ignacio Pintos –su futuro suegro– y Pedro Molina. Como comerciante y hacendado asentado en el territorio mendocino por lo menos desde 1812, sus vinculaciones personales, de la mano de su accionar empresarial, lo habían integrado a un sector socio-profesional relevante, aunque su posición individual en ese grupo no era destacado.

En estas condiciones, las relaciones de Benito con esos actores más públicos de la política doméstica podían robustecerse con alianzas más privadas. El tres veces gobernador provincial entre 1822 y 1838, don Pedro Molina, junto con su esposa, apadrinaron el matrimonio de Benito con Rita Pintos en 1827. Rita era hija de un viejo vecino, don J. Ignacio Pintos; con los Correas se emparentaría algunos años después. Estas relaciones sugieren al menos una virtual identificación social, aunque los términos en lo político no aparezcan claramente expresados... Los intereses de Benito eran mucho más concretos: si uno de los órganos del periodismo primitivo mendocino había avisado a su público el escaso interés por el desarrollo de la política doméstica por parte de Benito González y de otros representantes, ese medio de información –al cual no estaba suscripto– era utilizado para comunicar a virtuales consumidores los productos que su almacén recibía periódicamente, o para surtirse de criados para su desempeño empresarial individual y colectivo.[45]

El matrimonio de Benito con Rita Pintos abre el horizonte de la incorporación al juego de las redes personales en el juego social y político, en las actitudes tendientes a conquistar autoridad social. J. Ignacio Pintos Da Silva era un protomédico de origen portugués asentado en Mendoza desde la segunda mitad del XVIII. Había contraído matrimonio en segundas nupcias con María del Carmen Ortíz, mujer mendocina de antiguo arraigo en Mendoza. Por su prestigiosa profesión y relaciones, había participado de las sesiones del Cabildo local en 1808 y 1810 junto a José Vicente Zapata y Ramón Correas, entre otros prominentes comerciantes y hacendados vecinos de la ciudad.[46] Había denunciado en tiempos revolucionarios la "infiltración" del ideario morenista en el cabildo mendocino después de la actuación de José Moldes y de algunos porteños confinados en Mendoza como Hipólito Vieytes, Juan Larrea, Nicolás Rodríguez Peña y Gervasio de Posadas.[47] Unos años después su conducta sería juzgada por el régimen revolucionario, que lo afectaría con contribuciones mensuales y excepcionales y, además, lo sancionaría socialmente al no permitirle formar parte del grupo de médicos colaboradores del "Ejército de los Andes".[48]

Las contribuciones o empréstitos forzosos realizados a los comerciantes de la ciudad se constituirán en un mecanismo constante de interrelación entre las clases propietarias y el Estado. Además, en el marco de las luchas civiles pasará a ser un recurso importante para disminuir el poder de los grupos opositores. En este sentido, debe observarse la inclusión de Benito González en un listado de 1829, donde "una parte del vecindario de Mendoza" debía destinar fondos para reunir dinero, impuesto por una "ley y decreto reglamentario" del caudillo provincial Aldao, Mayor General del Ejército Nacional.[49]

Ese frágil equilibrio político conquistado por la clase política mendocina se fractura definitivamente hacia 1827, y el enrarecimiento del clima político había sido previsto tanto por los autores de los editoriales que Roig minuciosamente ha trabajado, como por los lectores de esos mismos periódicos, los cuales señalaron con particular agudeza que la configuración de la política seguía también por otros itinerarios. *El Iris Argentino*, en su número 39 del año 1827, publicaba una experiencia reveladora de la militarización de la política: "Hace tiempo a que yo estaba en la persuasión de que las doctrinas que con tanto empeño se han tratado de generalizar entre nosotros, y la práctica de los principios que se han ido introduciendo, para que no me hagan iluciorios los esfuerzos hechos para conseguir la libertad, habrían asegurado completamente los derechos del ciudadano; pero confieso haberme engañado completamente, pues veo repetirse los mismos atentados que en épocas anteriores nos han hecho sufrir la insolencia y presunción, de aquellos que sin más título que el de cargar una espada, se crean autorizados para pegar a un ciudadano. Hablo señores del despotismo militar".[50] Ante este nuevo contexto, el perfil político de Benito fue sumamente bajo, a excepción de una débil participación en 1844 en una Comisión Representativa durante el gobierno de Aldao.[51]

A diferencia de algunos de sus pares que progresivamente se desplazaron hacia posiciones federales o de otros amigos y parientes que conocieron el exilio en Chile al robustecer la identidad política unitaria, Benito González ejercitó un virtual *consenso pasivo* del nuevo orden político.[52] Cuando en 1831 el Comandante General de Armas y comerciante José Albino Gutiérrez (el socio y cliente de Facundo Quiroga) resultó muerto por los Pincheirinos, Benito manifestó a su hermano la funcionalidad social y política del comerciante y militar en la defensa de los circuitos comerciales entre el Litoral y Cuyo.[53] La lectura de la correspondencia de Benito muestra claramente la atención que le merecía el desarrollo político en la medida que afectaba los circuitos mercantiles. Por lo tanto, este individuo solventaba con sus bienes (ganado o dinero) los requerimientos o empréstitos que reclamaba el poder político-militar. No será pues nada casual que en 1854 uno de los principales deudores de su testamentaría fuera el mismo estado provincial, que, recordemos representaba el 19,06 por ciento de su patrimonio, inventariado en 1854.

Podemos esgrimir entonces que fue más bien su creciente posicionamiento económico y comercial lo que impuso la incorporación de Benito a ciertos proyectos coordinados por el gobierno provincial como la construcción del puente sobre el río Vacas, Picheuta, en 1836, con el fin de mejorar las condiciones del tráfico mercantil ganadero hacia la región de Aconcagua en Chile.[54] Como comerciante y hacendado, esa participación pública representaba de algún modo la interrelación de sus intereses urbanos y rurales.

Sin embargo, y mientras Benito se integraba de este modo en el ámbito público local, las relaciones políticas de los otros integrantes de la parentela afincados en Buenos Aires eran bastante diferentes. Su hermano Lucas y su primo José Cayetano Borbón estaban alineados en la facción unitaria. De las actuaciones del primero, sólo sabemos pocas cosas. Amigo de Felipe Arana, comerciante y ganadero, vinculado a asociaciones políticas bonaerenses de diverso tipo, Lucas fue fusilado en 1841 en Buenos Aires.[55] Su estancia y quinta con vivienda y almacén anexos fueron saqueados y confiscados por los mazorqueros.[56]

La trayectoria de Borbón, en cambio, está más documentada: dedicado al comercio de ultramar junto con su primo Vicente Marcó, pasó después a administrar los campos de Lucas en el Litoral. Posteriormente se trasladó a Valparaíso, donde instaló un importante comercio y agencia naviera junto a Mariano de Sarratea. Esta sociedad comercial tenía su antecedente en la relación de amistad entre Borbón y Sarratea, que provenía al menos desde 1820, cuando junto a un grupo importante de "jóvenes argentinos" (entre ellos Juan B. Alberdi, Miguel Cané, Francisco Villanueva) estudiaron en el Colegio de Ciencias Morales de Buenos Aires, un buen espacio para la socialización política y la formación de lealtades de grupo.[57]

La década del cuarenta iba a constituir entonces un momento fundante de la estrategia familiar, articulada y caracterizada por la actividad diversificada y complementaria de los miembros. En 1840 (o 1841) Lucas González fue fusilado en Buenos Aires; en 1841 se produjo en Mendoza la batalla de Rodeo del Medio, donde la facción unitaria fue derrotada generando el exilio político de no pocos mendocinos y otros provincianos, en 1844 Benito González forma parte de una Comisión Representativa durante los últimos meses del gobierno del caudillo provincial Aldao; en 1847 un hijo de Benito contrae matrimonio con Demofila Videla Correas (descendiente de viejos linajes criollos mendocinos), y en esos mismos años Lucas González Pintos es impulsado por su padre y su hermano a la carrera profesional. Santiago de Chile no sólo ofrecía a los hijos de los nuevos burgueses los canales institucionales del ascenso social y político, sino que también albergaba a los exiliados del terror rosista.[58]

Este esquema de articulación de los miembros de la red familiar con el universo político no otorgaba posiciones monolíticas de sus propias relaciones con el poder, y por el contrario las trayectorias individuales podían ser reconocidas en esas mismas instancias que permitían insistentes puestas al día de la relación con los personeros del poder local. Si Benito era amigo de Molina y en 1844 había formado parte de una Comisión durante el gobierno de Aldao, su hermano había muerto por su filiación política unos años antes, sin registrar la serie epistolar ningún tipo de comentario político que posibilite reconocer el grado de incorporación de Lucas en el ámbito político porteño.

¿Cómo se explica entonces la posterior legitimación política de los González, si no se habían visto enredados o involucrados directamente en la lucha de poder local por lo menos hasta fines de la década del 50? Desafortunadamente, la serie documental de los González contiene pocos testimonios sobre la realidad política local, y este mismo hecho sugiere no ya la escasa atención sobre el desarrollo político de la Confederación liderada por Juan Manuel de Rosas, sino la decisión de omitir algún tipo de información que atentara contra el desarrollo de los negocios familiares: la correspondencia de Benito con José C. Borbón es estrictamente comercial debido a que esa casa comercial surtía los almacenes-tienda con efectos de ultramar.[59]

Pero si consideramos la inexistencia de información política como dato, la estrategia de Benito González y del grupo familiar en la primera mitad del siglo XIX puede indicar dos posibles situaciones. Por un lado, la decisión de omitir cualquier tipo de opinión puede ser vista en virtud del fuerte efecto represivo a la persona de Lucas González. Aunque también el problema puede ser ubicado en otro registro. El evidente ascendiente social y económico de Benito en esos años le permitía mantenerse al margen de las disputas facciosas por el control del poder. Por otra parte, tanto la preeminencia empresaria conquistada y las estrategias delineadas de esos años (la inversión en educación superior de su hijo Lucas y el matrimonio de Benito II con una de las hijas de un unitario exiliado) no nos habilitan a suponer el posterior ingreso de su prole en la estructura de poder provincial. Benito González Milleiro no sobrevivió al año 54, y su estrategia personal no supuso ese efectivo y exitoso resultado. Es necesario entonces desplazarse hacia otros frentes o registros para desentrañar el juego de relaciones que delimitan el itinerario político y social de los González en la década previa a Caseros.

3. La lateralidad en el juego político. La mediación de la parentela y de las mujeres

Demofila era hija de José María Videla y Magdalena Correas, descendientes ambos de prominentes linajes locales. Por vía materna, José María estaba emparentado con el general Angel Pacheco, vencedor del general Gregorio de La Madrid (quien además era yerno de Juan de Dios Correas, gobernador de Mendoza en la década del 20) en la batalla de Rodeo del Medio (1841). A su vez, Magdalena era hija de María Velázquez (chilena) y de Ramón Correas, un importante hacendado mendocino, regular miembro del cabildo mendocino y representante en la Junta local en 1824 durante la gobernación de Juan de Dios Correas junto con su yerno José María.

En el año 42, Magdalena había informado a su esposo que su hija Demofila "ya era mujer", y en el 47 contrajo matrimonio con Benito González Marcó: un joven trabajador y allegado de la casa, hijo rebelde de un antiguo vecino, quien ayudaba a Magdalena en los críticos momentos de persecución y embargos llevados a cabo por los federales provinciales .[60]

José María Videla era un político unitario que había emigrado a Chile después de la derrota militar de 1841, cuando junto a otros individuos habían intentado derrocar al gobernador Justo Correas (un hermano de su suegro), el cual fue repuesto por el general José Félix Aldao después de sofocar el movimiento. Había tenido una destacada participación en la vida política en la década de 1820, cuando el ideario ilustrado coincidía con su universo de pensamiento liberal.[61]

Su filiación política determinó que se alejara del convulsionado panorama político local, y se radicó durante seis años en San Felipe (Chile), donde tenía instalado un almacén y tienda que dirigía conjuntamente con algunos de sus hijos varones: Mario, José María y Eusebio. Sin embargo, y muy a pesar de su alejamiento, los vínculos comerciales con la plaza mendocina podían ser reeditados por la actividad comercial de su esposa Magdalena, el resto de sus hijos e hijas y algunos buenos compatriotas, como el ya citado Benito González Marcó, aunque esa ausencia implicaba también la alteración de algunos individuos en la jerarquía familiar. El alejamiento de José María y sus hijos varones adultos le significó a Benito un virtual liderazgo en el manejo de algunos de los negocios familiares.

Ahora bien, las diferentes posiciones políticas de estas familias relacionadas que presentan a Benito González vinculado al gobierno de Aldao, y a José María Videla como víctima del régimen en el mismo momento político provincial, pueden sugerir la importancia de la diversificación de las prácticas políticas de estas familias interconectadas o, por el contrario, la inexistencia de la parentela en sentido estricto. En cierto modo, la lógica de la parentela no incidía necesariamente en la delimitación de la lógica facciosa. Al menos, en 1847 era posible una alianza matrimonial entre grupos familiares virtualmente opuestos, pero imbricados socialmente en un idéntico patrón de referencias culturales y económicas. Podemos considerar entonces que la estrategia que converge en los cuarenta da forma a la integración de los González en el juego faccioso. Pero esa integración horizontal y vertical aparece estructurada en un esquema de articulación diversificado y compuesto por varios miembros, incluso de otros grupos familiares, lo que deriva en distintos destinos individuales que originan instancias de cooperación y también de conflicto. Una virtual flexibilidad en la política matrimonial revela la centralidad del reclutamiento de individuos provenientes de exitosos grupos de comerciantes locales enriquecidos en la primera mitad del siglo XIX. En la espera de una alternativa política al régimen rosista, los Videla oponen entonces sus recursos más importantes: una de sus hijas contrajo matrimonio con un individuo vinculado al espectro político opositor, pero que era ahora posible porque el contexto político se había modificado lo suficiente para que la rigidez del régimen de Aldao sucumbiera, y pudieran retornar a Mendoza algunos de los exiliados del cuarenta.

4. "LOS HIJOS DE LA REVOLUCIÓN": MUJERES, POLÍTICA
Y MILITARES ROSISTAS EN EL CONFLICTO LOCAL

El estratégico juego de los grupos familiares y políticos en el desarrollo de los conflictos locales constituye una buena instancia para reconocer la permeabilidad de las prácticas sociales tendientes a la conservación del patrimonio y de la posición adquirida. Para los representantes de la facción federal provincial, así como para los encargados de sostener el orden rosista en las provincias, los recursos políticos acumulados por los Videla en la década del veinte funcionarían como elemento de amortiguación en el espacio local a raíz de que los principales líderes de la parentela debieron exiliarse en el país trasandino.[62] Ante la ausencia de los líderes familiares, el papel político desarrollado por las mujeres del linaje de los Videla tenderá a resolver una situación altamente conflictiva en la que consiguen mantener la preeminencia familiar. Un virtual juego de interacción parece condensar el conjunto de estrategias que les posibilitó continuar con el desarrollo de sus empresas e impedir no sólo el desmembramiento del patrimonio en un momento de alteración del orden político local, sino también preservar algunos signos de autoridad para no ser eliminados totalmente de la contienda política.

A Magdalena el mundo de la política no le era del todo ajeno porque era hija de un importante líder político local, don Ramón Correas, que desde las sesiones del Cabildo de 1810 había transitado el universo político de la ciudad.[63] Al casarse con José María Videla, en los primeros años de esa década, se había robustecido de hecho su filiación liberal, situación que en 1827 marca su apoyo individual con un grupo más amplio de mujeres, para la aprobación de la Constitución unitaria de 1826. En 1840, políticamente Magdalena aparecía en un cruce de filiaciones políticas y lealtades personales. Era esposa de uno de los líderes políticos que habían derrocado al gobernador Justo Correas, quien fue repuesto por Aldao en 1840, y al mismo tiempo era sobrina del gobernador. Pero la coyuntura de 1841 era diferente: el fracaso de La Madrid había impedido a los unitarios de Mendoza encontrar un espacio diferente y, por lo tanto, esta mujer deberá liderar el conflicto local como parte de parentela integrada en el bando que había perdido en 1841.

¿De qué manera Magdalena y su familia vivieron los acontecimientos inscriptos en el marco de la guerra? La descripción de los sucesos locales por ella realizada, como la de su hija Adelina, hacen ver cuán involucrada estaba la parentela en la filiación política del líder familiar. "Con el mayor placer me aprovecho... para hablarte con un poco de confianza y más claridad que hasta ahora lo habíamos podido hacer, para hablarte de las cosas de mi casa, desde el día en que derrotaron a Lamadrid, serían las dos de la tarde cuando supimos la derrota, en el momento pensamos irnos a las monjas, pero supimos que ya no dejaban entrar, que estaba lleno de gente. En el momento la calle se puso en una confusión terrible, no tuvimos más que irnos a lo del Tata Viejo, cuando llegamos allí ya estaba Lamadrid en la plaza, se les estaba reuniendo alguna gente y sus oficiales. No hacía una hora que había salido de la plaza, cuando ya estaba ocupada por los federales y dieron principio al saqueo, cuando oímos los hachazos y tiros a las puertas del frente nos subimos todas a un cielo raso que hay. Estuvimos hasta eso de las 12 de la noche, que se comenzó a calmar y estar un poco más tranquilo. Pasamos dos días, pero dos días terribles, nos contaban miles de cuentos y aunque algo ha sido falso, mucho ha sido cierto".[64]

La situación era entonces imprevisible. Los tradicionales resguardos (las monjas) ante el ingreso de las tropas en la ciudad y al comienzo del saqueo se habían cerrado para estas mujeres, por lo que será indispensable recurrir a la protección familiar y doméstica de su padre y de su tío.

Sin embargo, esta alteración del ambiente político local no impidió que en el marco de la derrota fueran previsibles situaciones de reciprocidad con el virtual enemigo, que disminuían de hecho el riesgo familiar e incluso personal: "Los infelices oficiales que no eran vaqueanos (sic) del pueblo, fueron los que más tomaron. En la Alameda han estado dos como seis días desnudos a la espectación pública. Al dar la vuelta la Alameda para ir a la chacra, ha estado un oficial y otros muchos que sería escusado el que te los nombrase. Pasamos cuatro o cinco días en lo del Tata viejo y *tuvimos que venir a casa para poder servir lo mejor posible a los Coroneles, que los federales de aquí nos pusieron creyendo que nos hacían un gran mal, pero se han equivocado, porque en lugar de males nos han hecho todo el bien que ha estado en sus manos hacernos*".[65]

Otra era la relación de los vencidos con los representantes del poder de Rosas. La posibilidad de entrar en instancias de negociación con las mismos mandos de las fuerzas rosistas, permitía a estas mujeres del bando unitario sortear los tradicionales riesgos que implicaba la derrota militar, de las acciones derivadas de la guerra y la reasignación de recursos para el mantenimiento de las tropas: "Por lo que ellos están bastante picados y Montero hasta el extremo de amenazarnos para cuando se vaya la división, nosotros se lo dijimos al coronel Granada y a Bustos, nos digeron que no se atreverían a hacernos nada, estos dos hombres son los más buenos y generosos que se puede dar. El general Pacheco nos llama sus primitas... No tengas cuidado por la libertad con que te escribo, esta carta es tan segura que es imposible que la lean y también el General dijo que no se abriría más la correspondencia".[66]

De esta manera, la cotidianidad de la guerra había permitido crear importantes mecanismos para que estos actores instrumentaran sus propios recursos, y poder transitar una coyuntura que no prometía ser demasiado favorable. Así aparece un panorama bastante más complejo del sistema de parentelas y alianzas políticas que no dejan siempre los mismos resultados: las Videla podían refugiarse y esconderse en la casa urbana del Tata viejo, Ramón Correas, y también podían ser protegidas por los representantes del poder central frente a los federales locales. Obviamente, que esta posición privilegiada y protectora dependió de la vinculación familiar del general Angel Pacheco con José María Videla. Sin embargo, el comportamiento anterior de las Videla no había previsto tal situación, que tampoco era previsible por los federales provinciales. En cierto modo estas mujeres conocían qué tipo de recursos eran necesarios para defender sus bienes con sentido político. Y aunque el escenario político local no integraba a las mujeres de ninguna manera, ocasiones como éstas hacen ver conductas razonadas, pactando incluso con el poder de turno, previendo la necesidad de la negociación y calculando incluso el costo de una derrota militar. El exilio político de los varones colocaba a las Videla en el centro de la escena de la estrategia familiar.

La relación entre los representantes del poder autocrático de Rosas y los grupos políticos derrotados en Rodeo del Medio, presenta algunas cuestiones que hacen sospechar virtuales diferenciaciones en el tratamiento de la cuestión política local. Magdalena adquiere confianza no sólo porque su marido es pariente del general Pacheco, sino porque el mismo militar había también previsto un trato diferenciado: "El General Pacheco nos visita con frecuencia, recibimos continuamente mil atenciones de él. Nos ha convidado a salir a pasear a caballo con él, ofreciéndonos caballos hermosos y mansos. Se interesa que todas las señoras concurran al paseo; y el domingo que estuvo a vernos por la mañana se ofreció venir a sacarnos y estuvimos con él en el paseo. Fuimos convidadas a una reunión en su casa y recibimos muchas demostraciones de cariño, y al fin me obligó a acompañarlo a bailar un minué". La centralidad de la experiencia que atraviesa los bandos en pugna parece que hace desaparecer la sola diferencialidad hacia Magdalena porque se extiende a otras mujeres afectadas por la participación política de sus esposos. Y aunque es en estas situaciones donde la escena política se feminiza, la posibilidad de que las mujeres pudieran oponer recursos acumulados por su propia familia constituye un hecho importante: "La primera noche que yo fui a visitarlo a pesar de ir acompañada por el ayudante del Señor Granada, quiso [Pacheco] a la vuelta acompañarnos hasta casa, entró y nos hizo una larga visita".

Este asunto preocupó también al general Aldao, porque "Pacheco fue siempre su pesadilla".[67] Insistentemente reclamaba ante Rosas que el general Angel Pacheco era amigo declarado de los denominados unitarios, prestándoles todo tipo de consideraciones a los responsables del movimiento que había dirigido el mendocino Juan de Rosas, y al que se había sumado José María Videla y otros pares más. Pero Aldao tenía expresas prevenciones del gobernador de Buenos Aires para no contrariar las medidas adoptadas por el general de la confederación rosista.

Sin embargo, en la conducta política de José María no pareciera ingresar la mediación familiar para retornar del exilio y hacer uso de ese vínculo para aliviar su situación individual. La intención de Magdalena de arbitrar sobre ese recurso no torció el brazo del exiliado: "Me pregunta siempre si he sabido de vos por tantos que han llegado, y llena de vergüenza, le contesto que no; pero lo que más me aflige, es que vos siendo su pariente no le hallas escrito una carta de felicitación por su llegada a ésta; pues le he oído decir que está muy agradecido a varias personas que le han escrito de ésa, sin tener relación ninguna con él. Hacelo Videla, todavía es tiempo, puedes disculparte, que no lo has hecho antes de la enfermedad o por haber estado de viaje, pues así te disculpa él para conmigo". Si, por una parte, en la lógica de algunos de sus pares tenía cabida la posibilidad de estrechar relaciones con un militar vencedor y, por otro lado, era posible que personas no vinculadas familiarmente pudieran dirigirse a Pacheco, José María Videla no actuó como ellos y prefirió permanecer en Chile y no entrar en contacto con su pariente. Cálculos y conveniencias personales dan forma entonces a diferentes comportamientos, que en este caso robustecen su identidad política.[68] Estas razones diseñan una lógica política que incluía a la parentela como elemento de acción directa. Magdalena como otras mujeres no hacen más que hacer uso de esos recursos para encontrar una suerte de equilibrio ante situaciones imprevisibles. En el escenario de la guerra, la parentela ingresaba en el universo político como recurso manipulable: "[Escríbele al Gral. Pacheco] Creo que ésto no te humilla ni te rebaja y solo cumples con el deber de la política por ser tu pariente; con ésto no pierdes nada y sí ganarás mucho, pues él debe creer que desprecias las atenciones con que nos favorece. Si yo y Carmen García lo visitamos fue por que él preguntó por sus parientes y que deseaba verlos".[69] Política y parentela parecen cruzarse en un juego de relaciones posibles de estas mujeres afectadas por la guerra, pero su recurso vale en un espacio más amplio que incluyó al general de las fuerzas rosistas, aunque no parece haber sido efectiva en el ámbito local.

La cuestión puede ser revisada en un aspecto importante que se filtra en los relatos de estas mujeres y que ya no dependen de una estrecha relación personal con el general triunfante en el año 41. Especialmente, interesa reconocer las relaciones diferenciadas que se esperaban de los militares representantes del orden rosista y de los federales locales: "Sobre lo que acá se decía reservadamente: secuestrar los bienes de todo aquel indicado como salvaje, hasta esta fecha, no hay nada de ésto. Nadie sabe si volverá Aldao a Mendoza o si mandará instrucciones el Sr. Rosas al General Pacheco. Se ha oído decir, que aunque vuelva Don Félix, no se gobernará como antes, que todo quedará arreglado; más no sabemos si este arreglo es para mayor mal nuestro. Lo cierto es que mientras están ellos disfrutamos de consideraciones que no hemos merecido antes de nuestros paisanos...".[70] A simple vista, las fuerzas militares de la confederación habrían actuado entonces como mediadores ante los conflictos existentes entre las dos facciones locales, ejercitando una función de arbitraje supralocal. Pero a su vez, la amortiguación de tales efectos requerían de algún tipo de reciprocidad por parte de los grupos familiares involucrados en lucha política local: "[el arreglo] deseo que sea cuanto antes para que cesen mis gastos en sostener gente de afuera como ya debes saberlo por dos cartas que te he escrito". Al mismo tiempo, el requerimiento de recursos materiales condicionaba el desarrollo empresario familiar, aunque las actividades económicas de los Videla los surtía de los principales elementos para el mantenimiento de las tropas: "Es el Sr. Pascual Suárez, que sale para ésa dentro de tres días te impondrá de todo lo perteneciente a la tienda, pues él lo ha hecho todo, todo. A este hombre le debo mucho, pues de no ser por él, no tendría con qué sostener la hacienda, a estos señores que tengo en casa, ni tampoco mi familia y otros mil gastos, *que son indispensables en estos tiempos de movimientos*".[71]

De esta manera, los gastos que demandaba la protección de las personas y los bienes era un instrumento fundamental en el intercambio de favores y servicios entre las clases propietarias y el poder político-militar de los federales de Rosas, aunque también los costos de la guerra requerían de la insistente presión del estado provincial sobre los propietarios mendocinos: "Los 200 pesos que me impuso el gobierno de contribución, no los he dado. El Sr. Bustos me ha dicho que él ha visto al Gobernador y consiguió que se me quitase la contribución. El General Pacheco, también me ha dicho que le dijo a Maza que él pagaba por mí, así es que no sé a cual de los dos le debo esta gracia".[72] El trato diferenciado que obtenían estas parentelas del poder político provincial o del supralocal parece vincularse no tanto a la identidad política familiar sino a la pertenencia social y económica de los individuos y del grupo, que incluía un espacio político más amplio de relaciones de poder.

Hasta aquí, las relaciones derivadas de la acción de Magdalena indican el arbitrio personal (y familiar) sobre determinadas instancias que le permitieron resguardarse de los efectos políticos derivados de una derrota militar, sobre la base de un juego de reciprocidades interrelacionadas. Sin embargo, el conjunto de recursos movilizados apuntaba a sostener la relación con los virtuales representantes del poder supralocal. Por el contrario, esa instrumentación, que demostró ser efectiva, no podía trasladarse por sí misma a las dimensiones locales de las relaciones de poder: "Se dice que harán tantas cosas a la salida de este ejército y lo que yo siento más es que sea el Sr. Granada el primero. Dentro de veinte días, dicen, que saldrá todo el resto del ejército y entonces se cometerán mil excesos y desdenes; después ya quedamos solas en poder de los mismos que siempre nos han oprimido y esperamos que nos traten peor que nunca, por vengarse de lo que ellos han sufrido por el ejército. En fin, si yo tuviera que sufrir sola todo el peso de nuestra desgracia, nada sentiría el morir, pues tengo ratos que hasta mis hijos me son indiferentes. No quiero seguir...". La sensación de desamparo que se filtra a través de las expresiones de Magdalena, que llega a incluir a la muerte como mejor solución, es el resultado de la efectividad de los factores extralocales en el desarrollo de los sucesos provinciales que aminoraron las acciones de los federales mendocinos liderados por Aldao. Por lo tanto, el retiro de esas tropas y de sus generales y oficiales podía dejar de regular las acciones de los grupos facciosos.[73]

Efectivamente, las Videla debían instrumentar nuevas gestiones para sortear los obstáculos que imponía el regreso de Aldao. Para ello, y de acuerdo con las recomendaciones de su esposo, Magdalena debía activar nuevos contactos personales para conseguir un trato diferenciado del poder arbitrario del hombre fuerte de Mendoza.[74] Evitar los embargos sobre el patrimonio era pues el objetivo central, y Magdalena debió movilizar insistentemente sus propios vínculos personales: "Estoy en la mayor confusión y sin saber qué hacer en los meses de todos los trabajos; la voz de embargues se dice que probablemente se efectuara a todos los señores que me dijeron quedaba recomendada. No les he merecido la menor atención y creo que para Don Félix, nadie vale nada, estoy trabajando y gastando con el mayor".[75] Como se ve, las personas a las cuales accedía Magdalena eran figuras que rodeaban a Aldao. Por lo tanto, la mediación podía conseguirse por medio de estos contactos indirectos, que podían servir a intereses económicos o políticos. En los años siguientes, Magdalena continuó con su política de acercamiento ante el poder político, y su estrategia era siempre la misma: presionar sobre esos personajes segundones que rodeaban a Aldao y que, incluso, podían haber cambiado.[76]

Pero las acciones de esta mujer no derivaron en el allanamiento de la situación política de su esposo, las mediaciones no fueron efectivas y José María no pudo regresar a Mendoza. Aldao instrumentaba regularmente una política de persecución y amenaza sobre las familias y grupos que contaban con emigrados entre sus filas porque –según lo fundamentaba– favorecían acciones contra su gobierno. Un ambiente político dominado por el terror, donde "este hombre que no hace otra cosa que hacernos morir más y más y más", signaba a las familias de los unitarios a una cotidianidad imprevisible, angustiante y atravesada por la muerte: "Veo que te ha afectado mucho el asesinato del hijo de Reta; al otro día de cometido, ya nadie se acordaba de él. Ya somos verdaderos hijos de la revolución, porque hemos perdido toda sensibilidad; no puedo pensar sin disgusto en que no me causan ahora estos crímenes el horror que me inspiraban al principio de la guerra".[77]

El relato de esta mujer avanza mucho más allá de una mezquina actitud defensiva frente a las opresiones del régimen de Aldao. Si Magdalena logró transitar esa difícil coyuntura por los recursos que movilizó para defender a su familia, esa situación no le impidió reconocer que las reglas imperantes habían modificado el ambiente político doméstico. Un espacio político donde lo cotidiano eran los crímenes, el horror y el destierro la situaba fuera de la sociedad: "...yo que tengo tantos motivos para sufrir este riesgoso destierro, separada de toda sociedad, puedo soportarlo con alguna resignación, pero no conforme".[78] La figura del destierro ilustra una situación sin duda más profunda que las amenazas acechantes del régimen de Aldao sobre el patrimonio de los Videla. La derrota política había desplazado socialmente a Magdalena Correas y a su familia, pero en ese contexto incierto su comportamiento había revelado el modo por el cual las familias unitarias podían anteponer estrategias disímiles que ayudaran a amortiguar el costo de la derrota. Los vínculos personales habían sido efectivos en esa coyuntura, aunque el trato privilegiado obtenido por parte del general Pacheco se ubicaba en otro lado. Es en el perfil de una mujer socializada en los tiempos de guerra donde se puede encontrar un ejercicio cotidiano de reglas políticas que parecen desaparecer después de 1852.[79] Para entonces, el espacio reservado para sus hijas, Demofila y Teresa, será la Sociedad de Beneficencia creada a instancias del gobierno provincial donde sus esposos ejercitaron la política de manera exclusiva.

5. LA POLÍTICA COMO INSTRUMENTO DE ASCENSO SOCIAL: MELITÓN ARROYO, EL VIEJO DEPENDIENTE DE BENITO GONZÁLEZ

Si bien fue relevante el efecto producido por la emigración política sobre todo en los últimos años del orden rosista –efecto que en Mendoza se percibe cuando Aldao muere y pueden retornar a la provincia hombres como Videla–, también es cierto que no podemos aventurar que ese solo acontecimiento pudiera haber recaído en el liderazgo de los González en la década del 60. Se hace necesario explorar las vinculaciones existentes con individuos que sirvieron al gobierno provincial durante esos años.

La mediación inmediata que puede reconocerse en el progresivo itinerario ascendente de inserción en la estructura de poder local puede ser advertida en la acumulación de profesiones y funciones de *Melitón Arroyo* (1801-1875).[80] Melitón había nacido en Buenos Aires y (aunque sus biógrafos no lo registren) desde la década del veinte había administrado el sistema de arreas de los hermanos González hasta que el traslado de Jorge Lamarca lo benefició, y pudo erigirse en el hombre de confianza de Benito en el "almacén y tienda" del pueblo. Casado con Trinidad Godoy, miembro de una familia reconocida, instaló un almacén en Junín –una localidad de campaña al este de la ciudad–, por lo que su enarbolamiento comercial individual fue a partir de la red económica de sus antiguos patrones. Como en los capítulos precedentes ya vimos, Melitón no dejó de administrar algunos negocios de Benito González, con el que formaliza relaciones familiares muy estrechas.[81] Efectivamente, en 1867 formaba parte –junto con otros principales comerciantes– del Tribunal de Comercio.[82] Pero previamente a esta representación de tipo profesional, Melitón había desempeñado diferentes funciones que le habían permitido erigirse social y políticamente.

El primer indicio de participación pública de Melitón data de 1840 (gobernación de Justo Correas), cuando forma parte de una Comisión encargada de rectificar derechos y tarifas de Aduana con las de la República de Chile, reduciendo notablemente el valor de las "especies estancadas" (tabaco correntino, yerba mate, etc). A esta representación de tipo corporativo, Melitón agregaba una función afin a su labor de comerciante de efectos: fue nombrado Síndico de Temporalidades en ese mismo año. En 1847, Arroyo forma parte de la Sala de Representantes, avalando reiteradamente la política de Juan Manuel de Rosas. Este apoyo coincidía también con el de otros representantes, como Julián Aberastain (otro de los yernos de José María Videla, casado con Adelina), y Domingo Bombal.[83] El apoyo de Melitón volvió a repetirse en 1850, y en 1851 junto con Rufino Ortega fue miembro de una comisión encargada de evaluar tarifas de comercio.[84] En 1852 fue nombrado Juez de Policía interino durante la gobernación de Pedro Pascual Segura, el sobrino de Aldao. Sin embargo, después de Caseros, Melitón forma parte del grupo de representantes que reconocieron el triunfo de Urquiza y que saludaron al "distinguido argentino, por los importantes servicios que ha prestado a la Nación, derrocando con brazo vigoroso una tiranía de veintitrés años".[85]

Ante estas evidencias, podemos acordar que la trayectoria de ascenso social de Melitón coincidía no sólo en la acumulación de riqueza y la autonomización de su condición de dependiente de Benito González, sino que también incidía en él la función de encargado del otorgamiento de crédito eclesiástico en el Convento de los Agustinos, por lo menos desde 1840. Función que en épocas de iliquidez financiera favorecía el acrecentamiento de los contactos personales y del mercado de influencias para el cobro o recepción de dinero.[86] Pero incluso en un ambiente comercial relativamente dinámico, donde la ciudad provincial era transitada por comerciantes de provincias vecinas y del país trasandino, la función de intermediario entre la tradicional institución otorgadora de dinero líquido y los miembros de la comunidad no debe ser subvalorada. Sobre esta base debe observarse su nominación como Síndico de Temporalidades Agustinas en 1860 y su elección como Prior del Tribunal de Comercio en el mismo año.

De esta manera, es decir con la acumulación de diversas marcas de prestigio local, Melitón pudo proseguir su carrera política. Formó parte de la comisión de estudio del terremoto que asoló a la población mendocina en 1861 y fue nombrado Jefe de Policía Interino. Después de Pavón, y ante la llegada de Sarmiento como auditor de guerra, Melitón formó parte del grupo de políticos mendocinos que acordaron junto al comisionado de Buenos Aires la gobernación para don Luis Molina. En el 62 presidió la Legislatura provincial y ejerció la gobernación en forma interina; en el 64 fue nuevamente Representante y en 1866 fue electo gobernador propietario por una semana, siendo derrocado una semana después de haber asumido el cargo. Su gabinete había incluido a uno de los hijos de su antiguo patrón, Carlos González Pintos. Asimismo la Legislatura local albergó a políticos reclutados de la red de parientes y amigos de los González y los Videla, siendo éste uno de los argumentos esgrimidos por el coronel Rodríguez para justificar la revuelta política contra el grupo liberal. Veintitrés cargos políticos eran retenidos por esta red de parientes, que en esos años había sumado importantes alianzas matrimoniales a la existente entre Benito y Demofila: la de Carlos con Teresa Videla Correas, la de Rita González con José María Videla Correas, la de Lucas con Rosa Delgado Ivarbals, la de Tomasa con Emilio Villanueva, la de Salvador con Encarnación Segura y la de Daniel con Carolina García Bombal, todas concertadas entre 1847 y 1868. De esta manera, el matrimonio se constituye en un dispositivo instrumentado en la acción deliberada y contingente de los individuos para favorecer la construcción de parentelas efectivamente solidarias en la vida política (y también empresaria).

Capítulo 5

La arquitectura del poder gonzalista (segunda mitad del siglo XIX)

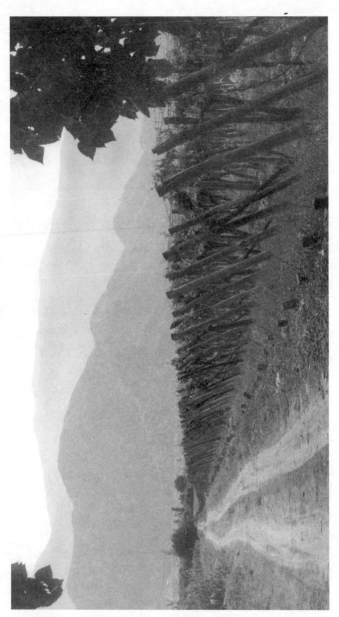

Vista actual del camino que conducía a la Cierra, que entonces vinculaba con los potreros de cordillera en el tránsito a Chile.
(Foto: Cristián Lazzari.)

Hacia 1852, el nuevo orden social no parecía ser objeto de grandes cuestionamientos cuando una alianza diversa y fragmentaria dio fin a la *pax rosista* sentándose las bases de la institucionalización del país. Si por una parte la Argentina posterior a Rosas obtendrá un desarrollo económico y social sin precedentes, también Caseros inaugura un proceso por el cual el país adoptó para su gobierno una fórmula política que incluía rasgos derivados de las viejas estructuras de dominio en los marcos de una nueva legalidad institucional. En el interior de ese itinerario, capturado aún por luchas facciosas e impregnado en viejas y nuevas prácticas, la disputa de los grupos políticos por dirimir quiénes iban a dirigir ese proceso adquirió fuertes connotaciones.[1] Para los vencedores de Caseros, el fin de la *pax rosista* planteaba dos importantes problemas. El primero tenía que ver con la construcción del orden político.[2] El régimen político materializado por el gobernador de Buenos Aires había sido el resultado de la integración de grupos sociales diversos amparados en la temprana legislación electoral porteña, que estipulaba el sufragio libre y directo desde 1821. Aun considerando la importante manipulación en los comicios por parte de instituciones y personas que producían el sufragio, el resultado de esa experiencia revela que otras formas de participación política, menos visibles aunque por cierto plenamente identificables, se constituyen en evidencias tangibles de la complejización del espacio político de esos años.[3] Asimismo, la posibilidad de reconocer diferenciaciones de la imagen unidireccional entre participación política y sufragio favoreció el reconocimiento de otras formas de integración al sistema político y social, situación que para el caso de los extranjeros tuvo resultados también altamente elocuentes.[4]

El segundo problema se reconoce en una suerte de fórmula política que iba a estrechar relaciones entre los gobiernos provinciales y el poder central. En buena medida, los casi treinta años que van desde Caseros hasta la federalización de la ciudad de Buenos Aires (1880) muestran la manera en que se asentó la unidad política, ese proceso de rupturas y continuidades a través del cual el poder central conquistó el monopolio de la violencia. Para Natalio Botana, la derrota del último bastión del viejo federalismo no sólo fue el resultado de los hechos de armas que se sucedieron en esas tres décadas, sino que además una eficaz estrategia de alianzas políticas entre el gobierno federal y las oligarquías del interior terminó acordando un efectivo régimen político que se mantuvo sin grandes sobresaltos hasta 1916.[5] Asimismo, la nueva legalidad surgida en 1853 y fortalecida en 1860 condicionó altamente la capacidad negociadora de las provincias, las cuales debían ajustarse a la nueva normativa constitucional que inducía por la vía de nuevas reglas y códigos, el desarrollo social, económico y político en el territorio nacional.

Si los cambios derivados de un complejo proceso que culmina con la materialización del Estado federal y la nueva imagen que adquiere la Argentina finisecular son en verdad relevantes, eso no supone que tenaces persistencias dieran forma al régimen político que se consolida en 1880. La importancia entonces del desarrollo político después de Caseros hasta el asentamiento de la unidad política impone por cierto nuevas reflexiones. Si una parte de la bibliografía acordó las instancias más visibles de cooptación del último sobre las autonomías provinciales,[6] es importante rescatar aquellas situaciones donde el juego de poder reconoce lógicas menos mecánicas del comportamiento político. Esto es, el modo en que poder local y poder central se interrelacionan, constituyéndose esa conexión en un derivado de fuerzas donde la instrumentación de mecanismos internos de control sirvió a un efectivo dominio en el plano nacional.

La política mendocina en la segunda mitad del siglo XIX nos posibilita explorar este problema porque su desarrollo discurre por momentos relativamente diferenciados que definen el modo por el cual los grupos de poder locales se disputaron la primacía política en el marco de la progresiva injerencia del poder central. En medio de un contexto político que se transforma y se complejiza en función de un conjunto de normas e instituciones nuevas, individuos y grupos involucrados en la lucha política definen un campo de fuerzas imprevisible que, si culmina con la consolidación de un grupo, no por ello deja de tener en cuenta las vicisitudes por las que, en el desarrollo de los acontecimientos, algunos son los que ganan y otros son los que pierden. El diseño de este capítulo promete recorrer el comportamiento político de los González después de 1852, el cual difiere sustancialmente de sus prácticas anteriores. En las primeras décadas de vida independiente, las prácticas políticas implementadas por la familia debían indagarse en los intersticios de las estructuras de poder, pero a partir de 1850 los González y su red de parientes y amigos políticos ocuparán los puestos más elevados de la administración provincial y nacional. ¿Cómo se explica esa alteración? ¿Qué tipo de estrategias instrumentaron para ingresar en el espacio político provincial y conquistar posteriormente la primacía política? ¿Qué tipo de política instrumentaron los González? Si la integración en el campo político puede registrarse a partir de 1852, es en la compleja y fragmentada década del 60 cuando los González adquieren la máxima cuota de poder político. Si a través de la acumulación de cargos se diseña un itinerario ascendente, éste no adquirió por cierto una dirección unívoca y previsible. En este sentido, los diez años que van desde el ascenso a la gobernación de Carlos González, el líder de la facción gonzalista, hasta la derrota de Arredondo en 1874, determinada por el entonces coronel Julio A. Roca, constituyen dos hitos que no sólo enmarcan el recorrido político de esta parentela. Mirado en profundidad, ese proceso complejo puede revelar la configuración de un estilo político basado en sólidas relaciones personales y en efectivos mecanismos de control institucionales en el cual se dirimía no sólo la estrategia política de los González.

1. La política mendocina en la segunda mitad del siglo XIX

Después de Caseros, el desarrollo político de Mendoza no estuvo caracterizado por graves enfrentamientos entre los grupos federales y los que se nuclearon en el bando que derrotó al gobernador de Buenos Aires. Un virtual juego de integración de representantes de ambas facciones en pugna ocuparon alternativamente los principales cargos políticos, respetando sobremanera la formación profesional para el ejercicio de cargos de representación nacional.[7]

Sin embargo, este virtual juego de integración se resquebraja sensiblemente después de Cepeda.[8] En el mes de abril de 1859, Pascual de Echagüe fue designado interventor en Mendoza después de una sublevación de las montoneras encabezadas por Francisco Clavero. Posteriormente, la gobernación mendocina sería ejercida por el federal Laureano Nazar, un sobrino del finado general Félix Aldao. El gobernador Nazar, que gozaba de las simpatías de algunos viejos federales, instrumentó de nuevo el "uso del cintillo encarnado" restablecido por el gobierno de Paraná, confiscó los bienes de familias mendocinas acaudaladas y firmó un decreto por el cual se apoyaba al presidente Derqui ante cualquier intento militar contra el gobierno de Buenos Aires, sin prever que así exacerbaría las relaciones con los grupos liberales de Mendoza. La respuesta del gobierno de Buenos Aires fue aleccionadora: el ejército hizo su ingreso a la ciudad.[9] A partir de 1861, el universo político de Mendoza presentó notables modificaciones. En el orden local, la ciudad y sus alrededores fueron arrasados por un terremoto donde murió alrededor del tercio de la población asentada y que sirvió a la élite liberal para cuestionar la actuación del todavía gobernador Nazar porque no evitó el pillaje. En el orden externo, Pavón dio la oportunidad para que nuevos actores políticos estrecharan sus relaciones el poder central.[10] Pavón entonces significó una profunda vuelta de página en el escenario local, que no se caracterizaría solamente por la acción cooptativa del gobierno nacional sobre la élite política de Mendoza. Muy a pesar de la llegada de Sarmiento como auditor de guerra, las relaciones entre estos grupos y el gobierno nacional preveía otro tipo de estrategias: la designación del nuevo gobernador, Luis Molina, había surgido de un acuerdo expreso entre los miembros de un grupo de políticos liberales y el comisionado del gobierno nacional. Eusebio Blanco, Franklin Villanueva, Pedro P. Segura, Nicolás Villanueva y Carlos González representaban las cabezas más visibles de la élite política de la Mendoza posterior a 1861.[11] De inmediato, el gobernador Molina relevó a los subdelegados de la campaña, esos personeros del poder político que controlaban el territorio provincial desde 1854, cuando la constitución mendocina había establecido una vinculación directa del gobernador con la población afincada en la ciudad y la campaña. Los nuevos nombramientos robustecieron de hecho, por la vía indirecta de instituciones y personas, el dominio político en los departamentos que, como vimos, se remontaba al Reglamento de Policía (1828), de Estancias (1832 y 1845) y de Administración de Justicia (1834). Esa efectiva articulación territorial del poder centralizada en el gobernador logró prevalecer después de creadas las municipalidades, que quedaron sujetas al control de los Subdelegados.[12]

Pavón también otorga nuevos ingredientes en el ambiente político doméstico. Si en un comienzo las elecciones de gobernador y de representantes provinciales o nacionales eran el resultado de acuerdos explícitos entre diferentes núcleos de la élite política local, después de 1870 el escenario político mendocino atraviesa una experiencia relativamente novedosa caracterizada en este caso por la competencia electoral. "Gonzalistas" y "civitistas" se disputaron la primacía política provincial en torno a dos personajes: Carlos González y Francisco Civit. El primero, vinculado al mitrismo; el segundo, vinculado a las huestes de Avellaneda e integrante de la Liga de Gobernadores. En este marco de relaciones políticas conectado a la acción de los principales referentes políticos nacionales y el poder central, la configuración política mendocina parece revelar la manera en que los grupos locales intentaron arbitrar sus propios recursos para controlar el ámbito político provincial en un juego zigzagueante que logra estabilizarse en 1874. En ese año, las fuerzas militares del poder central intervienen en el enfrentamiento de los grupos políticos locales. La combinación del éxito electoral y el militar corona el enarbolamiento de los civitistas en la política doméstica destinando a los González a un segundo plano. Sin embargo, el diseño del régimen político basado en un sistema de parentela y alianzas políticas delineado en los años de poder gonzalista permitirá un relativo equilibrio entre los grupos opuestos hasta 1889, cuando nuevamente el poder central deberá intervenir en la política mendocina.[13]

2. EL LUGAR DE LA SOCIABILIDAD POLÍTICA, 1852–1861

Derivada en gran medida de la experiencia política de la emigración en los críticos años cuarenta, los argentinos residentes en la República de Chile decidieron dar forma a *asociaciones políticas* para promover primero la caída de Juan Manuel de Rosas y después disputar, desde espacios diferentes a la acción militar, la forma que adquiriría el nuevo país.[14] En agosto de 1852, un grupo de ciudadanos argentinos residentes en Valparaíso decidieron formar una asociación política, bajo la supervisión de Juan Bautista Alberdi. El Club Constitucional Argentino se creaba pues con "el fin de unir nuestros medios de influencia, por débiles que sean, en apoyo de la obra de la pacificación y organización nacional; sin distinción de partido político, sin mira de oposición, ni hostilizar a nadie y con la decidida intención de proteger toda tendencia, todo acto que lleve tan nacional y elevado propósito".[15] Las actividades del Club estuvieron centradas en la difusión del programa alberdiano para promover "una acción pacificadora y orgánica" en propaganda de la futura Constitución; por este motivo el Club adoptó las *Bases* como tema de discusión en sus reuniones.[16]

Francisco Villanueva y José Cayetano Borbón, dos fidelísimos amigos y compañeros del Colegio de Ciencias Morales de Juan Bautista Alberdi, coordinaron las actividades, a los que se sumaron otros individuos. Entre ellos, algunos formaban parte de la red de relaciones personales de los González, y otros no.[17] ¿Quiénes eran estos individuos? ¿Qué tipo de vinculación existía entre ellos?

Nos hemos referido ya al porteño José Cayetano Borbón (1811–1891): activo comerciante porteño radicado en Valparaíso en 1841 después de haberse desempeñado como administrador de estancias de su primo Lucas González Milleiro en el Litoral. Borbón era muy amigo de Alberdi y desde 1855 fue el apoderado de sus bienes en Chile, cuando estuvo radicado en Europa ejerciendo la función de Encargado de Negocios de la Confederación ante los gobiernos de Francia, Gran Bretaña e Irlanda: Borbón le remitía los réditos de sus bienes e incluso le transmitía las noticias políticas de Chile y de Buenos Aires.[18] En 1858, dejó Chile a causa "de la crisis del comercio" y después de haber permanecido allí 17 años, transfirió el poder de Alberdi al mendocino Francisco Villanueva. En 1861 estaba en Mendoza, y en 1864 participó de una Comisión Clasificadora de deudas. En 1867 contrajo matrimonio en Buenos Aires con Leonor González Marcó (hija de Benito), y residió en esa ciudad hasta su muerte. En Valparaíso, Borbón había desarrollado una intensa actividad empresaria en sociedad con dos individuos altamente relevantes: Carlos Vicente Lamarca y Mariano de Sarratea.[19]

Algunos representantes mendocinos del Club tenían un perfil más secundario desde el punto de vista empresario, pero no por ello menos relevante en el mundo político. Francisco Delgado, un importante político mendocino que había tenido una actuación destacada en los años veinte y que tuvo que exiliarse después de 1841[20] era hermano de Agustín Delgado, convencional constituyente del 53[21] y suegro de Lucas González después de 1857. Francisco ejercería en varias oportunidades la representación por Mendoza, cargo que abandonó en 1862 para integrar la Corte Suprema de Justicia (designado por el presidente de la República, Bartolomé Mitre), donde se desempeñó hasta su muerte, en 1875. Martín Zapata estaba también nucleado en el Club y adquiriría un papel relevante: político mendocino amigo de Alberdi y de Gutiérrez, convencional constituyente por Mendoza en 1853, cuñado de Eusebio Blanco, quien estaba asociado a Benito González en la explotación pecuaria en el sur cordobés. También eran socios del Club dos individuos fuertemente emparentados con los González: Eusebio Videla Correas (el hijo de José María y de Magdalena que se exilió en 1841 y atendía en San Felipe el negocio del padre); José Luis Marcó, un comerciante aventajado radicado en Valparaíso que contrajo matrimonio con una González Pintos en Mendoza, con inversiones en Junín y en la ciudad, fue diputado provincial representando ese departamento. Entre los individuos nucleados en el otro conglomerado de personas, es decir, aquellos personajes que los copiadores de cartas del banco familiar registran como operadores o intermediarios de los circuitos comerciales de la década del 60, figuraron: Pedro Lindor Ramayo, el activo amigo de Daniel González y comerciante residente en Rosario; Tristán Narvaja, otro comerciante que se radica en "Los Andes" (Chile), ligado al negocio ganadero y financiero; Horacio Iglesias, que se radicó en San Felipe canalizando también intereses pecuarios y otros negocios en el país limítrofe. Tesandro Santana, el gerente del Banco Nacional en Mendoza y otorgador de créditos del Banco González entre 1878 y 1880.[22]

De este modo, la asociación posibilitó la reunión de personas que ingresaban en el universo político por caminos alternativos. Los asociados podían así afirmar viejos vínculos como inaugurar nuevas relaciones. El objetivo de los Clubes consistía justamente en eso: intentar coaligar individuos socialmente afines para consensuar discursos y prácticas. Este era uno de los elementos centrales en el escenario político de 1852: promover la formación de identidades políticas cuyo sustrato lo constituía el consenso liberal. Los asociados no tardaron en expresarlo ante la inauguración de las actividades: "Cuando los acontecimientos se han producido, cuando una deplorable divergencia de intereses y miras ha estallado entre las provincias que componen nuestra patria, la idea de reunirnos, de entendernos y darnos cuenta de nuestras sensaciones, de nuestros temores, de nuestros deseos".[23] La idea de reunión y la puesta en marcha del trabajo ideológico implicaba en buena medida efectivizar la disciplina y acordar "un plan de conducta que, ahora y en todos los tiempos... fuese una norma, cualesquiera que los acontecimientos sean, que sirviese de punto de partida a nuestros actos, de fin a nuestras aspiraciones...".[24] Socialización de discursos y de prácticas supone la idea de que las personas reunidas públicamente terminan por coincidir en una suerte de situaciones que delimitan el tema de quiénes son los preocupados por el desarrollo político, en definitiva quiénes eran los ciudadanos.

La identidad social de estos individuos fue expresada al momento de iniciar las actividades del Club: "Tomamos por divisa el constitucionalismo. La idea de su instalación fue debida al señor Villanueva individuo de nuestro seno, y casi al mismo tiempo al señor Borbón, personas ajenas de ambición política como fueron todos los individuos invitados a formar el Club, que se compone de hombres de orden, sujetos honorables y jentes de industria, sin que exista un solo ambicioso en su seno."[25] Una institución que aglutinaba a nuevos y viejos burgueses se constituía en un espacio público –sin duda fuertemente minoritario– que caracterizaba el tránsito de la afirmación de los principios liberales en la esfera política y representaba, a su vez, una de las manifestaciones de la sociedad civil.[26]

Una identidad igualitaria, basada en la riqueza o en el mejor de los casos en el mérito personal, definen un tipo de relación horizontal donde los asociados coincidían en sus escritos y voluntades, aunque esa integración no resuelva necesariamente importantes diferencias programáticas sobre el acuerdo político. Asimismo, la declaración de los principios asociativos delimita una suerte de diferenciación entre los interesados por la cuestión política ("hombres de orden, sujetos honorables y jentes de industria"), y los involucrados en la lucha por el control del estado ("los ambiciosos").

Sobre estas bases de circulación y entendimientos individuales y colectivos, el universo político del 52 podía acordar en un programa mínimo –y máximo– que puede detectarse en los escritos de un actor político relativamente notable, nucleado en el Club y residente en Buenos Aires hacia fines de 1852: "Hoy toma la guerra otro carácter... Es un dolor señor Don Benito que se pierdan las ocasiones destruyendo el país, de constituirnos alguna vez".[27]

Como se ve, el problema de la institucionalización no residía tan sólo en algunas cabezas clarividentes. Todo un conglomerado de actores periféricos acordaba en la urgencia de constituir la unidad política por diversos intereses. En 1852, el heredero político del viejo Lucas González le escribía a su tío José Cayetano Borbón desde Turín, robusteciendo esta idea y delimitando de algún modo el acuerdo sobre la "República posible": "Las últimas noticias del Plata son poco alagüeñas y parece que nuestro país no quiere entrar todavía en el buen camino. Me afligen las dificultades que encuentra el gobierno de Urquiza empezado con tan buenos auspicios y veo muy distante para nuestro país el porvenir que le deseo, porque cada día me convenzo que es necesario mucho tiempo para acostumbrar a un país a hacer un uso acertado de la libertad. Me parece que nos hace falta una mano fuerte y enérgica para hacer el bien, que despreciando esas miserables cuestiones de partidos y rivalidades entre las provincias, funde un orden de cosas estables y nos de un poco de unidad, porque la unidad constituye la fuerza y la fuerza bien dirigida crea prodigios en un día".[28] Si Lucas González Pintos aparece desvinculado espacialmente de la convulsionada realidad política argentina, podía acordar sobre aquel "plan de conducta" porque estaba integrado por diversos tipos de mediaciones personales e institucionales a una clase política que –aunque fragmentada– presentaba fuertes signos de solidaridades horizontales después de Caseros.

Finalmente, el proceso de institucionalización que se inaugura en 1852 imprime nuevas direcciones a la acción política y estas asociaciones de individuos (en franca conexión con intereses económicos y relaciones personales) pasarán a ocupar un lugar destacado aunque por cierto, no único. Estas prácticas sociales específicas realizadas en ámbitos pautados y donde se habían combinado prácticas y discursos, definen al Club como un actor político colectivo y representan una instancia legitimadora de la institucionalización del país. En 1854 sus asociados consideraron, sin embargo, que la tarea había sido cumplida. por lo que era preciso disolverlo.[29]

La sociabilidad burguesa había hecho su ingreso también en ámbitos locales. El Club Constitucional Argentino tuvo su filial en Mendoza y allí se concentraron los González y sus amigos políticos. También los hubo en Córdoba, San Juan y Buenos Aires. Pero las actividades de estos clubes locales también fueron fragmentarias, aunque el objetivo era ahora diferente: el rosario de instituciones que se crearon se orientó al sostenimiento de candidaturas que aseguraran el triunfo electoral. Por lo tanto no obtenían en su mayoría durabilidad. Si para los promotores de los Clubes Constitucionales el objetivo había sido la conquista de la unidad y la constitución, para los clubes locales la disputa de los principales vértices de la administración estatal será una constante.[30]

Entre 1857 y 1862, el Club del Progreso había desempeñado una actividad intensa nucleando a unos doscientos individuos, pero su accionar se había diluido notablemente.[31] La asociación no presentaba diferencias políticas importantes, expresaba más bien un sentido de pertenencia grupal que podía verse reforzada por la comunión de intereses. El ex urquicista Benito González Marcó podía compartir una partida de billar o algún café con los liberales Francisco Civit, Deoclesio García y José María Videla, y podía sumarse el militar Augusto Segovia (que era comandante de la Guardia Nacional).

Esta relativa convivencia entre individuos de diferentes edades, profesiones e identidades políticas no superaba por cierto las condiciones de lucha política y, en este sentido, los clubes se constituyeron en un síntoma visible de las "facciones insurrectas", porque el consenso entre las clases superiores no alcanzaba a asegurarse y la guerra seguía formando parte de las reglas políticas.[32] El ex presidente del Club Constitucional había expresado en 1854 "en la anarquía, los clubs sirven para uniformar la opinión, durante la paz solo sirven para dividirla". [33]

3. El acceso al poder

El proceso de encumbramiento político de los González en la segunda mitad del siglo XIX constituye una muestra visible del conjunto de recursos movilizados a lo largo de cuarenta años. Al parecer, todo un "frente de parentesco" había irrumpido en el escenario local, y esa acción política será el resultado del estratégico uso de las reglas en juego, que se habían modificado lo suficiente como para que un grupo empresario relevante tuviera que ocuparse de las políticas del estado provincial.

En el interior de ese conjunto de individuos interconectados por vínculos familiares y relaciones de amigos las funciones, por cierto, estuvieron divididas. Efectivamente, en 1861 los individuos más involucrados en el universo político provincial eran Melitón Arroyo y Carlos González. En esa oportunidad habían integrado una comisión que, junto al representante del poder mitrista, eligió a Luis Molina para el ejercicio de la gobernación provincial. Pero si las dos incorporaciones tuvieron que ver con el alistamiento del grupo en las filas del mitrismo, las trayectorias de cada uno de ellos diferían notablemente. Melitón pisaba por entonces los sesenta años y Carlos había cumplido los treinta. La diferencia generacional no implicaba ninguna limitación en el ejercicio de la política, más bien representaba un virtual desplazamiento de estas funciones en el interior de la parentela. Si Melitón en esa oportunidad se disponía nuevamente a ejercitar su experiencia política negociadora, para Carlos ese acuerdo programático con los representantes del poder central se constituiría en una experiencia fundacional.

Hasta ese momento su actuación pública no había sido muy destacada, aunque había concentrado sobre su persona marcas de autoridad social relativamente importantes. Los estudios los había realizado en Mendoza y desde joven estuvo enrolado en la "carrera de comerciante". En 1854 se había convertido en el principal heredero de los negocios de su padre. Por otra parte, en el ámbito local,

Carlos supo generar consenso sobre su figura pública ante el trágico terremoto de 1861.[34] Después de 1861 comenzó a ocupar cargos políticos.[35] En 1863, volvió a integrar el Consejo de Gobierno; en el mes de noviembre resultó electo gobernador por la Legislatura sin cumplimentar el requisito de la edad para desempeñar esa función, por lo que es nuevamente electo y habilitado para desempeñar el cargo.[36] El vicepresidente de la Legislatura, Melitón Arroyo, conseguía de este modo estrechar al máximo la política de la parentela con el universo público mendocino: con sólo treinta y tres años de edad, su delfín político se convirtió en gobernador propietario de la provincia.[37]

El liderazgo de Carlos González Pintos venía a representar la cabeza visible de un grupo político local aliado a Mitre que había conseguido situarse en la cúspide del poder provincial después de Pavón. Ese itinerario, si se reconoce claramente a partir de 1861, fue subsidiario de una estrategia política local caracterizada por un juego de alianzas personales que incluyó grupos y personas vinculados al orden rosista previo al 52 con representantes de nuevos núcleos políticos triunfantes en 1861. En este sentido, la función de viejos políticos provinciales, como Pedro Pascual Segura y Melitón Arroyo, ocupa un lugar central para dirimir las disputas locales; entretanto, nuevos líderes de la localidad provistos de instrumentos técnicos para el ejercicio de funciones gubernativas y legislativas se acantonaron estratégicamente en otras instituciones. Ese es el caso de Martín Zapata y de Agustín Delgado como convencionales constituyentes en 1853; es el ejemplo también de Francisco Delgado como miembro de la Corte Suprema de Justicia nacional. Tres importantes representantes de la bullente élite letrada de la década del veinte de Mendoza, posteriormente asociados del Club Constitucional de Valparaíso, se incorporan progresivamente a una clase política letrada que requeriría a su vez de nuevos reclutamientos.[38] Si al gobernador Pedro P. Segura la función de su yerno Martín Zapata le había permitido vincularse al proceso de institucionalización del país sin grandes dificultades, a Lucas González la posición de su suegro, Francisco Delgado, le sellaría su integración a la nueva clase política, la cual había requerido de una importante renovación que no había fracturado necesariamente el equilibrio político local.

Lucas González Pintos había sido el candidato lógico para desempeñarse en esas esferas porque era el único de los hermanos que había dispuesto de los recursos necesarios para ese momento político. En 1850, el viejo Benito González había pedido consejos a Alberdi para su hijo Lucas, que estaba revalidando su título de abogado en Turín. Los consejos del tucumano orientaron a Lucas a pasar tres años en Madrid porque el orden jurídico a instaurar debía tener en cuenta la herencia española.[39] Mientras Martín Zapata y Agustín Delgado se desempeñaron como convencionales constituyentes en Santa Fe, Lucas González fue agente oficial en la convención constituyente de Mendoza en 1854. La suerte política de Lucas no derivaba sólo de la inversión en educación superior, que era un requisito ineludible, pero debía ser acompañado por otros más. Fuertes vínculos personales sumó Lucas a sus estudios universitarios, a los consejos de Alberdi, a su pertenencia a una familia empresaria importante: en 1857 contrajo matrimonio con Rosa Delgado Ivarbals, una de las hijas del entonces senador Francisco Delgado.[40] De allí en más, Lucas se aseguraría transitar una carrera exitosa: fue representante en la Legislatura provincial en 1856, participó en el gobierno de la Confederación como Director de la Aduana, se impuso como candidato por el Club Libertad de la provincia de Santa Fe para representaciones nacionales y fue ministro de Mitre y de Avellaneda.

El itinerario social y político de Lucas dependió sin duda de su perfil profesional, que lo ubicaba en un lugar destacado ante el requerimiento de administradores de los negocios públicos. Pero su trayectoria aparece montada en un conjunto abigarrado de bienes materiales y recursos inmateriales impregnado de parentela. En 1847, Lucas había expresado a su hermano Benito: "[los cinco premios] éstos para mí a más del valor que como recompensa de mis afanes le encuentro otro mayor [sin] duda que puedo dedicarlos a mi familia y manifestarle así mi gratitud por los servicios que de ella recibo, yo nunca he olvidado, Benito, ni olvidaré que tú fuiste uno de los más empeñados para que me mandasen a estudiar, te deberé eternamente este gran servicio...".[41]

Si la carrera de Lucas revela el alcance "nacional" de la estrategia, ésta convergía en el dominio efectivo del poder político local que se hace plenamente visible en el gobierno de Carlos González Pintos (1863-1866). La historiografía mendocina ha dado al gobierno de Carlos un lugar relativamente importante y, en general, los argumentos transitan por dos ejes. El primero, porque promovió obras públicas importantes;[42] el segundo, porque intentó una política de conciliación que se trasluce en la inexistencia de conflictos de envergadura. Sin embargo, a la semana de haber sido remplazado en la gobernación por Melitón Arroyo, los grupos federales se sublevaron.[43] ¿Cuál había sido la estrategia de Carlos para sostener su gobierno?

En primer lugar, su administración consideró importante renovar a la mayor parte de los funcionarios y empleados del anterior gobierno; cargos que recayeron, en su mayoría, sobre individuos vinculados por lazos de familia y amistad, y que provenían de tradiciones políticas liberales. Por el contrario, el grupo de federales fue desplazado de las funciones gubernativas, con algunas excepciones.[44] La parentela ocupaba un lugar destacado en el articulado del régimen político que descansaba en la figura de Carlos como gobernador.[45] La retención de cargos ejecutivos, legislativos, judiciales y militares permitía a este conjunto de políticos locales sostener un régimen de gobierno que articulaba las relaciones entre las villas cabeceras de la campaña a través de los subdelegados, quienes comandaban las milicias y controlaban las elecciones.[46] En una sociedad donde la mayoría de la población residía aún en áreas rurales, estos mecanismos de control institucionales no deben ser subvalorados.[47] En este sentido, el ascendiente de Carlos sobre los departamentos 1 y 2 de campaña como comandante de la Guardia Nacional es un dato relevante.[48] Una cantidad estimable de población residente en esas localidades podía ser controlada por un personero del poder central de indiscutida radicación territorial y relevancia económica. Esta relación no sólo estuvo ligada a una individual vinculación política de Carlos González sino

que también otros individuos integrantes de la red gonzalista la ejercitaban: César Palacios, representante suplente
por la Ciudad, comandaba interinamente el primer batallón de Guardias Nacionales en el año 65. Carlos Videla
Correas ejercía la representación legislativa al mismo
tiempo que actuaba como Comandante Interino del Primer Batallón de Guardias Nacionales en el 63, para después ser representante por Junín e Inspector General de
Armas de la Provincia en el año 65.

Fuertes vínculos personales estaban representados
en el juego de alianzas de Carlos González: Eusebio Videla
Correas fue representante; su doblemente cuñado José María Videla ejerció la representación por Capital además de
formar parte de la "Comisión Filantrópica" (instituida por
el gobierno nacional para subsidiar la reconstrucción edilicia de Mendoza después del terremoto); su hermano Benito González Marcó fue representante, Camarista interino y
juez general de Aguas en ese último año. Su cuñado y comerciante (proveedor de su padre), José Luis Marcó, se desempeñó como subdelegado en San Martín y Junín, dos zonas densamente pobladas en esos tiempos.[49] Algunos viejos
amigos de su padre se sumaban al elenco: Melitón Arroyo
sería representante en 1864 (y en 1866 lo sucedería en la
gobernación provincial); Daniel Barreda fue Asesor de Juz-
gados y defensor de pobres y menores. El viejo socio de su
padre, don Eusebio Blanco, ejerció la presidencia interina
de la Cámara de Justicia, y fue representante, ministro de
gobierno y camarista suplente; Exequiel García (su posterior consuegro) sería también representante y camarista
interino.

En cierto modo, la estrategia política de los González
parece concentrar una serie de recursos en los cuales las
redes personales ocuparon un lugar importante. Pero si el
núcleo de la red política lo constituía la parentela, ésta no
era suficiente para retener los resortes de la política provincial. Los González debían estrechar lazos relacionales
con otros sectores, entre los cuales los comandantes de
frontera y de las Guardias nacionales ocupaban un lugar
destacado.

La candidatura de Carlos había sido apoyada por los

militares Augusto e Ignacio Segovia en 1863 . Para estos
personajes, la política no era un campo de relaciones des-
conocido: participaban en los clubes locales y ejercían el
derecho de elegir a sus representantes según lo estipulaba
la ley electoral vigente e intervenían en los actos comiciales
movilizando a sus propios subalternos para participar en
las elecciones. De hecho, Augusto Segovia hacía valer su
propia fuerza política para imponer la calificación de su
gente ante los representantes que confeccionaban los registros de electores en la ciudad y la campaña.[50]

En 1856, Lucas González había puesto en duda la
cuestión, por lo cual pidió informes al juez de letras, que
respondió: "Conforme al art. 5 de la ley de elecciones vigentes tienen derecho a sufragar todos los ciudadanos que ten-
gan empleo civil o militar en cuyo último caso se encuentra
la tropa de línea en actual servicio, por cuyo motivo tienen
derecho a sufragar".[51] La injerencia entonces de la autoridad civil y militar en los comicios era más que obvia, y ésta
se llevaba a cabo através de los subdelegados, el jefe de policía y los inspectores de armas y jefes de regimientos. Un
juego arbitrario y manipulatorio de relaciones de fuerza se
revela a simple vista en el comportamiento político de estos
individuos;[52] aunque estas prácticas sugieren también el
efectivo entrecruzamiento de hábitos de control ya instala-
dos en el juego político en una nueva dimensión institucional. Al parecer, las prácticas de estos actores eran solamente cuestionadas por individuos como González o Sáez,
porque este último, después de negarse a inscribir a un uni-
formado cuya patria era Chile, no sólo fue atropellado y
golpeado por Segovia. "Con el silencio del Superior Tribunal que había visto las acciones, fue preso en la Alameda" y
el Jefe de Policía, don Joaquín Villanueva, no había prestado atención al episodio al cruzárselo por la calle.

En consecuencia, el régimen político mendocino
aparecía sostenido por un juego de solidaridades con los
enrolados que participaban en los comicios. Estos efectivos
apoyos, si habían sido relevantes para conquistar la gobernación, implicarían para el ejercicio de gobierno de Carlos
González un fuerte sesgo diferenciador con otros núcleos
de la élite política provincial que cuestionaban duramente

la participación política de estos actores. En 1864, el gobernador González vetó la ley aprobada por la Legislatura provincial que limitaba el derecho de sufragar a los no alfabetizados y "vagos".[53] En contrapartida de esa resolución legislativa y apoyado el rechazo del senador nacional electo bajo esas disposiciones, el gobernador modificó la normativa electoral estableciendo la igualdad de todos los votantes.

Sin embargo, su política alteró en el mediano plazo las relaciones existentes con otros núcleos liberales que formaban parte de su gobierno. Si, en un comienzo, por una suerte de equilibrio político estos grupos conseguían asegurarse el control del aparato estatal de la provincia, dado que los núcleos federales podían atentar contra la relativa hegemonía conquistada, a partir de la eliminación definitiva de esos sectores en 1867 la disputa adquiriría un carácter abierto. Nicolás Villanueva y Francisco Civit lideraban un grupo relativamente opuesto a los González.[54]

Hasta ese momento, el tema de las candidaturas había ocupado buena parte de los conflictos entre los grupos de la élite. En 1866, Melitón Arroyo había sido electo gobernador propietario después de lidiar la candidatura con otros líderes locales.[55] Para entonces, el juego político de estos políticos prácticos se había cerrado lo suficiente como para que el desplazamiento de los núcleos federales de la conducción estatal operara eficazmente en la justificación del levantamiento "colorado", que siguió a la semana de asumir Melitón la gobernación: "es que el pueblo mendocino sabe que los veinticinco miembros de la Honorable Cámara Legislativa, veinte y uno pertenecen a la misma familia del flamante gobernador".[56]

4. El estratégico uso de la política frente
a la comunión de intereses personales

Si este conglomerado de individuos interconectados daba forma a un estilo político que encontraba en la parentela y las relaciones personales un importante recurso para la acción política, la experiencia política de los González revela otras dimensiones de los nexos existentes entre la parentela y el universo político posterior a 1861. Si los hermanos convergían en un común sustrato de ideas políticas, ello no implicaba que, entre ellos, no existieran diferencias programáticas de cómo llevarlas a cabo. Lucas, Carlos, Daniel, Nicanor y Salvador eran mitristas; Benito II estaba estrechamente vinculado con grupos federales enrolándose como uno de los pocos propietarios relevantes en la revolución de 1866.[57]

Después de Caseros, Benito había privilegiado un tipo de organización confederal sobre la base de la constitución y nucleada en la figura del general Urquiza.[58] Pasados los años, sus lealtades políticas se desplazaron a posiciones federales que le permitieron sostener estrechos vínculos con autonomistas de Buenos Aires como Carlos Tejedor y Bernardo de Irigoyen.[59] En este contexto, Benito González Marcó ocupó diversos cargos públicos previo a 1866.[60]

Sin embargo, la actuación de Benito –ese único González enrolado en el bando "colorado"– aseguró al resto de los hermanos el cuidado del patrimonio familiar y los salvoconductos necesarios para regresar a la ciudad. "Tengo conocimiento de que estaba en San Juan el joven don Nicanor González, el cual me consta que por motivos ajenos de la política había venido acompañando a don Melitón Arroyo de Chile. Después del triunfo de nuestras armas, creo que debe estar oculto en San Juan o que se ha hecho prisionero; en uno u otro caso, me permito solicitar a Ud. un salvoconducto para que con seguridad se vuelva a Mendoza, que por mi parte le aseguro por el conocimiento que de él tengo, que en adelante no tomará ninguna ingerencia contra nuestros propósitos políticos...".[61] Para Benito, la parentela era quizá más relevante que la política. Sin embargo, Benito defendía a sus hermanos no sólo por lealtades personales, sino que cuidó especialmente el negocio familiar inaugurado en ese mismo año y del cual era el principal accionista: el Banco. "El gobierno está dispuesto a dar todo género de seguridades para garantir los intereses del Banco y que sentirán sobre manera tu separación que creía motivada desde que ninguna participación tienes en la política del país... hasta hoy todas las propiedades de las personas de la familia han sido respetadas muy especialmente y con cuanto he hablado, desde el Cnel Videla hasta los demás conocidos... me han manifestado sus mejores deseos para Ud.".[62]Así mediaba Benito la complicada situación de su hermano Daniel, quien se desempeñaba como gerente industrial del negocio aunque no era resuelta de la misma forma para los otros dos socios, Carlos González y José María Videla, que debieron protegerse en Chile. Daniel, Nicanor y Melitón Arroyo por el contrario huyeron a la provincia de San Juan.[63]

La efectiva intermediación de Benito se apoyó, a su vez, en otro conjunto de mediaciones que no eran familiares, porque en la situación del Banco se dirimían intereses económicos de individuos ajenos al grupo familiar. "Me acaba de llamar Estratón Maza y me ha entregado del gobierno el oficio que te acompaño dirigido a ti como Gerente del Banco. Al entregármelo me hizo presente que se había dirigido a mí por no saber donde te hallabas y que desearía llegase a tu poder a la mayor brevedad, manifestándome que *el gobierno daba ese paso por varios reclamos que habían hecho los depositarios de fondos al saber que el gerente no estaba al frente del establecimiento...* El Gobernador Señor Rodríguez y Estratón me manifestaron su mejor deseo a objeto de dar una solución favorable a la resolución que tú quieras tomar sobre este negocio... Se cumplirá lo que corresponda a fin de tener un resultado favorable a los intereses que te están confiando... Con referencia al Banco, el Señor Rodríguez y Maza entre las diferentes ofertas de seguridad que me encargaron hacerte, me dijeron que si tú querías garantir la casa para cualquier cuenta, te podían dar fuerza armada al cargo de un oficial de tu confianza a fin de alejar todo temor de una tropilla...".[64] Las expresiones de Benito no pueden ser más elocuentes. El gobierno revolucionario daría garantías y protección armada para un normal desenvolvimiento del Banco familiar no sólo por las solicitudes individuales de Benito sino porque era un reclamo grupal de los que operaban a través de la institución. Asimismo, el expreso consentimiento de cada uno de los principales referentes del gobierno revolucionario sugiere que Benito trató con cada uno de ellos la cuestión, para asegurar la intermediación personal que buscaba la protección del patrimonio de todos los hermanos.

En este contexto político relativamente flexible, la correspondencia de Daniel también revela que su rol de financista y empresario servía a intereses opuestos al gobierno revolucionario. Wenceslao Paunero, el general encargado de sofocar el movimiento cuyano, se comunicaba con su operador Mariano de Sarratea, radicado en Chile, a través de Daniel González. De algún modo, la relación con el socio de su tío y padrino José C. Borbón se reeditaba en esta coyuntura.

La revolución en Cuyo impedía el normal desenvolvimiento del comercio y de la información entre Buenos Aires y Valparaíso.[65] La vigencia de estos vínculos parece indicar entonces el carácter neurálgico de las redes personales en el manejo de información que podía servir tanto a la acción empresarial como a la política. No en vano Sarratea incluía noticias recabadas al otro lado de Los Andes que podían servir para combatir al movimiento revolucionario cuyano.[66]

En esta coyuntura, Daniel no hacía más que interceder ante un tipo de correspondencia que sería secuestrada por el gobierno revolucionario y que, por estar protegido, podía asumir sin correr grandes riesgos. ¿Daniel sólo ofrecía un servicio? El carácter recíproco de estas relaciones nos hace pensar en un universo de actores jerarquizados pero solidarizados por intereses empresariales y políticos. Daniel formaba un eslabón cuasioculto entre el general Paunero y su operador radicado en Chile, porque sus intereses interregionales también se veían afectados por los levantamientos de las montoneras. La imprevisibilidad del alcance que podía tomar el movimiento los ubicaba en un grupo social unificado.[67] Por lo tanto, el orden político debía imponerse por las armas.[68]

En el complejo y flexible universo político de 1866/67 se revelan también relaciones personales entre bandos políticos opositores o enemigos. Al momento de la represión sobre los individuos involucrados en la revolución, donde "ni los hombres que a su frente, ni los recursos con que cuentan, podrán oponerse al poder del gobierno nacional", Benito II logra construir una relación de amistad con un coronel de las tropas enviadas por Mitre desde el Paraguay y dirigida por los generales Campos y Paunero. Miguel Martínez de Hoz, en su estadía mendocina, había estrechado fuertes lazos con Benito que no tardaron en formalizarse ante el nacimiento de una niña. Benito y Demófila fueron sus padrinos y protegieron a su madre, una "rubia" por la que Martínez de Hoz preguntaba a su compadre mendocino regularmente en sus cartas.[69] ¿Esta relación, para Benito, era el resultado de una ocasión muy coyuntural o personal? Es probable, pero el comportamiento político previo de Benito González Marcó sugiere que no era una situación muy novedosa. Seis años antes, cuando el general Paunero había avanzado contra los confederados cuyanos Saá y Videla en 1861, Benito había realizado un estratégico uso de las reglas del juego político que estaba dominado aún por la guerra y las luchas civiles.

5. Los hacendados y la guerra: formas políticas flexibles

Vale la pena detenerse en algunas cartas de Benito González Marcó entre 1860 y 1861, porque ponen de manifiesto el complejo universo relacional de los contactos personales en la delimitación de lo político hacia 1860, y que si bien la lucha facciosa podía limitar las perspectivas de ganancia de los propietarios de ganado, la guerra también se constituía en destinataria de estos bienes. Es cierto que el contexto era muy diferente del de 1852, cuando Benito había juzgado negativamente la actitud de los porteños de no reconocer el liderazgo de Urquiza y de detener el proceso institucional. Ahora, la hegemonía de la provincia de Buenos Aires podía ser reconocida, y en los preparativos de un nuevo enfrentamiento militar entre las fuerzas de la Confederación y las comandadas por Mitre pueden descubrirse características ambiguas o flexibles del recorrido político de este González.

Tan sólo tres testimonios permiten explorar el sostenimiento de un virtual juego de interacción entre las fuerzas nacionales (representadas por Paunero) y Benito en el mismo contexto político. A pesar de ello, las situaciones a las que remiten son notables porque se manifiesta la subsidiaridad de Benito que viene a estar representada en el ofrecimiento de ganado para la guerra. *"Regresa Ignacio Lima con los caballos después de haberme prestado un servicio importantísimo por el cual le damos a Ud. las más expresivas gracias.* Todos los caballos vuelven en buen estado, excepto dos que se han mancado... Hemos entregado a Lima ciento cincuenta pesos para pago de alquiler de los caballos y diez pesos más que se le han dado por separado por vía de gratificación de que no debe dar cuenta... Hoy llegaremos al Río Cuarto y muy pronto al Paraná con la esperanza de hacer algo útil en obsequio de estos desgraciados pueblos. El general Canesa, el señor Zafuente y el que firma agradecen a Ud. particularmente el servicio que nos ha prestado y ha prestado también al país".[70] El ejercicio de relaciones recíprocas converge en el alquiler de ganado a cambio de la participación en la empresa militar del gobierno nacional. Estratégicos motivos entonces llevaron a Benito a manifestar su solidaridad y augurio ante el éxito militar de Paunero en 1861. La respuesta del general no se hizo esperar: "Tengo el gusto de contestar a su favorecida del 9 de enero y agradecer las fervientes felicitaciones por los triunfos obtenidos por la causa de la libertad en cuyas filas he tenido la gloria de combatir concurriendo con mis débiles esfuerzos, a la gran victoria que todos los argentinos celebramos hoy... Reciba Ud. las más expresivas gracias por los ofrecimientos tan patrióticos como desinteresados que leo en su carta y que me complaceré en aceptar llegado el caso".[71] Benito volvía a ponerse a disposición del general triunfador.

Pero la estrategia de Benito no se orientó tan sólo a prevenir los riesgos de la guerra por la vía de las buenas relaciones con los generales que la comandaban. Sus prácticas tendieron también a prevenir la amenaza sobre la existencia del ganado dada por las contribuciones forzosas que imponía el gobierno de la Confederación. El arbitrio diversificado de los cálculos de este ganadero ausente del principal establecimiento dedicado a la cría de ganado, y la actuación de su fiel socio-administrador y ahijado, don Juan

Martínez de Rozas, en los campos del sur de Córdoba, revelan el aspecto central de una gestión coordinada en la protección patrimonial. Desde el Río Cuarto, apurado y en tono exclamativo, le informaba: "...Baigorria se ha ido tierra dentro con los dragones i indios *disgustado*. El diablo anda por todas partes. En este momento me manda avisar Saá, que ha dado orden de recojer 1500 caballos mulas i yeguas, porque Mitre marcha sobre el Rosario con 1500 hombres, i el ha recibido orden de Derqui de mover la jente de aquí hasta el 14 deste. Mientras me ensillan el caballo le escribo, porque en el momento me voy a mandar todo animal cabalgar que valga la pena a la provincia de San Luis. Por el ganado no hay que temer todavía lo menos. Todos temen una invasión de indios, pero peor es el alboroto que el peligro. No crea *nada* de lo que oye, io tomare todas las providencias prudentas (sic), i no perderemos. Lo que arriesgo mi todo, no lo pondré en peligro. Lo unico que le exijo es, que tenga Ud. *disponible en Mendoza* de la noche a la mañana, 10 peones i 25 mulas de silla por un si a caso; porque me han dejado solamente con Mairez. En ninguna parte han dejado un muchacho o viejo que sirba. Todos los puestos están sin hombres, *todos marchan*, i prohibida bajo pena de muerte la estracción de animales de cualquier clase, de la Provincia. Me largo desta orden, mis caballos los pondré a salvo. No tenga Ud. cuidado, mientras viva, no se perderá gran cosa, i si muero, he hecho lo que podía, i basta".[72] Relaciones verticales y horizontales se entremezclan para proteger el patrimonio ganadero amenazado por las confiscaciones y las levas forzosas que dejaban sin mano de obra a los establecimientos afectados por el avance de la guerra. La acción preventiva de Juan Martínez de Rozas dependió de la información personal derivada desde San Luis por el militar Saá (que comandaba las fuerzas del presidente Derqui), lo que posibilita mejorar la situación de riesgo que corría el ganado que poblaba la estancia. Pero el éxito de la huida dependía también de Benito, quien debía avanzar con peones. Además, ese juego personal de favores cruzó el comportamiento del ahijado de Benito, que está dispuesto a morir por el capital material de su padrino bajo su administración, aunque ese riesgo tenía su contrapartida: "No le diga palabra desto a la Ñata, pronto espero darle mejores datos. Si algo me sucede a Ud. le recomiendo mi familia. Expresiones a mi madrina. J.M.R.".

6. COMPETENCIA POLÍTICA Y MERCADO ELECTORAL: "GONZALISTAS" Y "CIVITISTAS". 1873-1874

La década del 70 inaugura en Mendoza un escenario político caracterizado por la lucha entre "gonzalistas" y "civitistas". Ambos grupos se disputaron la primacía política provincial en las elecciones de gobernador de 1873 y en la contienda electoral nacional de 1874. La importancia del conflicto que envuelve a la red gonzalista tiene como núcleo dos problemas. El primero tiene que ver con las prácticas individuales y colectivas de los González para recuperar el control político provincial y que fueron al parecer insuficientes para conseguir el éxito sobre el otro actor que disputaba ese mismo espacio. El segundo se reconoce en una suerte de versión local de un conflicto que supera el ámbito provincial y que presenta a las facciones locales disputando un mejor posicionamiento con el poder central. Esto es, si este último instrumentó una estrategia tenaz para conquistar la efectiva incorporación de gobiernos provinciales, su mismo robustecimiento dependía de la acción de los poderes locales porque en ese marco se dirimía el problema.

Una gestión coordinada entre los miembros de la familia perfilaba diferenciaciones notables en el interior del grupo político que se disponía nuevamente a competir en las elecciones de gobernador de 1873. Carlos González disputaría la gobernación al candidato oficial don Francisco Civit.[73] El ex gobernador era el líder nato de una alianza política provincial no sólo porque había generado consenso sobre su figura pública, sino también porque había conseguido posiciones relevantes en el interior de la parentela. "...Pasando a otro asunto, el de candidato para Gobernador, tú eras mi candidato, pero de una reunión que tuvimos todos se fijaron en Carlos y para que el resultado fuese más fácil al parecer, apoyándolo, se ve que tiene bastante aprobación y ya iniciado algo con este fin hemos tenido que seguir adelante, porque ya van seis años de estar aboyados y es preciso cambiar las cosas".[74] La necesidad de superar la crítica situación por la que atravesaban incidió en la candidatura de Carlos. En esa coyuntura, Benito estaba más alejado de la política doméstica. Al parecer, el estilo político que representaba no era oportuno para ese momento porque continuaba ligado a importantes líderes autonomistas de Buenos Aires.[75] Pero el alejamiento de Benito no implicaba que su individual posicionamiento público no pudiera influir en el desarrollo político de la parentela.

Efectivamente, la estrategia diseñada por los González preveía la movilización de todos los hermanos, lo que significaba de algún modo la inclusión de las cadenas relacionales de cada uno de ellos para ganar las elecciones: "Se ha empezado el trabajo por organizar la imprenta de la Libertad y se han impreso las circulares que te acompaño, para empezar las operaciones y que cada comisión conquiste adeptos. En San Martín se ha puesto a José Rosas en la comisión por noticias de Melitón, que te había escrito a vos ofreciéndose para un caso de estos. Sería bueno que tú le escribieses. En Luján tiene el gobierno su influencia siendo el principal Pedro N. Rosas, como comandante y Vicente Segundo Puebla como subdelegado y creo que esos dos están en buena relación con vos, no se si podrías influir en algo con ellos...".[76]

Si por una parte los González organizaban su accionar sobre la base de importantes entidades de la política moderna,[77] la acción política propendía a asegurar lealtades de una vasta constelación de actores políticos esparcidos en el territorio provincial. De hecho, los González controlaban importantes distritos electorales. Entre ellos, el de Capital era sin duda uno de los más estratégicos.[78] Sin embargo, dos distritos electorales preocupaban a estos individuos: Luján y San Martín estaban bajo la égida del gobierno elector.[79] A causa de esto, Daniel intenta asegurar por la vía de las relaciones personales el apoyo electoral de los comandantes y subdelegados de campaña. De esta manera, una larga cadena de contactos indirectos entre el candidato y los sostenedores potenciales se basa en la hipótesis de que la persona cumple diversos roles, por lo que algún segmento de la cadena hace accesibles nuevos apoyos en el contexto de la campaña electoral. La sola invitación no implicaba asegurarse el apoyo directo de los virtuales detentadores del control político de las distintas jurisdicciones. Se hacía necesario sumar adhesiones y ejercer presiones por diversas vías, y Daniel no duda en solicitarle a Benito que interceda para lograr el apoyo político de Segovia.[80]

El coronel Segovia se integró al juego político de los González y respondió de manera oficiosa a la invitación. La mediación de Benito fue efectiva: "Hace bien en no hacerme el desfavor de que podía haber trabajado por otro que no fuese mi amigo D. Carlos".[81] ¿Cómo evaluar este modo de hacer política?

Esa decisión también estaba vinculada a los marcos externos de la política en cuyo interior se dirimía la presidencia de la Nación: "...Algunas indicaciones tengo ya de Buenos Aires sobre candidaturas y como se puede Ud. imaginar he contestado con la circunspección debida hasta no ver algo claro; no sucede así con la de Avellaneda, que desde un principio no he aceptado por la razón de ser hija de un círculo que desde que subió al poder, no me ha dado sino disgustos de todo calibre y que seguirán indudablemente si triunfa Avellaneda y con él Arredondo, mi enemigo personal con toda su comparsa. Con la lectura de su carta, la duda que aun tenía sobre si me inclinaba a Mitre o Alsina, cualquiera de los cuales considero buena, cesa pues en mí esa duda y puede estar persuadido que no cesaré de trabajar activamente en la *sordina* por el primero, a quien no deja de deberle mucho toda la República".[82]

En consecuencia, la integración de Segovia a la red gonzalista era dependiente de un juego de jerarquías políticas, militares e incluso territoriales. En este sentido, el lugar que podía ocupar un militar del estilo de Segovia para hacer política en la Mendoza de 1870 era valorado también por el gobierno elector: el gobernador Arístides Villanueva (un liberal acérrimo y proclive a suprimir el voto universal) lo había invitado a apoyar al candidato Civit, pero el militar decidió participar de la red gonzalista. A partir de allí,

Segovia instrumentaría una serie de recursos movilizables para ganar la contienda echando mano a su propio poder territorial y capital relacional: "Desde el mes de marzo estoy en correspondencia con los amigos de San Carlos y trabajando con todos los de San Rafael para lograr este fin y puedo asegurarle que de Luján al sur, no será nuestro amigo Don Francisco el que salga con la suya, bien que me dicen de Mendoza que su candidatura será sostenida por Arredondo: lo veremos".[83]

En las elecciones de gobernador, los gonzalistas triunfaron sólo en algunos distritos.[84] La coacción del gobierno elector había sido lo suficiente burda para que fuera denunciada por la prensa y aprovechada por los opositores. Para entonces, el coronel Ignacio Segovia tomó las medidas pertinentes para liderar el motín: pidió licencia en la guarnición de San Rafael y se dirigió hacia la ciudad donde se había sublevado el piquete 1 de Caballería. En la ciudad, algunos ciudadanos destacados se plegaron al levantamiento: Eliseo Marenco, el coronel Augusto Segovia, Salvador González, Exequiel García, Melitón González, Carlos Villanueva, Nicanor González, Daniel González, Hermógenes Pontis, Carlos González, los hermanos Gibbs, Pedro I. Anzorena, Juan Francisco García y Periandro Lemos, entre otros. En consecuencia, la acción del gobierno central no se hizo esperar. El presidente Sarmiento respondió con la declaración del estado de sitio en la provincia, y ordenó a Teófilo Ivanowsky sofocar el levantamiento.[85] Después de ser derrotados por intentar superar una "aboyadura" de seis años, ¿cuál fue el costo que debieron pagar los González?.

La serie de acontecimientos que hilvanan la trayectoria política entre 1873 y 1874 revela ámbitos relativamente diferenciados en el marco de la lucha entre facciones. Por un lado, la manera en que la derrota afectaba a los González como grupo político y empresario. Por el otro, el modo en que la maquinaria política se alteraba en función de una modificación más amplia que afectaba las reglas de la política y superaba los marcos locales.

Para analizar el primer aspecto, la correspondencia de Daniel González brinda, en detalle, las condiciones de la derrota: "El partido que habíamos organizado, que nos costó trabajo y mucho dinero lo hemos perdido todo con las revueltas y no tenemos hoy el derecho de decir quien nos gobierna;... Entre tanto a estos miserables no hay más que despreciarlos y lo que perdimos en un año, lo recuperaremos en otro, ya que hemos aprendido a trabajar y no tenemos flojera. Yo soy el más embromado este año. Más de 50 caballos perdidos, como 20 vacunos, entre los comidos por los montoneros y otros dados a la gente dispersa y a las familias pobres, toda la pastada del Algarrobal, que sigue ocupado, que algo se cobrará, y lo demás del pasto se ha arrebatado y algunos clavitos del banco y lo que ha habido que sacrificar de algunos cambios de dinero y letras para sostener el crédito de este negocio y todo por la *voluntad del sable* de nuestro amigo".[86] En buena medida, Daniel pasa revista al conjunto de recursos del que debía disponer un grupo político para disputar los principales cargos del aparato estatal: dinero, caballos para la soldadesca, vacas para ser consumidas, el pasto para el ganado, los suministros cotidianos de las familias de los peones que se movilizaban atrás de sus patrones.[87]

En un momento donde riqueza y política van de la mano, las condiciones de la lucha facciosa podían alterar el desarrollo económico de los individuos y grupos enfrentados. Si, para Daniel, "la voluntad del sable del amigo Segovia" había permitido a los personajes de la administración estatal que había consolidado su posición "acomodaran sus *pasteles* para presentarse *quebrados* como Villanueva y Galigniana, un Leiva, luego un M. J. Rosas y seguirá la lista de sanguijuelas", la derrota para los González implicaba una seria amenaza al desarrollo de sus negocios. Daniel expresaba muy claramente esta cuestión: "Las ganas que tienen de hundirnos, de pura envidia lo que ven que no necesitamos de empleos para vivir y no trampeamos a nadie... Aquí, como soy cola del canal Zanjón, me llega agua cuando sobra y cuando no, el apellido es un inconveniente para reclamar".[88] Una intensa actividad para concentrar recursos materiales incorporaba al Estado como espacio privilegiado para la disputa de los bandos en pugna, pero para Daniel la lucha era el derivado de un indiscutido liderazgo empresarial, independiente de instancias estatales.[89] Las represalias, en consecuencia, se orientaban a uno de los recursos fundamentales para el mantenimiento de la riqueza material; el agua adquiría por consiguiente un marcado carácter político y es desde el mismo Estado desde donde se limita su uso.

En la búsqueda de nuevos equilibrios, los González podían apelar a virtuales mediadores que, aun perteneciendo a la familia, no habían estado involucrados en la revuelta. Lucas y Benito serían los candidatos más idóneos para menguar en una situación particular pero que los incluía en una sustancial unidad de intenciones. Lucas podía mejorar la situación política y patrimonial de los hermanos en Mendoza en función del ascendiente que tenía entre los detentadores del poder provincial.[90] El perfil político de Benito podía también servir en esa ocasión: "Veo que no has querido participar entre esos personajes de la inauguración del ferrocarril, asistiendo a sus *comilonas* y a sus *discursos* notando frialdad general en todo, por la situación del país. Sin embargo de tu poca voluntad para presentarte entre esa gente y ante las fruncidas damas de la Capital, podrías en privado, haber exigido algo de esos señores que vinieron y que le cantan al oído del presidente, que mientras en ese punto se celebra esa fiesta del progreso que se dirige a este rumbo, aquí en esta provincia somos hoy un trapo sucio, que bajo una autoridad que representa al Gobierno nacional se asaltan las casas y se sacan a los ciudadanos de más respeto para ser tratados como criminales, a esto no se le ve fin, porque cada día se toma con más empeño la persecución".[91] La idea de Daniel se apoyaba en el papel más distante que había tenido su hermano Benito en la revuelta comandada por Segovia, que implicaba fuertes represalias sobre la red gonzalista. Daniel pretendía sumar en este caso importantes mediaciones personales en un acontecimiento social y político que había reunido a diversos personajes del gobierno central. Esa oportunidad, a ojos de Daniel, debía ser utilizada por su hermano para incidir en la política doméstica por la vía de las intermediaciones personales.

No sólo Daniel apelaba en esa oportunidad a Benito.

También Ignacio Segovia se dirigió a este virtual mediador por uno de los eslabones de comunicación habituales de la red gonzalista. Desde Montevideo había girado su correspondencia a Rosario, y por la vía de Pedro L. Ramayo, Segovia se atrevía a "pedirle un servicio más de los que me tiene prestados". Estaba dispuesto a enajenar su patrimonio de San Rafael a cambio de una cantidad estimable de dinero contra firma de un documento porque estaba "en una ciudad sin relaciones y todo hay que hacerlo a fuerza de dinero". [92]

Volvamos ahora al segundo aspecto. Este es, la manera en que la derrota política desestructuraba la red política gonzalista. De vuelta, la retórica de Daniel González nos posibilita pasar revista a la situación en que quedaron después de haber perdido la contienda. Relaciones verticales y horizontales posibilitan desagregar el conjunto de las acciones en el mundo de la política local diseñado por un juego de jerarquías internas donde los lazos personales englobaban una constelación de actores sociales diversificados. "No pueden conformarse los furiosos, y ya andan en varios comentarios, y no dejan de perseguir gente. Sobre todo a los pobres peones que andan como hormigas en los campos, y sus familias abandonadas... Hace 15 días que mi capataz, Cesilio, lo tienen en una celdilla, puesto por José Miguel (Segura), en venganza, lo que no pueden atraparme a mí, y no hay reclamo que valga para el pobre chileno, que no ha hecho más que estar firme cuidando la Caja del Algarrobal". Si los líderes de la facción se protegían por una trama compleja de relaciones políticas, la situación por la que atravesaban sus clientes y peones era muy diferente.[93] Es sobre este universo de individuos donde la acción política ingresa el elemento central para desmantelar las bases sociales de los gonzalistas. La búsqueda de ese resultado podía extenderse incluso a individuos que no participaban de las revueltas y que cumplían, como el chileno Cecilio, otro tipo de funciones.

De algún modo es posible pensar en un juego complejo de identificaciones políticas, el cual se sostenía en la lealtad personal y material de los individuos interconectados: el chileno Cecilio fue tomado preso, no por su participación en la revuelta sino porque estaba integrado verticalmente a una facción que perseguía la superioridad política.[94] Los nexos entre el núcleo de relaciones políticas de los González con estos sectores sociales eran entonces uno de los recursos más relevantes de la lucha política pero no la agotaban. En los meses que van desde la derrota política de los gonzalistas hasta la competencia electoral entre Mitre y Avellaneda, las prácticas políticas de los González revelan otros ingredientes de la estrategia por establecer vinculaciones entre su política y otros actores de la comunidad.

En la búsqueda de instituir instancias de reconocimiento colectivo los gonzalistas editaron *El Eco de los Andes* y diversos panfletos. También crearon un nuevo club, "El Casino".[95] Los actos de propaganda encontraron en el teatro de la ciudad un lugar ideal para la concentración de personas, incluso de extranjeros. En el "Variedades" se habían congregado entre 1800 y 1500 personas aglutinados por diferentes vínculos. Repartidores de ciertos diarios, empleados y "una mezcla de ciudadanos que hablaban en su mayor parte patuà y jenovés, recién llegados a *su patria* por el último paquete, poblaban el teatro y gritaban de cuando en cuando, obedeciendo a una seña que se les hacía al efecto: ¡E viva Mitro! ¡mora Arsino!". La incorporación de estos núcleos de inmigrantes al conglomerado político de los gonzalistas no era nueva; en las elecciones de gobernador del año 1873 grupos de extranjeros habían apoyado la candidatura de Carlos González.[96] Por el contrario, los "tres o cuatro extranjeros en Mendoza que se adhieren al partido de Avellaneda" se extrañaban de que una buena parte de sus paisanos apoyaran a un "partido que no les corresponden por tener un mayor grado de ilustración...".[97] ¿Cómo evaluar el apoyo de estos grupos? Las razones, para la prensa oficial, descansaban en dimensiones por cierto más inmediatas de la política doméstica: "No queremos creer que se hayan convertido en *pichincheros*, que prefieren hacer su fortuna en la revolución o la guerra, pues deben tener presente que no todos pueden ser proveedores, pero si muchos pueden caer en las manos de los bandidos y ser degollados".[98]

Un cuadro relativamente flexible y ambiguo del juego político permite observar que la lucha entre las facciones tendía a cerrarse y reabrirse, en una alternancia de tensiones latentes y de enfrentamientos que hacían disputarse las bases electorales, la que incluía a sectores urbanos y rurales. Pero si el poder no es un atributo sino una relación,[99] los mecanismos que favorecen a la construcción o sostenimiento de los grupos políticos era el derivado del funcionamiento de estas virtuales máquinas electorales donde el Estado y sus representantes ocupaban un lugar destacadísimo: "Aquí se entusiasman algunos por la candidatura de Mitre, pero es una frialdad completa y hoy los comandantes mandan amenazar a la gente si no van a calificarse y estos ignorantes llegan a tener terror de andar en estos compromisos, lo que han visto su trabajo perdido, en la votación última y las terribles amenazas de sus jefes, *porque no hacen lo que ellos les mandan...*".[100] De esta manera, la coacción, la amenaza, la conservación de los puestos o cargos y la promesa de conseguir algún trabajo que los protegiera del enganche hace que los individuos se muevan en una suerte de *mercado político* donde las facciones se disputaban el apoyo de esas bases urbanas y rurales. La participación de las milicias y de la peonada en las elecciones presenta situaciones que, a nuestros ojos, pueden ser contradictorias pero revelan el modo en que los caudillejos locales cumplían diferentes roles. La suma de funciones que recaían sobre determinados personajes (subdelegados y comandantes de guardias nacionales, entre otros) los situaba en un lugar destacado en la movilización de individuos para la inscripción en los registros electorales o para encaramarlos en la lucha facciosa. Asimismo, esas movilizaciones podían servir tanto a conflictos locales como a conflictos nacionales y, por lo tanto, esos mecanismos personalizados servían para robustecer cadenas de autoridad y dominio.

Sin duda, la vigencia de la papeleta de conchabo favorecía ampliamente la movilización de los peones y su eficacia residía en que se constituían también en núcleo de relaciones personalizadas que servían a la política por lo menos desde 1828.[101] Sin embargo, al considerar esa supervivencia de antiguo régimen como instrumento funcional al juego faccioso de las élites, se desdibuja en cierto modo la reformulación de este tipo vínculos en las nuevas formas de hacer política. Si desde 1867 algunos miembros de la élite mendocina pretendía desmantelar el régimen laboral que afectaba tanto a la campaña como a la ciudad, otros integrantes promovieron la reglamentación del trabajo servil. Entre ellos, Ricardo González (uno de los hijos de Benito) defenderá públicamente el proyecto proveniente de la Corporación municipal de la ciudad porque mitigaba la "vagancia".[102] Por otra parte, dos de sus tíos (Daniel y Luis Marcó) formarán parte de una comisión de "vecinos respetables" para liquidar la influencia de Santos Guallama, un bandolero social que incurría en la zona precordillerana.[103] El clima político mendocino de esos años era lo suficientemente violento y complejo como para que una parte importante de la "gente decente" acordara en la continuidad del trabajo servil y la eliminación de los que atentaban la frontera social. Sin embargo, esa solidaridad horizontal no se reproducía en el lugar que debían ocupar los sectores subalternos en la política.

En este sentido, las diferencias existentes en el interior de la élite política es lo suficientemente importante como para reconocer núcleos de referencias políticas y programáticas sobre la participación política de sectores sociales diferenciados que hasta el momento habían intervenido en las elecciones. Como ya vimos, en 1864 la Legislatura provincial había promovido el sufragio calificado y Carlos González había vetado la ley que lo reglamentaba. En 1870, el debate volvía a entablarse. En esa oportunidad, los González representaban a los "contemporizadores" de la "desmesurada pretensión de la gente baja" que abandonaba "sus trabajos propios para entregarse a la política como si fuera ocupación de gente de su clase". Para el círculo de los Villanueva y los Civit, era necesaria "la reglamentación del derecho de sufragio para concederles sólo a determinadas personas, es decir aquellas que tienen una determinada ilustración y una fortuna bastante para darles una posición desde la cual sean capaces de comprender el uso que han de hacer de ese derecho, hoy entregado a las masas bárbaras que sólo sirven para levantar caudillos".[104] Como se ve, los nuevos dueños del poder cuestionaban un mecanismo central del estilo político de los González.[105]

En este contexto, los gonzalistas expresaban –según la prensa oficial– una política regresiva, reaccionaria y localista.[106] Ocho años después de la revuelta federal donde los González fueron perseguidos, el círculo de los Villanueva los adscribía al programa federal. En esa oportunidad, la diferenciación que había caracterizado la identidad política de los hermanos había desaparecido por completo.[107]

Esa apelación sin duda fue efectiva en la opinión pública mendocina de 1874. Bajo tales condiciones, a los González les fue prácticamente imposible conseguir los electores necesarios para garantizar el éxito de la candidatura de Mitre, porque no pudieron diseñar instancias públicas de reconocimiento político ni tampoco pudieron concentrar el conjunto articulado de mediaciones institucionales y personales, esa combinación estratégica entre reglas formales y reglas pragmáticas.[108]

Frente a esta situación, a los González no les quedó otra posibilidad que la de retomar viejas prácticas para intentar lo que la voluntad de los votos les impedía: se pliegan al movimiento encabezado por el general Arredondo, que desde San Luis avanzaba hacia Mendoza, e instalan un gobernador afín a sus intereses. Don Eliseo Marenco, un importante comerciante que en pocos años sería duramente cuestionado en el ejercicio de su profesión, encabeza la última *chance* de estos grupos en la lucha por recuperar los antiguos posicionamientos políticos. Pero su gobierno dura sólo treinta y siete días: después de ser derrotado Mitre en La Verde, Arredondo pretende un arreglo con su antiguo subalterno en el 6 de Línea, el coronel de frontera Julio A. Roca, y tras no llegar a un acuerdo se enfrentan nuevamente en los campos de Santa Rosa de don Carlos González. El triunfo de Roca consolidaba a los civitistas en la cúspide del poder político provincial, ubicando a los González en un segundo plano.

7. La derrota política: el juego de las lateralidades
en la política provincial y nacional después de 1880

Después de la experiencia de Santa Rosa, el liderazgo ya no pertenecía a los González y era poco probable que
obtuvieran nuevos recursos para disputar nuevamente los
principales cargos del gobierno provincial. Pero la misma
trayectoria política de la parentela no podía ser borrada en
sí misma del escenario local. Sin duda, la mirada que puede realizarse sobre el posterior itinerario político de los
González no puede analizarse tan sólo en la observación
de qué tipo de funciones podían desarrollar en el interior
de un sistema político que se había cerrado lo suficiente
para salvaguardar los principales recursos del Estado a cuyo diseño habían colaborado. Muy a pesar de no retener
cuotas importantes de control político los mismos personajes que hemos visto actuar en los veinte años que van desde Pavón hasta el dominio de Roca y sus aliados mendocinos, las estrategias políticas de la parentela respondían
también al ciclo de vida familiar y a las consiguientes reformulaciones generacionales. Una particular alquimia en la
que participan tíos y sobrinos muestra una adaptación a las
nuevas reglas del juego político: el recambio o autorrelevo
de los miembros del grupo no implicaba un cuestionamiento a su legitimidad.[109]
Las prácticas políticas de los ya experimentados Lucas y Carlos, uno en Buenos Aires y el otro en Mendoza, siguen articulando una red social que era instrumentada para las elecciones presidenciales. Cuando se pone en
funcionamiento la maquinaria electoral para remplazar al
presidente Roca, ésta revela la efectividad de lo que Botana
ha denominado "representación invertida".[110] En 1885,
cuando el establecimiento de instituciones políticas más
orgánicas había eliminado la contienda entre grupos
opuestos y se había impuesto el dominio de un grupo en el
escenario político, Lucas González le escribía a su hermano Carlos: "El Doctor Irigoyen me pide les escriba pregun-
tándoles si están conformes con su candidatura para la Presidencia a la República y si la sostendrán en caso de ser
proclamado porque desea saber con qué personas cuenta.

El cree que por sus demostraciones que ha recibido en Mendoza, puede contar con su concurso, pero debe saberlo de una manera positiva".[111]

Lucas le escribía en un papel membreteado que no le pertenecía: las iniciales de César González Segura, su sobrino radicado desde joven en Buenos Aires y ligado a los Mitre, redefine nuevamente el papel de los parientes en el juego político electoral. En esa carta, Lucas reconocía que el apoyo de Roca a Juárez Celman orientaría la elección hacia el cordobés a pesar de la resistencia porteña. Sin embargo, confesó a su hermano: "no me desesperaré si triunfa el Dr. Juárez Celman, porque es un joven inteligente, liberal y que contará con todo el concurso o juicio para mantener el orden y la paz, que es lo que más necesitamos más que todo. Como Yrigoyen desea conocer la opinión de todos Uds. te escribo a ti para que converses con todos los demás y me contestes". Lo que queda de manifiesto es que la capacidad de movilizar las redes no dependía exclusivamente de los vínculos familiares existentes, aunque se expresaba la necesidad del acuerdo o apoyo del grupo local para dirimir una lucha electoral nacional, la cual requería de la mediación política de ciertos líderes locales. Pero, por otra parte, el sostén político de Lucas era de carácter regional aunque su ejercicio profesional lo había desprendido de los intereses puramente locales. Esas redes políticas, con fuertes elementos aglutinadores de carácter primario, formaban los grupos políticos. Asimismo su efectiva instrumentación sugiere la posibilidad de reconocer conglomerados de actores individuales jerarquizados, pero estructurados por solidaridades horizontales.

Una sustancial unidad de intenciones permitía que en ese mismo año (1885) Melitón González fuera candidato a gobernador de Mendoza para intentar "estar nuevamente en el candelero".[112] Pese a no haber conseguido reinstalarse en la cúspide del poder provincial, la ocupación de cargos políticos no fue para nada desdeñable.[113] En consecuencia, la estrategia debe observarse en varios frentes donde se desarrollaba la competencia, situación que era dependiente de una designación amplia de los roles familiares, porque se renovaba en función de los ciclos generacionales. Benito Villanueva González y César González Segura representan la nueva puesta en práctica de la estrategia que pretendía asegurar el éxito social. Es evidente que el punto de partida de estos nuevos profesionales no era idéntico al de su tío, y por lo tanto los destinos políticos tampoco fueron idénticos.

La trayectoria política de Benito Villanueva G. es ejemplar. Se desempeñó como diputado nacional por Mendoza y fue galardonado por comerciantes e industriales de la provincia por su desempeño legislativo referido a la ley de vinos. Fue posteriormente senador nacional por dos períodos, constituyéndose en el gran operador político de la oligarquía provincial, en medio de la virtual hegemonía del grupo civitista en el ámbito regional del poder.[114] El itinerario de César González Segura es indicador del éxito en el escenario social y no político.[115] Amigo de Emilio Mitre, se convirtió en socio de negocios inmobiliarios en la entonces selecta ciudad de Mar del Plata; la actuación social de César versa sobre prácticas altamente sintomáticas de la preeminencia capitalina: participa de la fundación del exclusivo "Jockey Club" de Buenos Aires y preside, durante siete años, el "Círculo de Armas" de Buenos Aires. La inserción social de César en la clase alta porteña es visible en los matrimonios de sus hijos: César se había casado con Anatilde Guerrico, y posteriormente fue suegro de Angela Alzaga Unzué, Jorge Demaría, Gustavo García Uriburu, Carlos Sastre, Julieta Shaw, Mercedes Bosch Marín, María Chapar Tedín y Marta Ocampo Paso.

8. Un esbozo de la trayectoria política de la parentela

Las observaciones que se formulan a continuación tienden a destacar las regularidades observadas en la compleja y flexible lógica seguida por una parentela mendocina durante el siglo XIX cuyo zigzagueante itinerario hemos tratado de esbozar.

El año de 1852 constituye un hito en este itinerario político, no sólo porque se desenmascaran públicamente las pretensiones de incorporarse en el juego político mendocino, sino porque además la política ocupará un lugar muy diferente en el universo de sus prácticas. En cierto modo, el comportamiento que definió las relaciones con el poder político provincial hasta Caseros obtuvo en los colaterales una importante mediación que le permitió a Benito González transitar sin grandes obstáculos un proceso de capitalización relevante. Si estas funciones estuvieron centralizadas en individuos incluidos en la red empresaria –como lo ha mostrado el emblemático itinerario de Melitón Arroyo–, también el accionar político de las familias aliadas recaería posteriormente en el juego flexible de relaciones de poder de los González. Los Videla vienen a representar la manera en que estas familias se asignan y reparten funciones en el interior de un proceso de recambio generacional y que presentará a Carlos González como la figura pública más visible de un conglomerado de personas insertas en el ámbito político provincial. Si estos personajes revelan la importancia de los políticos prácticos, la inversión en educación superior de Lucas González muestra la flexibilidad de la estrategia familiar para acomodarse a los nuevos requerimientos de una sociedad y política en transformación. Lucas mismo fue el que agradeció a "su" familia esa fuerte inversión que había recaído sobre su persona y que lo preparaba para una integración vertical y horizontal en una clase letrada que desde 1820 pugnaba por adquirir otro estatus. Su matrimonio con una mujer que descendía de un núcleo de notables mendocinos pero con una amplia experiencia en cuestiones más nacionales abre poderosamente la visión de la importancia del matrimonio en la consolidación de los grupos políticos, y en la canalización de recursos a través de asociaciones familiares.

Esta cuestión es central a la hora de constatar la función de las mujeres en el juego político. Magdalena Correas demostró la eficiencia de su accionar político entre 1841 y 1847, cuando se hizo cargo de la empresa familiar ante el exilio de su esposo y de sus hijos. El mundo de la política no le era ajeno. Magdalena se había socializado en ese ámbito de la mano de la actuación pública de su padre y de su tío, había apoyado junto con otras mujeres la constitución de 1826, se había definido como "hija de la revolución" en los años cuarenta. Al parecer, 1852 también habría sido un punto de ruptura en el comportamiento de las mujeres de la familia. Un universo político masculinizado asignaría a las hijas de Magdalena ubicarse en ámbitos públicos notablemente segmentados, como la Sociedad de Beneficencia.

Otro aspecto que define la estrategia de relaciones de poder de los González parece corresponderse con una lógica de diversificación política. En un comienzo, para el acceso al poder y después para la conservación de la posición social adquirida. Asimismo, la existencia de una suerte de división de funciones en el interior de la parentela posibilitaba la complementación de las acciones en pos de la preservación del poder social: así Lucas y Carlos aparecen como las caras más visibles de la lucha por el poder, en tanto Daniel y Benito II lo hacen en un universo más privado, preservando el patrimonio personal y la autoridad de la familia. La aspiración de superar los ámbitos locales de poder político constituye una importante estrategia de la familia, y aunque las formas de relación con el estado provincial podían verse modificadas, la incidencia de su centralidad los llevaría a disputar los principales cargos. En un universo político atravesado por las guerras civiles, su control era fundamental para aliviar la incertidumbre y para robustecer sus propias bases electorales.

La configuración política mendocina de la segunda mitad del siglo XIX conocía al mismo tiempo profundas transformaciones. La lucha política entablada por los González entre 1861 y 1874 nos ha presentado por cierto escenarios públicos diferenciados donde no sólo los grupos propietarios vinculados por relaciones de clientela se disputaban el control del estado provincial, sino que la acción política requería de otro tipo de mediaciones. Por un lado, la incidencia de los comandantes de la Guardia Nacional y de sus tropas; por el otro, las relaciones patrón-cliente reforzadas por la vigencia de la papeleta de conchabo. ¿Cómo evaluar este tipo de participación política? Sin duda, resulta difícil definir una situación que no parece acordar con actores políticos de corte antiguo en el marco de una nueva legalidad, ni tampoco con definiciones que apuntan a descubrir viejos y nuevos actores.[116] Más bien, las evidencias de este caso muestran la efectiva incidencia de nexos políticos personalizados como principio de influencia social en el marco de la institucionalidad liberal. Asimismo, se puede ver que los marcos de incidencia de esa lógica de poder gonzalista integraban eficazmente a las bases rurales e ingresaban también en el ámbito urbano.[117]

La emergencia de nuevos actores otorgó también un marco más flexible del juego político, que estaba acompañado por la instrumentación de nuevos mecanismos e instituciones. En este sentido, la acción de las asociaciones políticas o clubes adquiere relevancia, primero para coordinar discursos y prácticas, y después como mecanismos funcionales a la formación de las candidaturas y las contiendas electorales. Vinculadas a ellas, la función de periódicos y panfletos, como los nuevos escenarios que permitían sortear las elecciones para conquistar adeptos (las reuniones públicas, los bailes) definen diferentes espacios de la lucha política. Por otra parte, la inclusión de extranjeros en la política mendocina no ha sido revelada ni en los comicios municipales, ni tampoco en instituciones de tipo étnico. En las elecciones de 1873 y 1874, los extranjeros adherían informalmente a la política facciosa, bajo la figura de proveedores del Estado.

El itinerario político de los González también muestra que, si bien pudieron concentrar fuertes vinculaciones políticas en el orden local y nacional, ese virtual sistema de conexiones personales y políticas no sobrevivió a la década del 70. Si los González habían sumado diversos recursos para ganar las elecciones ¿por qué perdieron? Para algunos autores, sería una modulación local del traspaso de liderazgo y poder de las manos de los viejos actores de la organización nacional a las nuevas figuras que emblematiza el general Roca. Si de algún modo la adscripción al mitrismo soporta el tema de los nuevos liderazgos y estilos políticos, el fracaso gonzalista parece remitir a la progresiva pérdida de poder territorial que se registra a partir de 1870. Esa disminución de relaciones de poder en el ámbito local les habría impedido retener el control político del territorio provincial, debido a que el gobernador era el encargado de nombrar a los subdelegados departamentales, quienes controlaban no sólo los comicios. La coyuntura política de 1873/74 también da la posibilidad de explorar otro problema. La diferencia casi sustancial entre gonzalistas y civitistas que define el éxito político de los segundos está estrechamente vinculada a los nexos existentes entre los grupos políticos locales y el poder central. En este caso, la eficacia de la maquinaria política y electoral de los civitistas en la provincia reveló que habían construido relaciones de poder superiores a las de sus contendientes. Y, en este sentido, la fuerza aleccionadora del poder central robustecía un liderazgo político local que sería aprovechado en los años siguientes para afirmar la unidad política y el régimen roquista. La pregunta que surge pues es: ¿por qué los Civit? Al parecer, la estrategia de los Civit fue más efectiva que la diseñada por los González durante los años sesenta, cuando la relación entre patrimonio y élites definía el régimen político. Al pasar los años, esa ecuación pareció ser insuficiente para acceder o permanecer en el mundo político. Con un patrimonio mucho menor que el de sus contrincantes,[118] los Civit habían surgido como grupo político desde el campo de relaciones políticas.

Sin embargo, y aunque la estrategia de los gonzalistas fue insuficiente para ganar las elecciones del período, no por eso perdieron una cuota de legitimidad importante que pasará a justificar tanto sus insistentes pretensiones de recuperar el espacio perdido como los regulares cargos públicos que asumieron después de 1880. Asimismo, el alcance de la estrategia familiar derivó en un espacio más amplio de relaciones políticas, y el valor de la estrategia colectiva tiene que ver con la capacidad de establecer efectivos lazos con la élite política nacional.[119]

En consecuencia, la racionalidad política de los González no puede ser mirada desde una dimensión unidireccional porque más bien permite entrever situaciones en su cruce. Los acontecimientos que se suceden desde finales de la década del '60 y 1874 ofrecen un denso escenario político para explorar los carriles de tránsito de la lógica de poder de estos individuos.

El historiador liberal Lucio Funes observaba la monopolización de los principales cargos políticos por reducidos núcleos familiares. El diseño del régimen político que arrancaba en 1861 dejaba de lado la incidencia de las relaciones de parentesco previas a Pavón. Una visión entonces soportada en esquemas analíticos de anormalidad o corrupción impedía observar el efectivo funcionamiento de las relaciones personales en el régimen político provincial.[120]

En este punto parece radicar la eficaz estrategia política de los González desde su ascenso al poder hasta su remplazo, y que parece sobrevivir más allá de las personas. Las redes de relaciones personales aseguraron a los González un recurso manipulable para la construcción de relaciones de poder. Estas eran eficientes a la hora de establecer alianzas y movilizar a los sectores subalternos. En un entrecruzamiento de funciones públicas y relaciones domésticas, estos vínculos eran efectivos mecanismos de dominio tanto para concurrir a los actos eleccionarios como para presentar batalla entre los grupos facciosos. De allí que la *mediación* que esas redes e individuos instrumentaban era un elemento clave para la acción política.

Epílogo

Vista del Oratorio desde callejones aledaños a la vieja Hacienda de Potreros, Panquegua. A diferencia de la casa de techos bajos, la altura del Oratorio atestigua la compleja trama de representaciones sociales organizadas por pertenencias religiosas que elevaba la autoridad de la parentela en la campaña desde los inicios del ochocientos.

(Foto: Cristián Lazzari.)

*"La biografía de un hombre que ha desempeñado un gran
papel en una época y un país dados, es el resumen de la
historia contemporánea, iluminada con los animados colores
que reflejan las costumbres y hábitos nacionales, las ideas
dominantes, las tendencias de la civilización, y la dirección
especial que el genio de los grandes hombres puede imprimir a
la sociedad... en su vida privada, en su carácter especial y en
las doctrinas en que habían sido educados, se encuentra más
bien la explicación de sus hechos públicos que no en las
narraciones simplemente históricas..."*

Domingo F. Sarmiento, "De las biografías", *El Mercurio*,
20 de marzo de 1842, extraído de *Polémica literaria*,
Cartago, 1955, p. 30).

*"La apuesta de la experiencia microsocial —y, si se quiere, su
tesis experimental— es que la experiencia más elemental, la del
grupo reducido, aun la del individuo, es la más
iluminadora, porque es la más compleja y porque se inscribe
en el mayor número de contextos diferentes... Una experiencia
biográfica, la del cura Chiesa o la del pintor Carracci, se
puede leer así como un conjunto de tentativas de elecciones,
de tomas de posición ante la incertidumbre. No se la puede
pensar más en términos de necesidad —una existencia que se
cumplió y que la muerte ha transformado en destino— sino
como un campo de posibilidad entre las cuales el actor
histórico ha sabido elegir"*

Jacques Revel, "Microanálisis y construcción de lo
social", en *Quaderni storici, Nuova Serie* 86, N° 2, agosto
de 1994, cit. en *Entrepasados. Revista de Historia*, Año V,
N° 10, 1996, pp.154-158).

En la introducción a este estudio, hice especial referencia a que iba a valerme de la exitosa trayectoria social y política de una familia mendocina para analizar comportamientos menos mecánicos de la élite política regional del siglo XIX. Para ello intenté establecer relaciones entre las estrategias familiares y el contexto social, económico y político en el cual se desarrolló la experiencia de los González. Mi interés radicaba en estudiar hasta qué punto los actores sociales pueden poner a prueba sus recursos en el contexto social donde nacen y se desenvuelven. Una vieja y persistente discusión en el campo de las ciencias sociales ha asignado situaciones más o menos maximizadoras: el actor es totalmente libre para moverse frente a las condiciones de existencia o, por el contrario, las estructuras moldean sus acciones y comportamientos. Libremente me he movido en estas cuestiones a lo largo de la elaboración de mi trabajo y creo que la vía de la reconstrucción del itinerario de los González me permite entablar una suerte de diálogo con estos problemas.

De algún modo, la descripción detallada del conjunto de prácticas sociales de los González ha revelado regularidades de comportamiento social que refieren al modo en que actores individuales y colectivos se mueven en el interior de configuraciones sociales cambiantes. Este caso, si se quiere excepcional, ha tratado de presentar las redes de relaciones personales como instrumento para observar tanto la dinámica del sistema, como también el espacio en el cual se sitúan los mecanismos que lo generan reconstruyendo las formas de temporalidad.[1] De esta manera, la observación del comportamiento de un conjunto de individuos interconectados por diferentes tipos de lazos sociales ha revelado la importancia de las redes personales no sólo en cuanto favorecen la formación de grupos, sino también porque demuestran ser eficaces para analizar las interconexiones entre las prácticas de los agentes, y los contextos materiales en los cuales desarrollan su propia experiencia aun en marcos temporales diferentes.

Puede admitirse que la unidad de observación de este estudio, una familia perteneciente a la élite social y política de Mendoza del siglo XIX, otorgue suficientes elementos para robustecer dicha interpretación. Sin lugar a dudas, el abordaje partió de la constatación de un grupo familiar que ascendió socialmente y reforzó su posición en torno al control de resortes de poder relevantes. Sin embargo, y como se ha visto aquí, esa construcción social parece haber dependido de dinámicas sociales relativamente flexibles y hasta cierto punto no exentas de situaciones imprevisibles por parte de los actores. Si el éxito social fue el corolario de una virtual estrategia de prestigio común, el resultado del ïtinerario imprimió una dirección no deseada por los protagonistas de la historia familiar a fines del siglo XIX.

En buena medida, la estrategia de los individuos y del grupo familiar de esta clase sigue muchos de los principios que se han visto funcionar en modelos trazados para otras regiones y otros períodos.[2] Sin embargo, el análisis de este caso no ha tenido como objeto aplicar a la experiencia mendocina modelos de comportamiento familiar funcionales a algún tipo de clasificación o estratificación social.

Es bueno recordar que para una gran parte de la historiografía norteamericana las alianzas entre las familias de las élites iberoamericanas fueron las estructuras sociales sobre las que descansó el poder hasta la formación del Estado moderno.[3] Sin embargo, la trayectoria de los González muestra un itinerario diferente con respecto al comportamiento de individuos y grupos sociales enrolados en la lucha por la primacía en el siglo XIX. Como se ha visto, las bases materiales del poder social de este grupo de parientes no fueron de origen colonial. Por el contrario, los González vienen a representar de qué manera la coyuntura revolucionaria en Mendoza habría favorecido la formación de nuevas fortunas familiares. Si a comienzos del siglo XIX estos individuos lograron integrarse en la comunidad mendocina, conmovida por el proceso revolucionario, su inserción en la sociedad local logra efectivizarse después de casi veinte años de residencia en la ciudad, y es después de casi cuarenta años cuando logran formalizar matrimonios con importantes clanes familiares locales. En la segunda mitad del siglo XIX, los González explayaron su poderío económico y conquistaron posiciones importantes en la estructura política local y nacional. Esta expansión, sostenida a lo largo del siglo, y que está representada no sólo en la acumulación de riqueza de los González sino también en el prestigio social adquirido en tan sólo dos generaciones, parece desdibujar algunas imágenes historiográficas existentes al respecto. El itinerario social y político de los González remite a una sociedad y economía mendocinas previa a 1880, mucho más flexible y dinámica de lo que sabía hasta el momento. En franca analogía con experiencia observadas en el Litoral, los González ejemplifican hasta qué punto la movilidad social ascendente era posible, aunque esas posibilidades necesariamente no pudieran ser efectivas para todos.

En el contexto de la desestructuración del viejo orden y del proceso revolucionario, los lazos de parentesco y de amistad ocuparon un lugar destacado en la formación de este grupo empresario relevante y en la construcción de relaciones de poder que implicaron el ingreso al universo político provincial y nacional. La virtual jerarquía interna de la parentela y la asignación amplia de los destinos personales dieron forma a una compleja alquimia de mecanismos estratégicamente articulados entre los individuos y el grupo familiar que demostró ser eficaz a la hora de conquistar la distinción en la sociedad mendocina y que no tardó en entroncarse, por cierto, con la historia de la provincia y del país.

El mecanismo central del éxito colectivo habría dependido entonces de la construcción y fortalecimiento de sus redes interconectadas, de la posibilidad de disponer más recursos personales para controlar el abanico de situaciones que podían poner en riesgo el recorrido del grupo, de la oportunidad de diversificar situaciones conflictivas derivadas de las modificaciones económicas o políticas: el nudo gordiano de la estrategia que definió un exitoso cambio de estatus había sido la efectiva interrelación de los miembros, del conjunto de recursos movilizados dentro de las normas instituidas y de las oportunidades del mercado.

Si la historia de los González indica en qué medida la élite mendocina experimentó reacomodamientos internos importantes en la primera mitad del siglo XIX, esta novedad no implica que los mecanismos instrumentados en ese virtual enarbolamiento social y económico hayan sido demasiado diferentes de los preexistentes. Esa convergencia, si recuerda lo propuesto por Moutoukias para el Buenos

Aires de la segunda mitad del siglo XVIII, también permite reflexionar sobre el papel que cumplieron las redes de relaciones personales en la conformación de los grupos de poder regionales de la primera mitad del siglo XIX. El caso examinado ha revelado que los vínculos de parentesco y de amistad no sólo fueron importantes en la organización y funcionamiento empresario de estos actores, sino que también fueron efectivos al momento de concertar alianzas e integraciones políticas que sobrepasaron los límites de la localidad.

Este asunto permite reflexionar sobre una estructuración de relaciones sociales, económicas y políticas mucho más compleja, que no limitaría el papel de los lazos personales a los principales líderes de los poderes regionales y de sus posibles aliados. En el escenario posterior a 1820, un conjunto de actores individuales y colectivos ajenos a los viejos clanes mercantiles de la región se habrían integrado por lazos verticales y horizontales a la sociedad y economía mendocina de la primera mitad del siglo XIX. En el contexto de la disolución del orden colonial y la irrupción de la modernidad política, ese virtual sostén de interrelaciones personales habría favorecido una importante movilidad territorial de personas y de recursos que habrían incidido en la configuración social de la provincia en las primeras décadas del siglo XIX. Así como la integración exitosa de los González en la economía y sociedad mendocinas revela este asunto, esos nexos personalizados articulados de manera vertical y horizontal también constituyeron un importante soporte de las identidades y prácticas políticas de estos actores.

En el interior de esas redes de relaciones que aglutinaban intereses privados y públicos de manera indiferenciada, se habrían canalizado de manera complementaria instancias de reconocimiento individual y colectivo más amplias entre individuos y grupos sociales que se vieron beneficiados por la crisis de independencia y las guerras civiles que le sucedieron. Y, aunque estas relaciones entre las clases propietarias regionales no llegaran a implicar la conformación de entidades políticas que superaran los ámbitos de la localidad, la existencia de eficaces nexos personalizados habrían dado forma a interrelaciones políticas relevantes entre los poderes locales. De esta forma, las relaciones personales canalizaban y apoyaban control, autoridad o consenso político.

De algún modo, el caso de los González ha permitido verificar y comprobar uno de los aspectos más significativos de las tesis señeras realizadas por Halperin en su preocupación por analizar las conexiones entre las jerarquías sociales tradicionales, y el surgimiento de un centro de poder asentado en Buenos Aires de la mano de un grupo reducido de hombres en los que hasta la actividad política había sido desconocida. Este problema, quizá el más conflictivo para vincular la experiencia de una familia mendocina con la de un grupo social que supera incluso al ámbito regional donde transcurrió su propia historia, fue explorado desde una comunidad política periférica al centro decisional porteño y desde actores secundarios a los principales líderes políticos de la primera mitad del siglo.

¿Qué dicen los González sobre el marco de configuraciones sociales, económicas y políticas en la Mendoza del siglo XIX? Como lo señalamos anteriormente, la historia de los González revela la persistencia del valor de la parentela y los vínculos personales en la formación de nuevas fortunas familiares que modificaron la composición interna de la élite regional en la primera mitad del siglo XIX. En franca analogía con los comerciantes porteños señalados por Halperin y Gelman, los González acumularon sus capitales en el tráfico mercantil y los reorientaron a inversiones rurales importantes, complementando sus actividades urbanas y rurales. Sobre la base de operaciones mercantiles instrumentadas en un amplio espacio de transacciones económicas que vinculaba el ámbito rioplatense y el mercado del Pacífico, estos empresarios regionales consiguieron adaptarse a los nuevos ritmos económicos echando mano a un conjunto de estrategias innovadoras que incluyeron, entre otras cosas, la inversión en tierras.

En el desmembramiento del orden colonial, las relaciones personales no dejaron de ocupar un papel destacado en la organización empresaria de los clanes mercantiles afectados por los desequilibrios económicos y políticos de las primeras décadas del siglo XIX. Por el contrario, las actividades comerciales requerían de fuertes contactos personales, que otorgaban un soporte importante para el desarrollo empresarial. Las relaciones personales garantizaban el manejo de los negocios, ya que aseguraban la información sobre mercados distantes. La interrelación comercial y productiva entre Benito y Lucas González en la primera mitad del siglo indica ese asunto, como así también la dispersión geográfica y la comunicación epistolar periódica de otros miembros ejemplifican –como lo han revelado los ejemplos de Borbón y otros argentinos residentes en Valparaíso, en Santiago, en San Felipe, Los Andes o Buenos Aires– la centralidad de esas corresponsalías personales que estructuraban los negocios en un amplio espacio de transacciones económicas.

El manejo de los negocios en la segunda mitad del XIX también dependió de fuertes lealtades personales. Su efectiva incidencia permitía a los hermanos González conocer el estado de los mercados, obtener créditos de instituciones bancarias y monopolizar una buena cuota de los circuitos de intercambio.

Las relaciones de parentesco, entonces, se constituyeron en un aspecto primordial para la organización de las empresas de los González desde los inicios del siglo XIX hasta sus postrimerías. Sobre la base de una sociabilidad común (de tipo social y profesional), familia, parientes, allegados y amigos definieron una red de individuos que se servía de los lazos personales para actuar en el mundo económico e incidir incluso en su funcionamiento. Quizá la referencia más emblemática del accionar empresarial de los González –en cuanto al lugar central que desempeñaron las redes como vehiculizadoras de recursos para el ejercicio económico– lo constituya la creación del banco familiar en 1866. Esa decisión innovadora estuvo soportada no sólo en el manejo de fondos. La incidencia del aprendizaje profesional y de la información sobre la legislación financiera de entonces revela aspectos ligados a dimensiones institucionales que podían ser aprovechadas en el ámbito local de los negocios. En consecuencia, las redes de relaciones personales, más que un instrumento arbitrado por estos agentes para moverse en el interior del mundo económico, también pueden ser vistas como un capital decisivo de los individuos y del grupo empresario, aunque este tipo de recursos no pueda ser cuantificado en sus inventarios o papeles comerciales.

El peso de las relaciones personales en el proceso de acumulación inicial y en la concentración de riqueza material no logró impedir, sin embargo, la desarticulación del grupo empresario a finales del siglo XIX. Efectivamente, el liderazgo que habían obtenido en las décadas previas a 1880 no fue retenido por estos agentes ante la transformación agroindustrial vitivinícola, que imprimió una nueva dirección a la economía regional. En ese resultado habrían incidido dos factores: las situaciones derivadas de modificaciones estructurales y las decisiones individuales diseñadas en el interior del manejo empresarial y político. La convergencia del avance de los ferrocarriles, el paulatino declive del negocio ganadero con Chile y la unificación monetaria alteraron las condiciones de capitalización de esta red empresaria regional que, desde 1830, había encontrado en la vía chilena un pivote importante de articulación económica. El itinerario económico de los González indica, además, que las elecciones más o menos calculadas en el campo de negocios se apoyaban en una lógica empresarial que preveía eventuales riesgos, pero, por supuesto, esa situación no agotaba todas y cada una de las posibilidades de que los negocios obtuvieran un resultado exitoso. En este sentido, la especificidad del mercado en el que operaban parece haber incidido de manera notoria en el interior del desarrollo económico de los individuos en particular y del grupo en general.

El patrimonio familiar también se vio alterado por el costo material y social de la política. Este aspecto, el más destacado por la historiografía regional sobre el fracaso del banco en 1879, permite visualizar hasta qué punto el mundo empresario y el mundo político estaban interrelacionados.

Por otra parte, el itinerario económico de los González parece coincidir con las periodizaciones señaladas por la historiografía que plantea 1880 como un punto de ruptura entre el viejo ordenamiento económico y la modernización que sobrevino a la reconversión vitivinícola finisecular. ¿Esto es realmente así? El año 1880 significó para el grupo un fuerte efecto que desmantela una buena parte de sus bases materiales de enriquecimiento, aunque ello no significa que sus propios recursos no adquirieran una nueva dirección para convertirse en un grupo bodeguero relativamente importante. Pero existen dos cuestiones que parecen cabalgar en ese reacomodamiento. Por una parte, la consecución del negocio ganadero, que, si bien no constituirá el principal recurso de capitalización empresaria, no por ello deja de participar del universo de inversiones familiares. Si el comercio con Chile disminuye notablemente, los negocios personales se orientan al mercado local y al del Litoral. Al mismo tiempo, la reformulación de los negocios familiares revela la incorporación de nuevas formas de producción, de tecnología y de gestiones empresariales diferenciadas. En esta coyuntura es difícil entablar una suerte de diálogo entre las características empresariales de la primeras décadas del XIX con las de sus postrimerías. Si el posicionamiento económico había dependido de la capitalización en décadas anteriores, ello no supone que el diseño interno de sus empresas, así como los márgenes de la racionalidad empresaria, no se hayan modificado. En este sentido, si los vínculos primarios primaron en la emergencia empresarial de grupo, hacia 1910 las empresas presentan una notable individualización empresaria: la razón social "Bodegas y Viñedos Carlos González Videla" se constituye en un ejemplo de ese proceso.

En el interior de ese proceso de enriquecimiento material, el comportamiento familiar parece remitir a un conjunto de pautas relativamente elásticas que definen el modo por el cual los González atravesaron los cambios generacionales y los momentos críticos de la parentela. Tanto la política nupcial como las prácticas referidas al traspaso de los bienes y del liderazgo coinciden en la existencia de diferenciaciones entre los individuos en función de la sobrevivencia del grupo. Una serie de alianzas estratégicamente articuladas hicieron coincidir sobre la familia un conjunto de recursos relativamente concentrados sobre determinados personajes. Los González y los Videla sortean exitosamente, y de manera similar, el recambio generacional al asignar sus principales establecimientos productivos a los herederos que prometían mantener el patrimonio concentrado en las primeras décadas del siglo XIX. Un importante juego de reciprocidades y compensaciones internas, aunque no ajenas al conflicto que se desata finalmente hacia 1880, parece sugerir la eficiente delimitación de funciones jerarquizadas y concertadas entre las dos familias aliadas por tres matrimonios y negocios comunes.

El año 1880 representa para la familia un fuerte punto de inflexión para la consecución de los negocios, y también en cuanto a la aceleración de pautas de comportamiento visiblemente más públicas. Los sitios de residencia, así como las viviendas y el mobiliario, definen nuevos marcos de los gustos personales y de la vida cotidiana. El cambio en el diseño de las viviendas y las nuevas prácticas enterratorias ilustran la adaptación de sus estilos de vida a los nuevos lineamientos que definían la pertenencia social y económica. A esa altura de los acontecimientos, las muestras públicas de poder social debían incluir otros escenarios, y la ciudad se presentaba como uno de los principales teatros para su reconocimiento. Si una vuelta de página define el comportamiento habitacional y de consumo de los miembros de la familia, la dimensión rural de sus prácticas cotidianas quedaba subsumida en un abanico de situaciones novedosas.

Ese juego de identificaciones sociales externas e internas era el resultado del conjunto exitoso de prácticas individuales y colectivas de la parentela, que había concentrado muchas más cosas que dinero. Los González habían sido actores predominantes de la política doméstica en décadas anteriores a la consolidación del régimen oligárquico. En cierto sentido, habían colaborado a su diseño poniendo a prueba un conglomerado de recursos políticos y personales que se constituyeron en los antecedentes inmediatos del régimen político mendocino de fines del siglo XIX. Se puede argüir que las bases de su poder dependían de la articulación y dominio de instancias de poder local, y de un juego de identidad y cohesión interna del grupo familiar y de la red de relaciones interconectadas, que había tenido como escenario un espacio más amplio que el de los intereses familiares o individuales.

El ingreso de los González en el universo de lo político debe observarse en el escenario inmediatamente posterior al proceso revolucionario, de las guerras civiles y la formación de las estructuras formales de poder político modernos. Ellos vienen a mostrarnos hasta qué punto la política se convertía en un instrumento con dos vías de utilización porque para un grupo relativamente importante de la sociedad local, donde las pautas de convivencia política y el poder de arbitraje estatal no estaba del todo asentado, le era casi indispensable involucrarse en esa lucha que no sólo otorgaba prestigio sino que prometía acrecentar o, al menos, mantener el poder material obtenido. Riqueza y política van de la mano, porque tanto la conservación de los recursos materiales como el mantenimiento de los resortes primordiales para conservarse en las esferas públicas de reconocimiento social dependían de la posición en el interior de los aparatos del Estado. Daniel González describió de manera sumamente ilustrativa la relación costo-beneficio de la participación política de la parentela en la lucha de los bandos locales: el control de los circuitos de información, el derecho al agua, el dinero y los recursos invertidos, el alcance social de la derrota política.

Todos los elementos que hemos visto funcionar en la lucha por el poder entablada por los González desde 1861 hasta 1874 revelan –parafraseando a Crozier– que el poder es una relación y no un atributo de los actores. Ese juego de relaciones de intercambios asimétricos entre personas e instituciones permite a los actores ajustar recursos y elevar su autoridad y dominio sobre otros actores.

Tal parece haber sido la regularidad más visible de este grupo de parientes involucrados en el escenario público mendocino por lo menos desde las primeras décadas del siglo XIX. Por un lado, los aportes de dinero compulsivos y voluntarios que incluyen desde el ejercicio de gobierno y militar del general San Martín hasta el dominio del ex fraile Aldao y el estado provincial. Por el otro, una participación formal en las instituciones públicas por parte de Benito en 1825 y 1844. Esa integración individual, sin embargo, no parece indicar identidades políticas muy definidas. El comportamiento político de Benito González muestra los márgenes prácticos de un individuo más interesado en sentar y robustecer las bases de su enriquecimiento material que en cumplir con sus deberes de ciudadano. En 1825, cuando la comunidad política mendocina se debatía entre la "fuerza de la costumbre" y la irrupción de la política moderna, Benito fue denunciado por algunos de sus pares porque no atendía sus obligaciones públicas, dada su ausencia en las reuniones periódicas de la Sala de Representantes de la nueva provincia andina.

Si el perfil político de Benito en las primeras décadas del siglo XIX era realmente bajo, el de su hermano Lucas por el contrario no lo fue tanto. Los resultados de esa participación política terminaron en su muerte trágica por los fusiles mazorqueros. Esta situación se potenciaría años más tarde en el interior de la parentela, y el alcance de la estrategia política de Lucas González Pintos muestra la reedición del alineamiento político de su tío homónimo. Caseros implicó un nuevo contexto que se caracterizaría por la supervivencia de viejos actores de la política, y la integración de nuevos individuos en los marcos institucionales dependientes del mismo desarrollo político, y los cambios producidos por esas modificaciones. El itinerario de Lucas viene a representar la manera en que actores individuales logran acumular marcas de identificación que los incluyen en la clase letrada necesaria para montar una estructura jurídica que delinee un proceso económico y social que se producía, más allá de las voluntades personales. En este sentido, los estudios superiores, la pertenencia a una red empresaria mendocina relevante y su propio capital relacional, que incluye su matrimonio con la hija de un representante de la élite letrada de los años veinte, definen la manera en que el "gran Lucas" se integra en una clase política que, aunque fragmentada, presentaba fuertes signos de solidaridades horizontales. El matrimonio de su hija con Roque Sáenz Peña atestigua en qué medida esa nueva alianza actuaba como corolario de su efectiva integración política y social en un ámbito de alcance nacional.

Al mismo tiempo, la distancia que separa la escasa

participación del viejo Benito González en la política mendocina y la radical inclusión de sus descendientes en la vida política local y nacional, se presenta como una *impasse* de los tiempos políticos de la parentela. Ese tiempo interno de los González, a simple vista, parece haber sido socavado por la muerte de Lucas y por la breve inclusión de Benito en el tosco régimen de Aldao. Por cierto, estas experiencias políticas no parecen haber implicado la desaparición de estrategias tendientes a adquirir o acumular marcas de identificación social y política. En esos años, el itinerario de los González se nutre de otras trayectorias familiares e individuales. Desde la resistencia presentada por los Videla al régimen rosista y al del principal aliado mendocino (el del general Aldao), donde las mujeres ocuparon un papel destacadísimo, hasta el itinerario sinuoso y flexible de Melitón Arroyo, representan alineamientos familiares alternativos de suma importancia a la hora de revelar las estrategias de estos grupos empresarios y políticos locales que conservaron y robustecieron relaciones de poder que convergen después de 1852.

Los Videla representaban un grupo que se había mostrado más proclive a ingresar en universo político local los nuevos principios de la legalidad institucional, virtualmente interrumpidos hasta 1853. En esos años, los tres matrimonios concertados con los González reconocen una vuelta de tuerca interfamiliar porque los liderazgos masculinos pasarán a definir un nuevo campo de fuerzas que concentra su accionar sobre los González fundamentalmente. Lógicas complementarias y contrapuestas que amortiguan poderosamente la posición de estas parentelas involucradas en la política local, y que llegaron a incluir acciones mediadoras entre los representantes del poder rosista. Las lazos de parentesco existentes entre los Videla y el general Angel Pacheco, si ilustran bien el entrecruzamiento entre la lucha facciosa y la parentela, también sugieren la posibilidad de establecer relaciones importantes entre el mantenimiento del orden político y las relaciones personales. Al mismo tiempo, esas efectivas relaciones políticas entre la comunidad mendocina y otros poderes provinciales parecen indicar la existencia del interacciones importantes que matizan, por cierto, el peso del estado provincial soberano en las primeras décadas del XIX, tal como lo viene señalando José C. Chiaramonte.

La experiencia política de los hombres y mujeres de la familia Videla posibilita desagregar las condiciones políticas de la Mendoza de la primera mitad del siglo XIX. A diferencia de las imágenes historiográficas que atribuían a la política doméstica una dinámica basada en arreglos entre familias prominentes de la localidad, el itinerario de los Videla revela por el contrario de qué manera las entidades de la política moderna formaban parte del conglomerado de recursos instrumentados por los individuos involucrados en la lucha por el poder local (y supralocal).

Pero si la relación de los González con los Videla fue importante porque les había posibilitado entroncarse con las viejas familias unitarias mendocinas, el tránsito aceitado entre el quiebre del régimen rosista y la nueva configuración política inaugurada en Caseros vino de la mano de otro tipo de mediaciones. En conjunto, las prácticas políticas del grupo parecen indicar el accionar de "todo un frente de parentesco" –esa feliz expresión de Giovanni Levi– que se abría a los nuevos escenarios con estrategias alternativas y complementarias. En este sentido, el papel desempeñado por Melitón Arroyo es de fundamental importancia. Melitón había sido el individuo más comprometido con el régimen político de Aldao, situación que le había permitido transitar un recorrido social y económico casi sin precedentes donde la política había sido el principal motor de su propio enarbolamiento. A partir de allí, una suerte de poderes alternativos lo habrían surtido de una serie de funciones institucionales y personales. La figura de Melitón recuerda en mucho la función del gran operador político: participa en la reunión de notables con Sarmiento después de Pavón, integra los consejos de gobierno y prepara la elección de gobernador de Carlos González. Melitón murió en 1874, el mismo año en que los González fueron postergados a un segundo plano en las estructuras de poder locales.

Estas acciones mediadoras pueden seguir siendo exploradas en otros personajes que vinculaban a los González con prominentes actores políticos e intelectuales del período. La estrecha amistad entre José Cayetano Borbón –el primo político de los primeros González y posterior cuñado de Lucas, Carlos y Daniel– y Juan Bautista Alberdi representa bien la eficacia de las redes personales para estructurar grupos y crear instancias institucionales de poder acordes con los nuevos marcos regulatorios de la política. En este sentido, la creación del Club Argentino de Valparaíso muestra que si la continuidad de los enfrentamientos armados dieron forma a una de las dimensiones de las relaciones de poder, la acción política se orientó también a promover instancias que favorecieran la construcción de consenso sobre el orden político a construir. De esta manera, tradicionales mecanismos de control político pudieron ser instrumentados en la creación de asociaciones que favorecieran la circulación de ideas y la difusión de prácticas signadas por las nuevas reglas del juego político. Al mismo tiempo, la participación de diversos personajes en este ámbito pautado pudo significar para los González dos situaciones diferenciadas aunque confluyentes. Por una parte el robustecimiento de viejos vínculos personales como Borbón, Marcó, los Videla y los Delgado; por el otro, la iniciación de nuevos lazos de amistad y de negocios que robustecerían el poder social, comercial y político de la red fundante: Izaza, Ramayo, Iglesias, Santanna, ejemplifican acabadamente las nuevas relaciones de este grupo familiar que amplía su horizonte espacial de negocios a mediados del siglo XIX y los prepara a ocupar los vértices más altos de la administración estatal.

Después de Caseros, las condiciones políticas de Mendoza se modifican. Si en un comienzo la élite política local no muestra importantes contradicciones internas, hacia 1860 las pautas de convivencia política entre las facciones opuestas se resquebrajan sensiblemente. A partir de ese momento, la historiografía regional definió a los gobiernos de Mendoza como gobiernos de familia. ¿Por qué se sitúa en Pavón ese inicio de relaciones de control político afincado en vínculos estrechos de parentesco? ¿Qué situaciones definieron esa fuerte aseveración si, en general, los gobiernos anteriores también estuvieron atravesados por vínculos personales?

En cierto modo, las prácticas políticas de los González en Mendoza remiten a ciertas observaciones del régimen político que se inaugura en 1861, porque estos actores se presentan como la punta de un iceberg del conglomerado de recursos que coincidieron en ese diseño de relaciones de poder. En conjunto, lo que ese comportamiento individual y colectivo sugiere es la delimitación de un régimen político que obtendría en las lealtades personales una fuerte impronta de mecanismos de control y dominio político.

Sin duda, el núcleo de ese conglomerado de recursos lo constituían las relaciones de parentesco y de amistad. El rosario de individuos que ocupaban los principales puestos de la administración estatal en la ciudad y campaña aceitaban las relaciones de dominio en el territorio provincial. La puesta en marcha de los comicios de 1873 y 1874, por parte de los gonzalistas, posibilitó reconocer que la forma de hacer política dependía de esos líderes territoriales aglutinados por lealtades personales y lazos de sociabilidad de diferente tipo. Ese estilo de ejercitar la política presenta más bien la configuración de un sistema de parentela y alianzas políticas. Las reglas del poder no dependían exclusivamente de los vínculos familiares, sino que era indispensable la concertación de alianzas con otros actores de la comunidad. Por consiguiente, las prácticas políticas de la red gonzalista exhiben el papel desempeñado por el capital relacional en una estructura de poder.

En el interior de la lógica política de los González aparecen también otros ingredientes. De manera complementaria, la política de la parentela no impedía que sus miembros pudieran verse seducidos por diferentes propuestas políticas. La diversificación política de los González debe observarse en marcos de reconocimiento político más o menos pautados. Si en la primera mitad del XIX pudieron ser reconocidos diferentes itinerarios políticos en el interior de la red de parientes porque de hecho sumaban posibilidades al compás del enarbolamiento social y económico, en 1852 estarán adscriptos al constitucionalismo liberal y posteriormente se verán divididos por los liderazgos alternativos del federalismo de Urquiza y del nacionalismo liberal mitrista. Pero resulta complicado reconocerlos en marcos ideológicos delimitados. La ausencia de testimonios que acrediten el universo de referencias políticas de estos individuos se constituye en una fuerte evidencia de que la política ocupaba un lugar central en cuanto práctica. Por consiguiente, los González representan más bien la manera en que políticos prácticos se acomodan estratégicamente en las constelaciones políticas macro porque les permiten reconocerse en los marcos políticos nacionales para disputar una batalla de carácter local. A simple vista, este mecanismo parece constituir el principal recurso de los González hasta 1873 porque el frágil equilibrio de fuerzas políticas en el que participaban les había permitido sortear los obstáculos para no perder los principales resortes de poder político provincial.

Sin embargo ese juego ambiguo y flexible que los gonzalistas habían colaborado en diseñar no resultó ser lo suficientemente eficaz para sortear las nuevas coyunturas que inauguran la década del 70. En un momento en que se profundizan los conflictos domésticos, y las contiendas electorales nacionales imprimen una nueva dirección a la competencia electoral mendocina, los hermanos González diluyen sus diferencias programáticas y consiguen identificarse en un único grupo político donde los conflictos entre ellos parecen quedar subsumidos en la política general de la parentela.

El inventario de prácticas políticas de los González después de 1860 revela por cierto más cosas. El diseño interno de esa lógica política parece incluirlas en un juego abigarrado de relaciones institucionales y personales que habrían delineado un particular estilo político, en cuyo interior se incluían relaciones horizontales y verticales. El sistema de parentela y alianzas políticas de los González era el resultado entonces de la interconexión de actores sociales y políticos, que no coaligaba solamente a las clases propietarias. La búsqueda del equilibrio político encontraba en las milicias locales un efectivo lazo con las clases subalternas. Esa situación dependía, casi sin lugar a dudas, del papel político que venían cumpliendo desde las primeras décadas del siglo XIX, donde obtuvieron un papel decisivo en el control de la campaña y de la frontera. Asimismo, esa configuración de relaciones de poder había sido instrumentada eficazmente a la hora de dirimir candidaturas y de asegurar la concurrencia a los comicios.

En la dinámica política de entonces también se filtran otras dimensiones y otros actores: los extranjeros, a su manera, se vieron integrados periféricamente a la coalición gonzalista en las elecciones de 1873 y 1874. Dicha participación no resulta fácil de definir porque este tipo de inclusiones no responden a las situaciones que otros estudios han revelado en diferentes ámbitos regionales. La presencia de extranjeros en la provincia de Mendoza hacia 1870 no se ha revelado en los comicios municipales ni tampoco en instituciones de tipo étnico. La prensa mendocina los reconocía en relación con el estado provincial, bajo la figura de proveedores, que encontraba aún en la revolución y en la guerra el principal motor de las adhesiones políticas.

Por otra parte, las relaciones políticas derivadas de las prácticas de los González permiten observar la manera en que lazos sociales convencionales se convirtieron en efectivos vehículos para el dominio político, que superaba incluso los marcos locales. Es muy probable que ese principio de articulación política más amplia, en el que coincidían relaciones familiares e institucionales, haya formado parte de la trama de conexiones entre los grupos de poder locales y los representantes del poder central. Esa particular alquimia de intereses sectoriales podían retroalimentarse entonces en un doble mecanismo de ida y vuelta, porque esas vinculaciones permitían movilizar mecanismos de control político que se orientaban ahora hacia otros fines. La efectiva mediación de Pacheco, la interrelación de Sarratea y Paunero por intermedio de Daniel González y la conducción de las guardias nacionales en la ciudad y la campaña por los líderes de la localidad, son cuestiones que permiten suponer la incidencia de estos mecanismos cotidianos en la conducción de obediencia política desde la periferia hacia el centro.

Como ya vimos, la experiencia política exitosa de los González culmina en 1874. En esa oportunidad, los gonzalistas no sólo volvieron a perder las elecciones en favor de los civitistas como el año anterior. En ese corto período, los

González experimentaron el lento peregrinar del socavamiento de sus bases de poder político al perder los principales puestos de administración estatal y municipal. Ante ese resultado, los hermanos y sus amigos políticos se plegaron a la intentona revolucionaria comandada por el general Arredondo después de perder las elecciones que promovía a Mitre para la presidencia. El enfrentamiento militar se libró en los campos de Santa Rosa, cuyo propietario era don Carlos González. Un sitio que podía representar una cuestión ligada a la lógica de guerra adquiría, sin embargo, una significación política más amplia para este grupo de individuos involucrados en la lucha por el poder.

Para una buena parte de la historiografía, 1874 constituye un punto de ruptura importante en la progresiva construcción de la unidad política. Nuevos liderazgos dieron forma a un estilo político relativamente inédito que terminó por subordinar cualquier tipo de insurrección que atentara contra el orden y el progreso. Sin embargo, el accionar político de los González sugiere otro tipo de itinerario de ese traspaso de liderazgos. Los González ya no estarán en el "candelero", lo cual no implica que perdieran la notable legitimación social para seguir transitando en la política mendocina. Todas las evidencias que apoyan la participación política de los mismos personajes o del recambio generacional de la familia permiten pensar en qué medida la forma de hacer política que habían ejercitado siguió operando en el régimen político provincial bajo otros registros. Esas conexiones pueden ser visualizadas en la nueva configuración resultante después de 1874. La fórmula de los "amigos políticos" –una categoría política regularmente utilizada por Alsina y Avellaneda en los discursos de la campaña electoral de 1874–[4] parece revelar una suerte de mixtura de adscripciones y prácticas políticas que pretendía canalizar antiguas lealtades en marcos institucionales estables y duraderos.

Una nueva vuelta de página parece imprimir el desarrollo de la configuración política mendocina después de 1874. A pesar de ello, los vínculos personales y las lealtades políticas que vehiculizaban siguieron dando forma a la élite regional. Y, aunque ese tipo de conexiones operaban como un factor decisivo para la retención de cargos públicos provinciales o nacionales, esa situación no parece responder necesariamente a mecanismos corruptos del ejercicio político del siglo XIX. Si los vínculos personales sirvieron eficazmente para controlar el régimen, también fueron pertinentes para asegurar una autoridad política más amplia.

En ese resultado no sólo parecen haber prevalecido alianzas personales entre las más influyentes figuras provinciales con representantes de otras provincias o de los gobiernos nacionales. La lucha política y electoral entablada por gonzalistas y civitistas a partir de 1873 parece indicar un campo de relaciones políticas más complicado entre los poderes locales y el poder central. Si la historiografía ha asignado interpretaciones maximizadoras, la experiencia de los gonzalistas nos ha advertido dos instancias diferenciadas. Por un lado, la existencia de espacios de sociabilidad política más amplios, que incluirían regiones o provincias diferentes de las del Litoral;[5] por el otro, la conquista de autoridad del centro sobre la periferia, si provino del ejercicio de dominación militar y de la acción cooptativa del poder central, también parece haber dependido de un relativo protagonismo de los poderes locales. En este sentido, la trayectoria política de la red gonzalista después de 1861 ha ilustrado de qué manera el sistema de parentela y alianzas políticas reelaboró e hizo efectivos importantes mecanismos de control político diseñados en la primera mitad del siglo. Esa configuración de relaciones de poder que organizaba las facciones locales y las vinculaba con los otros actores de la comunidad, habría sido también efectiva para la canalización de autoridad y dominio político por parte del gobierno nacional. En consecuencia, la progresiva injerencia del poder central en el espacio político mendocino supuso la reinstrumentación de sólidos mecanismos de control político provinciales construidos en el contexto de la Argentina criolla. Un entretejido de relaciones personales e institucionales diseñado por la élite política mendocina en los sesenta años que demoró el poder central en afirmarse, terminó por configurar un tipo de dominación social que no obtuvo grandes contradicciones a la hora de efectivizar un correspondiente dominio político en el ámbito local de las relaciones de poder. Sin embargo en los intersticios de esa dominación política, el poder central encontró eficaces vías de interrelación que posibilitaron orientar la autoridad construida por la élite local hacia instancias de reconocimiento político más amplias. Es muy probable que ese juego relacional entre individuos, grupos sociales e instituciones donde prevalecen identidades colectivas, diferencialidades marcadas y formas de dependencia personal, esté revelando la efectiva incidencia de nexos políticos personalizados como principio de dominación política en el marco de la institucionalidad liberal. De esta forma, la reconstrucción de las instancias de institucionalización del orden político argentino después de 1880 invita a pensar la combinación de prácticas viejas y nuevas de la política en otro registro. En este sentido, la política argentina de esos años hace recordar una vieja tensión entre el imaginario de un sector de la élite para el que la política era un ámbito en el que actúan individuos racionales, y no el producto de manipulaciones y enredados conflictos personales o institucionales. Esas fisuras y contradicciones, por el contrario, hacen sospechar la existencia de una virtual regularidad en las formas de hacer política, que databa al menos de los inicios del siglo XIX y donde coexistían tradiciones, culturas e imaginarios políticos que resultaron de la mixtura entre el ideario moderno y las estructuras profundas del antiguo régimen colonial.

NOTAS

INTRODUCCIÓN

[1] Por una parte, la renovación historiográfica y la instrumentación de nuevas herramientas de investigación como resultado del reconfortante contacto de la historia con la antropología, pueden otorgar algunas otras respuestas a regulares cuestionamientos de la historia local. Al mismo tiempo, conviene traer a colación que "el retorno a lo político" ha permitido "situar en el centro del trabajo del historiador las relaciones, complejas y variables, trabadas entre los modos de organización y el ejercicio del poder en una sociedad dada, por una parte, y por otra las configuraciones sociales que hacen posible esa forma política y que son engendradas por ella", Roger Chartier, "De la historia social de la cultura a la historia cultural de lo social" en *Historia Social,* Instituto de Historia social UNED-Valencia, Nº 17, otoño de 1993, p. 99. Sobre la recuperación de la historia política puede verse además Jacques Julliard, "La política", en J. Le Goff y P. Nora, *Hacer la historia,* LAIA. Julián Casanova, *La historia social y los historiadores,* Crítica, 1992.

[2] El concepto de racionalidad limitada puede verse en M. Crozier y E. Frierburg, *El actor y el sistema. Las restricciones de la acción colectiva,* Alianza, 1991. El de racionalidad selectiva, por el contrario, es de Giovanni Levi, "Sobre la microhistoria" en Peter Burke (comp.), *Formas de hacer historia,* Alianza, 1992.

[3] De a acuerdo a Giovanni Levi, es en los estudios de pequeña escala donde la biografía individual y colectiva adquiere rele-

vancia, porque es el "lugar ideal para verificar el carácter intersticial de la libertad de que disponen los agentes, como también para observar el modo en que funcionan concretamente unos sistemas normativos que no están nunca exentos de contradicciones", Giovanni Levi, "Les usages de la biographie" en *ANNALES*, Nº 6, nov.-dic.1989.

4 Giovanni Levi, *Le pouvoir au village. Histoire d'un exorciste dans le Piémont du XVII siècle*, Gallimard, 1989, pp. 62-63. (Editado en español por Nerea, 1990.)

5 Elizabeth Both, *Familia y red social*, Taurus, 1990. Max Gluckman, "Presentación" al libro de Bott. Adrian Mayer, "La importancia de los cuasi-grupos en el estudio de las sociedades complejas" en Eric Wolf, J. Clyde Mitchell y otros, *Antropología social de las sociedades complejas*, Alianza, 1980, pp. 108-132. Jeremy Boissevan, *Friends of friends, Coalitions, Manipulators*, Oxford, 1976.

6 Ulf Hannerz, *Esplorare la città. Antropología della vita urbana*, Bolonia, Il Mulino, 1992, cap. 5, pp. 297-348.

7 Karl Polanyi, *La gran transformación. Los orígenes políticos y económicos de nuestro tiempo*, FCE, 1992 (1ª ed. 1944). Giovanni Levi, *Le pouvoir au village...*, cap. 4.

8 Maurizio Gribaudi, *Mondo Operaio e Mito Operaio*, Torino, Einaudi, 1987. Fernando Devoto, "Algo más sobre las cadenas migratorias de los italianos a la Argentina", en *Estudios Migratorios Latinoamericanos*, Año 6, Nº 19, Buenos Aires, CEMLA, 1991. También pueden verse los trabajos compilados por María Bjerg y Hernán Otero, *Inmigración y redes sociales en la Argentina moderna*, Tandil, CEMLA-IEHS, 1995.

9 François X. Guerra, *México. Del antiguo régimen a la revolución*, FCE, 1988; "Hacia una nueva historia política. Actores sociales y actores políticos" en *ANUARIO-IEHS*, Nº 4, 1989, y "La metamorfosis de la representación en el siglo XIX" en Georges Couffignal, *Democracias posibles. El desafío latinoamericano*, FCE, 1994.

10 Tulio Halperin Donghi, *Revolución y guerra. Formación de una élite dirigente en la Argentina criolla*, Siglo XXI, 1979, p.1.

11 En un reciente diálogo, Halperin explicitó las preguntas que guiaron la elaboración de su clásico *Revolución y guerra*: "el problema básico de la etapa de la revolución que en el lenguaje que ahora se ha hecho trivial podríamos decir de inven-

ción de la política, es decir la creación de un nuevo tipo de actividad que crea nuevos tipos de conexiones; cómo esos nuevos tipos de conexiones se establecen sobre la base de conexiones previas, cómo relaciones que se daban en el marco de lo social, basadas en un prestigio entre social y cultural, van a concretarse en relaciones políticas". Roy Hora y Javier Trímboli, *Pensar la Argentina. Los historiadores hablan de historia y política,* Ed. El Cielo por Asalto, 1994, p. 42.

[12] Una amplia y variada literatura ha dado cuenta del proceso de disolución de los imperios ibéricos y el origen de las naciones americanas. Citaré aquí algunos trabajos representativos: Tulio Halperin Donghi, *Reforma y disolución de los imperios ibéricos,* Alianza, 1986. Antonio Annino, "Prácticas criollas y liberalismo en la crisis del espacio urbano colonial. El 29 de noviembre de 1812 en la ciudad de México" en *Boletín del Instituto de Historia Argentina y Americana Dr. Emilio Ravignani,* Nº 6, Tercera Serie, 2º semestre de 1992; "Soberanías en lucha" en A. Annino, L. Castro Leiva y F. X. Guerra, *De los imperios a las naciones. Iberoamérica,* Ibercaja, 1993; F. X. Guerra, *Modernidad e independencias,* MAPFRE, 1992.

[13] La experiencia argentina revela tener puntos de contacto con otros casos hispanoamericanos. Puede verse a modo de ejemplo: F. Safford, "Política, Ideología y Sociedad" en Leslie Bethell (comp.), *Historia de América Latina,* Nº 6, Cambridge-Crítica, 1992.

[14] Tulio Halperin Donghi, *Proyecto y construcción de una nación. Argentina, 1848-1890,* Biblioteca Ayacucho, 1984 (Ariel, 1995). Natalio Botana, *El orden conservador. La política argentina entre 1880 y 1916,* Sudamericana, 1977.

[15] En esos años, Carlos Real de Azúa ofrecía una visión un tanto más sociológica sobre la formación del "patriciado uruguayo" como reservorio fundante de la clase dirigente uruguaya. Carlos Real de Azúa, *El patriciado uruguayo,* Ediciones de la Banda Oriental, 1981.

[16] Tulio Halperin Donghi, "La expansión ganadera en la campaña de Buenos Aires, 1810-1852" en M. Giménez Zapiola, *El régimen oligárquico. Materiales para el estudio de la realidad argentina,* Amorrortu, 1975.

[17] Me limitaré a citar algunos trabajos importantes: Larissa Lomnitz y Marisol Perez-Lizaur, "Dynastic Growth and Survival

Strategies: The Solidarity of Mexican Grand-Families", en Elizabeth Jelin (comp.), *Family, Household and Gender Relations in Latin America*, Kegan Paul International-Unesco, 1991, pp.123-132. Mary Lowenthal Felstiner, "Kinship Politics in the Chilean Independence Movement" en *Hispanic American Historical Review*, vol. LVI, Nº 1, 1976, pp. 58-80. Linda Lewin, *Politics and Parentela in Paraiba-Brazil. A case of family-based Oligarchy*, Princeton University Press, 1987. Diana Balmori, *Notable family networks in Latin American*, Chicago University Press, 1984; David Brading, *Mineros y comerciantes en el México Borbónico (1763-1810)*, México, FCE, 1975; John Kicsa, *Empresarios coloniales. Familia y negocios en la ciudad de México durante los Borbones*. Mexico, FCE, 1986; Anne Kuznessof, "The family and society in Nine Teenth-Century Latin America: and Historiographical Introduction" en *Journal of Family History*, vol.X, 3, 1985; Doris Ladd, *La nobleza mexicana en la época de la independencia (1780-1826)*. México, FCE, 1984; Richard Lindley, *Las haciendas y el desarrollo económico.Guadalajara, México, en la época independiente*. México, FCE, 1987; Susan Socolow, "La burguesía comercial de Buenos Aires" en Florescano (comp.), *Orígenes y desarrollo de las burguesías en América Latina, 1750-1955*, México, Nueva Imagen, 1985.

[18] Zacarías Moutoukias, *Contrabando y control colonial. Buenos Aires entre el Atlántico y el espacio peruano en el siglo XVII*. CEAL, 1989 y "Power, coruption and commerce: the making of the local administrative structure in seventeenth-century Buenos Aires" *HAHR*, vol. LXVIII, 4, nov. de 1988. Jorge Gelman, "Cabildo y élite local: el caso de Buenos Aires en el siglo XVII" en *HISLA*, Nº 5, 1985.

[19] Zacarías Moutoukias, "Réseaux personnels et autorité coloniale: les négociants de Buenos Aires au XVIIIe siècle", en *ANNALES E.S.C,* julio-octubre, 1992, Nº 4-5, 1992.

[20] Susan Socolow, *Los mercaderes del Buenos Aires virreinal. Familia y comercio,* Ediciones de la Flor, 1991.

[21] El caso del gran comerciante don Domingo Belgrano Pérez, analizado por Jorge Gelman, revela que la inversión rural a fines del XVIII se constituyó en estrategia alternativa eficaz para compensar los desequilibrios comerciales generados por las guerras europeas. Jorge Gelman, *De mercanchifle a gran comerciante: los caminos del ascenso en el Río de la Plata Colonial,*

Universidad Internacional de Andalucía-La Rábida/Universidad de Buenos Aires, 1996.

[22] Raúl O. Fradkin, "El Gremio de hacendados en Buenos Aires durante la segunda mitad del siglo XIX" en *Cuadernos de Historia Regional*, UNLu, Nº 8, 1987, pp. 72-96; "Los comerciantes de Buenos Aires y el mundo rural. Problemas e hipótesis" en Juan Marchena y G. Mira (comp.), *De los Andes al mar. Plata, familia y negocios en el ocaso del Imperio Español*, Alianza (en prensa); "¿Estancieros, hacendados o terratenientes? La formación de la clase terrateniente porteña y el uso de las categorías históricas y analíticas" en M. Bonaudo y A. Pucciarelli (comp.), *La problemática agraria. Nuevas aproximaciones*, CEAL, 1993; "Estudio Preliminar" en Raúl Fradkin, *Los establecimientos productivos. Río de la Plata colonial*, CEAL, 1993.

[23] Sostiene Carlos Mayo: "el nuevo orden social y económico pampeano pudo construirse sin grandes resistencias porque la sociedad y la economía ganaderas del Buenos Aires anterior al ascenso de los estancieros y al advenimiento de la gran estancia era ya un mundo rural, aun con todos sus arcaísmos, precozmente moderno, libre de un definido lastre estamental corporativo y preparado para acoger la llegada del capitalismo". *Estancia y sociedad en la pampa, 1740-1820*, Ed. Biblos 1995, p. 195.

[24] Recordemos que, en el caso santafesino, Ezequiel Gallo había detectado la diversificación social explícita en el auge agrícola-cerealero; al norte del Salado, Hilda Sábato verificó que una similar diversificación social era tangible algunas décadas antes, cuando la producción lanera era el principal rubro exportable. Ezequiel Gallo, *La pampa gringa*, Sudamericana, 1983; Hilda Sábato, *Capitalismo y ganadería en Buenos Aires. La "fiebre del lanar" (1840-1890)*, Sudamericana, 1989. El ámbito rural pampeano sigue obteniendo atenciones a partir del resquebrajamiento de tradicionales abordajes. Puede verse al respecto Blanca Zeberio, "La situación de los chacareros arrendatarios en la pampa húmeda", en R. Mandrini y A. Reguera (comp.), *Huellas de la tierra. Indios, agricultores y hacendados en la pampa bonaerense*, Tandil, IEHS, 1994, pp. 209-240. Nuevas evidencias sobre la existencia de pequeños productores en la primera mitad del siglo XIX pueden consultarse en José Mateo, "Población y Producción en un ecosistema agra-

rio de la Frontera del Salado (1815-1869), op. cit., pp.161-189. Una visión diferente sobre el itinerario de estos pequeños productores puede verse en Eduardo Míguez, "La frontera de Buenos Aires en el siglo XIX. Población y Mercado de Trabajo", op. cit., pp.191-208.

[25] José C. Chiaramonte, *Mercaderes del Litoral. Economía y sociedad en Corrientes en la primera mitad del siglo XIX*, FCE, 1992.

[26] Jorge Comadrán Ruiz, *Las tres casas reinantes de Cuyo*, Santiago de Chile, 1959. Inés Sanjurjo de Driollet, *Muy Ilustre Cabildo, Justicia y regimiento. El cabildo de Mendoza en el siglo XVIII. Estudio institucional*, Mendoza, Facultad de Filosofía y Letras-UNC, 1995.

[27] Pedro S. Martínez, *Historia económica de Mendoza durante el Virreinato, 1776-1810*, Madrid, 1961 y *Las industrias durante el Virreinato, 1776-1810*, Buenos Aires, 1969. Edberto O. Acevedo, *Investigaciones sobre el comercio cuyano, 1810-1830*, Buenos Aires, ANH, 1981.

[28] Carlos Sempat Assadourian, "El sector exportador de una economía regional del interior argentino. Córdoba, 1800-1860. (Esquema cuantitativo y formas de producción) en *El sistema de la economía colonial. El mercado interior, regiones y espacio económico*, Nueva Imagen, 1983, 307-367. Juan Carlos Garavaglia, "Crecimiento económico y diferenciaciones regionales: el Río de la Plata a fines del siglo XVIII" en *Economía, sociedad y regiones*, Ediciones de la Flor, 1992. Samuel Amaral, "Comercio libre y economías regionales. San Juan y Mendoza, 1780-1820" en *Jahrburch für Gestchichte von Staat, Wirtschaft und Gessellschaft. Lateinamerikas*, Nº 27, 1990, pp.1-67. Miguel Rosal, "El interior frente a Buenos Aires. Flujos comerciales de integración económica, 1831-1850" en M. Rosal y R. Smith, *Comercio, mercados e integración económica en la Argentina del siglo XIX*, Cuadernos del Instituto Ravignani, Nº 9, 1995, pp. 5-61.

[29] Beatriz Bragoni y Rodolfo Richard J., "Acerca de la complejidad de la producción mercantil en Mendoza en el siglo XIX. ¿Sólo comerciantes y hacendados?", en Jorge Gelman y Blanca Zeberio (comps.), Editorial La Colmena, en prensa.

[30] Sobre la estructuración del espacio regional y la articulación del mercado interno, Jorge Balán, "Una cuestión regional en la Argentina: burguesías provinciales y el mercado nacional en el desarrollo agroexportador", en *Desarrollo Económico*, Nº 69,

1978. Jorge Balán y Nancy López, "Burguesías y gobiernos provinciales en la Argentina. La política impositiva de Tucumán y Mendoza entre 1873 y 1914" en *Desarrollo Económico*, Nº 67, 1977. Jorge Balán, *Urbanización regional y producción agraria en Argentina: un análisis comparativo*, Estudios CEDES, vol. II, Nº 2, 1979, pp. 11-26. También William Fleming, *Regional Development and transportation in Argentina: Mendoza and the Gran Oeste Argentino Railroad, 1885-1914*, Indiana University, PhD., 1976.

[31] Rodolfo Richard J., *Poder, Economía y Espacio en Mendoza, 1850-1900. Del comercio ganadero a la agroindustria vitivinícola*, Mendoza, Fac. de Filosofía y Letras-UNC, 1998; "Conformación espacial de la vitivinicultura en la provincia de Mendoza y estructura de las explotaciones, 1881-1900", en *Revista de Estudios Regionales*, Nº 10, CEIDER-UNC, Mendoza, 1993; "Hacia el desarrollo capitalista en la provincia de Mendoza. Evolución de los sistemas de explotación del viñedo entre 1870 y 1900", en *Anales de la Sociedad Científica Argentina*, Vol. CCXIV, Nº 2, 1994; Rodolfo Richard J. y Eduardo Pérez Romagnoli, "El proceso de modernización de la bodega mendocina (1860-1915)", en *Ciclos*, año IV, Nº 7, 2º semestre de 1994.

[32] Halperin volvió a considerar la relación entre clase terrateniente y poder político en Buenos Aires entre 1820 y 1930. Si el período analizado superó en mucho sus lecturas previas, en esa oportunidad mantuvo su tradicional registro de mirar el problema en un campo de relaciones sociales más amplio que el bonaerense. Dos elementos resultan altamente esclarecedores: en primer lugar, la ruptura de una imagen monolítica de los actores sociales, que se vieron beneficiados por el cambio político y la inserción territorial de esos núcleos sociales. Si en *Revolución y guerra* los había presentado en relación con el espacio rural, ahora plantea una fuerte interconexión del sector terrateniente con el universo de negocios que concentraba la ciudad. En segundo lugar, Halperin advierte sobre un aspecto central de la relación entre la clase terrateniente porteña y sus pares del interior. Si es del "magma de clases propietarias" de donde resultará esa clase privilegiada del modelo exportador, esa situación debe tener en cuenta sus vinculaciones con la clase nacional que debió incorporar algunos núcleos sociales de las oligarquías del interior. Tulio Halperin Donghi, "Clase terrateniente y poder político en

Buenos Aires (1820-1930)" en *Cuadernos de Historia Regional,* UNLu, Nº 13, 1992.

[33] Diana Balmori, *Las alianzas de familias y la formación del país en América Latina,* FCE, 1984, caps. 1 y 4.

[34] John Lynch, *Juan Manuel de Rosas 1829-1852,* Buenos Aires, 1984.

[35] La necesidad de desmitificar algunos tópicos interpretativos de herencia decimonónica sobre el diseño político de regímenes hispanoamericanos y de algunos países europeos apuntan a reconocer las contradicciones derivadas del fundamento individualista de la representación liberal y la estructura corporativa de la sociedad. A. Annino y R. Romanelli, "Nota Preliminare", *Quaderni Storici,* Nº 69, 1988.

[36] José C. Chiaramonte, "Formas de identidad política en el Río de la Plata después de la independencia" en *Boletín del Instituto de Investigaciones Historia Argentina y Americana Dr. Emilio Ravignani,* 3ª serie, Nº 1, 1989, pp. 71-92; "El federalismo argentino en la primera mitad del siglo XIX", en Marcello Carmagnani (coord.), *Federalismos Latinoamericanos. México, Brasil, Argentina,* op. cit. Idénticas formulaciones para otros casos provinciales pueden verse en Silvia Romano, "Finanzas públicas de la provincia de Córdoba,1830-1855" en *Boletín del Instituto de Historia Americana y Argentina Dr. Emilio Ravignani,* Nº 6, 3ª serie, 2º semestre de 1992; Noemí Goldman, "Legalidad constitucional y caudillismo en la provincia de La Rioja" en *Boletín del Instituto de Historia Americana y Argentina Dr. Emilio Ravignani,* Nº 7, 3ª serie, 1994. Una visión diferente de la política rioplatense en la primera mitad del siglo XIX puede verse en V. Tau Anzoátegui, *Formación del Estado Federal Argentino, 1820-1852. El gobierno de Buenos Aires y los asuntos nacionales,* Perrot, 1996.

[37] Chiaramonte aborda estos problemas en "Formas de identidad política en el Río de la Plata después de la independencia" en *Boletín del Instituto de Investigaciones Historia Argentina y Americana, Dr. Emilio Ravignani,* 3 serie, Nº 1, 1989, pp. 71-92; "Acerca del origen del estado en el Río de la Plata" en *Anuario-IEHS,* Tandil, Nº 10, 1995, pp. 27-50; (en colaboración con Marcela Ternavassio y Fabián Herrero) "Vieja y nueva representación: Buenos Aires 1810-1820" en A. Annino (coord.), *Historia de las elecciones en Iberoamérica, siglo XIX,* FCE, 1995, pp. 19-63.

[38] Pilar González Bernaldo, *La creation d'une nation. Histoire politique des nouvelles appartenances culturelles dans la ville de Buenos Aires entre 1829 et 1862,* Universidad de París I, Panthéon-Sorbonne, 1992. También puede verse su contribución "Pedagogía societaria y aprendizaje de la Nación en el Río de la Plata", en A. Annino, L. Castro Leiva y F. X. Guerra, *De los Imperios a las Naciones. Iberoamérica,* Iber-Caja, 1993, pp. 451-471.

[39] Mark Szuchman, *Order, Family and Community in Buenos Aires, 1810-1860,* Stanfford Press, 1988.

[40] Tulio Halperin, *De la revolución a la confederación rosista,* Paidós, 1974; *Proyecto y construcción de una nación, 1846-1880,* Ariel, 1995; "Liberalismo argentino y liberalismo mexicano. Dos caminos divergentes", en *El Espejo de la Historia. Perspectivas y problemas argentinos e hispanoamericanos,* Sudamericana, 1987. Un análisis reciente pertenece a Jorge Myers, *Orden y Virtud. La idea republicana durante el rosismo,* UNQuilmes, 1995.

[41] Marcela Ternavasio, "Nuevo régimen representativo y expansión de la frontera política. Las elecciones en el estado de Buenos Aires, 1820-1840" en Antonio Annino (coord.), *Historia de las elecciones en Iberoamérica...,* op. cit.

[42] Hilda Sábato y Elías Palti, "¿Quién votaba en Buenos Aires?: Práctica y teoría del sufragio, 1850-1880" en *Desarrollo Económico,* 119, vol. XXX, oct.-dic. de 1990. Hilda Sábato y Ema Cibotti, "Hacer política en Buenos Aires: los italianos de Buenos Aires" en *Boletín de Historia Americana y Argentina Dr. Emilio Ravignani,* 1990. También puede verse "Ciudadanía, participación política y formación de la esfera pública en Buenos Aires, 1850-1880" en *Siglo XIX. Revista de Historia,* 1993.

[43] Hilda Sábato, "Elecciones y prácticas electorales en Buenos Aires, 1860-1880. ¿Sufragio universal sin ciudadanía política?" en Antonio Annino (coord.), *Historia de las elecciones en Iberoamérica, siglo XIX,* FCE, 1995, pp. 107-142 y *La política en las calles. Entre el voto y la movilización, 1862-1880,* Sudamericana, 1998.

[44] Fernando Devoto, "Participación y conflictos en las sociedades italianas de socorros mutuos en Buenos Aires" en F. Devoto y G. Rosoli, *La inmigración italiana en la Argentina,* Buenos Aires, Biblos, 1985. Eduardo J. Míguez, "Política, participación y poder. Los inmigrantes en las tierras nuevas de la provincia de Buenos Aires" en *Estudios Migratorios Latinoamericanos,* Nº 7-8, 1987, pp. 337-377. El caso santafesino fue revisado

por Ezequiel Gallo, *La pampa gringa*, Sudamericana, 1983, y "Sociedad y Política en la Argentina, 1850-1930" en Leslie Bethell (comp.), *Historia de América Latina*, Cambridge-Crítica, N° 10, 1994. El caso rosarino ha sido abordado por Alicia Megías, *La formación de una élite de notables-dirigentes. Rosario, 1850-1890*, Biblos, 1996.

[45] Natalio Botana, *Estudio preliminar* en *El Orden Conservador. La política argentina entre 1880 y 1916*, 2ª ed., Sudamericana, 1994. Además puede verse *La libertad política y su historia*, Sudamericana, 1991, especialmente el cap. 4.

[46] Natalio Botana, "El federalismo liberal en la Argentina, 1850-1930" en Marcello Carmagnani (coord.), *Federalismos Latinoamericanos. México, Brasil, Argentina*, FCE, 1994, p. 225.

[47] Lucio Funes, *Gobernadores de Mendoza. La oligarquía*, Mendoza, 1942.

[48] Dardo Pérez Guilhou, "Repercusiones de Pavón en Mendoza (1859-1870)", en *Pavón y la crisis de la Confederación*, Buenos Aires, Equipo de Investigación Histórica, 1965, pp. 561-590; "Instalación del régimen municipal en Mendoza" en *Revista de Humanidades*, UN La Plata, tomo XXXVI, 1961; "El ejecutivo colegiado en la Constitución mendocina" en *Revista de Historia del Derecho*, UBA, N° 12, 1961; "La Constitución mendocina de 1854" en *Revista del Instituto de Historia del Derecho*, N° 12, 1961; "Representación y partipación política en la historia del constitucionalismo provincial" en *Homenaje a Edmundo Correas*, Junta de Estudios Históricos de Mendoza, 1993; "Emilio Civit" en Ezequiel Gallo y G. Ferrari, *Del Ochenta al Centenario*, Sudamericana, 1984.

[49] José L. Masini Calderón, "El gobierno de Carlos González. Estudio político de Mendoza entre 1860 y 1866" en *Contribuciones para la historia de Mendoza*, UNC, 1969 y *Mendoza hace cien años. Historia de la provincia durante la presidencia de Mitre*, Mendoza, Theoría, 1966.

[50] Cristina Seghesso de López A., *Las fuerzas y partidos políticos en la historia de la provincia de Mendoza, 1852-1890*, tesis doctoral inédita, Universidad Nacional de Córdoba, 1971.

[51] Pablo Lacoste, *La Generación del 80 en Mendoza*, EDIUNC, 1995.

CAPÍTULO 1
NEGOCIOS DE FAMILIA, NEGOCIOS DE INDIVIDUOS (SIGLO XIX)

1   William J. Fleming, *Regional development and transportation in Argentina: Mendoza and the Gran Oeste Argentino railroad, 1885-1914*, Indiana University, disertación doctoral inédita. Jorge Balán, *Urbanización regional y producción agraria en Argentina: un análisis comparativo*, Estudios CEDES, vol II, Nº 2, 1979, y "Una cuestión regional en la Argentina: Burguesías provinciales y el mercado nacional en el desarrollo agroexportador", *Desarrollo Económico*, Nº 69, 1978. Rodolfo Richard Jorba, "Estado y empresarios regionales en los cambios económicos y espaciales. Mendoza (1870-1910)" en *Siglo XIX. Cuadernos de Historia*, Año IV, Nº 10, set.-dic., 1994.

2   Testamento de Gregoria Milleiro realizado en la quinta de su consuegro Miguel Marcó, Buenos Aires, 1811. Copia fiel en Archivo Familiar Panquegua (en adelante, A.F.P).

3   *Censo de Mendoza, 1814*, Archivo Histórico de Mendoza (en adelante, AHM), Epoca Independiente, Carpeta 13, documentos 6 y 9.

4   Es de suponer que, en un comienzo, los intereses comerciales de Lucas estarían vinculados al comercio con Brasil. Al menos así lo sugiere su madre, doña Gregoria Milleiro, cuando al testar en el año 1811 indica la propiedad de un "negrito que me trajo mi hijo Lucas del Brasil". Memoria Testamentaria de María Gregoria Milleiro redactada en la Quinta de don Miguel Marcó en Buenos Aires en 1811.

5   Tanto el desplazamiento territorial de Juan y de su hijo Benito con referencia a la integración socio-profesional de Lucas parecen referirse a la movilidad geográfica, señalada por Socolow, debido al exceso de comerciantes en Buenos Aires; aunque también la integracion de Lucas en el principal centro comercial de las provincias del viejo virreinato aseguraba de hecho las vinculaciones en la todavía gobernacion de Cuyo, favoreciendo, de esta manera, las condiciones del intercambio comercial con su padre y hermano. Susan Socolow, *Los mercaderes del Buenos Aires virreinal: familia y comercio*, op. cit, pp. 195-202.

6   (AHM, Testamento de Juan González Troncoso, Libro de Protocolos 189, 1827.)

[7] Juan González, en Mendoza, contrajo matrimonio con Carmen Anglada, viuda de don Antonio Orlandí (española e hija natural), el 10 de febrero de 1816, y tuvo dos hijos: un varón y una mujer. En el acta de matrimonio consta la vecindad de Juan desde hacía cuatro años, y figuran como testigos Lucas González y Mercedes Marcó. Archivo Eclesiástico de Mendoza (en adelante, AEM), Libro 5 de Matrimonio, foja 110.

[8] (AHM, *Listas de Alcabalas 1810-1830*, Epoca Independiente, Hacienda. También puede consultarse Edberto O. Acevedo, *Investigaciones sobre el comercio cuyano, 1810-1830*, ANH, 1981, pp. 47-58. Claudia M. Wentzel, "Los flujos de circulación de Mendoza, 1783-1820", cit. por Samuel Amaral, "Comercio libre y economías regionales. San Juan y Mendoza, 1780-1820" en *Jahrbuch für Geschichte von Staat, Wirtschaft und Gessellschaft. Lateinamerikas*, Nº 27, 1990.

[9] Juan Carlos Garavaglia, "Crecimiento económico y diferenciaciones regionales: el Río de la Plata a fines del siglo XVIII" en *Economía, sociedad y regiones*, Ediciones de la Flor, 1992, pp. 29-34.

[10] Lucas González contestó en Mendoza a la demanda refiriéndose al examen de cuentas que debía hacerse a su "dependiente personero", don Lucas Carvalleyra. La defensa de Lucas González se apoyó en que era su "personero" quien debía hacerse cargo del asunto: "protestando con este objeto a Buenos Aires y se lo permití bajo la condición de que dejase aqui apoderado instruido para la prosecución del juicio y radicado el conocimiento deste en el Juzgado donde yo pendía y deste modo se marchó nombrando por su apoderado a D. Fco Barreyra su dependiente en este". Al cabo de ocho meses de entablado el juicio y declinando de la Jurisdicción, Barreyra pretendió que Palma se dirigiera a Buenos Aires y demandara a su patrón (AHM, Epoca Independiente, Carpeta 753, documento 32).

[11] El análisis de los registros de alcabalas de Mendoza entre finales del siglo XVIII y 1820 muestran una abrupta caída en 1820 que Samuel Amaral atribuye a la guerra civil. Puede consultarse su artículo, "Comercio libre y economías regionales. San Juan y Mendoza, 1780-1820" en *Jahrbuch für Geschichte von Staat, Wirtschaft und Gessellschaft*, Nº 27, 1990, p. 48.

[12] Puede consultarse al respecto Jorge Comadrán Ruiz, "Algu-

nos aspectos de la estructura demográfica y socio-económica de Mendoza hacia 1822-1824" en *Historiografía y Bibliografía Americanista*, vol. XVI, N° 1, 1972, pp. 1-28.

[13] Benito compra a dos sobrinos de un presbítero la hacienda de Panquegua, un establecimiento que ya estaba en marcha y que contaba con derecho de agua en el momento de su adquisición. La casa y tienda urbana fue vendida en $ 3000 por Marcos González, quien además de ser comerciante formaba parte del cuerpo de profesores en el Colegio de la Sma. Trinidad en los efervescentes años veinte mendocinos. En 1826, Fabián González saldó una deuda de $ 1000 con el padre de Benito. (Respectivamente AHM, Protocolo de Justo Moreno, Libro 196, folio 42 y Protocolo del escribano Pacheco, enero de 1829).

[14] (A.F.P., *Correspondencia* de Benito a Lucas julio de 1830.)

[15] De acuerdo a los *Asientos de abasto de carne* entre 1825 y 1828, Benito González opera en el mercado local de carnes con un paulatino descenso en el número de reses (de 60 a 26), liderando el primer lugar junto con J. Albino Gutiérrez y Anselmo Carrera. (AHM, Epoca Independiente, Carpeta 40, documento 1). Además, *Correspondencia* de Benito a Lucas, agosto de 1839, A.F.P.

[16] La inversión de Lucas en la compra de las dos estancias y en su poblamiento sugiere la existencia de un virtual compromiso con las modificaciones operadas en el mercado internacional. Sin embargo, su relación comercial con Mendoza y Chile supone además la disponibilidad de dirigir otras operaciones comerciales con el mercado local y del Pacífico. Pueden verse las conclusiones de Jorge Gelman, "Producción campesina y estancias en el Río de la Plata colonial. La región de Colonia a fines del siglo XVIII" en *Boletín del Instituto de Historia Argentina y Americana "Dr. Emilio Ravignani"*, 3ª serie, N° 6, 2° semestre de 1992, p. 65.

[17] (A.F.P., *Correspondencia* de Benito a Lucas, noviembre de 1832.)

[18] (A.F.P., *Correspondencia* de Benito a Lucas, 1829.) Sobre el intercambio comercial entre Buenos Aires y Mendoza, deben recordarse algunas de las referencias de Parish: el año 1827 presentó un gran movimiento comercial hacia Buenos Aires (25.000 cabezas al año). Por el contrario, el comercio de efec-

tos sobre Rosario disminuyó porque resultaba menos ventajoso que el realizado sobre Valparaíso.

[19] En la difusión periódica de las "salidas de arrias" de *El Iris Argentino* en su número 42 de marzo de 1827, se registra la salida de la de D. Benito González con 60 cargas a Buenos Aires. Anota además la de Diego Sosa con 54 al mismo destino; la de Bentura Aragón con 50 a Santa Fe; la de Cayetano López con 20 cargas a Chile; la de Pedro Molina (Gobernador) con 81 a Buenos Aires; Juan Francisco Robledo con 34 a San Luis; Juan de la Rosa Pescara con 72 a Buenos Aires; Isidro Figueroa con 26 a Chile; Miguel Arancibia con 40 cargas a Córdoba.

[20] (A.F.P., *Correspondencia* de febrero de 1828 y de 1831.) Para el circuito mercantil de la yerba, puede verse Juan Carlos Garavaglia, *Mercado interno y economía regional*, Grijalbo, 1984.

[21] Sobre los mecanismos del capital comercial, puede verse Jorge Gelman, "Sobre el carácter del comercio colonial y los patrones de inversión del gran comerciante en el Río de la Plata del siglo XVIII" en *Revista de Historia Americana y Argentina Dr. Emilio Ravignani*, 1992.

[22] La relación comercial y personal con Zapata era realmente estrecha, ya que al tiempo que Benito recibió de su mano el capital para la compra de la casa del "pueblo", Benito es fiador de una sociedad comercial entre el mismo Zapata y otros comerciantes. En 1827 un protocolo firmado en Santiago de Chile y reconocido en Mendoza, efectivizado por Manuel Fernández Betoño (vecino de Mendoza), don José Albino Zapata y Buenaventura Jurado, aparece como fiador José Benito González en un capital de 15.552 pesos acordados por tres años al 6 por ciento sobre la cantidad de $ 6000 (AHM, Libro de Protocolo 195, p. 166).

[23] La importancia de las prácticas crediticias de los comerciantes hispanoamericanos en el siglo XIX ha sido señalada por la historiografía. Puede verse Mario Cerutti, "Comerciantes y generalización del crédito laico en México (1860-1910). Experiencias regionales" en *ANUARIO-IHES*, Nº 7, 1992, pp. 211-237.

[24] En 1827 Benito presta a "José Gregorio Giménez, natural de San Luis y residente hoy en esta ciudad, 2360 pesos" y, en 1829, Benito es acreedor de la Testamentaría de José G. Giménez por arriendo de una hacienda en 100 pesos al año, y da poder a Luciano Ortíz para que lo represente en esa ciu-

dad, (AHM, Libros de Protocolos 198, p. 37v. y 194, p. 31).
Otro comerciante, en este caso Benito Torres, le debía 809
pesos en el año 28 (AHM, Libro de Protocolos 196, p. 1 v.);
además el puntano Luis Infante le debía dinero porque da
poder a Francisco Díaz para que lo represente en su Testamentaría (AHM, Libro de Protocolos 201, p. 13).

[25] Aún en 1834 Benito sigue obteniendo beneficios de su relación con Zapata cuando recibe un préstamo de 800 pesos de
su vecina doña Antonia Corvalán por 4 años y al 5 por ciento
anual. El albacea de la prestamista era don Albino Zapata. Benito aunque hipoteca su casa, que tenía media cuadra del
convento de Santo Domingo lindante con otra propiedad de
la otorgante al sur, se beneficia por la flexibilidad del acuerdo (AHM, Libro de Protocolo 214, p. 24 v.).

[26] Los Estrella hipotecan una propiedad situada a extramuros
de la ciudad (11 cuadras al norte este) compuesta de seis a
siete mil cepas, (AHM, Libro de Protocolos 216, p. 4v.).

[27] En 1841 prestó 403 pesos a un año a Clara Guevara con hipoteca de sitio y casa del barrio de San Nicolás, (AHM, Libro de
Protocolos 229, p. 10).

[28] Un tal Argañaraz, comerciante porteño, otorga poder a Benito para que le cobre a D. Alvarez una letra de 3000 pesos
(AHM, Libro de Protocolo 247, p. 110 v.).

[29] En 1852, Benito González insiste en su intención de cobrar
viejas y nuevas deudas contraídas y otorga un poder amplio a
Raymundo Barroso, vecino de San Luis, porque tiene varias
deudas en esa provincia, entre ellas la de José Gregorio Giménez, contraída en 1827 (AHM, Libro de Protocolo 265, p. 35).

[30] José Carlos Chiaramonte, *Mercaderes del Litoral*..., op cit..

[31] Tulio Halperin Donghi, "Clase terrateniente y poder político
en Buenos Aires (1820-1930) en *Cuadernos de Historia Regional*, op. cit..

[32] El poder, aunque no está firmado, establece de qué manera
la confianza y las lealtades personales incidían en la consecución de los negocios. Ocurría el 25 de junio de 1828 (AHM,
Protocolo de Justo Moreno, Libro 196, 69v.).

[33] Como veremos más adelante, la figura de Melitón será de vital importancia para el ingreso al mundo de la política local,
y el robustecimiento de las alianzas con la red inicial de relaciones se formaliza cuando una de sus hijas (Clementina

Arroyo Godoy) contrae matrimonio con uno de los hijos de Benito, Nicanor González Pintos.

34 El tema de la confianza atraviesa este asunto al depender de los traslados obligados que requerían los comerciantes. Los desplazamientos de Benito en la década del veinte eran relativamente importantes, y podían incluir a su núcleo familiar. En noviembre de 1826 se le habían otorgado pasaportes o licencias con destino a esa ciudad, en *El Iris Argentino*, número 24, Mendoza, 2 de noviembre de 1826.

35 Los términos de las comunicaciones entre los hermanos permitían la inclusión de opiniones particulares de cada uno sobre el estado de algunas plazas en función del potencial éxito comercial de diferentes mercados de consumo. Un ejemplo de ello lo constituye una opinión vertida por Benito cuando Borbón y Marcó deciden emprender un viaje a Salta, donde sostiene que "esa plaza no debe estar abundante de dinero", además de implicar ese viaje diversos riesgos como la extensa travesía y el estado sanitario de esos "pueblos".

36 Benito emitía esta opinión en correspondencia a Lucas fechada en Mendoza en 1831, (A.F.P.).

37 Intempestivamente la correspondencia entre los hermanos se detiene, y sólo hemos encontrado el destino de Lucas a través de los testimonios de José Mármol en su novela *Amalia*. Allí consigna que el 17 de setiembre Lucas había sido apresado ignorando los motivos siendo fusilado el día 18, y que su muerte había afectado a don Felipe Arana. José Mármol, *Amalia*, Espasa-Calpe, 5ª ed., 1978.

38 Recordemos que en setiembre de 1840 se restableció la política de confiscación para castigar a los unitarios; también se sabe que a partir de 1848 se levantaron paulatinamente los embargos y confiscaciones, en Andrés Carretero, *La Santa Federación, 1840-1850*, La Bastilla, 1979, pp. 115-116. Las propiedades de Lucas fueron reclamadas por los herederos. Es importante indicar que después de Caseros, Carlos González se lamentó ante la inexistencia de reclamos sobre las daños ocasionados en el patrimonio de Lucas (carta de Carlos a su padre fechada desde Buenos Aires en 1852, A.F.P.). Además en 1856, en protocolos porteños, figura una delegación de poder realizada a José María Drago, que como administrador de los herederos de Lucas, había arrendado "unos terrenos de

Estancia citos en el partido de Exaltación de la Cruz a Don Martín Despuy en 6000 pesos anuales" (Archivo General de la Nación. En adelante, AGN).

[39] La figura de Melitón Arroyo en la articulación de la red es fundamental y será posteriormente analizada en el capítulo 4. Casado con Clementina Godoy (descendiente de linajes criollos), era propietario de un almacén y tienda en el Departamento de Junín. Ejerció cargos vinculados con el manejo financiero de la Iglesia, para desempeñarse posteriormente como síndico de Temporalidades Agustinas. En 1847 integró la Sala de Representantes manifestando el apoyo a Rosas. Después de Caseros apoyó el liderazgo de Urquiza.

[40] Manuel Tristany, *Guía Estadística de la Provincia de Mendoza*, Imprenta *El Constitucional*, 1860. Documento transcripto en *Revista de la Junta de Estudios Históricos de Mendoza*, tomo II, 1972.

[41] La compra la había realizado en 1842. Manuela Barandón vendió un sitio y casa en 299 pesos, (AHM, Libro de Protocolos 235, p. 40).

[42] (AHM, Testamentaría de Benito González, Carpeta 66, 1854.)

[43] La incorporación de estos dos últimos bienes no está representada en documentos que refrenden la compra de las propiedades, pero tanto el dominio y conexión entre estas estancias y el establecimiento de Panquegua resultan constatados por el uso, y también por las informaciones de Vicuña Mackenna, quien expresa que de la mano del "señor comerciante Benito González llegamos a su chácara a tres leguas de distancia donde concluyen hacia el norte los cultivos de la provincia y comienza propiamente la travesía de la cordillera", en *La Argentina en el año 1855*, Buenos Aires, 1953. La posibilidad que ofrecen algunos datos de constatar la total o parcial propiedad de la Estancia resulta también de una serie de trámites ante Buenos Aires para convenir arreglos sobre la "sociedad dueña de Uspallata" en la que podría haber participado Lucas González.

[44] Benito González Marcó había recibido 5548 pesos por ganado mayor y menor que existía en Uspallata; más 30 pesos de un año de arrendamiento de los potreros de esa estancia. La relación de Carlos con la Testamentaría era similar: se había hecho de 1443 pesos por caballos, yeguas y mulas recibidas, más 173 por idéntico concepto, a lo que agregaba 43 pesos en

concepto de los látigos de las tropas de mulas. Además, Carlos había recibido 308 pesos por 144 arrobas de vino nuevo. Otros dos hermanos, Sixto y Pepe, enrolados también en el negocio ganadero, estaban endeudados con su padre.

[45] (A.F.P., *Correspondencia* de Benito González a su hijo Benito fechada en Valparaíso en 1847.)

[46] Un convenio celebrado entre Benito González Milleiro e Ignacio de las Carreras en el puerto chileno, aseguraba la entrega de dinero en Buenos Aires, para lo que era necesario que Melitón encontrara quien quisiera recibirlo en Mendoza, a fin de ser entregado al hermano de Carreras en Buenos Aires, y evitar así tener que reunir las onzas en Mendoza (*Correspondencia* de Melitón Arroyo a Benito González Marcó, octubre de 1843, A.F.P.). Asimismo en 1853 Benito confiere poderes amplios "a un señor de toda su confianza y siendo este D. Melitón Arroyo de este comercio y vecindad..." para que inicie juicio a José Tomas por una comisión en negociaciones de orejones descarozados (AHM, Libro de Protocolos 109, 15 de junio de 1853).

[47] (A.F.P., *Correspondencia* de Carlos González a Benito González Marcó, junio de 1852.)

[48] Las disposiciones testamentarias y la ejecución de las mismas en relación a la situación en la que se encontraban los herederos al morir el padre, revelan una parte central del proceso, a la vez deliberado y contingente de construcción de la parentela y de la sobrevivencia del grupo en el estatus construido. La referencia obligada sobre el tema sigue siendo el texto de Moutoukias, "Reseaux personnels...", op. cit. Sobre el sistema de herencia castellano y las virtuales continuidades del derecho colonial en los sistemas de herencia, puede verse Enrique Gacto, "El grupo familiar de la Edad Moderna en los territorios del Mediterráneo hispánico: una visión jurídica" en AAVV, *La familia en la España mediterránea*, Crítica, 1987, pp. 36-64.

[49] Rita Pintos, esposa y primera albacea de la Testamentaría recibe una de las dos casas y comercios en la ciudad de Mendoza –una de las cuales en realidad había constituido su dote–, una barraca en el centro de la ciudad, la mitad de la deuda del Estado provincial y las correspondientes a particulares, además de mobiliario y un coche antiguo. Sobre la función

de las mujeres de las elites en el comercio, puede verse Asunción Lavrin, "La mujer en la sociedad colonial hispanoamericana" en Leslie Bethell (comp.) *Historia de América Latina*, Cambrigde-Crítica, 1990, pp. 114-117.

[50] Las hermanas de Benito residían en Buenos Aires con su tía Mercedes Marcó desde pequeñas y fueron representadas en la Testamentaría por Melitón Arroyo, recibiendo algunos cuartos de la casa mortuoria previa deducción de las deudas del Estado provincial y particulares. Al momento de la liquidación de la Testamentaría se encontraban en Chile (folios 81-84, Test.)

[51] En una de esas cartas personales manifestaba "[los cinco premios] éstos para mí a más del valor que como recompensa de mis afanes le encuentro otro mayor [sin] duda que puedo dedicarlos a mi familia y manifestarle así mi gratitud por los servicios que de ella recibo, yo nunca he olvidado, Benito, ni olvidaré que tú fuiste uno de los más empeñados para que me mandasen a estudiar, te deberé eternamente ese gran servicio". *Correspondencia* de Lucas González a Benito González Marcó fechada en Santiago de Chile 1847 en A.F.P.

[52] Salvador González recibió un terreno situado en La Dormida (Santa Rosa) valuado en 500 pesos. Otro terreno en Villanueva, que había recibido su padre por el otorgamiento de un préstamo no saldado, valuado en 200 pesos y, finalmente deudas del Estado provincial y de particulares. Igualmente José Domingo González recibió un terreno recién labrado de la Hacienda de Potreros valuado en 490 pesos, parte del mobiliario, la denominada "Ciénaga de Bonilla", que incluía las serranías y el sitio denominado "Manantiales" valuado en 750 pesos.

[53] Estos mecanismos recuerdan, en parte, lo que planteara Giovanni Levi para el Piamonte en "Terra e strutture familiari in una comunitá piemontesa del 700", en *Quaderni Storici*, XI, 1976, pp. 1095-1121.

[54] En 1833 compra a Pedro Lemos un sitio en Panquegua por 63 pesos, (a lo que suma un sitio urbano en 1834 comprado al mismo Lemos) que lindaba al sur con Tomás Godoy Cruz (ex congresal de 1816 y ex gobernador de Mendoza), al este con Manuel Araujo y al oeste, con la propiedad de Benito González, que también era su vecino frente a la plaza de la ciudad (AHM, Libro de Protocolos 208, p. 43).

[55] El ingreso a su patrimonio de la "Hacienda de Cruz de Piedra" (en Maipú) y de la "Estancia del Carrizal" (en Luján) son indicadores del negocio ganadero. Además, las propiedades sin cultivos sugieren inversiones orientadas a la especulación en tierras susceptibles de ser incorporadas al funcionamiento económico. En 1852 José María Videla compra a José María Reina (como apoderado de Luz Sosa de Godoy y de su yerno Federico Mallea, herederos del finado Tomás Godoy Cruz) un terreno en Barriales en 133 pesos (AHM, Libro de Protocolos 265, p. 123v.).

[56] Estuvieron presentes en ese acto Carlos Videla, José María (h) como tutor y curador de los menores Agustín Videla y Lucila Aberastain, Delfina Videla, Benito González y Francisco Videla, actuando como testigo Luciano Villanueva (AHM, Libro de Protocolos 303, p. 157, agosto de 1863).

[57] Los dos primeros habían sido beneficiarios de "1500 pesos cada uno para que trabajasen en sociedad con mi hijo José María a partir de utilidades". A José María le entregó 8290 pesos para que trabajara a medias de las utilidades que los otros produjeran, y además declaró que José María le debía 3000 pesos más, habidos en cuenta corriente que con él tenía. El padre dispuso también que "sean entregados a Don Pablo y Don Agustín para que pongan una tienda en los mismos términos que Don Carlos y Don Francisco cuyos capitales se los doy a mis expresados hijos a cuenta de su de haber". A sus hijos Mario, Eusebio, Francisco y Carlos "ha dado 1500 pesos para que giren y cuyas utilidades disfrutarán". Además, José María (quinto hijo y tercer varón) era tutor y curador de Pablo y Agustín hasta que cumplieran 25 años y cuando crean necesario pidieran la mayoría de edad. Eusebio haría inventarios y particiones, debiendo ser admitido por todos los herederos, y los albaceas serían José María y Carlos. (AHM, Epoca independiente, Carpeta 62, legajo 4, 1863. Testamento de José María Videla.)

[58] Textualmente el testamento indica: "Mejoro del tercio y quinto de todos mis bienes de los que se sacarán 4000 y se les darán 2000 a Delfina y Matilde, lo cual les consigno en la casa del pueblo en que vivo o en las que ellas eligieren" .

[59] Se sumaba además el segundo y tercer paño de tierra de la misma estancia, valuada en 1178,42 pesos con un aumento de

1605 pesos. Pero Carlos había recibido a cuenta 1500 pesos
en plata, que se le restaron, y debía compartir la deuda del Estado provincial, que se prorrateó en 150 pesos. Los bienes
asignados le significaron un exceso de 2332 pesos y debía en-
tregar 2165 pesos a su hermano Francisco Videla y 166 pesos
a su hermana Delfina. (AHM, Epoca Independiente, Carpeta
62, legajo 4, 1863. Testamentaría de José María Videla.)

[60] La "hacienda" contaba con edificios y vegetales (1032 pesos);
útiles varios para el campo, la casa y bodega valuada en
7836,74 pesos; el fondo de libros de la biblioteca (menos los
que eran de Benito González Marcó), valuada en 179 pesos;
madera seca, caballos, ganado, alambiques, carros y útiles varios, ropa (3148,78 pesos); huerta con vegetales (741,17 pesos); el "Corralón de las Higueras" con vegetales (49,88 pesos); Parral y vegetales (675,21 pesos); Potreros con árboles
por valor de 613 pesos; una importante viña con vegetales y
útiles valuada en 5301 pesos; la Chacra de la "Falda" con vegetales y edificio (1992 pesos); potrero con árboles y varillaje
(354,79 pesos); potrero con árboles, especies y bodega subterránea y deudas activas, bienes valuados en 4494,06 pesos. José María Videla (h) había recibido a cuenta 1501 pesos que se
le restan, y se compromete a saldar deudas privadas. El total
de los bienes recibidos ascendía a 24.899,99 pesos; tenía un exceso de 17.244,41 pesos. Por esta razón se comprometía a en-
tregarles a sus hermanos importantes cantidades de dinero:
Delfina recibiría 6631,10; Adelina, 5552,81 y Eusebio, 5059,12.

[61] (AHM, Libros de Protocolos 297, pp. 22 y 301, p. 3.)

[62] (AHM, Libros de Protocolos 297, p. 25v.)

[63] En 1862 otorgó un préstamo a don Bautista Muttoni de 1250
pesos por dos años con un interés del 1 y medio mensual pa-
gadero en plata sellada contra hipoteca de una casa en nueva
población, la cual queda en manos del mismo Videla, en el
año 64, por no poder el comerciante saldar la deuda que ahora acumulaba 2500 pesos (AHM, Libros de Protocolos 307, p.
257v y 311, p. 53).

[64] El reconocimiento de haber contado con 1629 pesos otorga-
dos por su padre sugiere que también ese dinero pudo haber
funcionado como dote. Fenómenos similares pueden reconocerse en algunas regiones de España. Puede verse Francisco
Chacón Jiménez, "La familia en España: una historia por ha-

cer", en AAVV, *La familia en la España Mediterránea (siglos XV-XIX)*, Crítica, 1987, p. 33.

[65] Desde el mismo año en que contrajo matrimonio con una de las hijas de Videla, Benito operaba sobre San Felipe a través de las relaciones de su suegro, el cual poseía una casa de comercio surtiéndolos de productos derivados desde Valparaíso e intermediando entre otros comerciantes de la región. Benito le había escrito a su suegro en el año 47: "Tengo en mi poder su estimada de Julio y por ella quedo impuesto que recibió la letra de cambio de $ 1700 y que debería pasar a ser cobrada en Valparaíso por el Sr. Ocampo, también veo que recibió los $ 100 bolivianos y los 100$ a cuenta corriente en esa. *Doy gracias por sus diligencias...* " (A.F.P. *Correspondencia* de Benito González a José María Videla, 1847). El destacado nos pertenece.

[66.] En 1850, Benito aparece como comprador del remate de los diezmos correspondientes a los curatos de Valle de Uco y La Paz. Sus vinculaciones con el futuro gobernador provincial, Alejo Mallea, quien era el rematador de los mismos, hizo que en 1851 "habiendo sacado al remate los diezmos de los nueve departamentos... hizo postura el otorgante (Benito) al cuarto departamento en cantidad de 253 $" (AHM, Libro de Protocolos 261, p. 50v.).

[67] Después de la muerte de don Alejo Mallea (gobernador de Mendoza en 1851-1852), Benito fue administrador de fondos de terceros de su viuda, Adelina García de Mallea. Además, sumaba a esta administración una sociedad compuesta con otros dos comerciantes –uno sanjuanino (Julián Aberastain, que además era su concuñado) y el otro chileno (Saturnino Narvaja, un viejo amigo de su suegro)–, por la cual arriendan la estancia de esa Testamentaría situada en el Departamento de San Carlos y la hacienda de Cruz de Piedra (Departamento de Maipú), por un elevado canon anual ($ 6705 plata u oro sellado), comprando también todo el ganado allí existente el cual suma $ 54.507 (AHM, Libros de Protocolos, 284, p. 268 y 277, p. 173).

[68] En 1850, Benito González Marcó compró a Ignacio Mellado y Juana Vargas un sitio (propiedad de la mujer) ubicado en el barrio llamado de "los tres puentes". En 1861, compra a Francisco Peña y Ana Ibarnes "un sitio con todo lo en él edificado

en la traza de esta ciudad distante de la plaza de la Independencia 2 cuadras hacia el poniente que era de su finada madre D. Rosario Espínola en 2500 pesos" (AHM, Libro de Protocolos 267, p. 116). La propiedad de Cruz de Piedra data de 1857 y la de Canota, de 1859.

[69] Sobre la interrelación de los negocios de comerciantes afincados en Chile y vinculados a estos empresarios regionales, es sugerente advertir la correspondencia de Mariano de Sarratea (amigo del general Wenceslao Paunero y socio de José Cayetano Borbón), que, entre 1866 y 1867, hace referencia a las dificultades de comerciar con el Atlántico a causa de los conflictos políticos de esos años. Sobre el aumento de las exportaciones de ganado puede verse A. Bauer, "Expansión económica en una sociedad tradicional: Chile central en el siglo XIX" en *Revista de Historia*, Santiago, Nº 9, 1970, pp. 137-235, y José Luis Masini Calderón, *Mendoza hace cien años. Historia de la provincia durante la presidencia de Mitre*, Theoría, 1966.

[70] Benito se asocia con Eusebio Blanco (un importante empresario regional y político mendocino preeminente); como administrador de la estancia figuró su ahijado Juan Martínez de Rosas. Los campos eran herencia de la esposa de Eusebio (doña Josefa Zapata). Explotaron en un primer momento ganado ovino y, posteriormente, vacuno y cabalgar. Los Zapata habían comprado la estancia en 1825 (año que coincide con la compra de la hacienda de Benito González y de Lucas en el Litoral) a un hacendado puntano residente en la Punilla, quien publicó un aviso en el periódico mendocino, el que publicitaba la venta de tres campos. El de "Zucos" contaba en esos años con "tres oficinas decentes y una cocina", tenía cuatro leguas de largo y seis de ancho y cuatro ensenadas de piedra; estaba dotada de 1500 cabezas de ganado de rodeo y algunos bueyes, 400 caballos, 500 yeguas y 1300 ovejas. (*El Eco de los Andes*,Nº 57, del 27 de noviembre de 1825.)

[71] El contrato especificaba la sociedad en la explotación ovina por cinco años. Se cita allí la existencia de un inventario de 1860 que no se ha conservado. Esta inversión coincidiría con el período de la "fiebre del lanar" y la diversificación social explícita de la producción ovina, Hilda Sábato, *Capitalismo y ganadería en Buenos Aires. La "fiebre del lanar"*, Sudamericana, 1989.

[72] (A.F.P., *Correspondencia* de Emilio Blanco a Benito II, 1870.)

[73] En 1873, Benito seguía adquiriendo hacienda en el Litoral. Su operador en Buenos Aires, P. Granel, se encargaba de los compras. En mayo de ese año éste le informaba que el ministro de Guerra, señor Gainza, le había ofrecido 6000 cabezas (150 a 160 pesos). Granel informaba que los hacendados del norte habían vendido toda la novillada "y lo que tienen es desflorado". Podía sí comprar en el sur 10.000 cabezas a un precio menor (135 pesos), pero al hacer los cálculos convenía pagar 150 o 160 en las cercanías del Arroyo del Medio. (A.F.P., *Correspondencia* de P. Granel a Benito González Marcó, Buenos Aires, 7 de mayo de 1873.)

[74] En 1861, Benito González Marcó dio un poder a Salvador (su hermano), que viajaba a Chile por motivos personales, "porque ha tenido noticias que su socio en la República don Marcos Garello estaba gravemente enfermo". Salvador debía encargarse de "la recaudación y recibo de todos los bienes que haya dejado a su fallecimiento dicho Garello..." (AHM, Libro de Protocolos 295, p. 12).

[75] Había nacido en 1843, cuando Benito estaba próximo a emanciparse. Estudió Ingeniería en Santiago de Chile, pero se dedicó siempre al comercio y a la agricultura, incorporándose luego a la arena política. La función de Melitón en la organización y consecución de los negocios de Benito viene a mostrar, efectivamente, esa figura de yerno-hermano que tanto ha funcionado en los mecanismos de reclutamiento de las élites hispanoamericanas, y que han sido insistentemente señalados por la historiografía.

[76] (AHM, Libro de Protocolo 288, p. 251.)

[77] Resulta ejemplificador el préstamo otorgado por Benito en 1858 a Nicolás Sotomayor: 54.507 pesos plata sellada a 4 años, al 9 por ciento anual, con garantía hipotecaria. En 1861, Benito González Marcó presta 2137 reales a José Fuenzalida (vecino chileno) contra hipoteca de un fundo en la Villa de San Vicente, y en ese mismo año Benito es intermediario en el cobro de pesos sobre los Galigniana, importantes comerciantes mendocinos (AHM, Libros de Protocolos 291, p. 173 y 295, p. 29v.)

[78] En 1861, Salvador compró a Federico Solar una hacienda de potreros "De las Peñalozas" situada en el Retamo (Departamento de Santa Rosa) en 2480 pesos. El dinero lo entregaría

a los hermanos Peñaloza "para cancelar con ella la escritura que les tengo atorgada por igual valor que les quedé debiendo por la compra de la misma hacienda" (AHM, Libro de Protocolos 297, p. 65).

[79] La operación se hizo contra la hipoteca de un cuarto heredado de su tía Mercedes Marcó en la ciudad de Buenos Aires que lindaba con la de Benito en "la calle de la Plata". La quinta de la viuda de Lucas González estaba situada en la actual esquina de Callao y Quintana, y allí continúan viviendo, después de la muerte de Mercedes, las sobrinas González Marcó hasta que Leonor se casa con José C. Borbón y se constituye en residencia definitiva de la familia. (AHM, Libros de Protocolos 297, p. 97 y 304, p. 108v.)

[80] En 1864, Sixto González continúa invirtiendo en tierras, en esa oportunidad compró a Melitón e Higinio Montecino un paño de terreno inculto situado en el Departamento de San Martín por 50 pesos (AHM, Libro de Protocolos 307, p. 154 v.).

[81] (AHM, Libro de Protocolos 303, p. 292.)

[82] Es importante incluir la opinión vertida por el viajero Charney, quien advierte la importancia de la concentración de potreros alfalfados en el paso cordillerano, muy a pesar de la desmedida percepción de la riqueza familiar de los González, en *A travers la Pampa. Le tour du Monde*, París, Martinet, 1872 cit. en A. Mateu y M. Gascón, "El surgimiento de la burguesía vitivinícola en la provincia de Mendoza a fines del siglo XIX. La fase de transición" en *XAMA*, CRICYT-ME, Nº 3, 1990, p. 197. Sobre los circuitos de montaña y de llanura se puede ver: María R. Prieto y Elena Abraham, "Circuitos altitudinales y ciclos de ocupación del espacio en la vertiente nororiental de la montaña mendocina", Ponencia presentada en *Encuentro de Geografía de América Latina*, Montevideo, 1989.

[83] (AHM, Libro de Protocolos 303, p. 340.)

[84] Los estudios para el abastecimiento de agua de los distritos de La Dormida y La Paz datan de la década del 50, aunque la obra se inauguró recién en 1879. Esos extensos predios habían comenzado a incorporarse, a través de la construcción de canales, bajo la gobernación de Alejo Mallea (1851-1854), al área irrigada del oasis norte debido a los largos trayectos desérticos que debían atravesar las arreas y tropas de carga. En este sentido la inversión de Carlos es estratégica. Puede

verse Damián Hudson, *Recuerdos Históricos de las Provincias de Cuyo*, tomo I, pp. 109 y ss. También puede verse Patricia Barrio de Villanueva, *La red de riego como principal componente de la estructura espacial del oasis norte de Mendoza*, INCIHUSA-CRICYT, 1994, mimeo.

[85] Entre 1863 y 1864 Carlos adquiere cinco lotes en la denominada "ciudad nueva" donde destinó 250 pesos (AHM, Libro de Protocolos 290, p. 70).

[86] A pedido de don Claudio Bravo, como apoderado de don José Reta, se trabó ejecución en la cantidad de 1100 pesos que le debía el mismo Reta procedente de un negocio en sociedad sobre establecimiento de estancia, (AHM, Libro de Protocolos 299, p. 53v.). También tuvo participación informal en una sociedad comercial de Eliseo Marenco (nucleado familiar y políticamente con los González) y en un emprendimiento para fábrica de cristales.

[87] Así se entiende que en 1863 Joaquín Frigolé tuvo que venderle "un sitio de su propiedad en la ciudad arruinada en pago de la cantidad de 670 pesos que le adeuda y avaluado el sitio en 100 teniendo entendido el arreglo" (AHM, Libro de Protocolos 304, p. 161v.).

[88] Carlos figura como acreedor en el juicio del concurso de Eliodoro Segura y Cía. por el cual dio un poder a Felipe Correas para que lo representara en persona derechos y acciones (AHM, Libro de Protocolos 303, p. 257v., nov. de1863).

[89] (AHM, Libro de Protocolos 292, p. 49v.) Vale indicar aquí la tradicional actividad de intermediario de créditos de don Melitón Arroyo. En 1858 y 1859 se desempeñó como Síndico del Convento de San Francisco, cargo que desempeñaba aun en 1859. (AHM, Protocolo 284, f.113.)

[90] Carlos se encargaba de Panquegua; Enrique, de los campos de Santa Rosa y La Paz y, finalmente, Alberto, de los potreros de Uspallata (A.F.P.).

[91] En 1879 se publicó una cantidad estimable de bienes del grupo González. Carlos respondería a sus compromisos financieros con: la elaboración de harinas de su molino de Panquegua; la venta de fideos de consumo local; el sistema de fletes que contaba con 400 carros, 500 mulas, 500 bueyes y 100 yeguas; lotes de ganado que sumaban 400 ovejas y 350 vacunos de crianza (*El Constitucional*, 1879).

[92] En 1864, "Don Benito Bordes, natural de la provincia Buenos Aires y accidentalmente residente en esta, ha recibido de Eusebio Videla 6000 moneda de plata boliviana que se obliga a pagar en dos meses al interés del medio mensual, hipoteca todos sus bienes y pone por fiador de *mancumen et in solidum* a D. Carlos González", quien salda la deuda en el mes de mayo. Se puede argumentar que el comerciante porteño tal vez medió entre un préstamo entre Eusebio Videla (uno de los cuñados de Carlos) y el mismo jefe de la administración local. También se puede decir que podría haber existido algún negocio en común entre Bordes y González. Pero las dos posibles situaciones colocan a Carlos en una posición privilegiada para garantizar la operación financiera.

[93] (A.F.P.) Daniel González da esta opinión en 1870 ante Eusebio Videla, residente en San Juan.

[94] (AHM, Libros de Protocolos 301, p. 20v.)

[95] Carolina era hija de Juan Ignacio García Calle y Leocadia Bombal Ugarte, miembros de poderosos linajes de comerciantes y hacendados de Mendoza. Juan Ignacio García había sido ministro del gobernador Pedro Pascual Segura y de Agustín Delgado. Leocadia era hermana del poderoso hacendado y comerciante, Domingo Bombal, con intereses pecuarios en el Litoral y además un influyente político provincial.

[96] En 1869 Daniel González había comprado a Manuela García de Segura, la viuda del ex gobernador mendocino Pedro Pascual Segura, la "hacienda" denominada "El Algarrobal" en 30.000 pesos, pagaderos 12.000 al contado y el resto a tres años de plazo (AHM, Libro de Protocolos 329, f.3 y 4).

[97] En 1879 "El Algarrobal" contaba con 22 potreros de 420 cuadras de alfalfa valuadas en 105000 pesos, 70 de rastrojo (7000), 460 cultivados (11.500); viñas, parrales y arboledas valuados en 12.000 y cinco edificios con casa de la Posta, cuatro chacras, corrales, patios, corralones y jardines valuados en 10.000. (*Correspondencia* comercial dirigida a Eusebio Videla residente en San Juan, en *Copiadores* de Daniel González, 1878, A.F.P.)

[98] El campo había sido adquirido por los Calle en 1824 y lo recibió como herencia la abuela paterna de Carolina, a quien le correspondió una fracción de la estancia como dote. En un comienzo, la explotaba en sociedad con su cuñado Juan Fran-

cisco García (h), aunque ya en la década del 90 Daniel arbitraba plenamente sobre el establecimiento (A.F.P., *Apuntes* sobre la propiedad de San Rafael, C*orrespondencia* de Daniel a su hermano Carlos 1890-1892 y *Copiadores* de Daniel González, 1878-1880).

99 "Su deseo de criar vacas aquí no es mal pensado, y hay lindos campos y seguros, y fácil para transportar el ganado a ese mercado. Yo tengo la Estancia de Las Peñas... Allí tengo 500 yeguas, con dos inquilinos. Si quiere que lo poblemos en sociedad, Ud. pone el capital y yo haré las compras. Se lo podría vender este campo en 10.000 chilenos" (A.F.P., *Copiadores* de Daniel González, 1878). Las sociedades para poblar estancias con hacendados chilenos era una práctica regular en el espacio económico mendocino del siglo XIX, al menos así lo planteaba Vicuña Mackenna en sus análisis sobre las ventajas de Mendoza en el comercio de ganado con la República de Chile, en Benjamín Vicuña Mackenna, *La Argentina en 1855*, Buenos Aires, 1953. Puede consultarse al respecto, B. Bragoni y Richard Jorba, "Acerca de la complejidad de la producción mercantil en Mendoza en el siglo XIX...", op. cit..

100 (A.F.P., *Correspondencia* de Daniel a Salvador González, 1870). El subrayado es de Daniel.

101 "Por suerte –expresaba Daniel– conseguí venderle al proveedor [de las fuerzas militares de la frontera] unos 600 novillos de los hermanos, que me habían dado en comisión, y he alcanzado a sacar el valor del pasto que han comido seis meses en San Rafael" (A.F.P., *Copiador* de Daniel González, 1878).

102 En 1882, el agente de los González en Valparaíso, José Cerveró, recibía de Daniel recomendaciones sobre el dinero que debía reclamar por un negocio realizado por su hermano: "Carlos ha sacado de su estancia de Cierra 230 vacas de muy buena clase, las que ha tenido en engorde en Uspallata, y hace un mes las mandó al campo que hay muy pastoso cerca del pie de la cordillera que da paso para Aconcagua. Cuando llegué hacía dos días que las había vendido a D. José Lobos, abastero de Valparaíso, quien no teniendo más de 2000 y tantos pesos, los ha entregado a cuenta, recibiéndose de las vacas donde hoy están, y pagando el comprador los derechos de salida, consucción (sic) y derechos de Chile en peso, irá uno de los hijos de mi hermano con el arreo, como dueño de él, y no

entregará las vacas hasta que el comprador le pague el resto".
En otra oportunidad, Daniel informó a H. Iglesias (argentino
residente en Chile desde 1850) e incluyó los valores de la operación: "El comprador busca en este negocio ganar algo, sobre el precio de 33$, de 4 chirolas cada peso como contamos
aquí, con más el recargo de 2$75 plata fuertes de derecho de
salida de cada vaca, que a 50 peniques, cada un peso de estos
137 y medio más el gasto de arreo a Aconcagua serán 25 y el
pago allí son 35 As chilenos más el peaje". (A.F.P., *Copiadores*
de Daniel González, 1879.)

[103] El contrato celebratorio de la sociedad se encuentra deposita-
do en A.F.P. Para una consulta sobre ciertas pautas del comportamiento "prebancario", puede verse A. Cunietti-Farran-
do, "Los bancos emisores de Cuyo, 1866-1882" en *Cuadernos
de Numismáticas y Ciencias Históricas*, Nº 16, 1989. Ana María
Mateu, "Bancos, créditos y desarrollo vitivinícola" en *Cuadernos de Historia Regional*, UNLu, Nº 19, 1995.

[104] Mario Cerutti ha manifestado que el arribo de los bancos perfiló dos fenómenos: un alto porcentaje de esas instituciones
contó entre sus fundadores a muchos de los comerciantes-
prestamistas que se habían destacado en décadas anteriores; y
los bancos no ocuparon el espacio crediticio cubierto por las
casas mercantiles. En "Comerciantes y generalización del crédito laico en México (1860-1910)", op. cit., p. 211.

[105] Algunas notas sobre estos bancos de emisión y el proceso que
concluye con la unificación de la moneda y la circulación previa en las provincias de los pesos bolivianos pueden verse en
Roberto Cortés Conde, *Deuda, dinero, moneda. Evolución fiscal y
monetaria en la Argentina*, Sudamericana, 1989.

[106] La relación comercial con Llavallol consistía en las regulares
compras de ganado vacuno, mular y caballar por lo menos
desde mediados de la década de 1840; Eusebio Videla era
hermano de José María Videla, uno de los socios del banco;
con Ramayo la vinculación es política y comercial: en 1852
forma parte en Valparaíso del "Club Constitucional Argentino" creado por José Cayetano Borbón, tío y cuñado de los
González, quien era propietario de una casa comercial y de
una empresa naviera en Valparaíso. José Izaza también había
sido socio del "Club". En el capítulo 6 se insistirá más detalla-
damente sobre este tipo de relaciones.

[107] De acuerdo con la información disponible del Banco González para el primer quinquenio desde su creación, privilegiaremos la relación económica financiera del banco con el operador porteño. La relación con Llavallol recordemos databa de la década del 50, porque los abastecía de ganado. La transformación de esa compañía parece importante: no sólo operaba como entidad de crédito para los González sino que además eran prestadores de servicios de importación. Puede observarse la compra y envío de una máquina de hacer fideos de origen italiano con destino a la República de Chile (remesa de importe en Fcos. 4935 con valor 21 de noviembre y letra a 90 días). (A.F.P., *Correspondencia* de Daniel González y Cía, 1866-1873.)

[108] En diversas situaciones favorecían la colocación de letras de cambio o giros entre la casa José Cerveró de Valparaíso y Buenos Aires, como así también desde Buenos Aires a Rosario o San Luis. (*Correspondencia* del Banco 1868, en A.F.P.)

[109] Una de las razones que pueden explicar tal incremento es la inexistencia en la provincia de bancos públicos que presentaran una virtual competencia, aunque dos instituciones bancarias similares fueron creadas posteriormente. Las dos entidades fueron la de "Casas y Raffo y Cía." y el "Banco de Mendoza", entre cuyos directores figuraba Tiburcio Benegas, un futuro socio de los González, además de financista nacional y gobernador de la provincia en la década del 80. Vale anotar que Tiburcio Benegas provenía de la ciudad de Rosario, donde había ejercido la gerencia del Banco Nacional. Por el contrario, Fernando Raffo era un próspero comerciante italiano que se trasladó a Mendoza después de varios años de residencia en Rosario.

[110] (A.F.P., Correspondencia de "Jaime Llavallol e Hijos" al gerente del Banco González, 1874.)

[111] "Ustedes expresan que a falta de letras me remitirán metálico por el importe de las letras cobradas en nuestra cuenta en esa. Los pesos de 500 y 400 gramos como los de la nueva acuñación tienden a tener poca aceptación aquí; últimamente he comprado cantidades considerables a razón de $17,30 y 21,30 y espero solamente el resultado de una factura que mandé a Europa para saber el valor intrínseco que puedan tener para así fijar un valor de conveniencia mutua (A.F.P., *Corresponden-*

cia de E. Anredon, gerente de ese Banco, a Daniel, fechada el 21/11/1870).

[112] Según sus biógrafos, también revalidó su título en Turín. La vinculación con Alberdi y sus consejos puede verse en Juan Bautista Alberdi, *Carta sobre los estudios para formar un abogado*, en Dardo Pérez Guilhou, *El pensamiento conservador de Alberdi y la Constitución de 1853*, Depalma, 1988.

[113] En 1854 fue agente oficial de la Constitución provincial; en 1856 se desempeñó como diputado provincial en el Congreso de la Confederación; administrador de la Aduana de Rosario en el período confederacional y candidato a senador nacional por Santa Fe junto a José M. Cullén por el "Club Libertad" en 1862. Amigo del general Mitre, ejerció el ministerio de Hacienda y Relaciones Exteriores durante esa presidencia. Fue su secretario cuando Mitre viajó a Europa, y volvió a ocupar cargos nacionales durante la presidencia de Avellaneda.

[114] Lucas fue representante de la casa "Green, Nicholson y Cía." y en su nombre otorgó un préstamo de 2000 pesos plata sellada a tres meses y al 3 por ciento mensual, al Estado provincial mendocino (AHM, Libro de Protocolo 287, folio 47. 1856).

[115] El ejercicio profesional de Lucas incluía representaciones de algunos mendocinos en pleitos comerciales diversos, sobre todo cuando ejerció en Rosario la función de administrador de la Aduana en el período de la Confederación.Por ejemplo, obtuvo un poder de Juan de la Rosa Correas para que lo representara en los concursos de Gervasio Mármol en Rosario. El acta es del año 1862. (AHM, Libros de Protocolos 300, p. 40.)

[116] Desde la década del 20 había participado de la política local y nacional (fue convencional en los dos congresos de esa década y participó en Córdoba de la gestión del general Paz). Después de 1840, se exilió en Chile y ejerció funciones administrativas en el país trasandino. Francisco era también hermano de Agustín Delgado, que se había desempeñado como convencional constituyente en Santa Fe en 1853. En 1856 sería electo diputado nacional por Mendoza y después de 1862 integraría la Corte Suprema de Justicia de la Nación.

[117] (A.F.P., *Copiador* de Daniel González, 1878.) El destacado es nuestro.

[118] La función mediadora de Lucas con el Banco González era importante. Los copiadores de su hermano Daniel lo inclu-

yen de la misma forma que a otros mediadores de Valparaíso, San Felipe, Los Andes o Rosario. Entre otros ejemplos, vale consignar que en setiembre de 1878 Daniel le encargaba el cobro de Letras sobre Buenos Aires y la compra de Letras del Banco Nacional sobre Londres, solicitadas por algunos inmigrantes gallegos y vascos: "El Vasco que fue de los peones que trabajaron en el Totoral y ganaron mucho dinero... Se fue el año pasado a España, y hoy llega a cobrarme 2000 cóndores que me había dejado en depósito... Yo le digo prefiera una letra para llevar a Europa y que ese Banco Nacional pueda dársela lo que te anticipo, por si tienen interés en dejar ese oro en ese Banco. Como el hombre poco entiende, si tú le explicas, y le dices que yo te he encargado, les ha de comprar la letra", (A.F.P., *Copiador* de Daniel González, 1874).

[119] La vinculación de Lucas González al universo económico-financiero de la época resulta primordial a la hora de ser mencionado en los diccionarios biográficos nacionales. Esta situación hace suponer la importancia de las funciones de los "operadores técnico-profesionales", sobre todo si tenemos en cuenta sus estudios superiores, la representación de casas comerciales británicas, su posterior acción legislativa y de gobierno. La participación de Lucas en la defensa del proyecto de ley de "Bancos Libres" de los años sesenta puede verse en Roberto Cortés Conde, *Dinero, deuda y crisis. Evolución fiscal y monetaria en la Argentina*, Sudamericana, 1989, pp. 30-32.

[120] (A.F.P., *Copiador* de Daniel González, 1878-1880.)

[121] En noviembre de 1878 le escribía a su hermano: "Te agradezco la fianza que me vas a dar con tu dinero y de esto me alegro más, para no ocupar a personas extrañas". (A.F.P., *Copiador* de Daniel González, 1878.)

[122] La proveeduría de Daniel González y sus socios estaba vinculada al abastecimiento de las tropas nacionales que avanzaban desde el sur de Mendoza hacia Neuquén. Daniel se presentó a las licitaciones para conseguir y solicitó la mediación de Lucas para evitar informalidades en la presentación de las ofertas. Este tema será analizado posteriormente, (A.F.P., *Copiador* de Daniel González, 1879).

[123] (A.F.P., *Copiador* de Daniel González, 1878-1880.)

[124] Al no poder pagar los servicios de la deuda, González fue autor de un proyecto de ley para contratar con esa firma el pa-

go con ventas de tierra. En 1881, el gobierno le dio un poder para vender 668 leguas cuadradas a la firma Murrieta y quiso transferir esos terrenos a una compañía colonizadora, la Santa Fe Land Company Limited, en la que también tuvo participación. La compañía explotó el quebracho colorado en el Chaco santafesino a través de la "Forestal Argentina". Además, Lucas se hizo dueño de una empresa que construía ramales ferroviarios hacia el norte de Santa Fe. Como apoderado de la John Meiggs Son and Company de Londres, llevó a cabo la construcción del ferrocarril a las colonias y al puerto de Colastiné, por lo que una estación ferroviaria entrerriana lleva aún su nombre. Sobre la importancia de la "Forestal" merece tenerse en cuenta las consideraciones realizadas por Jules Huret, *De Buenos Aires al Gran Chaco*, Hyspamérica (Biblioteca de Nuestro Siglo), 1986, pp. 279-290.

[125] (A.F.P., *Copiador* de Daniel González, 1882.)

[126] (A.F.P., *Correspondencia* de Lucas González a Daniel, 1885.)

[127] En junio de 1887, durante la gobernación de Tiburcio Benegas, la Legislatura provincial autorizó al P. E. la contratación de un empréstito de cinco millones de pesos moneda nacional, con garantía de dos mil leguas de tierras fiscales. En el mes de julio se promulga una ley por la cual se autoriza la constitución de una sociedad anónima con el objeto de fundar el Banco de la Provincia. Entre el grupo de socios se encontraban Carlos y Melitón González, y Fernando Raffo, consuegro de Carlos. La incidencia de la experiencia en los mecanismos de crédito es reveladora cuando se advierte que tanto los González como Tiburcio Benegas y Fernando Raffo forman parte del grupo de socios del banco provincial. Lucio Funes, *Gobernadores de Mendoza; la oligarquía*, Mendoza, 1951.

[128] Tulio Halperin Donghi, "La expansión de la frontera de Buenos Aires" (1810-1852) en M. Giménez Zapiola (comp.), *El régimen oligárquico. Materiales para el estudio de la realidad argentina (hasta 1930)*, op. cit.; *Revolución y guerra...*, op. cit.

[129] Tulio Halperin Donghi, "Clase terrateniente y poder político en Buenos Aires, 1820-1930" en *Cuadernos de Historia Regional*, UNLu, Nº 13, 1992.

[130] Estas interpretaciones giran alrededor de los efectos centralizadores del Estado federal y de los medios de transporte concentrados sobre la metrópolis como por ejemplo en Alejan-

dro Rofman y Luis A. Romero, *Sistema socioeconómico y estructura regional en la Argentina*, Amorrortu, 1973. También Jorge Balán, ops. cits.

[131] En el interés por descifrar una virtual estratificación de la sociedad colonial del virreinato rioplatense, Susan Socolow consideró que tanto la importante migración borbónica como la percepción de movilidad social ascendente para los que pretendían escalar posiciones por la vía del comercio mayorista y minorista abrieron una ventana a las regiones del interior del espacio colonial rioplatense. Hacia ellas se habrían dirigido comerciantes menores o aquellos que no pudieron integrarse a la élite comercial de Buenos Aires, e incluso individuos de los mismos clanes comerciales derivados a otras plazas. *Los mercaderes del Buenos Aires virreinal: familia y comercio*, Ediciones de la Flor, 1992.

[132] Recordemos que para Halperin "la súbita vocación rural de esa élite urbana se debía con todo menos a su percepción de esas nuevas oportunidades que a los desengaños que en otros aspectos iban a sufrir a lo largo de la revolución de independencia", y el resultado sobre la configuración social de Buenos Aires sería la irrupción de actores sociales nuevos en la escena rural que no permitieron que se angostaran sus raíces urbanas. Para Halperin, no había razón para que lo hicieran, cuando la gran ganadería encontraba un complemento natural en actividades mercantiles, financieras y de transporte basadas en la ciudad. Tulio Halperin Donghi, "Clase terraniente y poder político en Buenos Aires (1820-1930) en *Cuadernos de Historia Regional*, UNLu, Nº 15, 1992, pp. 11-46.

[133] De algún modo, estos problemas refieren a los que viene planteando Raúl Fradkin, que observa: "más que el abandono del comercio lo que aparece es un accionar simultáneo y combinado de ambas ramas de la economía". Raúl O. Fradkin, *Los comerciantes de Buenos Aires y el mundo rural en la crisis del orden colonial. Problemas e hipótesis*, op. cit. p. 12.

[134] José C. Chiaramonte, *Mercaderes del Litoral. Economía y sociedad en Corrientes*, op. cit., especialmente el capítulo 4. Puede verse también la reseña de Halperin sobre el texto, en *Boletín del Instituto de Historia Argentina y Americana Dr. Emilio Ravignani*, 3ª serie, Nº 6, 1992, pp. 184-185.

[135] Rodolfo Richard Jorba, *La relación entre espacio y mercados desde*

los comportamientos empresariales en el siglo XIX. Contribución para una geografía histórica de Mendoza (mimeo) y "Estado y empresarios regionales en los cambios económicos y espaciales. Mendoza (1870-1910) en *Siglo XIX. Cuadernos de Historia*, Año IV, Nº 10, set.-dic. de 1994. También puede verse Beatriz Bragoni y Rodolfo Richard J., "Acerca de la formación de una economía regional: comercio, crédito y producción vitivinícola, Mendoza 1830-1880", ponencia presentada en *XIV Jornadas de Historia Económica*, Córdoba, 1994.

[136] En efecto, el juego de las redes de relaciones personales depende en gran medida de la pertinencia o capacidad de movilizarlas dentro de los marcos sociales e institucionales establecidos, porque este juego está inmerso en la capacidad de los actores de "construir parentelas efectivamente solidarias para la consecución y prosperidad de sus empresas", en Zacarías Moutoukias, "Reseaux personels...", op. cit.

CAPÍTULO 2
"CARRERAS DE COMERCIANTES": LA NATURALEZA DE LOS ACTIVOS
Y EL PATRIMONIO DE LOS GONZÁLEZ

[1] Véase la Introducción, *supra*, nota 17.

[2] Mario Cerutti, *Burguesía y capitalismo en Monterrey, 1850-1910*, México, Universidad Autónoma de Nuevo León (Claves Latinoamericanas), 1989 y "El Gran Norte Oriental y la formación del mercado nacional en México a finales del siglo XIX" en *Siglo XIX. Revista de Historia*, Nº 4, 1987. Warren Dean, "Industriales y oligarquía en el desarrollo de Sao Paulo" en Mario Cerutti y Menno Vellinga, *Burguesías e industrias en América Latina y Europa Meridional*, Alianza, 1988, pp.23-54. Kees Koonings y Menno Vellinga, "Origen y consolidación de la burguesía industrial en Antioquia" en Cerutti y Vellinga, op. cit. pp.55-104. Mario Cerutti, "Formación y consolidación de una burguesía regional en el norte de México: Monterrey, de la reforma a la industria pesada (1850-1910), en Cerutti y Vellinga, op. cit.

[3] Vale tener en cuenta la vigencia de las perspectivas sociológicas que asignaban a los grupos nativos escasas relaciones con los procesos económicos modernos. A esta lectura basada en

cuestiones culturales de clave germaniana, Jorge Sábato opuso una interpretación económica del empresariado en *La clase dominante argentina. Formación y características, 1880-1914*, CISEA/GEL, 1986.

[4] La historiografía regional prefiguró el comportamiento económico de los grupos nativos en aspectos culturales, dándole al aporte inmigratorio un papel clave en la modernización agroindustrial al despegar a los grupos criollos como dinamizadores del proceso. A modo de ejemplo puede consultarse Luis Campoy, "Conductas diferentes de grupos culturales ante la posesión de la tierra" en *Investigaciones de Sociología*, I, ene.-jun. de 1962. Francisco Martín, *Estado y empresas; Políticas públicas y la formación de una burguesía agroindustrial*, EDIUNC, 1992.

[5] El problema del surgimiento de las iniciales inversiones orientadas a la industria del vino fue un asunto ya planteado por Jorge Balán a fines de la década del '70. Puede verse Jorge Balán, "Una cuestión regional en la Argentina: burguesías provinciales y el mercado nacional en el desarrollo agroexportador, en *Desarrollo Económico*, Nº 69, 1978 y Jorge Balán y Nancy López, "Burguesías y gobiernos provinciales en la Argentina. La política impositiva de Tucumán y Mendoza entre 1873 y 1914" en *Desarrollo Económico*, Nº 67, 1977.

[6] María del Rosario Prieto, "La cordillera como factor condicionante" en *Serie Científica*, Nº 32, febrero-marzo de 1987; M. del Rosario Prieto y Carlos Wuilloud, "Consecuencias ambientales derivadas de la instalación de los españoles en Mendoza en 1561" en *Cuadernos de Historia Regional*, UNLu, vol.II, agosto de 1986, Nº 6.

[7] El oasis sur se desarrolló a partir de la década del 90, luego de la definitiva incorporación del territorio tras la campaña militar de 1879. Hasta ese año, era un pequeño núcleo militar con escasos cultivos alrededor.

[8] "El porvenir de la provincia de Mendoza está en la agricultura, como el de Chile, y sus progresos, como en Chile, la Lombardía y todos los países cálidos situados al pie de grandes montañas, dependen de la perfección y ensanchamiento de los sistemas de irrigación..." Benjamín Vicuña Mackenna, *La Argentina en 1855*, op. cit.

[9] Rodolfo Richard J. y Eduardo Pérez Romagnoli, "La década de 1870 en Mendoza: etapa de reorientación de la economía

y el espacio hacia el dominio vitivinícola" en *Boletín de Estudios Geográficos*, Mendoza, UNCuyo, vol. XXV, Nº 88, 1992.

[10] Existen diferentes interpretaciones sobre el desarrollo de la economía regional después de reglamentado el libre comercio en 1778. Juan Carlos Garavaglia ("Crecimiento económico y diferenciaciones regionales: el Río de la Plata a fines del siglo XVIII", op. cit.) ha revelado de qué manera los productores y comercializadores cuyanos debieron apelar al trigo y las harinas para sortear los desequilibrios del intercambio con Buenos Aires. Samuel Amaral, por el contrario, no advierte un retroceso de la producción vitivinícola sino hasta el advenimiento de la guerra civil. Puede verse, "Comercio libre y economías regionales. San Juan y Mendoza, 1780-1820" en *Jahrbuch für Geschichte von Staat, Wirtschaft und Gesellschaft. Lateinamerikas*, Nº 27, 1990, pp. 1-67.

[11] Domingo F. Sarmiento, en *Facundo* (1845), había notado la recuperación económica de Mendoza después de la independencia, definiéndola como la "Barcelona del Interior". El mendocino Agustín Alvarez indicó los beneficios generados por la organización del Ejército Libertador, en *Breve historia de Mendoza*, 1910. Edmundo Correas señala la recuperación económica en la primera década revolucionaria en *Historia económica de Mendoza* op. cit. Halperin Donghi cuestiona ese restablecimiento en pleno período revolucionario, e indica que no alcanzaba aún a los momentos previos de la ruptura política, en *De la independencia a la Confederación*, op. cit.

[12] El carácter de ciudad fronteriza había proporcionado a Mendoza algunas ventajas especiales, ofreciéndole una comunicación con el extranjero y la oportunidad de un tráfico con Chile y otras provincias argentinas como San Luis, Córdoba, Santa Fe y Buenos Aires, que, "poniéndolos al corriente del valor de sus propios recursos, ha hecho surgir una especie de espíritu comercial entre los habitantes, estimulándolos hacia hábitos más industriosos", Woodbine Parish, *Buenos Aires y las Provincias del Río de la Plata desde su descubrimiento y conquista por los españoles* (traducción aumentada con notas y apuntes de Justo Maeso). Hachette, 1958.

[13] De acuerdo a las impresiones de W. Parish: *"Los gravosos fletes consiguientes a las inmensas distancias y malos caminos no permiten traerlos a Buenos Aires, en donde en muy pocas ocasiones, a menos de*

circunstancias muy excepcionales, pueden competir con los extranjeros". Efectivamente, los fletes llegaban a doblar el valor de todos los productos naturales, según las expresiones de Vicuña Mackenna, *La Argentina en 1855*, op. cit..

[14] José F. de Amigorena, "Descripción de los caminos, pueblos, lugares que hay desde la ciudad de Buenos Ayres a la de Mendoza, en el mismo reino" con presentación de José Ignacio Avellaneda (Archivo Revillagigedo, Rollo de Microfilm N° 344, University of Florida) en *Cuadernos de Historia Regional*, UNLu, N° 11, vol. IV, abril de 1988.

[15] De acuerdo al relato de Parish, Luján constituía una población de campaña muy concurrida en el verano por su benigno clima, y en él se hallaban los alfalfares más extensos del país. La campaña al este de Mendoza era la más poblada de la provincia; se caracterizaba por haciendas bien cultivadas y cubiertas de ricos alfalfares.

[16] Vicuña Mackenna lo indicaba en 1855 al expresar que "el carácter principal y casi único de Mendoza hoy día es el del *talage*, esto es, la engorda de animales que vienen a pasar a Chile desde las provincias del Interior. Podría decirse que la provincia de Mendoza es el *potrero de engorda* de la Confederación argentina". Op. cit., p. 158.

[17] Vicuña Mackenna indicaba al respecto: "no hay lechería ni matanzas para explotar el ganado sistemáticamente, a no ser que se consideren tales unos pocos establecimientos de ese género, dirigidos a beneficiar el sebo y la grasa para el jabón, que debe su excelente calidad a la madera llamada *jume*". Benjamín Vicuña Mackenna, *La Argentina en el año 1855*, cap. 4, op. cit.

[18] La explotación de las haciendas o estancias se hacía siguiendo varios pasos. Primero se preparaba el terreno con derecho a riego. Luego se procedía a la eliminación de la vegetación natural con azada y pico para las especies menos resistentes como la jarilla o la zampa. Otras llevaban más trabajo. Una primera roturación removía el suelo. Inmediatamente se regaba durante diez o doce horas para favorecer la acción del arado criollo (que se pasaba en dos oportunidades), arrastrado por dos bueyes. Posteriormente el labrador lanzaba la semilla al vuelo y pasaba una tosca rastra. Richard toma las apreciaciones de Lemos de 1888 y no distingue muchas diferencias con las expresiones de Daniel Videla Correas realiza-

das en 1872: en más de diez años no se había incorporado instrumentos de labranza más modernos, además un 2 por ciento de los regantes poseía arados de una reja, mientras el equipo mecánico de cuatro segadoras y dos trilladoras eran insignificantes en el espacio agrícola que sumaba alrededor de 100.000 hectáreas, en Rodolfo Richad J. "Hacia el desarrollo capitalista en la provincia de Mendoza" en *Anales de la Sociedad Científica Argentina*, op. cit., pp. 5 y 6.

[19] De acuerdo a las descripciones de Vicuña Mackenna, en el verano se daba a la alfalfa hasta cinco talas, es decir, se echaba el ganado, y cuando éste había talado el campo, se le aplicaba el riego; el pasto "vuelve a retoñar con gran lozanía, pero en el invierno apenas se levanta una cuarta del suelo por el influjo de las heladas...".

[20] Vicuña Mackenna sostenía en 1855 que los mendocinos compraban ganado en Santa Fe a 6 pesos por cabeza, vendían a 10 pesos en Mendoza y a 15 o 20 pesos en Chile. Los "precios corrientes" de los vacunos invernados y "al por mayor" en Mendoza coinciden bastante con los de 1827 (en el periódico *El Iris Argentino,* el precio de los novillos variaba entre 18 y 20 pesos, y el de las vacas, entre 10 y 12). La información del chileno coincide con los precios ofrecidos por A. Bauer: $15 en el 53, $26,50 en 1860 y $36 en 1875.

[21] Sobre las características de la estructura de la propiedad territorial chilena, puede consultarse Jaime Eyzaguirre, *Historia de las instituciones políticas y sociales de Chile*, Santiago, Editorial Universitaria, 1991, págs.80 y 112. Relacionado con ello, Vicuña Mackenna observaba críticamente las relaciones derivadas del inquilinato chileno.

[22] De acuerdo al observador chileno, las "franquicias mercantiles y fiscales: no hay diezmos y la contribución nominal de 2 reales la cuadra alfalfada, y a más de un activo contrabando, que el tratado con Chile abrió las puertas al tráfico libre". El precio elevado del ganado y la relativa baratura de los terrenos incidía en la relación costo-beneficio. De allí que varios hacendados chilenos invertían a este lado de la cordillera comprando o arrendando campos para el engorde de ganado.

[23] ¿Por qué Mendoza, una aldea casi insignificante en el espacio colonial desde su fundación, se convirtió en una de las provincias cabeceras del país a fines del siglo XIX? Partimos del su-

puesto que considera a la región no sólo como recurso meto-dológico para la instrumentación de modelos analíticos deter-minados, sino como un centro de confluencias de diversas re-des sociales, políticas y económicas que la exceden y de las que surge su sentido. Vinculado a ello, el desarrollo económico de Mendoza dependió de coyunturas externas y de condiciona-mientos internos, el cual puede resumir lo que Lucio Geller ti-pologiza sobre la *staple theory*, donde reconoce que un tercer grupo de industrias "surge como resultado de una serie de fac-tores naturales e institucionales que protegen las actividades internas de la competencia de los mercados extranjeros". Lu-cio Geller, "El crecimiento industrial argentino hasta 1914 y la teoría del bien primario exportable", en Marcos Giménez Za-piola (comp.), *El régimen oligárquico. Materiales para el estudio de la realidad argentina (hasta 1930)*, Amorrortu, 1975, p. 182.

[24] Sobre recursos tales como la importación de cepajes france-ses basados en los diagnósticos de empresarios regionales, puede consultarse Rodolfo Richard J., "Hacia el desarrollo ca-pitalista en la provincia de Mendoza. Evolución de los siste-mas de explotación del viñedo entre 1870 y 1900", en *Anales de la Sociedad Científica Argentina*, vol. CCXXIV, Nº 2, 1994.

[25] Rodolfo Richard J., "Conformación espacial de la vitivinicul-tura en la provincia de Mendoza y estructura de las explota-ciones, 1881-1900", en *Revista de Estudios Regionales*, Nº 10, CEIDER-UNCuyo, Mendoza, 1993.

[26] La existencia de este universo de establecimientos menores hace sospechar su importancia a la hora de reconstruir el complejo conjunto de pequeñas y medianas empresas que so-portaron el aumento de la producción vitivinícola de fines del siglo XIX y comienzos del XX. Puede consultarse Ginette Kurgan-van Hentenryk y Emmanuel Chadeau, "Structure el stratégie de la petite et moyenne entreprise depuis la révolu-tion industrielle", en Herman Van del Wee y Erik Aerts (comp.), *Debates and Controversies in Economic History*, Leuven University Press, 1990, pp.167-189.

[27] A propósito de ello, recordemos que en 1888, Mendoza pro-dujo 58.900 Hl de vino y se importaron 713.000 Hl; hacia 1895 la producción aumentó a 300.000 Hl y el ingreso de vi-no del exterior descendió a 654.000 Hl; en 1899 decayó a 460.000 y la producción provincial alcanzó los 855.000 Hl (y a

776.000 la del resto de las provincias productoras). Beatriz Bragoni y Rodolfo Richard J., "Acerca de la formación de una economía regional: comercio, crédito y producción vitivinícola", op. cit.

28. Benito compra el inmueble en la ciudad al hermano de Fabián González, Marcos, quien detentaba un amplio poder. Al mismo tiempo Fabián, en 1826, salda una obligación de mil pesos a Juan González. Estos González eran vecinos afincados y propietarios de un sistema de fletes. Este comerciante se desprendió también de una "hacienda de viña con edificios y útiles de Bodega, vendida a Nicolás Godoy en 2000 pesos; además salda una obligación con el Colegio de Ciudad de $600 a interés (A.H.M. Protocolo 196, pp.25 v. y 27v.). La casa y sitio vendida a Benito se ubicaba a dos cuadras de la Plaza Mayor al poniente de la ciudad y lindaba con la propiedad de prominentes hombres de negocios, entre ellos José María Videla y Juan Agustín Videla, y pagó por la operación 3000 pesos fuertes (A.H.M., Protocolo del Escribano Pacheco, 26 de enero de 1829).

29. Raúl Fradkin, "¿Estancieros, hacendados o terratenientes? La formación de la clase terrateniente porteña y el uso de las categorías históricas y analíticas" en M. Bonaudo y A. Pucciarelli, *La problemática agraria. Nuevas aproximaciones,* Buenos Aires, CEAL, 1993.

30. (A.F.P., *Correspondencia* de Benito a Lucas, setiembre de 1833.)

31. (A.F.P., *Correspondencia* de Benito a Lucas, agosto 1831.)

32. El almacén y tienda fue adquirido a Fabián González, quien fuera miembro fundador de la Biblioteca San Martín en 1822; su hermano, Marcos, fue profesor de Ideología en el Colegio de la SantísimaTrinidad y continuador de la obra emprendida por Juan C. Lafinur.

33. Diana Balmori ingresa el problema de la interacción entre campo-ciudad en función de las pautas de residencia de las redes de familias de Buenos Aires por ella exploradas. En Diana Balmori, *Las alianzas de familia...,* op. cit., cap. 4. También Halperin, "La clase terrateniente porteña y poder político en Buenos Aires, 1820-1930" en *Cuadernos de Historia Regional,* op. cit.

34. (A.H.M., Protocolo notarial del escribano Pacheco, Libro 193, p. 83 v., 1829.)

35. Recordemos que la articulación de los negocios pecuarios en-

tre comerciantes de Mendoza y sobre todo de la región del valle de Aconcagua posibilitó el desarrollo de la exportación de ganado cuando Chile ingresó al circuito mundial del trigo. El auge del trigo hizo caer la producción de ganado local y por ende los precios subieron: una vaca gorda valía $10 en 1846, $15 en el 53, $26,50 en 1860 y $36 en 1875. Puede verse Arnold Bauer, "Expansión económica en una sociedad tradicional: Chile central en el siglo XIX" en *Revista de Historia*, Santiago, Nº 9, 1970, pp.137-235.

[36.] Por información epistolar de Benito, sus intereses pecuarios en Córdoba databan desde 1860, aunque sólo hemos localizado un estado de cuentas de 1873. En este sentido, *Las cuentas con D. Emilio Blanco referentes a la negociación en la* estancia de Zucos (Río Cuarto) *arregladas en octubre de 1873*, nos posibilita explorar las modalidades de la explotación ganadera de Benito González Marcó en el sur cordobés. Del balance existente se desprende que se obtuvo 23.456,03 pesos de utilidad, de los que correspondía el 50 por ciento a cada uno de los individuos. Dicha utilidad equivale a alrededor de 2600 animales vacunos. Se ha tratado exclusivamente de determinar la utilidad, y no se ha considerado la cuenta entre ambos. La rendición de cuentas de Emilio daba a Benito II un saldo de 20.812 pesos bolivianos a su favor, por liquidación de ventas de hacienda realizadas y por cobranzas o pago de préstamos e intereses de la sociedad. La compra del ganado se había realizado en Santa Fe y Emilio incluye el gasto de peones para el arreo (522,63 pesos bolivianos). Al 31 de octubre del '72, Benito tenía un saldo a favor de 20.812 pesos bolivianos; los fondos eran remitidos a través de letras de cambio y otros pagos con cheques para abastecer la existencia de la estancia. Su saldo al finalizar el ejercicio superaba los 50.000 bolivianos. (Los originales consultados pertenecen al A.F.P.)

[37] En 1863, la estancia constaba con 1936 cuadras en área, de las que sólo 86 se encontraban alfalfadas y 276 eran terrenos de "labranza". Benito II mantuvo la estancia hasta su muerte y allí apostó sus más poderosos recursos para robustecer el potencial de sus potreros. Hacia 1870 introdujo amplias mejoras que incluía la organización del riego con el fin de aumentar la extensión de los potreros destinados al engorde de ganado vacuno y equino preferentemente. La *cría* se llevaba a cabo en

estancias más pobres en pastos y se trasladaban los animales en invierno, para reponer peso para poder ser vendidos, preferentemente al mercado chileno. El tipo de ganadería extensiva, que caracterizó la explotación económica de Benito, no previó el refinamiento de las razas, especialmente bueyes, mulas y yeguarizos, aunque también la actividad ganadera se complementó con el tambo, la fabricación de quesos y manteca. Matilde Velasco, Josefina Ostuni y María F. de Civit, "Estudio de Geografía Agraria de Carrizal y Ugarteche", *Separata del Boletín de Estudios Geográficos*, Nº 50, Mendoza, 1966, pp.18-31. Es recién a fines del siglo XIX cuando los hijos de Benito introdujeron en el Carrizal el cultivo de vides, sobre todo francesas, y construyeron además una bodega, a diferencia de Panquegua, cuya incorporación de viñedos se produjo hacia fines de la década de 1840.

[38] En 1873, el encargado del "Resguardo de Uspallata" (último reducto del gobierno provincial en proximidad al paso cordillerano para controlar el pago de patentes de exportación), informaba al Ministro de Hacienda sobre los animales de don Carlos González "que invernaban en el campo de crianza" que le pertenecía en las inmediaciones de Punta de Vacas. Un total de mil y tantos terneros pastaban en los alfalfares de González. El informante agregaba en esa oportunidad: "fui a Puente del Inca para indagar sobre el ganado que tiene invernando D. Carlos González. Allí supe que dicho señor había remitido un capataz y peones con el objeto de regentear dichos ganado, de los cuales ya había remitido a Chile algunas cantidades cuya venta me supongo los hará en Chile D. Julián Aguirre quien ha pasado por aquí en estos días sin ser visto o algo oculto. Supe que todo el ganado más grande y de mejor gordura lo iban a pasar a Chile, cuya cantidad no he podido averiguar", por lo que el informante pensaba que mil habían sido pasados sin pagar impuestos. (A.H.M. *Municipalidad de Las Heras*, Carpeta 528 bis, Doc. 23, 32, 35, 39, 51, set. de 1873-mayo de 1874.)

[39] Los espacios reservados al cultivo de vides viejas y nuevas sumaban 6676 cepas viejas y las nuevas sumaron 3226 (de 2 años) y 1499 (de uno). La bodega en 1854 era un edificio de pequeñas dimensiones con cumbrera central de álamo rústico, apoyado sobre pilares de álamo del mismo material. Pero

en 1856 Carlos González hizo construir un nuevo cuerpo de bodega que prometía elaborar las vides nuevas y viejas en (A.H.M., *Testamentaría de Benito González Milleiro*, doc. cit.). Puede consultarse además, Silvia Cirvini, "La hacienda de Potreros-Panquehua" en *XAMA (Revista de la Unidad de Antropología)* INCIHUSA-CRICYT, 1993.

[40] Al momento de venderla, "El Algarrobal" contaba con 22 potreros de 420 cuadras de alfalfa valuadas en 105.000 pesos, 70 de rastrojo (7000), 460 cultivados (11.500); viñas, parrales y arboledas valuados en 12.000 y cinco edificios con casa de la Posta, cuatro chacras, corrales, patios, corralones y jardines valuados en 10.000 pesos. La hacienda la había adquirido en 30.000 pesos y nueve años después logró venderla en 145.500 porque estaba concentrado en otro negocio y "porque es un fundo que exige mucho dinero para fomentarlo y mucho trabajo" (A.F.P., *Correspondencia comercial* dirigida a Eusebio Videla, residente en San Juan, en *copiadores* de cartas de Daniel González, 1878).

[41] La vinculación de los hacendados y comerciantes mendocinos con el sistema de transporte ha sido explorada por la literatura histórica. Puede verse A. Lemos, *Memoria descriptiva de la Provincia*, Mendoza, 1888. W. J. Fleming, *Regional develomennt and transportation in Argentina: Mendoza and the Gran Oeste Argentino Railroad, 1885-1914*, Indiana University, Ph.d., 1976. Especialmente cap. 2. Enrique Díaz Araujo, *The Great Western Argentine Railway frente a Mendoza en 1890*, Instituto de Investigaciones políticas y sociales, 1967.

[42] La correspondencia es de Daniel a Lucas González (1879, A.F.P) y el subrayado no nos pertenece. Como ya vimos, Lucas se hará propietario de una empresa subsidiaria de los ferrocarriles y de ramales ferroviarios en la provincia de Santa Fe y de Entre Ríos. Esta opinión sugiere una virtual percepción negativa de la acción del ferrocarril, porque afectaba directamente tradicionales mecanismos de beneficio económico. Pero al considerar el problema de racionalidad resulta coherente en sentido individual y en el colectivo: a Daniel lo afecta personalmente, Lucas lo aprovecha y se pliega al negocio.

[43] La repercusión de los ferrocarriles en el desarrollo económico es un tema vigente en la historiografía. La importancia de las compañías ferroviarias en su contribución a la expansión

de la producción y de los mercados *internos* debe también ser
analizada en función de los efectos diferenciadores de tipo
regional y subregional. Puede verse Carlos Marichal (coord.),
*Las inversiones extranjeras en América Latina, 1850-1930. Nuevos
debates y problemas en historia económica comparada*, FCE, 1995,
("Introducción"). También puede verse Andrés Regalsky,
"Las compañías francesas de ferrocarriles y su repercusión en
el desarrollo regional de Santa Fe y Buenos Aires, 1880-1930"
en Carlos Marichal (coord.), op. cit.

[44] (A.F.P., *Copiador* de Daniel González, 1879.)

[45] Una situación similar parece experimentar el comercio de
tránsito en el Uruguay ante la incorporación de la navegación
a vapor (en lugar de la navegación por velero), la innovación
tecnológica en el puerto de Buenos Aires y el tendido de líneas férreas que se internan desde el puerto de Rosario y
Buenos Aires. Puede verse Oscar Mourat, *La crisis comercial en
la Cuenca del Plata (1880-1920)*, Ediciones de la Banda Oriental, 1973, pp. 18-48.

[46] Jorge Scalvini, *Historia de Mendoza*, op. cit.

[47] Los beneficios que se obtendrían de la mano de los "caminos
de fierro" eran comparables, según otros, a lo que trescientos
años antes había significado la presencia española con la incorporación del caballo, las armas de fuego y la cruz. "Esa locomotora, que se anuncia con un silbido penetrante, que
avanza con fuerza irresistible..." ponía en contacto a hombres
diversos produciendo "el bienestar *material* en la satisfacción
de las necesidades de los unos con la superabundancia de
otros, y el *moral* en la comunicación rápida de los adelantos
de la inteligencia a los habitantes de los parajes más recóndi-
tos del globo". *Discurso del Señor Municipal Dr. Pedro Serpez a
nombre de la Municipalidad en el acto de la llegada del Primer Tren
Andino a esta Ciudad*, Mendoza, Tip. "Bazar Madrileño", 1884.

[48] Para Richard J. y Pérez Romagnoli, el progresivo abandono
de la explotación ganadera-cerealera era el derivado de la disminución de la demanda por parte de los chilenos y del proceso expansivo de la actividad agropecuaria del Litoral, por lo
que Mendoza deberá adoptar la vitivinicultura como actividad económica principal. En consecuencia, el Estado provincial se convertirá en el principal actor de la transformación,
en "La década de 1870 en Mendoza: etapa de reorientación

de la economía y el espacio hacia el dominio vitivinícola" en *Boletín de Estudios Geográficos*, UNCuyo, vol. XXV, Nº 88, 1992.

[49] Aún en 1894, el negocio de la cría de ganado vacuno seguía constituyendo un rubro importante en el abanico de sus inversiones: "Creo que allí es donde va a haber mas ganado este año, así que es bueno apurar los riegos y tener bastante pasto para sacarle provecho y recibirlo al que se presente, porque el otro invernador creo que ya ha hecho el negocio del arriendo y se traerá todo a la Consulta. Cuando marques los terneros marcame todos los blancos con mi marca que quiero aumentar la cría de la Casa de Piedra". La interconexión existente entre las propiedades de los hermanos Carlos y Daniel de San Rafael-Santa Rosa-Panquegua-Casa de Piedra seguía alimentando el circuito de producción bovina de la familia, en cuyo negocio estaban plenamente integrados los hijos de Carlos. (A.F.P., *Correspondencia* de Carlos a su hermano Daniel residente en San Rafael, 1894.)

[50] Entre ellas, las conclusiones de Halperin permiten reconocer las mutuas dependencias que signaron varias décadas de guerras civiles donde progresivamente se iban constituyendo los mismos estados provinciales. Tulio Halperin Donghi, *Revolución y guerra...*, op. cit. y *De la independencia a la Confederación rosista*, op. cit. Por otra parte, el conjunto de tesis e hipótesis diseñadas por Jorge Sábato reconocieron al Estado como uno de los espacios de diversificación económica de los grupos dominantes argentinos, en *La clase dominante argentina. Formación y características, 1880-1914*, op.cit.

[51] Especialmente vimos en las Testamentarías de José Benito González Milleiro (1854) y José María Videla Pacheco (1863) el reconocimiento de deudas por parte del Estado provincial. Además hicimos notar el aprovechamiento de determinadas políticas públicas por parte de estos actores (la inversión inmobiliaria en terrenos rústicos a medida que la política estatal disponía la canalización de los ríos entre 1850 y 1860, como así también la compra de lotes en el ámbito urbano después del terremoto de 1861, entre otras).

[52] Es bueno recordar la existencia de transacciones comerciales de ganado en el sur mendocino entre las comunidades indígenas a través de los pasos cordilleranos. Daniel observa la situación como ilegal. Razón por la cual el afianzamiento de la

frontera obtiene un significado valorativo, porque beneficiará su propio comercio. Así lo manifestaba en 1878 a su corresponsal en Los Andes (Chile) Horacio Iglesias ante el conflicto por límites territoriales: "Esos sus paisanos, nos les ha de hacer mucha falta el Estrecho de Magallanes, pero si el Comercio que las Provincias del Sur sostiene con nuestros indios, el cual concluirá muy pronto, con el abance de la frontera al río Negro y entonces, el Comercio será más legal, y por los pasos de Cordillera, que las autoridades determinen, y disminuída la introducción a ese mercado, los precios han de mejorar". (A.F.P., *Copiador* de Daniel González, noviembre de 1878.)

[53] Al menos de 1870 datan los intereses de Daniel en la frontera sur de la provincia. En ese año, Lisandro de la Torre, desde la ciudad de Rosario, le solicitaba recibir y depositar "toda la carga que va a su consignación" por encargo del señor J. Malbrán, proveedor de esa frontera. De la Torre invocaba en esa oportunidad a los comerciantes Llavallol (de Buenos Aires) y del mendocino José M. Bombal, residente en Buenos Aires. (A.F.P., *Correspondencia* de Lisandro de la Torre, Rosario 19 de mayo de 1870.)

[54] Roberto Cortés Conde, *Dinero, deuda y crisis. Evolución fiscal y monetaria en la Argentina*, Sudamericana, 1989, pp.146-147.

[55] Ambas citas pertenecen a Daniel González en correspondencia con su hermano Lucas,(A.F.P., *Copiador* de Daniel González, noviembre de 1878).

[56] Daniel le escribía de Napoleón Uriburu en marzo de 1879 desde Mendoza: "... haberle manifestado los encargos de mi hermano Lucas, para ofrecerle mi amistad y la de toda mi familia. También me recomendó el General Roca, que como proveedor le atendiera del mejor modo posible guarnición... para su gran empresa. Mi socio, D. Francisco Schaeffer, hará mis veces mientras pueda desocuparme aquí".

[57] (A.F.P., doc. cit.) El destacado es de Daniel González.

[58] (A.F.P., *Correspondencia* de Daniel a Lucas, en copiador de 1878.) Tejerina era uno de los proveedores del Estado de origen porteño que arribó a Mendoza recomendado también por el general Roca. Esta situación muestra que la posición dominante de Lucas no derivó en beneficio de los pedidos de su hermano. Pero es importante mencionar la incidencia de

la recomendación de Roca en las estrategias de los dos proveedores.

[59] Algunas referencias sobre el tema de la manipulación y de las estructuras informales de poder pueden verse en: Adrian Mayer, "La importancia de los cuasi-grupos en el estudio de las sociedades complejas" en Eric Wolf, J. Clyde Mitchell y otros, *Antropología social de las sociedades complejas*, Alianza, 1980, pp.108-132; Jeremy Boissevan, *Friends of friends, Coalitions, Manipulators*, Oxford, 1976.

[60] Zacarías Moutoukias, "Reseaux personneles...", op. cit.

[61] Para Martínez Veiga, "se comercia entre individuos o entidades plenamente identificadas, es decir personalizadas, lo cual implica que en las transacciones están presentes de una u otra forma tanto los oferentes como los demandantes". U. Martínez Veiga considera, matizando a Polanyi que "el fenómeno de los lugares de mercado y de su distribución es algo central y no periférico", *Antropología Económica*, 1990. cit. en Paloma Gómez Crespo, *Comprar y vender. La cultura del comercio y el mercado*, Eudeba, 1993, p.35.

[62] En correspondencia a Tiburcio Benegas (el gerente residente en Rosario) le expresó en 1879: *"Agradezco sus buenos auxilios y contando con la marcha próspera del Banco Nacional, espero que haremos buenos negocios y así que se puedan impulsar en mayor escala"* (A.F.P. *Copiador* de Daniel González, 1879).

[63] (A.F.P.Doc. cit.)

[64] (A.F.P., *Correspondencia* de E. Anredon al banco familiar, 1870.)

[65] Rodolfo Richard J., "Inserción de la élite en el modelo socioeconómico vitivinícola de Mendoza, 1881-1900" en *Revista de Estudios Regionales*, Facultad de Filosofía y Letras, UNCuyo, N° 12, 1994. Agradezco a Richard J. haberme facilitado la consulta de esta información.

[66] Rodolfo Richard Jorba, "Estado y empresarios regionales en los cambios económicos y espaciales. Mendoza (1870-1910) en *Siglo XIX. Cuadernos de Historia*, Año IV, N° 10, set.-dic. de 1994. Sobre el papel del estado santafesino y el proyecto de desarrollo agrario, puede verse Marta Bonaudo y Élida Sonzogni, "Estado, empresarios y colonos en pos de un proyecto de desarrollo agrario (Santa Fe, segunda mitad del siglo XIX) en M. Bonaudo y A. Pucciarelli, *La problemática agraria. Nuevas aproximaciones*, CEAL, 1993, pp. 40-51.

[67] Según las cédulas censales de 1895, la superficie de labranza de Panquegua era de 300 hectáreas. De ellas, 210 estaban ocupadas aún por alfalfa y 80 en viñedos. Como mobiliario técnico figuran 30 arados, una segadora y una máquina de vapor. El cultivo de trigo ha desaparecido. (A.G.N., *Censo Nacional Económico Social-1895*.)

[68] Las características de los rubros explotados por Carlos González Videla (y que después heredó) pueden ser resumidos en los siguientes ítems: el capital declarado de la fábrica de fideos fue de 10.000 pesos, correspondiendo 5000 al inmueble, 2000 a máquinas y herramientas; 3000 de materia elaborada con cereales argentinos (4000 pesos); el establecimiento empleaba a diez argentinos, dos mujeres y el resto varones. En el horno de cal trabajaban siete varones argentinos, sobre un capital invertido de 300 pesos (100 en inmuebles y 200 en maquinarias; las mercaderías elaboradas en 1894 superaban los 1000 pesos y la materia prima utilizaba era de procedencia argentina. En Panquegua se declaró la existencia de ganado diverso: tres holandesas puras; 66 hembras Heresford, 940 lecheras, 25 bueyes y un toro mestizos); 22 caballos claken mestizos y cinco ovejas Lambayé. En Uspallata se declaró la existencia de 70 animales Durham 20 vacas lecheras y cinco toros y el resto caballar; las Lincoln sumaban 250 (30 machos y 220 hembras). En Casa de Piedra existían 100 Durham productoras de leche (A.G.N. *Censo Económico Social-1895*, Boletín 31 "Ganadería" y 32 "Industrial").

[69] (A.G.N. *Censo Económico Social-1895*, Boletín Nº 34 de "Fabricación de vinos de uva".)

[70] Rodolfo Richard Jorba y Eduardo Perez Romagnoli, "El proceso de modernización de la bodega mendocina (1860-1915)" en *Ciclos*, Año IV, Nº 7, 2º semestre de 1994, pp. 119-155.

[71] Lamentablemente, el archivo del establecimiento no cuenta con información sobre la comercialización de vinos entre 1890 y 1910. Los copiadores de Carlos González Videla arrancan en el año 10. Tampoco hemos podido localizar figuras similares a los "libros de expendio". Por lo tanto hemos seleccionado, de un conjunto de 35 copiadores de cartas de 300 folios cada uno pertenecientes a Carlos González Videla, tres ejemplares correspondientes a 1910-1920-1930, a partir de allí elaboramos listas de proveedores y clientes ligados a sus inver-

siones: vinos y vides, producción lechera, abastecimiento de madera de álamo para la fabricación de cubas y bordelesas.

[72] Las prácticas empresariales de Melitón (yerno de su hermano Benito) representan la reformulación generacional de los negocios. Cuando Benito dejó de producir ganado en sociedad con los descendientes de Eusebio Blanco, Melitón se hizo propietario de una fracción importante de esos campos ("La Colorada" y "Los Chañaritos"). Asimismo, Melitón sumó a su patrimonio dos fincas en Mendoza: una en Rivadavia (en el Moyano) y la otra en Luján (Ugarteche), donde explotaba complementariamente productos agrarios y pecuarios.

[73] (A.F.P., *Títulos públicos y esquema del traspaso de la propiedad. Planos y mensuras*.)

[74] Hilda Sábato, *Capitalismo y ganadería en Buenos Aires. La "fiebre del lanar", 1840-1890*, op. cit; Andrea Reguera, "Arrendamientos y formas de acceso a la producción" en R. Mandrini y A. Reguera (comps.), *Huellas de la tierra. Indios, agricultores y hacendados en la pampa bonaerense*, IEHS-Tandil, 1993, pp.241-274.

[75] *Copiador* perteneciente a Daniel González a Tiburcio Benegas, quien ejercía la gerencia de la sucursal del Banco Nacional en la ciudad de Rosario, 1879, A.F.P.

[76] Estas evidencias confirman lo que ha señalado Jorge Sábato cuando advirtió de qué manera la expansión de la producción agropecuaria pudo coexistir con las actividades empresariales de los propietarios mediante la posibilidad que ofrecía el arrendamiento. A simple vista, las recomendaciones de Daniel para la explotación del campo en el sur cordobés entran en franca convivencia con las pautas del desarrollo productivo de otras zonas de la pampa húmeda. El interrogante sería pues si las prácticas de estos empresarios expresaron la adaptación a una estructura productiva ya existente o, por el contrario implicaron la imposición de un ordenamiento económico que había resultado exitoso en otras regiones ecológicamente similares. Puede verse Jorge Sábato, *La clase dominante argentina...*, op. cit.; Juan M. Palacios, "Jorge Sábato y la historiografía rural pampeana" en *Entrepasados. Revista de Historia*, Nº 10, 1996, pp. 46-66.

[77] Véase nota 4 de este capítulo.

[78] Sobre la función del capital comercial en la expansión ganadera puede verse José C. Chiaramonte, *Mercaderes del litoral...*, op.

cit., especialmente el capítulo 4. Puede incluirse la reseña crítica que realiza Halperin al texto de Chiaramonte, donde cuestiona la persistencia del predominio del capital mercantil en esa expansión, en *Boletín del Instituto de Historia Argentina y Americana Dr. Emilio Ravignani*, 3ª serie, Nº 6, 1992, pp. 184-185.

[79] Karl Polanyi, *La gran transformación. Los orígenes políticos y económicos de nuestro tiempo*, FCE, 1992 (1ª ed., 1944), especialmente capítulos 4 y 5.

[80] Rodolfo Richard Jorba, "Inserción de la élite en el modelo socioeconómico vitivinícola de Mendoza, 1881-1900" en *Revista de Estudios Regionales*, CEIDER, Facultad de Filosofía y Letras, UNCuyo, Nº 12 (1993) y "Estado y empresarios regionales en los cambios económicos y espaciales. Mendoza (1870-1910) en *Siglo XIX. Cuadernos de Historia*, Año IV, Nº 10, set.-dic., 1994. Sobre la caracterización económica de los grupos empresariales regionales existe una importante bibliografía. Citaremos aquí algunos ejemplos ilustrativos: Mario Cerutti, *Burguesía y capitalismo en Monterrey, 1850-1910*, México, Universidad Autónoma de Nuevo León (Claves Latinoamericanas), 1989, y "El gran norte oriental y la formación del mercado nacional en México a finales del siglo XIX" en *Siglo XIX. Revista de Historia*, Nº 4, 1987.

[81] La relación entre empresarios e industrialización viene ocupando un lugar importante en la historiografía. La tesis de Jorge Sábato y el análisis del comportamiento de los empresarios industriales de Schvarzer imprimieron las características de las limitaciones de los empresarios argentinos en dos aspectos centrales. La existencia de inversiones diversificadas y de vinculaciones estrechas entre industriales y otros sectores de la élite económica y social, sumado a una capacidad innovadora en el mediano plazo habrían sido los elementos centrales de la racionalidad empresaria de estos agentes. Como lo señala María Inés Barbero, la historia comparada revela que el comportamiento de los empresarios argentinos no escapa a algunas características que señalan otras experiencias industriales. Puede verse su reseña al libro de Jorge Schvarzer, *La industria que supimos conseguir*, publicada en *Boletín de Historia Americana y Argentina Dr. Emilio Ravignani*, Nº 13, 1996, pp.127-131. También puede verse en el artículo de Fernando Rocchi, "En busca del empresario perdido: los indus-

triales argentinos y las tesis de Jorge Federico Sábato" en *Entrepasados. Revista de Historia*, N° 10, 1995.

[82] La información disponible agrupa en este tema las principales dificultades que encontró el gerente industrial al explicar los desequilibrios financieros de la entidad que dirigía. Es bueno observar que de la correspondencia de Daniel González no se desprenden otro tipo de situaciones macroestructurales, como la crisis de 1873, que pudieron haber incidido en su negocio. Daniel no parece reconocer en esa coyuntura alguna dificultad.

CAPÍTULO 3
CUESTIONES DE FAMILIA

[1] La historiografía hispanoamericana y la europea han señalado experiencias sociales similares a la de los González en diferentes períodos y ámbitos regionales. La conformación de clanes familiares en el marco iberoamericano (como también la construcción de linajes europeos) indica la promoción social por la vía de generaciones que transitan desde posiciones comerciales banales hasta la concentración de riqueza y la inserción en funciones administrativas, jurídicas y/o eclesiásticas. Para el caso iberoamericano, remito al estado de la cuestión señalado por A. Kusnessof; algunos casos europeos pueden verse en AAVV, *Historia de la Familia* (tomo II), Alianza, 1988.

[2] El tema de la intencionalidad de los actores en los procesos históricos constituye un tema que en general ha obtenido insistentes recurrencias y que en las últimas décadas ha recibido nuevas formulaciones. Corina Yturbe, "Individualismo metodológico y holismo" en Manuel Cruz (comp.), *Individuo, modernidad, historia*, Madrid, Tecnos, 1993.

[3] Susan Socolow, "Cónyuges aceptables: Argentina colonial, 1778-1810" en Asunción Lavrin (comp.), *Sexualidad y matrimonio en la América hispánica, Siglos XVI-XVIII*, Grijalbo, 1989, pp. 229-234.

[4] Esta situación recuerda las conclusiones de Raúl Merzario cuando sugiere que las redes de sociabilidad y de interconoci-

miento acaban por transformar el círculo de vecinos en parentela. Raúl Merzario, *Il paese stretto*, Einaudi, 1981.

[5] Angelina González Videla con Enrique González Videla; Florencia González Videla con Carlos González Videla; Celina González Videla con Carlos González Delgado; Matilde González Videla con Juan Borbón González y Elcira González Videla con su tío Melitón González Pintos. Todos estos matrimonios fueron formalizados después de 1871.

[6] Recordemos que para Pierre Bourdieu las relaciones entre ascendientes y descendientes aparecen revelados en el matrimonio con la prima paralela, y éstos existen y subsisten sólo al precio de un incesante trabajo de mantenimiento, y de una *economía de los intercambios materiales y simbólicos entre las generaciones.* P. Bourdieu, *El sentido práctico*, Taurus, 1992.

[7] Ricardo González Videla c.c. Rosario Funes; Elina González Videla c.c. Exequiel García; Alberto González Videla c.c. Leonor Puebla; Carmen González Videla c.c. Federico Palacio; Leonor Marcó González c.c. Manuel García; Daniel Marcó González c.c. Virginia Correa Blanco; Matilde Videla González c.c. Jorge Bombal; Elcira González González c.c. David Guiñazú.

[8] La irrupción del individualismo afectivo responde a la progresiva incidencia de la moral austera que exalta el ascetismo individual, la responsabilidad y la autoridad del cabeza de familia. El análisis de Stone se opone al de E. Shorter, para quien el proceso depende de la progresiva industrialización de la sociedad inglesa que modifica las pautas de comportamiento de los sectores populares. Stone, por el contrario, atribuye a la aristocracia inglesa un papel prioritario en la nueva configuración conyugal. Una visión diferente y que marca otras posiciones al respecto es la de Norbert Elias, para quien el cambio en el comportamiento familiar y la vida conyugal es el resultado de una transformación del Estado y de la sociedad y depende de ella. Lawrence Stone, *Familia, sexo y matrimonio en Inglaterra, 1500-1800*, F.C.E., 1988. pp.5 y ss. La crítica a Stone de E.P. Thompsom merece ser atendida en "Happy Families" en E. P. Thompson, *Making History. Writings on History and Culture.* The New Press Nº 4, 1995. pp. 299-309.

[9] Una visión revisionista sobre el control paterno en la elección del cónyuge, el cual se robustecería en el siglo XIX, puede

verse en Patricia Seed, *Amar, honrar y obedecer en el México colonial. Conflictos en torno a la elección matrimonial, 1574-1821*, Alianza, 1991.

10 La relación entre el modelo patriarcal y el complejo y variado sistema de hábitos sociales de los sectores subalternos en el caso porteño ha sido revisado recientemente por Ricardo Cicerchia, "Vida familiar y prácticas conyugales. Clases populares en una ciudad colonial. Buenos Aires, 1800-1810" en *Boletín del Instituto de Historia Argentina y Americana Dr. Emilio Ravignani*, 3ª serie, 2, 1989, y "Familia: la historia de una idea. Los desórdenes domésticos de la plebe urbana porteña, Buenos Aires, 1776-1850" en Catalina Wainermann (comp.), *Vivir en familia*, UNICEF-Losada, 1994. El comportamiento familiar en el caso mendocino ha sido explorado por María del Rosario Prieto, *Los documentos matrimoniales como indicadores de control y conflicto en una sociedad tradicional. Mendoza Argentina, 1770-1810*, CRICYT, 1989, mimeo.

11 Recordemos que desde niña Leonor había acompañado a su tía Mercedes Marcó de González en la ciudad de Buenos Aires. En 1854, al momento de conformar las hijuelas de los herederos de Benito González Milleiro, tanto Leonor como Segundita se encontraban en Chile, por lo que puede sospecharse que después de 1840 las mujeres también pueden haberse radicado en el país vecino a causa de la persecución y embargo del dominio rosista.

12 (A.F.P., *Carta* de Leonor González a su hermano Benito fechada en Buenos Aires en 1867.)

13 (A.F.P., *Correspondencia* de José C. Borbón a Carlos González fechada en Buenos Aires el 21 de enero de 1886.)

14 Llama la atención que en la correspondencia familiar no figure ningún testimonio que permita reconocer el nivel de instrucción de la madre de los González, como los ejemplos ampliamente representados en la material epistolar de Magdalena Correas y de sus hijas. Es recién Leonor González quien escribe más a menudo a sus hermanos y con un lenguaje adecuado a su clase. En general, asistieron a las escuelas de las monjas donde se privilegiaba aprender a leer y escribir y se sumaban labores manuales.

15 (A.F.P., *Correspondencia* de Daniel González a Pedro L. Ramayo. Mendoza, 2 de octubre de 1881.)

[16] *El Constitucional*, del 2 de junio de 1874, Nº 468, A.H.M.

[17] Son éstos episodios sintomáticos de las tensiones existentes entre estos parientes. A la muerte de Leonor, Carolina reclama 900 pesos que le había prestado a su cuñada y "como entre ambas señoras había mucha amistad, mi mandante varias veces prestó dinero y a causa de esa amistad no exigió recibos, guardando las consideraciones que se acostumbran en sociedad, sobre todo tratándose de personas de sexo femenino bien colocadas socialmente". El abogado de Carolina (Federico Albarracín Guerrico) intercedía así ante los herederos de Leonor. En 1892, también Melitón González daba un poder a César González Segura para asegurarse el cobro de una deuda con su hermana de 1200 pesos, pero tampoco tenía recibo firmado. (A.G.N.)

[18] (A.F.P., *Correspondencia* de Encarnación Segura a Daniel, 21-8-94.)

[19] Encarnación (la viuda de Salvador González) le escribe a Daniel, que residía en San Rafael, y expresa su duda sobre un posible viaje de su cuñado por "lo que están haciendo las mujeres, asesinan a los mozos!", por lo que se estima una coyuntura social urbana de relativa violencia femenina en la última década del siglo XIX y que alarmó a las clases altas mendocinas. Efectivamente, a través de la lectura de las páginas de *El Debate*, Arturo Roig ha señalado el elevado índice de asesinatos en esos años (en 1897 hubo en 48 asesinatos; en 1898 hubo 86 y en los seis primeros meses de 1899 alcanzaron la cifra de 337; *El Debate*, 16/9/1899), en Arturo Roig, "Mendoza y los visitantes positivistas" en *Mendoza en sus letras y sus ideas*, Ediciones Culturales de Mendoza, 1995, p.180.

[20] (A.F.P., *Correspondencia* de Encarnación Segura de González a Daniel González, 21-8-94.)

[21] Un total de veinte cartas cursadas por Carlos a Daniel González entre 1885 y 1900 permitieron reconstruir las relaciones de este conflicto matrimonial. Los ejemplares se encuentran en A.F.P.

[22] El pleito fue extraído de protocolos notariales depositados en A.G.N. Un análisis de la costumbre en el código civil hacia fines de siglo puede verse en Víctor Tau Anzóategui, "La costumbre en el derecho argentino del siglo XIX. De la Revolución al Código Civil" en *Revista de Historia del Derecho*, Ins-

tituto de Investigaciones de Historia del Derecho, Nº 4, 1976, p. 285.

23 El conflicto matrimonial entre Carolina y Daniel transcurre en un proceso normativo que tiene en cuenta la nueva legislación civil sobre el matrimonio frente al derecho canónico que había regulado estas prácticas. Puede verse un interesantísimo estudio sobre el matrimonio y la legislación del mendocino Manuel A. Sáez, *Derecho Canónico. El Matrimonio clandestino*, Mendoza, Imp. de "El Constitucional", 1878.

24 Vale destacar la ausencia de la protocolización de la dote recibida por Carolina en 1868, como así también de algún tipo de contrato matrimonial. Una copia del plano de la estancia, escrita con lápiz, fecha la propiedad de la estancia de los García Calle desde 1824, A.F.P.

25 Enfoques diversos, provenientes sobre todo del campo antropológico e histórico, indican la existencia de estos comportamientos. Especialmente puede verse Giovanni Levi, *La herencia inmaterial...*, op. cit.; André Burguière, "Las mil y una familias de Europa" en AAVV, *Historia de la familia*, Alianza, 1988; John Davis, *Antropología de las sociedades mediterráneas*, Anagrama, 1979.

26 (A.F.P., *Correspondencia* de Benito González a Lucas González, abril de 1832.)

27 François Lebrun, "Padres e hijos" en AAVV, *Historia de la familia*, op. cit. pp.147-160; Michelle Perrot, "Figuras y funciones" en AAVV, *Historia de la vida privada. La Revolución francesa y el asentamiento de la sociedad burguesa, 7*, Taurus, 1989.

28 Elizabeth Jelin y Gustavo Paz, *Familia y género en América Latina. Cuestiones históricas y contemporáneas.* CEDES, 1992. p. 23.

29 Como es bien sabido, la cuestión del "nombre" ha sido objeto de múltiples discusiones en el campo de las significaciones psicológicas y sociológicas. Para Bourdieu, el tema del nombre propio implica la intención de apoderarse del título y de la posición genealógica, tiene que ver con derechos privilegiados, una suerte de predestinación donde el individuo parece estar designado a resucitar el antepasado epónimo, a sucederlo en cargos y poderes. Pierre Bourdieu, *El sentido práctico*, Taurus, 1992.

30 (A.F.P., *Correspondencia* de Leonor y Segunda González Marcó fechada desde Buenos Aires, en setiembre de 1865.)

[31] En el interior de sus prácticas de financista e intermediario de capitales ingleses vinculado a la estructura económica de la provincia de Santa Fe, debe observarse la autoría de un texto sumamente revelador, *The Province of Santa Fe in the Argentine Republique of South America as an Agriculturel, Pastoral, And Industrial Country*, publicado en Londres.

[32] (A.F.P., *Correspondencia* de Benito a Carlos, julio 1870.)

[33] El conflicto entre los hermanos puede ser el corolario de una sumatoria de tensiones latentes registrables a partir de 1865, cuando las hermanas de Benito apelaron a Carlos por la herencia de Sixto, sobrepasando la autoridad de su hermano biológico. En 1867, cuando Leonor decide casarse con Borbón sin la aprobación de su hermano, parece desconocer también su liderazgo. Finalmente, el conflicto de deslinde de predios en Panquegua pone en el tapete el enfrentamiento entre los hermanos. Sin embargo, parece importante destacar la intención de no hacer públicos los conflictos familiares. Los testimonios que registran las tensiones familiares, aunque sean escasos, parecen sugerir que por lo menos hasta 1880 se intenta que los conflictos sean resueltos en el ámbito familiar, y esta situación probablemente se deba a que son actores económicos prominentes que intentan mantener el reconocimiento social. En el caso de la resolución de la herencia, por ejemplo, es recién en 1887 cuando algunos herederos se presentan a los jueces locales para solicitar la revisión de algunos casos, y el trámite culmina en 1902: 48 años después de muerto el progenitor.

[34] En nota fechada en Mendoza el 10 de marzo de 1880, Javier Videla renunciaba a formar parte de la Comisión Liquidadora, A.F.P.

[35] (A.F.P., *Correspondencia* de Daniel González a Carlos, fechada en San Rafael el 22 de agosto del año 87.) El destacado le pertenece a Daniel.

[36] Importa destacar la reciente necesidad de justificar la posesión del patrimonio y el deslinde de los límites de "Las Vizcacheras", el terreno inculto que adquiriera Carlos González en 1861: "mucho me alegro que arreglaran con Ortega el deslinde de las Vizcacheras y que ya Enrique se ha ido a concluir el alambrado y buscar con qué poblar. También veo que no te ha salido otro Juan Antonio para firmarte las escrituras de los

remates; y que estaban para firmar las escrituras del banco. Así ya se le podrá exigir a Regueira que entregue las 600 cuadras". (A.F.P., *Correspondencia* de Daniel a Carlos de 1890.)

[37] El Alegato presentado por el señor Lobos al señor Juez de sección expresa lo siguiente: "El Sr. Eleodoro Lobos, por D. Carlos González; contra la acusación contra este entablada por D. Isidro Calero y D. Antonio Yruvosqui, fundando esta acusación en la posesión que supuestamente el Sr. González tendría sobre un fundo ubicado en la Junta de los Ríos, en el alegato, el Sr. Lobos trata de probar lo infundado de las pretensiones de los Sres. demandantes, para esto cita el testimonio de los vecinos de la zona en favor de D. Carlos González, tales son: D. Benancio Calderón, D. Antonio Lucero, D. Isaac Paez, D. José María Guiñazú, D. Pedro Junco, D. Segundo Guiñazú, D. Domingo Calderón y D. Julian Calderón; quienes afirman que hace más de 30 años que D. Carlos González posee sin interrupción alguna, a titulo de propietario, los campos convenidos como de su propiedad en la junta de los ríos. Aduce que esos testigos son gente respetable y muy conocida en la sociedad mendocina. Mientras las declaraciones presentadas por la otra parte adolece de precisión, y es dada por los Sres. Zorrilla, Belzunce, Lucero y Sosa, Latino e Ibern. Funda también el alegato diciendo que el titulo presentado por los Sres. Calero e Yruvosqui es del año 1885, siendo que el mismo Sr. Yruvosqui ha dicho que reconoce que el fundo era poseído por González desde el año 1884, y ésto es contrario a lo que dispone el código civil en su artículo 2789". (Copia archivada en A.F.P.)

[38] Es fundamentalmente el efecto de una sociabilización paternalista y autoritaria lo que caracteriza la hegemonía del patriarcado, porque es el que asigna como espacio privilegiado para las mujeres el de la reproducción, entendido como el ámbito de la producción de bienes y servicios de uso cotidiano destinados a la crianza y satisfacción de las necesidades de los sujetos. Por el contrario, los varones lideran el mundo de la producción, es decir el mundo del trabajo propiamente dicho, aquel que tiene un precio en el mercado, y que se juega en el ámbito de lo público. Chiara Saraceno, *En favor de la mujer*, Madrid, Debate, 1985.

[39] Ricardo Cicerchia, "Familia: la historia de una idea. Los de-

sórdenes domésticos de la plebe urbana porteña. Buenos Aires, 1776-1850" en Catalina Wainermann (comp.), *Vivir en familia*, Losada, 1994.

[40] Como veremos en el capítulo siguiente, el período de dominación rosista posibilitó la emergencia de ciertas mujeres de las familias unitarias en la administración de los recursos económicos y financieros familiares. Los insistentes reclamos y negociaciones por parte de ellas para conseguir el retorno de los líderes familiares implica que la función de esos actores era fundamental para restablecer el liderazgo familiar y comercial. (A.F.P., *Correspondencia* de Magdalena Correas de Videla a su esposo entre 1841 y 1847.)

[41] La primera esposa de Juan González testó a las 10 de la noche del 1º de octubre de 1811, con los siguientes testigos: Vicente Marcó, Félix Ruiz, Leandro Muñoz. También declaró en esa oportunidad "tener un negrito como de once años de edad llamado Antonio que me ha regalado, y condujo del Brasil mi hijo Don Lucas, y siendo como es perteneciente a mi sola he venido a cedércelo como se lo cedo para mientras viva, a mi hijo José Benito para si solo, con concentimiento de mi hijo Protector que se halla presente", A.F.P.

[42] Arturo A. Roig, *Breve historia intelectual de Mendoza*, Mendoza, D'Accurzio, 1966 y *Mendoza en sus ideas y sus letras*, Ediciones Culturales de Mendoza, 1995.

[43] Los títulos fueron enumerados indistintamente por el notario en 1863. Esta situación impide reconstruir el tipo de jerarquía literaria establecida por parte de su propietario. Sin embargo, esa simple enumeración nos habilita inspeccionar al menos qué libros merecieron formar parte de su biblioteca. La importancia de las mismas en la redefinición de la historia de la lectura ha sido destacada por una amplia literatura. Puede verse Robert Darnton, "Historia de la lectura" en P. Burke (comp.), *Formas de hacer historia*, Alianza, 1993. Roger Chartier, "Historia del libro" en P. Nora-J. Le Goff, *Hacer la Historia*, LAIA, 1979. Roger Chartier, "Historia intelectual e historia de las mentalidades. Trayectorias y preguntas" en *El mundo como representación. Historia cultural: entre práctica y representación*. Gedisa, 1995, pp.13-44.

[44] La literatura religiosa aparece representada en: el *Triunfo de la religión cristiana*, *Roma subterránea*, *Principios fundamentales de*

la *Religión, David perseguido, Historia Eclesiástica, Vida de Vicente de Paula, Historia de Santa Elena* (9 tomos), *Memorias para servir a la historia eclesiástica* (4 tomos), *Retrato de la Compañía de Jesús, El Cuerpo y el Alma* y *Pío IX,* escrito por Jaime Balmes.

45   Entre las lecturas de entretenimientos pueden destacarse: *Fábulas,* de La Fontaine; *el Relato de Alejo o la casita de los bosques, la Dama de Monsaureau, el Barbero de París, El Castillo de Grantley, Julia o los Subterráneos del Castillo de Mazzini, Juan el Trovador, Travels in South America* (en inglés), *Cartas de Amira* y cuatro entregas de *Memorias de Ultratumba.* Una novelita titulada *Cinq Mars, los Mil y un fantasmas,* cinco tomos de *los Misterios de París* y cuatro sobre *Aventuras de Nigel.* También pertenecerían a este género: *Agueda y Cecilia, Noches lúgubres, Colmena Española* o *Piezas Escogidas* de varios autores españoles y *Teatro Contemporáneo ilustrado* (en francés).

46   Lenguaje, oratoria y retórica son remitidos por: *Diccionario latín-español, Gramática Francesa-Española, Gramática Latina, Compendio sobre las lecciones de la retórica y bellas Letras, Libro de los Oradores, Diccionarios Francés- Español/Español-Francés* (de mucho uso), *Diccionarios Español-Inglés/Inglés-Español, el Arte de hablar bien en francés* por Chantreau, *Elementos de la Lengua Francesa "o sea nueva Gramática técnico-práctica para aprender dicho idioma", Elementos de Literatura, Lecciones de Gramática Castellana, Gramática* (en francés), *The English Spelling Book, Gramática francesa para enseñar a los italianos,* y "Clave de los ejercicios para aprender a hablar, leer y escribir el francés y francés según el sistema de Ollendorf".

47   Estos textos se completan con: *Memoria* de Luciano Bonaparte, *Ruinas o Meditaciones sobre las revoluciones de los imperios* y algunos artículos de Jotabeche.

48   Entre las obras de carácter general se identifican: 17 tomos de Historia Universal, 2 de España Romántica, 3 de Derecho Romano, 4 tomos de los misterios de Londres, 2 sobre historia de Grecia, 3 de la vida de Cicerón, 1 de Historia de Carlos XII, 1 de historia antigua escrita en francés y otro sobre la guerra de Cataluña. Un volumen sobre "Luis XIV y su siglo" y dos volúmenes del "Método de aprender geografía universal y particular".

49   El inventario registra la existencia de: un volumen de *Química demostrada en 26 lecciones; Comentarios de las preparaciones analíticos, observaciones químicas y farmacéuticas* (en italiano), otro de

farmacopea (en italiano) y un texto de química, de Regnahlt. Otro texto titulado "Secretos de Agricultura, cabal de campo y pastoril". Un volumen de Geología (en italiano), uno de Catecismo de industria rural y doméstica; un tratado de química orgánica (en italiano) y otro sobre "Principios Elementales de Química"; una "Guía Práctica para curar sin mercurio las enfermedades sifiliticas" (en francés). Un libro titulado "Catecismo de Aritmética comercial", de José Vacullo, y otro de aritmética, cuyo autor era José Gastanrica.

[50] Carlo Ginzburg, "Indicios" en *Mitos, emblemas e indicios. Morfología e historia*, Gedisa, 1989, y Carlo Ginzburg-Carlo Poni, "Il nome e il come: scambio ineguale e mercato stotiografico" en *Quaderni Storici*, Nº 40, Ancona, enero/abril de 1979.

[51] La relación entre los grupos superiores de la sociedad mendocina y el espacio urbano fue subrayado debidamente por James Scobie, quien al reconstruir la configuración de algunas ciudades del interior del país, observó el modo en que las plazas de las "ciudades secundarias" nuclearon a las familias más acomodadas de la ciudad de Mendoza. James Scobie, "Consideraciones acerca de la atracción de la plaza en las ciudades provinciales argentinas" en *De historia e historiadores. Homenaje a José Luis Romero*, Siglo XXI, pp.357-386.

[52] Estas evidencias recuerdan –en parte– las consideraciones realizadas por José Luis Romero en su clásico *Latinoamérica: las ciudades y las ideas* (Siglo XXI, 1982). La dinámica urbana no sólo contiene la vida social de la ciudad propiamente dicha sino que logra incluir un espacio rural que suministra los principales bienes para el desarrollo de la misma. Sin embargo, cabe recordar que dicha particularidad en las provincias de Cuyo en la primera mitad del siglo XIX, llamó la atención del sanjuanino Domingo F. Sarmiento, quien no dejó de advertir las ventajas de la "ciudad agrícola", en contraposición con las "ciudades pastoras". La dinámica subyacente en el interior de esta categoría históricamente situada, permite referenciar los límites abarcativos de lo rural y lo urbano hacia 1850 en Mendoza, donde se toman en cuenta los márgenes móviles de estas dimensiones: lo "urbano" incluye el campo incorporado por el sistema de riego; lo "rural", como ideología, está en la frontera del oasis. Silvia Cirvini, "El espacio moderno. La función utópica en el discurso de Domingo Fausti-

no Sarmiento" en Arturo Roig (comp.), *Proceso civilizatorio y ejercicio utópico en nuestra América*, Editorial Fundación U.N. de San Juan, 1995, p. 138.

[53] (A.F.P., *Correspondencia* de Daniel a J.C. Borbón, febrero de 1858.)

[54] Carlos Moreno, *Españoles y criollos, largas historias de amores y desamores. La casa y sus casas*, 3, Icomos-FAU-UBA, 1994.

[55] Para Ricardo Ponte, "en la resolución del conflicto que significó erigir nuevamente la ciudad, se pusieron en juego, como tal vez nunca antes tan claramente, los intereses de los diferentes sectores sociales y económicos", en su *Mendoza aquélla ciudad de barro...*, op. cit., p. 19.

[56] Los cálculos estimativos de las consecuencias del terremoto de 1861 refieren a que diezmó en una tercera parte la población de la ciudad y la de Panquegua. La población de Mendoza hacia 1864, según el censo provincial, era de 57.476 personas; hacia 1869, el censo nacional arrojó la cifra de 65.413. Además, el informe de Tristany expresa que vivían alrededor de 12.000 personas en la ciudad y que murieron alrededor de 4500 en la ciudad y Panquegua. Pueden consultarse los relatos de Tristany en *Revista de Estudios Históricos de la J.E.H.M*, 2ª época, Nº 8, tomo II, 1975; José Luis Masini Calderón, *Mendoza hace cien años...*, op. cit.

[57] Silvia Cirvini, "La hacienda de los potreros-Panquegua-Mendoza" en *XAMA. Revista de la Unidad de Antropología-INCIHUSA*, Nº 4 y Nº 5, 1994.

[58] De acuerdo a los Libros 307 y 308 de Protocolos (fs. 5 y ss), adquirieron lotes en la "ciudad nueva": Benito González Marcó (dos lotes), Carlos González (cinco lotes a nombre propio y de sus hijos), Daniel González, Rita Pintos, Luis Marcó, Salvador González y su esposa Clementina Arroyo; Mónica González de Jonte (A.H.M.).

[59] Según un conjunto de facturas personales depositadas junto a otros papeles en el Archivo Familiar, el atuendo personal también registra alteraciones significativas. Daniel González hacía sus pedidos de ropa y accesorios personales a algunas tiendas de Valparaíso que lo surtían del frac obligado para alguna velada, de sombreros de copa y de botas para montar. Las mujeres adquirían algunos sombreros de plumas, gasas y otros géneros para sus atuendos personales.

[60] (Biblioteca San Martín, *El Debate*, N° 6/11/1908; 1/10/1909; 4/10/1909.)

[61] (A.F.P., *Correspondencia* de Carlos a Daniel, octubre de 1887 y julio de 1894.)

[62] *Libro Rosa. Guía de Familias*, Editado por la Liga Patriótica Argentina de Mendoza-Brigada de Señoras, Mendoza, 1930.

[63] El Testamento es del año 1827 y expresa textualmente: "es mi voluntad que después de hecho cada vez, sea amortajado con el hábito que visten los religiosos de Nuestro Padre Santo Domingo y sepultado en el cementerio de dicho convento", doc. cit., A.H.M.

[64] (A.H.M., Libro de Protocolos 256, folio 86.)

[65] A la política de laicización hay que sumar las derivadas del higienismo que se implementaron en Mendoza a raíz de las epidemias de cólera, puede verse Silvia Cirvini, "El ambiente urbano en Mendoza a fines del siglo XIX. La higiene social como herramienta utópica del orden" en AAVV, *Arturo Roig. Filósofo e historiador de las ideas*, Universidad de Guadalajara, 1989.

[66] Las placas recordatorias pertenecientes a Ignacio Bombal y Ramona Ugarte (natural de Buenos Aires) son idénticas y se localizan en dos columnas centrales del mausoleo. También se encuentran sepultados allí sus hijos, nietos y bisnietos.

[67] Zacarías Moutoukias, "Narración y análisis en la observación de vínculos y dinámicas sociales: el concepto de red personal en la historia social y económica" en M. Bjerg y H. Otero (comp.), op. cit. pp.228-229.

CAPÍTULO 4

LAS BASES DEL PODER SOCIAL DE LOS GONZÁLEZ
(PRIMERA MITAD DEL SIGLO XIX)

[1] Cuando Botana reconstruye las modalidades del federalismo argentino a partir de 1850 expresa que "en este proceso de larga duración constitucional el análisis del vertical ascenso, gracias al cual el desierto bárbaro del imaginario liberal pasó a convertirse en una próspera nación de inmigrantes, no debe omitir la observación de una continuidad persistente y te-

naz. Pues la sobrevivencia de la forma unitaria del Antiguo Régimen, las belicosas reivindicaciones de autonomía regional, o la debilidad de los procesos deliberativos marcaron esta historia con el ambivalente significado de la palabra federalismo, feudal por su origen y etimología, republicano por su propósito, centralizador por sus consecuencias" en "El federalismo liberal en la Argentina, 1852-1930" en Marcello Carmagnani (comp.), *Federalismos latinoamericanos. México, Brasil, Argentina*, FCE, 1992, p. 225.

[2] J. C. Chiaramonte, *Mercaderes del Litoral. Economía y sociedad en Corrientes en la primera mitad del siglo XIX*, FCE, 1993; "Legalidad constitucional..." op. cit; "El federalismo argentino en la primera mitad del siglo XIX" en Marcello Carmagnani, *Los federalismos latinoamericanos. México, Brasil, Argentina*, FCE, 1994. p.123; "Acerca del origen del estado en el Río de la Plata" en *Anuario-IEHS*, Tandil, Nº 10, 1995, pp. 27-50. Silvia Romano, "Finanzas públicas de la provincia de Córdoba 1830-1855" en *Boletín del Instituto de Historia Americana y Argentina Dr. Emilio Ravignani*, Nº 6, 3ª serie, 2º semestre de 1992; Noemí Goldman, "Legalidad constitucional y caudillismo en la provincia de La Rioja" en *Boletín del Instituto de Historia Americana y Argentina Dr. Emilio Ravignani*, Nº 7, 3ª serie, 1994.

[3] Pilar González Bernaldo, "La Revolución Francesa y la emergencia de nuevas prácticas de la política: la irrupción de la sociabilidad política en el Río de la Plata revolucionario, 1810-1815" en *Boletín del Instituto de Investigaciones Historia Argentina y Americana Dr. Emilio Ravignani*, 3ª serie, Nº 3, 1991.

[4] Tulio Halperin Donghi, *Revolución y guerra. Formación de una élite política criolla*, Siglo XXI, 1979 y *De la revolución de independencia a la Confederación rosista*, Paidós, 1985. Marcela Ternavasio, "Nuevo régimen representativo y expansión de la frontera política en el estado de Buenos Aires, 1820-1840" en A. Annino (coord.), *Historia de las elecciones...*, op.cit.

[5] Jorge Comadrán Ruiz, "Mendoza en 1810" en *Tercer Congreso Internacional de Historia de América-ANH*, VI, Buenos Aires, 1961.

[6] François X. Guerra, *Modernidad e Independencia*, op. cit., pp.71 y 72.

[7] Debe notarse que dicha experiencia servirá posteriormente para robustecer las tendencias autonomistas de la provincia. En 1824, la prensa local apuntaba: "No se pretende insultar al

gran pueblo de Buenos Aires... no podemos mirar sin interés al pueblo que ha sido la cuna de nuestra Independencia...pero el gobierno general que allí residía ha sido la causa de los males. El Directorio humilló. Los pueblos de las provincias quieren "regirse por leyes formadas por sus legislaturas individuales, por leyes que sean conformes a sus necesidades, y a las circunstancias particulares de su localidad: jamás consentirán en ser gobernadas por hombres desconocidos, venidos de quinientas leguas. El cuerpo nacional debe convencerse de que esta es la opinión verdadera de todos los pueblos, y que la ciencia de gobernar en los tiempos modernos consiste en ceder a propósito a esta opinión por que no se puede gobernar a los hombres, ni aún hacerles bien contra su voluntad", *El Eco de los Andes*, Nº 13, del jueves 16 de diciembre 1824.

8   Antonio Annino, "Soberanías en lucha" en A. Annino, L. Castro Leiva y F. X. Guerra, *De los imperios a las naciones. Iberoamérica*, Iber-Caja, 1993, pp. 235 y ss.

9   *El Verdadero Amigo del País* (en adelante, *EVAP*) encabezaba el editorial bajo estas bases: "El primer derecho es el de ser Ciudadano, porque cuando nacemos ya estamos en Sociedad, así es que todas las convenciones posteriores dicen dependencia de esta primera, y el Gobierno que es el Fiador, debe tener una intervención en todo lo que sea modificar la obediencia que le deben sus súbditos: todas las relaciones sociales están vinculadas entre sí, y un Gobierno regenerador (como son los de nuestra época) quedaría a medias, si no estuviese a sus alcances el reparar el desorden de algunas de ellas". Nº 39; domingo 27 de julio de 1823.

10   Ultimo número del *EVAP*, enero de 1824.

11   "[...] Nuestras habitudes sencillas, la igualdad de nuestros rangos, el ejemplo de los demás estados americanos, y una tendencia invencible ácia esta forma de gobierno, todo nos convida a adoptarlo". La polémica se había planteado ante el desarrollo del Congreso de 1824. *El Eco de los Andes*, Nº 8, del 11 de noviembre de 1824.

12   *El Eco de los Andes* (segunda etapa), Nº 35, 12 de junio de 1825.

13   Las posturas frente al federalismo en las primeras décadas del siglo XIX suelen estar presentadas por lo que se denomina "federalismo de hecho", el cual supone la disgregación de los "pueblos" del antiguo virreinato rioplatense en función de la

retroversión de la soberanía. Puede verse al respecto Fabián Herrero, "Buenos Aires año 1816. Una tendencia confederacionista", ponencia presentada en *I Encuentro Chileno-Argentino de Estudios Históricos*, Mendoza, noviembre de 1995.

[14] José C. Chiaramonte, "Acerca del origen del estado en el Río de la Plata", op. cit., p. 29.

[15] Formada en su mayoría por ex cabildantes e individuos provenientes del nuevo grupo de políticos ilustrados, la H. Junta de Representantes de Mendoza había sido creada en julio de 1820 después de que un Cabildo Abierto hubiera elegido a cinco vecinos, a simple pluralidad de sufragios. Sus actas pueden verse en Carlos Segreti, *Actas de la Sala de Representantes de Mendoza, 1820-1827*, Buenos Aires, ANH, 1992.

[16] En 1825, ante la aprobación de la Ley Fundamental por parte del Congreso, el mecanismo directo de elección de representantes significó: un "júbilo extraordinario al ver adoptados por nuestros representantes, sentimientos de justicia y de libertad porque tanto han clamado todas las provincias, sin excepción, y cuya proscripción ha hecho la desgracia nacional por tantos años... Qué tendrán que hacer las provincias? El proyecto está en consonancia con sus derechos y con sus deseos; en una palabra, *con la justicia*. Pero los restos de las antiguas ideas aristocráticas, los intereses criminales, de cuerpo y de clase; compelida por hábitos, por la superstición y fanatismo... Déjese a todas en libertad; erija la que no la tenga su representación provincial por el *voto libre y directo* de sus ciudadanos; no una representación *indirecta*". *El Eco de los Andes*, N° 15, domingo 16 de enero de 1825. El destacado es nuestro.

[17] Una descripción del fenómeno de 1820 que desarticula el orden político donde confluyen sublevaciones de las milicias lideradas por el coronel F. Corro, la influencia de Carrera, la intervención del ex congresal Tomás Godoy Cruz, imbuido de mando militar y la destitución del gobernador Pedro Molina por la presión de la "barra" en la plaza principal y su demanda al Cabildo, puede verse en Antonio Zinny, *Historia de los gobernadores de las provincias argentinas*, Tomo III, 2ª parte, Hyspamérica, 1987 pp. 275 y ss.

[18] La elección de capitulares en Mendoza se rigió hasta 1819 por las normas coloniales. A partir de allí, las elecciones se rigieron por la normativa estipulada por el reglamento provisorio

de 1817 que estableció una ampliación de los votantes: "Todo hombre libre, siempre que haya nacido y resida en el territorio del estado, es ciudadano; pero no entrará en ejercicio de este derecho hasta que haya cumplido veinte y cinco años de edad o sea emancipado". Doc. cit. en Cristina Seghesso de López, *Historia constitucional de Mendoza*, Mendoza, Instituto Argentino de Estudios Constitucionales y Políticos, 1997, cap. 7.

[19] El gobernador Bruno García expresó: "La creación y origen de la autoridad Representativa, que siendo el órgano preciso de la voluntad general, necesita para formarse legítimamente que sea la obra del voto libre y expontáneo de los individuos que justamente merecen titularse ciudadanos". García insistía en remitir el tema de las elecciones al sistema electoral fijado por el Reglamento Provisorio de 1817 (Secc.V). El *Mensaje* del Ejecutivo a la Junta de Representantes fue reproducido en las páginas del *EVAP*.

[20] El mensaje del gobernador interino y presidente de la Sala expresaba: "Hasta aquí la Junta Electoral creadora del Cabildo, ha sido encargada igualmente de la elección de Representantes en la H.J. Pero un tal sistema de elección, en todo semejante al de que trata el cap. 4 sección 5 del reglamento provisorio, como dictado para la formación de un gobierno general de unidad, no parece el más adecuado al popular representativo que hemos entablado después, según las fórmulas que se han adoptado. A este le es sin duda más propia, y casi precisa la elección directa de los Representantes por los representados, y así vemos practicarla en todos los pueblos libres que merecen justamente tomarse por modelo en el particular". *EVAP*, N° 51, 19 de octubre del '23.

[21] En el N° 17, del domingo 26 de enero del '23, *EVAP* publica el "Reglamento de la HJ de San Juan para la elección de gobernador".

[22] Situaciones similares fueron advertidas por Halperin Donghi en la construcción del orden rosista; recientemente ha vuelto a presentarla Carlos Mayo en su *Estancia y sociedad...*, op. cit. Marcela Ternavasio, "La ampliación de la frontera política en Buenos Aires, 1820-1840" en Antonio Annino (comp.), *Historia de las elecciones en Iberoamérica...*, op. cit.

[23] *El Verdadero Amigo del País*, N° 55, domingo 16 de noviembre de 1823. El destacado es nuestro.

[24] *El Eco de los Andes*, Nº 27, domingo 17 de abril de 1825.

[25] *El Eco de los Andes*, Nº 4, 14 de octubre de 1824.

[26] Ante el pedido de suspensión de garantías individuales, los editorialistas expresaron "son los enemigos de las luces y hacen valer sus débiles recursos en revoluciones, sin mas miras que destruir nuestros principios y formas; para sustituirnos por las antiguas". *El Eco de los Andes*, Nº 24 y 25. Las sesiones se habían desarrollado los días 7 y 8 de marzo de 1825, y el *Eco* hizo mención de ellas en su número 26, del domingo 10 de abril del año 25.

[27] *El Eco de los Andes*, Nº 27, publicado el domingo 17 de abril de 1825.

[28] Para una revisión de las tendencias federalistas en Mendoza puede verse Cristina Seghesso de López A., "Expresión político-constitucional de un federalismo mixto en Mendoza (1819-1827)" en *Revista de Historia del Derecho*, Instituto de Historia del Derecho, Nº 22, 1995.

[29] *El Iris Argentino*, Nº 45, 1º de abril de 1827.

[30] A esta altura de los acontecimientos "el pueblo de Mendoza", expresa Zinny, "no tenía a la sazón voluntad propia, como no la tenían los demás pueblos, en donde imperaba a la sazón la lanza de Quiroga, conquistada por el ilustre mártir de Navarro, con quien, además, simpatizaba casi todo Mendoza". Antonio Zinny, *Historia de los gobernadores de las provincias argentinas...*, op. cit., p. 285.

[31] Allí se anotaba no sólo su rechazo sino que se manifestaba que la provincia de Mendoza conservaría las relaciones de amistad y comercio con todas las provincias de la República y que participaría con los recursos que estuvieran a su alcance en la guerra con el Emperador del Brasil. El gobierno provincial se regiría por sus propias instituciones hasta la organización definitiva de la Nación.

[32] Cabe anotar que la labor periodística entre 1827 y 1831 estuvo representada por *El Huracán* y *El Coracero*, caracterizados ambos por la poesía satírica en el contexto de la lucha civil. Juan Gualberto Godoy fue el principal exponente. Puede verse Arturo A. Roig, "Juan Gualberto Godoy, poeta satírico. Palabras pronunciadas con motivo del centenario de su muerte" en *Mendoza en sus letras y sus ideas*, Ediciones Culturales, 1995 (1ª ed., 1966).

[33] Los federales estuvieron nucleados detrás de la figura de Juan Corvalán y los unitarios, liderados por el suegro del general Lavalle, Juan de Dios Correas. La política mendocina entre 1826 y 1832 recibió la atención de Dardo Pérez Gilhou, "Teoría y realidad constitucional en los primeros gobiernos federales de Mendoza (1826-1832) en *Revista de Historia del Derecho*, IIHD-Buenos Aires, N° 4, 1976.

[34] José Félix Aldao había sido un guerrero de la Independencia. Vuelto a las provincias de Cuyo, intervino a pedido de su hermano en la expedición que intentó primero apoyar al gobernador sanjuanino Del Carril, y que después, por orden de Las Heras, reprimió en la batalla de "Las Leñas" (1825). Desde entonces, el ex fraile no dejó de participar en batallas que culminaron en su enarbolamiento político y en su incorporación a la red militar y política de Facundo Quiroga. El éxito militar de "El Pilar" (cuando el coronel Villafañe y algunos emigrados sanjuaninos atentan contra el gobierno del mendocino federal Juan Corvalán en 1829), consolidó su liderazgo. Posteriormente Aldao participó de la ofensiva contra los indios, en 1833. Puede verse Jorge Newton, *Félix Aldao. El fraile general*, Plus Ultra, 1971.

[35] El *Mensaje del Gobernador Provisorio coronel José Videla Castillo a la H. Sala de Representantes de Mendoza en 1831* rescató, entre otras cosas, la adhesión a la Liga del Interior en virtud del "ejercicio de soberanía". El gobernador adujo que las relaciones con la provincia de Córdoba eran buenas, "lo mismo que con todas las aliadas del Interior". Y agregaba: "la cuestión del orden social que agita entre estas y una parte de las litorales, debe fenecer en breve, y entonces el gobierno nacional... que aparezca atendiendo a las justas reclamaciones que se han llevado constantemente en la serie de veinte años, conciliará todos los intereses y fijará las bases de un orden permanente" (*Mensaje...*, Archivo de la Legislatura de Mendoza. Exp. N° 50, año 1831, doc. cit. en *Revista de la Junta de Estudios Históricos de Mendoza*, tomo II, 1972, p.770).

[36] Después de la muerte de algunos líderes federales mendocinos en la conocida "Tragedia de El Chacay", el gobierno mendocino fue asumido por un grupo reducido de unitarios ligados al general Paz. Al integrarse a la "Liga del Interior", Facundo avanza sobre Mendoza y se enfrentan en la batalla

de Rodeo del Chacón en marzo de 1831. Quiroga ordena fusilar a los prisioneros.

[37] Sobre el grado de "autonomía e independencia" del gobierno local liderado por Pedro Molina (1832) y que significó la firma de un tratado con la República de Chile, pueden verse sus reclamos realizados a las autoridades porteñas: "...entrar en relaciones de Comercio con la República de Chile. Aquel gobierno está dispuesto a conceder a nuestras producciones todas las ventajas posibles; mas perteneciendo nosotros y queriendo pertenecer a la República Argentina en las instrucciones dadas al enviado don Juan Manuel de Rosas se le previene que en su ajuste atienda siempre a que la balanza se incline en favor del comercio de Buenos Aires", en Jorge Scalvini, *Historia de Mendoza*, op. cit., p. 206.

[38] En 1824 se dictó la primera ley electoral para reglamentar las elecciones directas de diputados nacionales, la que fue modificada en 1827, 1830 y 1844. En 1824 existían tres mesas receptoras ubicadas en el casco urbano; en 1827 se incorpora otra (ubicada en la periferia de la ciudad) y en 1840 se suman dos más en el ámbito rural. La ley electoral de 1830 amplió el número de jueces para la inscripción de los votantes. El "Reglamento de Policía" data de 1828 y estipula en general un control minucioso de los habitantes de la ciudad y la campaña por parte de los decuriones, subdelegados, jueces de paz y comisarios. A esta reglamentación debe sumarse el "Reglamento de Estancias" de 1834 el cual robustece el control en la campaña. Manuel de Ahumada. *Código de leyes, decretos y acuerdos que sobre administración con justicia se ha dictado en la provincia de Mendoza*. Mendoza, Imp. "El Constitucional", 1860.

[39] *Mensaje del Gobernador Provisorio José Videla Castillo a la H. Sala de Representantes de Mendoza*, 1831, doc. cit., p.764.

[40] (A.H.M., Epoca Independiente, Sección Hacienda, Carpeta 370, documentos 12, 16, 29, 43, 44 y 45). También puede verse "Listas de prestamistas de la Campaña sanmartiniana" en *Revista de la Junta de Estudios Históricos de Mendoza*, tomo II, Nº 8, p. 922, 1975.

[41] Carlos Cansanello analiza las obligaciones civiles de los vecinos de la campaña bonaerense y las implicancias de ellas en la formación del ciudadano, en "La Campaña de Buenos Aires 1820-1829. Milicias de vecinos y estado político en formación",

ponencia presentada en las IV Jornadas Interescuelas/Departamentos de Historia, Facultad de Humanidades, Universidad de Mar del Plata, 1993.

[42] Fernando Morales Guiñazú, *Genealogías de Cuyo*, Mendoza, Best, 1952.

[43] (A.H.M. Epoca Independiente, Sección Hacienda, Carpeta 370, documentos 44 y 45.)

[44] Llama la atención la denuncia de su ausencia a las sesiones de la Sala de Representantes provincial realizada por el periódico *El Eco de los Andes* en su número 30 del 8 de mayo de 1825. Por una parte, la historiografía regional no lo incluye en ninguna de las elecciones de la época, tampoco el periódico lo incluye en los representantes que apoyaban la Constitución de 1826. Por otro lado, Benito en su correspondencia omite este tipo de información. Estas evidencias hacen sospechar una integración periférica y que podría haber derivado de sus vinculaciones con Pedro Molina y Melitón Arroyo.

[45] El *Eco de los Andes* en su sección de avisos publicó: "Se necesitan algunos criados que sean aptos para trabajo de campo. El que quiera vender alguno véase con Don Benito González". (Nº 3, jueves 11 de noviembre de 1824). "A Don Benito González le ha llegado la medicina curativa de M. Le Roy, de la primera clase, vende a precios cómodos, y a los pobres enfermos de solemnidad se les dará gratis, con el informe del facultativo que los asista que conste ser pobres" (25 de febrero de 1825). "D. J. Benito González necesita para Buenos Aires una criada buena lavandera y planchadora de buena conducta y edad regular, soltera, a quien se le harán partidas de libertad, si lo mereciera su servicio y comportación: la persona que la tuviera y gustase transferirla puede ocurrir a casa del dicho" (20 de marzo 25). Nº 21 y 22 del citado periódico.

[46] A la vinculación de padrinazgo con Molina hay que sumar la relación comercial con Zapata. Ramón Correas será más adelante su consuegro. (A.H.M., *Actas del Cabildo de Mendoza*, setiembre de 1810.)

[47] Pintos había expresado en esa oportunidad: "los citados se han usurpado el sagrado nombre de patriotas y niegan ese precioso título a los demás, como si el patriotismo no tuviese lugar en los corazones pacíficos, religiosos y amantes de la humanidad", Jorge Scalvini, *Historia de Mendoza*, op. cit., p.119.

48 Entre 1815 y 1820, Pintos aparece registrado en las listas oficiales como prestamista y contribuyente; nótese que en una oportunidad Pintos "suplica" al gobierno la posibilidad de realizar la contribución con productos de su botica porque no podía hacerlo en dinero (A.H.M., Epoca Independiente, Sección Hacienda, Carpeta 370, documentos 12, 16, 17, 29, 42, 45). Sobre la cuestión de su desplazamiento como proto-médico, puede verse Jorge Scalvini, *Historia de Mendoza*, Spadoni, 1965, p.119.

49 (A.H.M., Epoca Independiente, Sección Hacienda, Carpeta 370, documento 85.)

50 La denuncia registraba que el mayor Recuero había puesto en prisión a los soldados dependientes del comisario del cuarto departamento de extramuros (el redactor de la nota), que según la ley estaban exonerados de las pensiones militares; el firmante Nicolás Vila dio parte al jefe de policía y Recuero no sólo burló las indicaciones sino que "terminó metiendo preso al que escribe". El reclamo realizado al gobierno provincial fue respondido por un decreto "que prohíbe se ocupen en los empleos de Policía a oficiales, sargentos y cabos de los cuerpos de milicia", con lo que daba la razón a Recuero y dejaba impune el delito. Vale agregar que Vila fue afectado por el empréstito forzoso impuesto por Félix Aldao en 1831 junto con otros ciudadanos, como Benito González.

51 (A.H.M., *Registro Oficial de Mendoza*, Carpeta Independiente 201, doc. 37.)

52 La advertencia sobre el consenso pasivo ejercido por Benito la sugiere un acta notarial donde un grupo importante de comerciantes locales acuerda destinar una cantidad estimable de pesos (3000 pesos en plata u oro) para "la compra de armas de guerra en la República de Chile ante la amenaza de las incursiones de los bárbaros del Sud, no tenemos la copia suficiente de armas y demás artículos de guerra para resistirlos, y convencidos de que estas armas serán y se llamarán de la Provincia". Firman: José Lima, Manuel Lemos, Toribio Barrionuevo, Pedro Nolasco Rosas, Pedro Molina (comerciante y Gobernador), José Ceferino Palma, Juan Agustín Videla, Genaro de Segura, Francisco Segura y Compañía y Correas, Pedro José Aguirre, Ignacio Bombal, Cruz Suárez, Benito de Segura, Buenaventura Jurado, Luis Hoyos, Manuel Silvestre Cerra, Francis-

co de la Reta, Francisco Borjas Godoy, Juan Francisco García, Manuel Calle, José Clemente Benegas (A.H.M., *Libro de Protocolos* 204, 24 de agosto de 1831, pp. 66 y v.).

[53] En una carta de Benito enviada a su hermano, consigna su lamento por la muerte del comerciante y militar J. A. Gutiérrez, quien había sido ordenado el fusilamiento de los hermanos Carrera (*Correspondencia* de Benito a Lucas, 1831, en A.F.P.) Además, Testamentaría de Benito González de 1854, en A.H.M. Para la cuestión de los conflictos de frontera y el reclutamiento clientelar en Mendoza puede verse: Margarita S. Gascón, "Frontera y poder durante el siglo XIX. Clientelismo político y servicios de frontera en Mendoza" en *XAMA (Revista de Unidad de Antropología)*, 2, CRICYT-ME, 1989.

[54] Damián Hudson, *Recuerdos históricos de las provincias de Cuyo*, tomo I, op. cit., p.,84. Debe tenerse en cuenta que en esos años ejercía la gobernación don Pedro Molina, padrino de Benito González. Además de instrumentar políticas que promovieran el comercio trasandino, la administración provincial dictó "El Reglamento de Estancias" del año 34, donde se definía como hacendado al propietario de ganado y se estipulaba un estricto control sobre la campaña a través de los subdelegados, comisarios y mayordomos de estancias. Puede verse Manuel de Ahumada, *Código de las leyes, decretos y acuerdos que sobre administración de justicia se ha dictado en la Provincia de Mendoza, etc.*, Mendoza, Imp. "El Constitucional", 1860.

[55] Existen diferencias en torno a la fecha precisa del fusilamiento de Lucas. Mármol lo sitúa el 18 de setiembre de 1840 y Rivera Indarte lo data el 19 de setiembre de 1841.

[56] Lucas González y José Cayetano Borbón parecen haber formado parte de algunas experiencias asociativas porteñas de la década del treinta. Pilar González Bernaldo, *La creation d'una nation. Histoire politique des nouvelles appartenances culturelles dans la ville de Buenos Aires entre 1829 et 1862*, tomo III (apéndice documental nominativo), 1995. Por otra parte, José Rivera Indarte expresa "Lucas González, español, es fusilado en el cuartel de Serenos por Nicolás Mariño el 19 de setiembre de 1841. El delito de esta víctima era ser muy rico. Sus bienes se repartieron entre la mazorca", en *Tablas de sangre*, Antonio Dos Santos, 1946, p. 96.

[57] Sobre la posterior relación entre Alberdi, Villanueva y Bor-

bón, puede consultarse Jorge Mayer, *Alberdi y su tiempo*, Buenos Aires, 1968; Carolina Barros, *Correspondencia Alberdi-Borbón, 1858-1861*, Centro de Estudios para la Nueva Mayoría, 1991.

[58] Damián Hudson registra la formación del "Comité de los inmigrantes argentinos...[que] durante diez años, aquellos que, con su brillante pluma, con el patriotismo más decidido, consagraban sus conocimientos a la libertad y reorganización de la República", en *Recuerdos históricos sobre la Provincia de Cuyo*, Edición oficial, Mendoza, 1966, 2 tomos, p. 333.

[59] Una serie de facturas existentes en el Archivo Familiar Panquegua indica esta condición de proveedor, como así también la Testamentaría de Benito González Milleiro de 1854 registra a Borbón como uno de los principales acreedores. Pero a pesar de la estrecha relación comercial, no se advierten comentarios políticos hasta el año 1850, cuando el régimen político local alivia las condiciones existentes y pueden incluso regresar los viejos emigrados.

[60] La serie epistolar pertenece a la señora Evangelina Bombal de González Howard, aunque nuestra consulta se realizó en el A.F.P. por existir allí copias fieles de los originales.

[61] Resulta importante recordar las características del fondo bibliográfico que José María Videla acumuló en su ciclo de vida. Su universo de preocupaciones era variado, tal como vimos en el capítulo anterior.

[62] El gobernador don Justo Correas fue repuesto en su función por la acción militar de Aldao. Hasta ese momento había ejercido la gobernación de forma interina don Pedro Molina, el viejo amigo y padrino de Benito González, quien "era titulado federal neto" y amigo del exacerbado militar. A partir de 1840 el dominio de Aldao, aunque no ejerciera la gobernación, fue casi total. En ese contexto irrumpe la acción unitaria de Gregorio de La Madrid en setiembre de 1841, cuyo ingreso –según Zinny– fue festejado en la ciudad. La Madrid fue electo gobernador provisorio, cargo que desempeñó durante diecinueve días al ser derrotado en la batalla de Rodeo del Medio por el ejército de la Confederación al mando del general Angel Pacheco, segundo de Oribe. Puede verse Antonio Zinny, *Historia de los Gobernadores de las provincias argentinas...*, op. cit., pp. 293-306.

[63] Ramón Correas y Corvalán era un individuo de "ilustre abo-

lengo". Nació en Mendoza en 1761 y era hijo legítimo del Maestre de Campo don Pedro Nolasco Correas, regidor del Cabildo y procurador de la ciudad, y de doña María Magdalena Corvalán y Chirinos de Posadas. Desde joven participó en la política local y en 1814 fue capitán de milicias. Fue signatario del acta del cabildo abierto de abril de 1815 que resolvió desobedecer el nombramiento del Gobernador Intendente de Cuyo, coronel Gregorio Perdriel, por el Director Supremo. Tuvo una actuación destacada como representante en la Sala en 1824 y fue reelecto en el 26 (por "elecciones populares") hasta el año 1827. Durante el gobierno de Juan Corvalán fue electo nuevamente. Murió en 1846.

[64] (A.F.P., *Correspondencia* de Magdalena a su esposo, 1841.)

[65] (A.F.P., *Correspondencia* de Magdalena a su esposo, 1841.) El destacado es nuestro

[66] (A.F.P., *Correspondencia* de Adelina Videla a su padre, noviembre de 1841.)

[67] Antonio Zinny, *Historia de los gobernadores...*, op. cit.

[68] Al mismo tiempo, la lógica de los mismos vencedores incluía la posibilidad de conectarse con individuos nucleados en los grupos opositores: "El Sr. Labandero enviado de ese Gobierno a éste, nos fue presentado por el Sr. Pacheco y habiendo estado ayer a despedirse y ofrecerse, me dijo que pensaba llegar hasta San Felipe y que tendría mucho gusto en llevarte una cartita; creo que vos no distarás de hacerle una visita en nuestro nombre" (A.F.P., *Correspondencia* de Magdalena a su esposo, 1842).

[69] (A.H.M., *Correspondencia* de Magdalena Correas a José María Videla, 1842.)

[70] La correspondencia es de Magdalena Correas a su esposo entre 1841 y 1844, A.F.P.

[71] Doc. cit. El destacado es nuestro.

[72] (A.F.P. *Correspondencia* de Magdalena a su esposo, 1842.)

[73] El 12 de marzo de 1842, doña Magdalena Correas le escribía a su esposo: "Hacen 4 días que llegó el Gral. Aldao; hasta esta fecha no se advierte en el público alteración ninguna, Dios quiera que siga así".

[74] Desde la hacienda de San Miguel, el 28 de marzo de 1842 Magdalena Correas informaba: "Me dices que hable con el Sr. Maza o con el Sr. García, el primero ya no es nada y el segun-

do no se sabe que valor tiene con el Gobernador Aldao, pues se ha corrido que le ha dicho que ya no necesita de él. Finalmente he hablado con el ministro Pedro Ortiz. Generalmente se dice que van a embargar los bienes de todo indicado o calificado por unitario".

75 (A.F.P., Correspondencia de Magdalena fechada en San Miguel cl 6 de abril de 1842.)

76 "De tu venida a ésta, Reina a visto Pleitel y también piensa ver a D. Benito Aragón para que le pregunten al Gral. si hay algún inconveniente para que vengas a ver a tu Flia. y volverte. Pleitel se ha prestado gustoso pero todavía no ha dado contestación; de Aragón no se qué habrá contestado porque recién hoy lo habrá visto Reina..." (A.F.P., *Correspondencia* de Magdalena a José María, San Miguel, 14 de diciembre de 1843).

77 La correspondencia es ahora de su hija Delfina y está fechada el 12 de junio de 1845.

78 San Miguel, 17/03/1844, de doña Magdalena Correa a su esposo.

79 José Mármol, al describir a dos protagonistas femeninas de su novela, indica "eran dos mujeres del tipo perfecto de 1820, que podemos hacer llegar, si se quiere, hasta 1830. Porque la generación que se desenvolvió durante la revolución, tanto en los hombres como en las mujeres, en lo moral como en lo físico, ha tenido un sello especial que ha desaparecido con la época. Es curiosa, pero sería muy larga esa demostración. Y sólo diremos que de aquellas mujeres que hoy se perpetúan en los retratos o en las tradiciones, no quedan sino los retratos y las tradiciones". José Mármol, *Amalia*, Espasa-Calpe, 5ª ed., 1978, p. 459.

80 Los datos sobre Melitón Arroyo fueron extraídos del Registro Oficial de Mendoza, Carpeta 201, doc. 64 y doc. 76. *Copiadores* de cartas de Benito González Milleiro (1830-1840). *Correspondencia* de Benito González Marcó (1850-1860), A.F.P. Lucio Funes, op.cit.; José Luis Masini Calderón, op.cit.

81 Recordemos que una de sus hijas contrajo matrimonio con Nicanor González en 1868. Melitón y Clementina también fueron padrinos del menor de los hijos de Benito, Melitón González Pintos.

82 El Tribunal de Comercio estaba compuesto en 1867 por José M. Videla (consuegro de Benito González), Carlos Videla y

Hnos., Domingo Bombal, Francisco Palacio, Fernando Raffo, Daniel González y Cía., Angel Ceretti y Cía. y Melitón Arroyo. Cit. en Masini Calderón, *Mendoza hace cien años...*, op. cit.

[83] Domingo Bombal era un importante comerciante y hacendado provincial, con intereses pecuarios también en Litoral. Era hijo de Ignacio Bombal y Ramona Ugarte (oriundos de Buenos Aires).

[84] El general Rufino Ortega fue un importante actor político durante el siglo XIX en Mendoza. Dirigió, entre otras cosas, las líneas de tropa en la Campaña del Desierto en 1879. Hizo ocupación de extensos territorios en el sur de la provincia, constituyéndose en un poderoso hacendado y autoritario político. Ejerció la primera magistratura local entre 1889 y 1891.

[85] Archivo de la Legislatura de Mendoza, Expte. 868, cit. en Jorge Comadrán Ruiz, *La clase dirigente mendocina y sus relaciones con D. Juan Manuel de Rosas*, Fac. Filosofía y Letras-UNCuyo, 1989, pp. 28-49.

[86] Sobre la importancia del denominado "crédito eclesiástico" en Mendoza, puede consultarse Beatriz Bragoni y Rodolfo Richard Jorba, *Acerca de la formación de una economía regional: comercio, crédito y producción vitivinícola en Mendoza, 1840-1890*, op. cit. También puede verse la experiencia mexicana planteada por Mario Cerutti, "Comerciantes y generalización del crédito laico en México (1860-1910). Experiencias regionales", op. cit.

CAPÍTULO 5

LA ARQUITECTURA DEL PODER GONZALISTA
(SEGUNDA MITAD DEL SIGLO XIX)

[1] Al respecto, cito aquí algunos de los trabajos más representativos: Arturo Roig, "El Siglo XIX latinoamericano y las nuevas formas discursivas" en *El pensamiento latinoamericano en el siglo XIX*", IPGH, 419. Tulio Halperin Donghi, *Proyecto y construcción de una nación: Argentina, 1846-1880*, Caracas, Biblioteca Ayacucho, 1984. José C. Chiaramonte, "Formas de identidad política en el Río de la Plata después de la independencia" en *Boletín del Instituto de Investigaciones Historia Argentina y America-*

na Dr. Emilio Ravignani, 3ª serie, Nº1, 1989, pp.71-92. Natalio Botana. *El Orden Conservador, la política argentina entre 1880 y 1916*, Sudamericana, 1979, y *La tradición republicana*, Sudamericana, 1984.

[2] Tulio Halperin Donghi, "Liberalismo argentino y liberalismo mexicano: dos destinos divergentes" en *El espejo de la historia. Problemas argentinos y perspectivas hispanoamericanas*, Sudamericana, 1987, p.158.

[3] Hilda Sábato y Elías Palti, "Quién votaba en Buenos Aires?: Práctica y teoría del sufragio, 1850-1880" en *Desarrollo Económico*, 119, vol. XXX, oct.-dic.de 1990. Hilda Sábato y Ema Cibotti, "Hacer política en Buenos Aires: los italianos de Buenos Aires" en *Boletín de Historia Americana y Argentina Dr. Emilio Ravignani*, 1990. También puede verse Hilda Sábato "Ciudadanía, participación política y formación de la esfera pública en Buenos Aires, 1850-1880" en *Siglo XIX. Revista de Historia*, 1993, y su reciente *La política en las calles. Entre el voto y la movilización...*, op. cit.

[4] Los itinerarios sociales de extranjeros registrados tanto en la ciudad de Buenos Aires como en su campaña y en la provincia de Santa Fe indican la integración de núcleos de inmigrantes en los procesos electorales provinciales y municipales. Puede verse Fernando Devoto, "Participación y conflictos en las sociedades italianas de socorros mutuos en Buenos Aires" en F. Devoto y G. Rosoli, *La inmigración italiana en la Argentina*, Buenos Aires, Biblos, 1985; Eduardo J. Miguez, "Política, participación y poder en las tierras nuevas de la provincia de Buenos Aires en la segunda mitad del siglo XIX" en *Estudios Migratorios Latinoamericanos*, Nº 7/8, 1987. Fernando Devoto y Eduardo Miguez (comp.), *Asociacionismo, trabajo e identidad étnica. Los italianos en América Latina en una perspectiva comparada*, CEMLA-CSER-IEHS, 1992. Para el caso rosarino, remitimos al estudio de Alicia Megías, op. cit.

[5] Natalio Botana, "El federalismo liberal en la Argentina, 1852-1930" en M. Carmagnani (comp.), *Federalismos latinoamericanos...*, op. cit.

[6] Oscar Oszlack, *La formación del Estado argentino*, Ed. Belgrano, 1980.

[7] En el orden local, los requerimientos técnicos eran al parecer menos relevantes, y era posible asentir en la acción conjunta

de representantes de ambos grupos. En 1856, el coronel mendocino Manuel de Olascoaga le escribía desde Buenos Aires a Estratón Maza, su viejo amigo político: "...Cuénteme, mi mayor, algo sobre las querellas políticas que me dicen se están ventilando en nuestra querida Mendoza. Es verdad que Ud. ha dejado el batallón?...Cómo están todos los demás compañeros de armas? Es verdad que el señor Juan Cornelio Moyano ha sido nombrado gobernador interino? Por esto felicito a toda la 'Oposición'. Lo felicito a Ud. y me felicito yo" (A.F.P.). Esta situación parece ser regular en otras provincias. Al respecto, puede verse Haydée Gorostegui de Torres, *La organización nacional*, Paidós, 1987.

8 El orden político que había impuesto el triunfo de la Confederación en Cepeda (1859) no socavó las diferencias que la habían originado. En general, se acepta que en esos años Cuyo fue el escenario de importantes luchas políticas relacionadas con la cuestión nacional. Para James Scobie, el conflicto cuyano expresaba aún dos formas de concebir el país que seguían latentes, en *La lucha por la consolidación de la nacionalidad argentina (1852-1862)*, Buenos Aires, 1964. Pueden verse también Luis Sommariva, *Historia de las intervenciones federales en las provincias*, tomo I, 1929; Jorge Scalvini, "Mendoza frente a los sucesos de San Juan (1858-1861)" en *Contribuciones a la historia de Mendoza*, UNCuyo, 1969, pp.11-27 y "Pacificación", op. cit., pp. 99 y ss.

9 Nazar renunció en diciembre de 1861. Durante su gestión, los cargos políticos fueron ocupados por hombres ligados a las filas federales, sin incluir ningún representante opositor. Después de depuesto el gobierno federal de la provincia de Córdoba (noviembre de 1861), marchó sobre Cuyo una división al mando del coronel Ignacio Rivas en la que iba como auditor de guerra Sarmiento, *"encargado de atender la parte política"*, quien hizo desistir al puntano Saá de enfrentar las fuerzas enviadas por Mitre. Ante esa situación, en enero de 1862, los mendocinos intentaron negociar sus intereses con los porteños: Nazar es remplazado por un federal más matizado, el coronel Juan de Dios Videla, quien cuatro años después lideraría con otros mendocinos la última revuelta federal de la provincia.

10 Dardo Pérez Guilhou, "Repercusiones de Pavón en Mendoza

(1859-1870) " en *Pavón y la crisis de la Confederación*, Buenos Aires, Equipo de Investigación Histórica, 1965, pp. 561-590.

[11] Según algunos autores, Mendoza era la llave de ingreso a Cuyo para incorporar a las provincias al orden político liderado por Mitre. Pero ese desplazamiento venía de la mano de virtuales acuerdos programáticos de los mismos liberales de la provincia. Puede verse María del Pino Domínguez de Alvarez, "La revolución de los colorados" en *Revista de Historia Americana y Argentina*, Nº 3 y Nº 4, Mendoza, 1959, pp.217-218.

[12] La primera Ley de Municipalidades fue promulgada en 1868, y la primera municipalidad creada fue la de la Capital. Le siguieron la de Guaymallén, Godoy Cruz y Luján. Según los análisis al respecto, la ley de 1874 (gobierno de Francisco Civit) liquidó la "autonomía municipal" que había impregnado el texto constitucional de la provincia del año 54. Puede verse al respecto, José Luis Masini, *Mendoza hace cien años...*, op. cit., pp.170-174. Dardo Pérez Guilhou, *La constitución mendocina de 1854*, op. cit., p. 23. Julio Fernández Peláez, *Historia de Maipú*, Mendoza, D'Accurzio, 1961, pp. 50-54.

[13] El análisis del conflicto provincial ha sido observado por Dardo Pérez Guilhou, *La revolución del 90 en Mendoza...*

[14] La irrupción de la asociación tuvo como motivo central la situación derivada de la firma del Acuerdo de San Nicolás entre la confederación liderada por Urquiza y la provincia de Buenos Aires. Juan Bautista Alberdi y Domingo Faustino Sarmiento liderarán posiciones opuestas en torno a la convocatoria del congreso constituyente ante la oposición de los porteños al poder concentrado en las manos de Urquiza y la posterior secesión del estado bonaerense. Sobre este asunto, puede verse Haydée Gorostegui de Torres, *La organización nacional*, op. cit, pp.19-39. Cristina V. Minutolo, "Los Clubs Constitucionales y la 'gran tarea' después de Caseros (1852-1855), en *Anuario del Departamento de Historia*, Año II-III,UNC, Nº 2, 1964-1965, pp. 419-470.

[15] *Acta matriz del Club Constitucional Arjentino*, Valparaíso, 16 de agosto de 1852.

[16] El 6 de setiembre de 1852, una Comisión Especial formada por Mardoqueo Navarro, Javier Villanueva y José Cayetano Borbón elevaron a Juan B. Alberdi una nota donde se le manifestó el "Acuerdo" por el cual se "ha aceptado con muestras

y expresiones muy sentidas de agradecimiento, el elevado mérito en que ha sido considerado por el Club su libro, *Bases y puntos de partida para la organización política de la República Arjentina*". A lo que Alberdi responde que "un libro es un poder que desde que una porción del pais hace suya su doctrina, porque elevado al rango de programa, entra en el camino de ser lei". *La nota y el credo de los arjentinos residentes en Santiago y la contestación con los documentos justificativos por el Club Constitucional Arjentino instalado en Valparaíso*, Valparaíso, Imprenta del Diario, noviembre de 1852.

[17] La lista de los asociados al Club figura en uno de los folletos publicados en Valparaíso, aunque la información omite "la publicación de las Actas de San Felipe, Santa Rosa, Quillota, Illapel, Coquimbo, Copiapó, Lamar, Lima y Cerro de Pasco, para hacerlo oportunamente" en *La nota y el credo de los arjentinos residentes en Santiago...* doc. cit..

[18] La correspondencia entre Alberdi y Borbón es muy importante. Hasta su regreso de Europa, Borbón le informaba sobre el desarrollo político del país, y lo instigaba a retornar, en Carolina Barros, *Correspondencia entre Alberdi y Borbón (1858-1861)*, Centro de Estudios para la Nueva Mayoría (Estudio 7), 1991.

[19] Estos dos individuos desarrollaron una intensísima actividad política desde el exilio primero, para el derrocamiento de Rosas, y como operadores del gobierno argentino después. Sarratea había nacido en Buenos Aires en 1814 y sus biógrafos lo definen como "jurista, empresario y político". Hijo de Mariano de Sarratea y sobrino del ex gobernador de Buenos Aires, don Martín Sarratea, cursó estudios en un colegio inglés y después siendo estudiante en Buenos Aires fue compañero de Carlos Tejedor, Vicente F. López y Félix Frías. Después de 1841, se radicó en Valparaíso y escribía en *El Mercurio*. En 1878, como cónsul argentino en Chile, firmó el tratado Fierro-Sarratea. La trayectoria del otro socio de Borbón es también notable. Carlos Vicente Lamarca había nacido en Vigo (Galicia) en 1807. La práctica de la sociabilidad política la había experimentado ya en Buenos Aires cuando participó de la "Asociación de Mayo" siendo uno de los principales conspiradores en la intentona de Maza. Ya emigrado en Chile, se asoció con Borbón y, como Sarratea, ejerce el consulado por nombramiento de Urquiza en 1855. Como

gran amigo de Alberdi, fue su secretario en la estadía europea del tucumano.

[20] Francisco Delgado es categorizado por los biógrafos como "jurisconsulto". Nació en Mendoza en 1795 y estudió en el Colegio Monserrat. Ejerció de abogado en Buenos Aires y en Córdoba. En 1820, fue electo diputado para el Congreso reunido en Córdoba; en 1826, fue diputado por Mendoza en el Congreso General Constituyente que se reunió en Buenos Aires. Fue también magistrado en Córdoba en 1830 bajo la administración del general Paz. Emigró a Chile y desempeñó puestos honoríficos hasta 1854.

[21] Agustín Delgado estudió en el Colegio de Monserrat y formó parte de la élite ilustrada de los años veinte. Activo promotor de ideas e integrado a la política local, su actuación fue destacada. Arturo Andrés Roig, "Apuntaciones sobre el despertar literario de Mendoza. Acompañadas de las historia de tres textos" en *Piedra y Canto*, Cuadernos del Centro de Estudios de Literatura de Mendoza, Nº 2, 1994 y *La filosofía de las Luces en la ciudad agrícola. Páginas para la historia de las ideas argentinas*, Publicación del Departamento de Extensión Universitaria de la UNCuyo, 1968.

[22] De los copiadores de cartas de Daniel González Pintos, comerciante, gerente industrial del Banco familiar y administrador urbano de los bienes de sus hermanos, 1866-1879, A.F.P.

[23] De la *Nota y el Credo*, folleto del grupo de residentes argentinos en Santiago, 1852, p. 2.

[24] Ibidem, p. 4.

[25] Folleto del Club editado en Valparaíso, 1852, p. 2.

[26] Prácticas asociativas relativamente similares en sociedades que en este época aún no han consolidado la unidad política pueden verse en el caso italiano. Anthony Cardoza, "Tra Casta E Classe: Clubs Maschili Dell' Elite Torinese, 1840-1914" en *Quaderni Storici*, op.cit., pp.363-388. Marina Cattaruzza. "Tra Logica Cetuale e Societá Borghese: Il Casino Veccio Di Trieste (1815-1867)" en *Quaderni Storici* 77/ XXVI, 2 de agosto, 1991, pp. 419-450. La centralidad de experiencia asociativa de la burguesía francesa después de la Revolución ha sido revisada por Maurice Aghulon, *Il salotto, il circolo e il caffè. I luoghi della sociabilità nella Francia borghese (1810-1848)*, Donzelli Editori, 1993.

27 (A.F.P., *Correspondencia* de Juan N. Fernández a Benito González fechada en Buenos Aires, 1852.) El doctor Juan N. Fernández había actuado en la política porteña de los años veinte. Los editores del *Teatro de la Opinión* publicaron en 1823 que este sujeto, junto a don Manuel Sarratea, formaban parte de una mesa escrutadora adicta a la administración vigente, en Marcela Ternavasio, "Expansión de la frontera política, Buenos Aires 1820-1840", op. cit., p. 71.

28 Lucas agregaba: "Por eso Napoleón colocándose entre dos siglos que se hacían la guerra más terrible de la que haya memoria, hizo de la Francia dividida y aniquilada por ella misma, tal vez el primer pueblo del mundo. Y Napoleón no comprendía la libertad como los filósofos del siglo XVIII, ni como los republicanos del 48. Para gozar de la libertad que tienen los ingleses sería preciso renovar nuestra raza y habituarla con largos años de aprendizaje. De esto deberían convencerse los que se ocupan de política entre nosotros, para que hablen con más prudencia y menos ruido en las asambleas públicas" (A.F.P. *Correspondencia* de Lucas González a José C. Borbón, fechada desde Turín en 1852).

29 Es notable observar las motivaciones que llevan a la disolución del Club en 1854. Su presidente, el doctor Gregorio Gómez, expresó en el discurso de clausura de las actividades: "No se formó el *Club Constitucional Argentino* para vivir indefinidamente. Destinado, como lo expresa su nombre a cooperar a la organización política de nuestra común patria en adelante carecería de objeto, desde luego que la organización posee ya su principal edificio en la Constitución sancionada... Al disolver nuestro Club, no nos proponemos abandonar la actividad de patriotas argentinos, dejamos solamente un sistema o medio de acción, que conviene a los tiempo anormales...". El discurso, pronunciado el 3 de abril del 54, lo reprodujo el diario *El Constitucional* el 22 de mayo, Año III, Nº 604, p. 3., cit. en Cristina Seguesso de López A., *Las fuerzas y los partidos políticos en la historia de Mendoza, 1852-1890*, tomo I, tesis doctoral, Universidad Nacional de Córdoba, 1970, p. 67.

30 A pesar de la existencia de varias asociaciones, el principal difusor de opinión local (*El Constitucional*), indicó tres fundamentales: "Entre nosotros el espíritu de libertad y el deseo de contribuir cada ciudadano por sus esfuerzos individuales a dar

a la nación los hombres dignos que presidan sus destinos en el primer período constitucional, ha levantado expontáneamente tres clubes que bajo el nombre de *Bolsa, Progreso y Voto Libre* representan las tres grandes divisiones de nuestra sociedad, los hombres de progreso, los artesanos, y la juventud que figura en el gobierno, en la Legislatura y en la Guardia nacional. Todos ellos marchan unidos en un sólo fin, desde que se ha presentado la primera cuestión que invaden: las candidaturas de electores. En sus listas no hay diferencia de espíritu sino de nombre y edad..." La cita de *El Constitucional* del año 1853, fue extraída de Seghesso de López, *Las fuerzas y partidos políticos en la historia de Mendoza, 1852-1890,* op. cit. p. 71.

[31] Manuel A. Saéz como redactor de *El Tupungato* (crítico diario local) y miembro del Club El Progreso, consideraba: "El club del progreso es una entidad política y es la protesta viva del pueblo de Mendoza contra el despotismo. Sus principios son los que han triunfado en Pavón". Los propósitos de la asociación eran "uniformar la opinión de los habitantes de la provincia sobre política, administración pública y trabajos y mejoras materiales del país". El presidente era Franklin Villanueva; el secretario, Manuel Antonio Saez; y una comisión integrada por Benito González Marcó, Francisco Civit y Carlos Videla redactó el reglamento. Cristina Seghesso de López, *Las alianzas y los partidos políticos en la historia de Mendoza (1852-1890),* tomo I, op. cit., pp. 263-264.

[32] La expresión "facciones insurrectas" pertenece a Halperin, que sostiene el no disciplinamiento de las clases propietarias en su lealtad al Estado. Puede verse en *Proyecto y construcción de una nación...,* op. cit. Situaciones similares se advierten en el caso santafesino, puede verse Marta Bonaudo y Elida Sonzogni, "Redes parentales y facciones en la política santafesina, 1850-1900" en *Siglo XIX. Revista de Historia,* Segunda Epoca, Nº 11, ene.-jun. de 1992, pp. 74-110 y Alicia Megías, *La formación de una élite de notables-dirigentes...,* op.cit.

[33] Debe observarse el escaso interés por parte de estos actores en otorgarles a los Clubes un carácter estable, por considerar que estas asociaciones no expresaban formas de mediación entre sociedad civil y Estado, idea robustecida por la valoración negativa de la prensa como creadora de divisiones en la opinión pública. Puede verse Juan B. Alberdi, "Complicidad

de la prensa en las guerras civiles de la República Argentina", en *El Constitucional*, Mendoza a partir del 2 de agosto de 1853, en A. A. Roig, *Mendoza en sus letras y sus ideas*, op. cit., p.127.

[34.] Carlos González "[pudo mostrar] su filantropía y consagración porque durante el terremoto albergó en su hacienda toda la población de Panquegua cuando otras familias pudientes abandonaron el panteón y se dirigieron a Rosario o Buenos Aires o se encontraban acampados en los alrededores a campo raso", J. W. Leavy, documento citado en Agustín Alvarez, *Breve historia de Mendoza*, 1910.

[35] En el año 62 integró el Consejo de Gobierno de Luis Molina; en ese mismo año fue autorizado para recibir armamento comprado por el Gobernador Nazar, fue nombrado Juez de Minas suplente y resultó electo Representante en la Legislatura provincial.

[36] Los requisitos eran "La edad de 35 años y el goce de una propiedad raíz, valor de 10000 pesos", en Dardo Pérez Guilhou, "El ejecutivo colegiado en la Constitución mendocina" en *Revista de Historia del Derecho*, UBA, Nº 12, 1961, pp. 40-65.

[37] José L. Masini Calderón, "El gobierno de Carlos González. Estudio político de Mendoza entre 1860 y 1866" en *Contribuciones para la historia de Mendoza*, UNC, 1969, pp.197 y ss.

[38] La movilidad geográfica de individuos provenientes de las élites provinciales e imbuidos de recursos profesionales para administrar las políticas de los nuevos estados entre 1820 y 1870, parece ser una regularidad en todo el espacio hispanoamericano. Puede verse F. Safford, "Ideología, sociedad y política" en L. Bethell (comp.), *Historia de América Latina*, Cambridge-Crítica, 1992.

[39] Juan Bautista Alberdi, "Carta sobre los estudios convenientes para formar un abogado" en Dardo Pérez Guilhou, *El pensamiento conservador de Alberdi y la Constitución de 1853*, Depalma, 1988, pp. 12 y 13.

[40] La esposa de Francisco Delgado, Isidora Ibarbals, había apoyado la implantación de la Constitución de 1826, como lo habían hecho otras mujeres del conglomerado de familias unitarias de Mendoza, como ya vimos en el caso de Magdalena Correas de Videla.

[41] (A.F.R.G.M., *Correspondencia* de Lucas a Benito González Marcó desde Santiago de Chile en 1847.)

[42] Las obras públicas no tendieron sólo a la dimensión urbana sino también a infraestructura para el desarrollo agrícola. Silvia Cirvini, *La estructura profesional de Mendoza*, op. cit; Ricardo Ponte, *Mendoza... aquella ciudad de barro...*, op. cit.

[43] Es bien conocida la interconexión de revoluciones federales en el noroeste del país, dirigidas por el "Chacho" Peñaloza y Felipe Varela. Sin embargo, es bueno mencionar al menos la existencia de levantamientos locales coordinados por políticos locales previo a 1861, como por ejemplo el comandado por los coroneles Nazar y Gallardo en 1859 en los departamentos de San Martín, Junín y con apoyo de algunos vecinos de la villa de San Vicente. En ese mismo año se había dominado un motín estallado contra la autoridad en San Rafael; la prevención también se orientó hacia La Paz.

[44] Desde el exilio en Chile, el ex gobernador Laureano Nazar protestó, el 29 de julio del año 1864, a propósito de la confiscación de bienes, además de considerar que el gobierno provincial era agente del gobierno federal. (Archivo Histórico Nacional de Chile. Libro de Protocolos, folio 494.)

[45] La Constitución provincial de 1854 (diseñada por Alberdi) estipulaba un ejecutivo colegiado constituido por el gobernador y acompañado por un Consejo de Gobierno y uno o más secretarios de despacho, que, si en la carta provincial era relevante, en la práctica dependía de la voluntad del gobernador. Carlos González renovó la mayoría de los nombramientos realizados por su sucesor, Luis Molina. Puede verse Dardo Pérez Guilhou, "La Constitución mendocina de 1854" en *Revista del Instituto de Historia del Derecho*, Nº 12, 1961, p. 9 .

[46] José Luis Masini Calderón, *Mendoza hace cien años...*, op. cit., p.163.

[47] Según el censo de 1864, la provincia se dividía administrativamente en 12 subdelegaciones y en 15 departamentos. Los subdelegados eran 12, incluido el jefe de policía; de los subdelegados dependían los comisarios y de éstos, los decuriones. Por los efectos del terremoto de 1861, la población de campaña superaba a la de la capital, y crecieron en importancia los gobiernos de la campaña.

[48] La población de estos departamentos se estimó en 1864 en 4952 habitantes, cifra superior a la perteneciente a la ciudad, que sumaba 4457 habitantes: cuadro comparativo de la pobla-

ción de Mendoza en 1857 y 1864 según Masini Calderón, *Mendoza hace cien años...*, op. cit, especialmente cap. 1.

[49] Según el censo de 1864, la población de Junín y San Martín alcanzaba a 11.863 habitantes, cifra que representaba alrededor del 20,60 por ciento de la población total de Mendoza (57.476 habitantes), en Masini Calderón, op. cit., p.12.

[50] El letrado Manuel Antonio Sáez, que llevaba a cabo la calificación de ciudadanos idóneos para votar en la elecciones de gobernador de 1863 en una mesa ubicada en la centralísima Alameda, elevó una denuncia altamente descriptiva de la incidencia de Segovia en la confección de los registros de electores: "califiqué seis u ocho individuos y como no hubiesen más, me retiré por un momento volviendo tan pronto como se me anunció que había gente y encontré en la mesa al Comandante del Batallón de Guardias nacionales don Augusto Segovia quien me preguntó de una manera imperativa porqué me había negado a calificar un individuo de uniforme que señaló y cuyo nombre no recuerdo. Interrogué al expresado individuo sobre su patria y como me respondiese que era chileno contesté que por esa razón no lo calificaba. A esto, el enunciado Segovia vertió una expresión altamente desonesta..., imponiéndome con un golpe de su rebenque en la mesa, que lo calificase", *El Constitucional*, 24/11/1863, cit. en Cristina Seghesso de López, *Las fuerzas y partidos políticos...*, op. cit., p. 214.

[51] Carpeta 28, *Copiadores*, documento 112, 14 de febrero de 1856, cit. en Cristina Seghesso, *Las fuerzas y partidos políticos...*, op. cit., p. 77.

[52] Para Seghesso, si bien durante la gobernación de Carlos González fue controlada la relación con las "montoneras, apareció otro mal: la acción arbitraria de los hermanos Segovia, apoyados en las fuerzas de línea y guardias nacionales, con el derecho que les daba el haber impuesto al gobernador Carlos González en Mendoza. Es un nuevo matiz que se presenta en el orden local con la permanencia de los ejércitos nacionales, no se limitan a mantener el gobierno (como en el caso de Molina) sino que lo imponen y, dueños de la defensa de la provincia jefes indómitos como lo eran los Segovia, se entregan a ejercer en forma abusiva su poder", en *Las fuerzas y partidos políticos...*, op. cit., p. 256.

[53] La Constitución provincial de 1854 calificaba el sufragio. Ese artículo fue rechazado por el Senado nacional. En 1864, nuevamente la Legislatura promovió el derecho para los propietarios y letrados. El Ejecutivo vetó el proyecto apoyado por el gobierno nacional que había rechazado los diplomas de los representantes provinciales porque su elección no se correspondía con el derecho del pueblo a expresarse. La discusión se acrecienta hacia 1871, cuando el gobernador Arístides Villanueva se opone a la universalización del sufragio apelando públicamente a que sólo podían retener ese derecho la *"gente decente"*, ya que "el sometimiento completo del populacho, que mientras más corrompido, mayores pretensiones abriga de igualarse con los caballeros, a quienes en justicia corresponde la dirección de la cosa pública...". En: *Afiche de Propaganda Mural*, Mendoza, 8/4/1870, doc. cit. en Arturo Roig, *El pensamiento de don Manuel A. Sáenz (1834-1887)*, UNCuyo, 1960, pp. 159-166.

[54] Francisco Civit era hijo de Salvador Civit, un activo comerciante mendocino radicado en Mendoza en la primera mitad del siglo XIX, y padre de Emilio Civit (quien fue ministro de Roca y gobernador mendocino de amplísima trayectoria). Su familia, aunque acomodada, no era prominente como la de los González. El itinerario exitoso de Francisco parece haber dependido de la actividad política. Al menos así lo revela el paulatino ejercicio de funciones a partir de la década del '60. Veamos los cargos: Segundo Cónsul del Tribunal de Comercio (1860); Juez de Primera instancia en lo criminal (1862); Ministro Secretario de Gobierno interino, Representante y Diputado nacional (1862); Examinador de alumnos (1864); Comisionado Nacional para instalar el Colegio Nacional (1865) y Ministro Secretario de Melitón Arroyo en 1866. Nicolás Villanueva sería gobernador en 1868, siendo el primer Villanueva que ocuparía la gobernación entre cuatro exponentes familiares en once años. Su política respondía –según los historiadores locales– al liberalismo más puro que, entre otras cosas, apuntaría a eliminar la "papeleta de conchabo" y a limitar el derecho al sufragio.

[55] Melitón había disputado su candidatura con Exequiel García (quien era apoyado por Nicolás Villanueva y el poderoso comerciante Francisco Bustos, que después la retiró en favor de

Melitón). La disputa la había dirimido en el "Club de la Unión".

[56] Entre las causas de la revolución, la prensa local destacó que el gobierno provincial adeudaba seis meses de sueldos. El estado financiero de la provincia había impedido abonar los sueldos a empleados públicos, entre los cuales se contaba el cuerpo de gendarmes. Pero también hubo acusaciones de que se usaba el dinero para negocios particulares. *El Constitucional* señaló el apoyo de algunos legisladores y de "empleados de primera categoría" al movimiento revolucionario y de "muchos secundarios que siguen concurriendo a sus oficinas a desempeñar sus cargos con la más estoica indiferencia sin apercibirse siquiera que el superior y muchos otros no asisten a sus despachos...". El gobierno nacional, en consecuencia, dispuso el envío del general Paunero, la Guardia nacional de las provincias, y las tropas de Rosario. La revolución fue derrotada en San Ignacio el 1º de abril de 1867. Melitón Arroyo fue repuesto, pero renunció inmediatamente. Su adversario en la postulación Don Exequiel García, asumió la gobernación como presidente de la Legislatura. El nuevo gobernador propietario será Nicolás Villanueva, con lo cual se produce el traspaso del poder al grupo civitista.

[57] Para una consulta de la *lista de revolucionarios* de los episodios del 66 puede verse José Luis Masini, *Mendoza hace cien años...*, op. cit., pp. 259-265. A su vez, cabe expresar el sentido que ha adquirido la "Revolución de 1866" para la historiografía regional: un fenómeno político que funciona como una poderosa imagen de oposición al centralismo porteño y como el último intento de rescatar una tradición política federal.

[58] Cuando Carlos Tejedor decidió romper el silencio político con sus amigos provincianos al momento del levantamiento del sitio de Buenos Aires, le escribió a Benito en setiembre de 1853: "Veo que usted sigue mui constitucionalista y urquizista, a juzgarle por su carta y no lo extraño. Ustedes no han visto el peligro tan de cerca como nosotros y una constitución, aunque sea con Urquiza, no deja de ser algo. Pero mi amigo, ustedes no deben extrañar tampoco que Buenos Aires después del triunfo, este más remitente para aceptar semejantes cosas, y que la organización por consiguiente sea imposible incluyendo a Buenos Aires y a Urquiza, y su congreso y su

constitución. La escisión es insalvable mientras permanezcan en pie tales elementos. En este estado y delante de una negociación que sería impotente porque no tendría bases sobre que estribar, o de una guerra general que rompiese el nudo gordiano pero que no queremos más, la opinión pública y el gobierno de Buenos Aires están decididamente inclinados a ocuparse sólo de sus intereses particulares. Política mezquina, funesta para el porvenir, si usted quiere. Pero la única cuya elección nos deja la situación, y de que no tenemos por otra parte la culpa. En las negociaciones pasadas las concesiones todas han estado de nuestro lado, al mismo tiempo que Urquiza, o mejor dicho, sus consejeros no cedían en un ápice. Esta es en pocas palabras, mi querido amigo, nuestra situación política, y por ella juzgará Ud., que la paz es naturalmente su consecuencia, si pudiera asegurarse nada en esta tierra" (A.F.R.G.M., *Correspondencia* de Carlos Tejedor a Benito González Marcó, 1852).

[59] La radicación de Bernardo de Irigoyen en Mendoza entre los años 1847 y 1851 constituiría un valioso antecedente para el establecimiento de esa relación, que venía de la mano de la actuación pública de Melitón Arroyo.

[60] En 1859, había ejercido la gobernación provincial en forma interina al remplazar al finado gobernador Juan Cornelio Moyano por desempeñar el cargo de vicepresidente de la legislatura. Había sido Juez del crimen en 1862, Representante en 1863 y 1864, Camarista interino y Juez General de Aguas (un cargo importantísimo, como ya vimos) en ese mismo año.

[61] (A.F.P., *Correspondencia* de Benito al coronel Rodríguez, uno de los líderes del levantamiento, 11 de enero de 1867.)

[62] (A.F.P., *Correspondencia* de Benito González a su hermano Daniel, noviembre de 1866.)

[63] Nicanor González, después del regreso de Daniel a Mendoza, le escribía desde la provincia vecina: "Yo estoy con mi compañero Pancho Lloveras y estoy en la casa de don Pancho Coll donde me cuidan mucho. Ayer he sabido que don Melitón (Arroyo) se ha tenido que presentar porque sabían donde estaba. El que lo ha denunciado Monteagudo que ha sido el que se ha emperrado en que se presente. No se hasta ahora que resultado habrá tenido... Videla sabe que estoy aquí y me ha mandado decir que vuelva. Aquí no se hallan más que la-

mentaciones de los hacendados... La exportación se ha prohibido. Aquí también hemos vuelto al tiempo de Rosas, porque todos los que han pillado en las fincas han sido degollados. No te puedes figurar las barbaridades que han hecho en los primeros días..." (A.F.P., *Correspondencia* de Nicanor González a Daniel, enero de 1866).

[64] (A.F.P., doc. cit.) El destacado nos pertenece.

[65] Escribía Sarratea a Daniel González: "Cuide que mi carta a Paunero vaya con seguridad. La detención de la correspondencia de P. A. nos infiere graves perjuicios a los que tenemos grandes negocios en las costas del Atlántico. Todavía abrigo la esperanza que llegue Paunero en tiempo para salvar las provincias de Cuyo y alejar la revolución..." (A.F.P., *Correspondencia* de Sarratea a Daniel González, fechada en Valparaíso 1867).

[66] "Ya he dicho a Ud., y comunicado a nuestro amigo Paunero que Videla, Saá, Olascoaga y demás compañeros están preparándose para invadir nuevamente esa provincia... aunque quizá, la noticia de la derrota de Varela desconcierte sus planes... Diga a Paunero que ya tengo acomodadas y entregadas las dos arrobas de café de Yungas que me pide..." (A.F.P., *Correspondencia* de Mariano Sarratea y Daniel González fechada en Valparaíso en 1867).

[67] Las preocupaciones de Sarratea se apoyaban en este asunto: "Pero dónde, con qué fuerzas y medios de movilidad está este jefe? Esta es la cuestión, y mientras no lo sepamos, no podremos calcular el vuelo que pueda tomar la revolución. De todos modos, que por feliz que ella sea, nada podrá fuera del territorio que ocupa, y el día que marche sobre el litoral encontrará su jura derriba... Y más tarde Dios sabrá sino volverá el fraccionamiento de la República..." (A.F.P., doc. cit.).

[68] Según Sarratea, "Tranzar con los asesinos, sería cargar con la responsabilidad de sus crímenes y el gobierno argentino no puede hacerlo, sin desprestigiarse ante la opinión del país. En mi humilde opinión, la cuestión en el estado en que se encuentra, tiene que resolverse por las armas y con el escarmiento de los insensatos perturbadores del orden..." (A.F.P., doc. cit.).

[69] Las cartas de Miguel Martínez de Hoz incluyen información sobre el desarrollo de la guerra, pedido de envío de cajas de tabletas mendocinas por vía de Pedro Ramayo en Rosario e in-

formación sobre el envío de caballos a Buenos Aires (A.F.P., *Correspondencia* de Miguel Martínez de Hoz desde el Paraguay a Benito González Marcó residente en Mendoza, 1867).

[70] El general Paunero le escribía a Benito en diciembre de 1860, A.F.P. El destacado es nuestro.

[71] La provisión de ganado al Estado nacional pareciera que recorre un largo período. En 1873, Benito González Marcó recibió del señor Gainza, ministro de Guerra del presidente Sarmiento, una carta donde se le solicitaba la compra de 6000 cabezas a 150 pesos. Gainza le expresaba que, si no podía comprarlas en el norte, compraría en el sur 10.000 ejemplares a 135 pesos. En ese año, Benito recibió ofertas de ganado por parte del mismo Gainza (A.F.P., *Correspondencia* de P. Granel a Benito González Marcó, enero-mayo de1873).

[72] (A.F.R.G.M., *Correspondencia* de Juan Martínez de Rosas a Benito, fechada el 9 de julio de 1861 en Río Cuarto.)

[73] El gobierno de Nicolás Villanueva (1868-1871) se había caracterizado por una política de distención con los rebeldes del 66 y con sectores ligados al ideario federal, quienes aparecían nucleados en el Club Constitucional de Artesanos, que promovía la candidatura de Exequiel García. Figuraban entre sus conductores Exequiel Tabanera y Benito González Marcó, dos de los propietarios rebelados contra el poder en el 66. Pero el gobierno de Arístides Villanueva (1871-1873) no incluyó representantes de ese grupo político.

[74] (A.F.P., *Correspondencia* de Daniel a Benito, 1873.) Existen algunos testimonios de individuos que auguraron el triunfo de Carlos González. La "boyadura" refiere al sentido de "estar golpeados".

[75] En 1873, Benito recibía después de muchos años una carta de Bernardo de Irigoyen para invitarlo a participar de la contienda electoral: "...hemos levantado y sostendremos la candidatura del Dr. Alsina, porque tenemos la íntima convicción de que responderá al orden y a la libertad de la República y que asegurará a las Provincias todas las ventajas del sistema federal, y sería muy agradable para nosotros, contar con la simpatía de Ud. y de sus amigos en esa Provincia. Sé que se encuentra algo retirado, pero es necesario salir de ese alejamiento..." (A.F.P., *Correspondencia* de Bernardo de Irigoyen a Benito, 1873).

[76] (A.F.P., *Correspondencia* de Daniel a Benito, febrero de 1873.) Sobre la función de las redes en la formación de las candidaturas y en los procesos electorales, puede consultarse Adrián Mayer, "La importancia de los cuasi-grupos en el estudio de las sociedades complejas" en E. Wolf, Clyde Mitchell y otros, *Antropología social de las sociedades complejas*, Alianza, 1980, pp.108-132.

[77] La imprenta para la edición de panfletos y dos periódicos, *El Eco de los Andes* y *El Argentino*, sostenían la candidatura de Carlos González, oponiéndose al oficialista *El Constitucional*. Sobre los recursos y los espacios más privilegiados en la formación de las candidaturas para el caso italiano puede verse Severina Fontana-Paola Subacchi, "Il mutamento guidato. Associazioni, comitati elettorali e formazione delle candidature a Piacenza negli anni sessanta del' ottocento" en *Quaderni Storici* 77/ a. XXVI, Nº 2, agosto de 1991.

[78] La muñeca política del viejo Melitón Arroyo en la corporación capitalina se remontaba a 1857 y aún en 1869 retenía importantes funciones. En 1870, también Carlos González formó parte de la entidad municipal aunque lo ejerció por un tiempo muy breve al tener que renunciar para ocupar un escaño en Diputados. Otros integrantes de la red ocupaban funciones en la corporación municipal de la ciudad: Eliseo Marenco estaba integrado por parentesco y negocios a la red gonzalista y en 1871 presidió la corporación municipal cuya vicepresidencia estuvo ejercida por Joaquín Villanueva, quien la lidera después de 1872. Augusto Segovia, el hermano del militar acantonado en San Rafael, integraba también la entidad. Al mismo tiempo la institución obtenía financiación del banco González. Debe notarse también que la alianza Civit-Villanueva progresivamente ocupa cargos en la institución (A.H.M., Epoca Independiente, *Municipalidad de la Capital*, Carpetas 133 y 134).

[79] El régimen municipal mendocino era objeto de importantes discusiones: para algunos, no debía alterarse el tradicional mecanismo de control del subdelegado en la campaña; para otros, era preciso descentralizar y democratizar al estilo de Tocqueville. Dardo Pérez, "Instalación del régimen municipal en Mendoza" en *Revista de Humanidades*, UN La Plata, tomo XXXVI, 1961, pp.73-87.

[80] Segovia había participado de la revolución de 1866, y es por este motivo por lo que Daniel le escribe a su hermano: "Al Coronel Segovia, es bueno que le escribas, ya a todas partes, se han mandado invitaciones dirigiéndose a cada uno en particular de los que forman las comisiones... Estos asuntos son muy largos para escribirlos y es preciso estar reunidos para dirigir los trabajos y después iremos a sembrar trigo". Por otra parte, Segovia estaba ligado a los intereses empresariales de los González: operaba con el Banco familiar, desde su creación en 1866, en función de su asignación en San Rafael por mano del gobernador González en la comandancia de la Guardia nacional de la frontera sur. De los copiadores de cartas de Daniel González y de la documentación del Banco se desprende esta relación comercial: Segovia funcionaba como un operador más.

[81] (A.F.P. *Correspondencia* de Segovia a Benito González, febrero de 1873.)

[82] (A.F.P., *Correspondencia* de Segovia a Benito González Marcó, marzo de 1873.) El destacado es de Segovia.

[83] (A.F.P., doc. cit.)

[84] La lucha electoral fue importante. De acuerdo con las expresiones de la prensa oficialista u opositora, los principales escenarios de la vida pública provincial se vieron afectados por las elecciones de gobernador: el teatro, los bailes y todo tipo de reuniones expresaban una virtual "politización". El gobierno de Villanueva previó un fuerte control sobre los departamentos y subdelegaciones; para ello contaba con una red de personeros leales que surtía de información sobre las reuniones y organizaciones de los gonzalistas. Las milicias eran realmente importantes en número (10.000 personas) en relación con la población de Mendoza, que superaba 65.000 habitantes. Para los comicios, el registro electoral había contado con algo más de 3500 ciudadanos. Los electores de Civit triunfaron en Guaymallén, Luján, Maipú, San Martín, La Paz y en la mesa capitalina de la Alameda sumando 12 electores, a lo que debía agregarse los partidarios dentro de la Legislatura, que sumaban un total de 28; González retuvo 20, entre electores y esos representantes. La oposición se hizo notar en un comienzo en la demora de formación del Colegio Electoral y en la obtención del quórum. Puede verse Marta Páramo de Isleño, "La si-

tuación política durante la gobernación de Francisco Civit" en *Contribuciones para la historia de Mendoza*, UNCuyo, 1969.

[85] Según las expresiones de *El Constitucional*, el levantamiento del coronel Segovia, y su rebelión en setiembre de 1873 previo a la cuestión electoral (nacional) y después de las elecciones en Buenos Aires, se basaba en *"la táctica del arma o la estrategia como materia de estudio"*, que databa del 11 de setiembre de 1852. Nótese la adscripción a un estilo político antiguo (*El Constitucional*, 26/2/74; Nº 430).

[86] Es Daniel González quien remarca su propio texto, lo que sugiere una suerte de no previsibilidad de la acción relativamente autónoma del coronel Segovia y sobre la cual no podían influir, aunque su propia detención hablaría de la conformidad de la revuelta.

[87] En octubre de 1873, desde la provincia de San Luis, Justo Daract informaba a Benito González Marcó el efecto de la revuelta por el retiro o huida de las milicias hacia el Este. Daract manifiesta que las haciendas de los hermanos González han "sufrido mucho, que las vacas de raza inglesa de Don Carlos se las han matado para carne" (A.F.P. *Correspondencia* de Justo Daract a Benito González M., octubre de 1873).

[88] (A.F.P., *Correspondencia* de Daniel González a su hermano Lucas fechada en 1874.) El destacado es de Daniel.

[89] El desarrollo del banco familiar parece no haber estado muy afectado por estos sucesos. Al menos, la correspondencia de Daniel González en estos años no lo muestra. Por otra parte, la prensa oficialista (*El Constitucional*) tampoco lo manifiesta; por el contrario, los González usaban ese medio para hacer publicidad de sus servicios. Pero en la posterior crisis financiera que terminó en la liquidación de la entidad, la prensa manifestó las malas administraciones, considerando que la especulación de los González tenía que ver con el uso del dinero para la política. Por otra parte, la apelación a la riqueza familiar ingresaba en el universo político fuertes argumentos para estimular la opinión pública, de allí que los González definían a los civitistas como "los pelados", por no tener fortuna (cfr. *El Constitucional*, 26 de julio de 1873, Nº 2.) Esta situación nos habilita a conjeturar algunas diferencias entre los líderes políticos locales: los González eran empresarios regionales poderosos que ingresaron, si se quiere, en la acti-

vidad política. Los Civit y los Villanueva, sin embargo, requerían de la función pública como medio de vida y reconocimiento social.

[90] La idea de recurrir a Lucas era común a los hermanos: "Tu
idea de buscar un abogado en otra que venga aquí a defen-
dernos de las ofensas que nos hacen y de los intereses que nos
han tomado, no veo otra mejor para ésto que Lucas que bastante deseo tiene de venirse de Londres, y le voy a escribir"
(A.F.P., *Correspondencia* de Daniel a Benito, 1873). Las razones
hay que buscarlas en que, a pesar de su virtual autonomización política, Lucas González seguía vinculado a la política local. El 21 de enero de 1871 integró una comisión con doctor
Ramón Videla (destacado individuo de la política local) en el
ensayo de máquinas agrícolas a realizarse en Río Segundo. El
objetivo del Gobierno –según *El Constitucional*, que celebraba
el nombramiento de Lucas– "debe hacer cuanto posible para
introducir y generalizar máquinas de agricultura en esta provincia". En la citada exposición, Lucas promovía la candidatura de Olivera a la presidencia.

[91] (A.F.P., *Correspondencia* de Daniel González a Benito González
Marcó, 1873.) El destacado es de Daniel.

[92] (A.F.P., *Correspondencia* de Ignacio Segovia a Benito González
M., fechada en Montevideo el 20 de diciembre de 1873.)

[93] *El Constitucional* hacía referencia al mismo fenómeno . "Nuestros pobres gauchos son siempre los que pagan los pecados
de sus patrones, en épocas como las que acabamos de atravesar. Los peones son como los gallos finos que pelean a favor
del que los lleva al circo y si ganan la parada, el patrón se
guarda los pesos y el gallo va al gallinero, donde el tiempo se
encarga de curar sus heridas. Los gauchos de la Arboleda, Luján, Chacras de Coria, San Carlos, San Rafael, Junín, San Martín y Tulumaya, fueron llevados al campo de Segovia por los
patrones unos, por los oficiales alzados de la guardia nacional
otros y muchos por personas influyentes de la ciudad y departamentos; sin embargo los gauchos han sido destinados al
ejército de línea y los que los hicieron tomar parte en la rebelión, permanecen tranquilos en sus casas, o están ocultos en
ellas. Sabemos de un hacendado de las Chacras de Coria, o
las Compuerta que al día siguiente del alzamiento de Segovia,
reunió a sus peones y algunos vecinos, los montó en caballos

de su propiedad y los mandó a ponerse a las órdenes del capitán Eloi Montenegro, para que los llevase a donde estaba acampado el coronel. El mismo personaje mandó una carga de cueros de carnero para monturas de los alzados; sin embargo, él se pasea tranquilo por las calles de esta ciudad, y los gauchos que metió en la sublevación sufren en los cuarteles las penalidades del recluta. Pedimos a las autoridades superiores el castigo igual para todos los que han tomado parte en la revolución. Que el cabecilla pague su pecado como jefe; y el pobre gaucho como ignorante, pague el suyo; de este modo no será el infeliz el 'Pato de la boda' ", cit. en Seguesso de López A., *Las fuerza y los partidos políticos...*, op. cit., p. 390.

[94] El problema de la participación y representación política de los sectores subalternos en la lucha facciosa es situado en nuestra investigación en función de la delimitación de la acción política de una facción local. Otro tipo de abordaje del tema hubiera excedido el marco de análisis. Lo que se considera aquí es en definitiva la manera en que los González necesitaron incluir a estos actores para disputar la primacía política dando cuenta de la importancia de su incidencia en el juego político y que parece cerrarse hacia 1880.

[95] De acuerdo al periódico oficial, el "Casino" se había formado con "esclusión absoluta de todos los miembros de un partido político que representa por lo menos la mitad de la población y mucho más de la mitad de su población ilustrada. Sólo responde a intereses mezquinos de una familia o al despecho de tres o cuatro infortunados... Club de política local, política de intereses particulares... formando una amalgama incomprensible de centralistas y de federalistas" (A.H.M., *El Constitucional*, 2/5/74, Nº 457).

[96] Debe recordarse que los extranjeros tenían derecho de sufragar en las elecciones municipales según la Constitución provincial de 1854, y de los posteriores proyectos de reglamentación del régimen municipal de 1868, 1872 y 1874.

[97] La lucha política imponía ese tipo de apoyos. Si *El Constitucional* convocaba a esos núcleos, también podía argumentar que el órgano de difusión de los gonzalistas (*El Eco de los Andes*) "entiende por amigos a sólo los que están de acuerdo con su política, y sería mas leal declarándolo francamente, y habrían evitado que muchos extranjeros que no quisieron tomar la

menor participación en política, les hechen en cara el enga-
ño que han sufrido" (A.H.M., 5/5/74; N° 458).

[98] *El Constitucional* insistió en definir de este modo a los potenciales electores de Mitre: "Saben los mitristas de Mendoza por
qué su candidatura es un recuerdo del luctuoso pasado, y una
burla al sacrificio mas grande que hayan soportado estos pueblos? En Buenos Aires tiene apoyo porque están los proveedores del estado y de la guerra" (19/2/73, N° 427). La diferenciación política de los núcleos de inmigrantes se desprenden
de *El Constitucional* (16/4/74, N° 450). Los partidarios de Avellaneda buscaban también este tipo de apoyo: "Abrid los ojos
señores extranjeros; aceptad la mano que os brinda amistosa-
mente el gran partido avellanedista!".

[99] M. Crozier y E. Frierburg, *El actor y el sistema. Las restricciones de
la acción colectiva*, op. cit., p. 55.

[100] La correspondencia es de Daniel a Lucas después de derrotado Arredondo por el general Roca, lo que permite advertir
las represalias del gobierno local sobre los que apoyaron la acción de Mitre y sus amigos políticos: "Yo sigo guardado... Hoy
se cumple el plazo de los llamados por edicto y cree Mayorga
que alguna orden le mandaran de Buenos Aires para saber
que se hace con tanto encausado" (A.F.P.). El subrayado es
nuestro.

[101] Como se sabe, la papeleta de conchabo era un sistema destinado a asegurar la sujeción del proletariado dentro de una
concepción en la que el trabajo era entendido como obligato-
rio y la vagancia, como un delito. El *Reglamento de Policía de
Mendoza*, del año 1828, exigía en su artículo 58 el uso de la
"papeleta" como modo de controlar el trabajo de los peones
(Manuel de Ahumada, *Código de las leyes, decretos y acuerdos que
sobre administración de justicia se ha dictado en la Provincia de
Mendoza*, Mendoza, Imprenta de El Constitucional, 1860, pp.
52-59). Después de 1835, se amplía progresivamente la vigencia del conchabo y se endurecen las penas (*Ordenanza de
1835-1845 y 1855*). En 1867, el gobernador Nicolás Villanueva
intenta la supresión del régimen laboral vigente, aunque en
ocasiones la norma no era cumplida por los mismos propietarios, tal como se desprende de la lectura de los considerandos
de 1855.

[102] En 1873 se desató, a través de las páginas del *El Constitucional*,

una importante polémica sobre el concepto de trabajo. Arturo A. Roig, "El concepto de trabajo en Mendoza. La discusión de 1873" en *Mendoza en sus letras y sus ideas*, Ediciones Culturales, 1995 (1ª ed., 1969).

[103] En *El Constitucional* figuró un ofrecimiento de personas y de recursos para la organización de una expedición contra "el bandido Guayama". El "y sus hordas perpretaban los más inicuos atentados i crímenes tanto en los intereses como en las personas de los que moran los parajes, no trepidó un momento en movilizar un número de fuerzas suficientes para reprimir i precaber la persecución de una infame empresa". Entre esas personas figuraron Angel Ceretti, Daniel González y Luis Marcó entre otros (A.H.M., *El Constitucional*, 28/3/74, Nº 443).

[104] Afiche de propaganda mural, Mendoza, 8 de abril de 1870, cit. en Arturo A. Roig, *El pensamiento de don Manuel Antonio Sáez (1834-1887)*, Escuela Superior de Estudios Políticos y Sociales-UNCuyo, 1960, pp. 159-166.

[105] Sobre la adopción de un nuevo estilo de lucha partidaria, Halperin observa que "para Hernández esa metamorfosis de las viejas facciones en partidos de tipo nuevo es imposible: las facciones han nacido y vivido como máquinas de guerra, y su solidaridad es también ella cuasi militar, ya que se cimenta en la lealtad a un jefe o a un grupo de hombres, no en la identifiación con ciertas ideas. El abandono de la insurrección como instrumento de conquista de poder será, para facciones así definidas, un cambio excesivamente superficial, y se traducirá en el mejor de los casos en un remplazo de la violencia por la corrupción...", en *Proyecto y construcción de una nación...*, op. cit.

[106] A diferencia de Avellaneda, que prometía el dominio de la legalidad, de la paz y la convivencia política en marcos más nacionales, la apelación a la candidatura de Mitre se identificaba con "demasiada sangre, la guerra del Paraguay" y porque las provincias eran las más afectadas por el poder centralizador de Buenos Aires. La figura de Avellaneda prometía progreso, paz y felicidad para el Interior. "Era la oposición entre lo viejo y lo nuevo, entre la acción y la inacción." La opinión fue firmada por un tal "J." el 5 de marzo de 1874 en el Nº 433 del periódico oficialista.

[107] En 1873, ante los preparativos de la elección de gobernador, Segovia escribía al candidato Carlos González: "Algo hay de una carta de Don Arístides (Villanueva) en que me habla de la *Ley federal jurada* pero sin referirse a los González... no se preocupe por ello".

[108] Para *El Constitucional*, la existencia de un partido político implicaba "una combinación fortuita de circunstancias favorables; en Buenos Aires hay un partido mitrista porque hay una opinión pública mitrista, comandantes y jueces de paz mitristas, municipales mitristas, altos funcionarios públicos mitristas, legisladores mitristas, vigilantes mitristas y banqueros mitristas, escritores y diarios mitristas". En *El Constitucional* del 19/2/73 (en el Nº 427 del diario, A.H.M.) se agregaba a la opinión: "Y por las mismas razones hay un partido alsinista como hay uno avellanedista aunque su esfera de acción sea limitada porque en unos cuantos meses no se crían entidades como para competir con lo que ha producido la acción lenta y prolongada del tiempo y de las revoluciones políticas". Sobre las estrategias de control y adquisición de electores en los regímenes liberales, puede verse Raffaele Romanelli, "Le regole del gioco. Note sull' impianto del sistema elettorale in Italia (1848-1895)" en *Quaderni Storici*, 69/a.XXIII, Nº 3, diciembre de 1988.

[109] Gabriella Gribaudi, "Gruppi familiari, legittimazione politica e rappresentazioni sociali a Velia, 1890-1930" en *Quaderni Storici* 63/ a.XXI, Nº 3, diciembre de 1986.

[110] Natalio Botana, "El federalismo liberal en Argentina, 1852-1930" en M. Carmagnani (comp.), *Federalismos latinoamericanos*, op. cit., pp.138-139.

[111] (A.F.P., *Correspondencia* de Lucas González a su hermano Carlos, 1885.)

[112] (A.F.P., *Correspondencia* de Daniel a Carlos González desde San Rafael de 1885.)

[113] Carlos fue presidente de la Legislatura en 1891; Melitón y Sixto fueron diputados y electores de gobernador en 1893; en ese año, Melitón y su consuegro Fernando Raffo fueron miembros de la Junta de Crédito Público. En el 97, Carlos fue elector de Emilio Civit (el hijo de su viejo adversario don Francisco); en 1899, Daniel González fue nombrado asociado del Subdelegado del Departamento de 25 de Mayo para

"practicar el inventario y avalúo de los capitales introducidos por el Coronel Ortega en las tierras que ocupa por ley del 14 de setiembre de 1874" (A.F.P., *Nota* de Adolfo Calle al ciudadano Daniel González, 12/12/1899). Lucio Funes, *Gobernadores de Mendoza. La oligarquía*, op. cit.

[114] Dardo Pérez Guilhou, "Emilio Civit" en Gustavo Ferrari y Ezequiel Gallo (comp.), *Del Ochenta al Centenario*, Sudamericana, 1984.

[115] César era hijo de Salvador González y Encarnación Segura. Había nacido en Mendoza en 1863. Estudió en el *Kings College* en Inglaterra y cursó estudios universitarios en la *Universidad Imperial*. En 1890, formó parte de la Unión Cívica y actuó en la Legislatura de Buenos Aires. Sus intereses económicos estaban en la pampa húmeda, en la zona de Mar del Plata, donde era propietario de tres establecimientos agropecuarios: "El Tejado", "La Nutria" y "El Engume".

[116] Francois-Xavier Guerra, "Hacia una nueva historia política. Actores sociales y actores políticos" en *ANUARIO-IEHS*, N° 4, 1989, pp. 251 y ss. Hilda Sábato, "Elecciones y prácticas electorales en Buenos Aires, 1860-1880. Sufragio universal sin ciudadanía política?" en Antonio Annino (coord.), *Historia de las elecciones...*, op. cit., pp.107-142.

[117] Nuestros resultados entablan una suerte de diálogo con las reflexiones realizadas por Antonio Annino, sobre todo cuando observa en Iberoamérica que los sistemas electorales no pueden ser aprehendidos desde una perspectiva de ilegalidad. Se puede afirmar –arguye Annino– que la representación de corte liberal se construyó precisamente para institucionalizar y legitimar el principio de influencia social. Remito a sus reflexiones en la "Introducción" del texto por él compilado, *Historia de las elecciones en Iberoamérica en siglo XIX*, op. cit.

[118] A modo de ilustración de nuestra conjetura, nos parece oportuno traer a colación un virtual indicio del peso de lo político en el éxito de los Civit sobre los González. Hacia 1895, el patrimonio de los Civit era mucho menor que el de los González. Al menos en ese año, los González eran propietarios de 4084 hectáreas entre predios alfalfados y viñedos, y los Civit sólo reunían 413, siendo el principal empresario el hermano de Francisco, Salvador Civit.

[119] Jorge Balán, "Una cuestión regional en la Argentina: Burgue-

sías provinciales y el mercado nacional en el desarrollo agroexportador" en *Desarrollo Económico*, vol. XVIII, Nº 69, abril-junio de 1978.

[120] Lucio Funes en parte impuso una interpretación del desarrollo de la política mendocina en la segunda mitad del siglo XIX. Destacaba que los gobernadores de Mendoza (La Oligarquía) respondían a "gobiernos de familia" y los definía como "verdaderas incrustaciones difíciles de eliminar". Recientemente, Pablo Lacoste retoma el problema y deja planteado que el régimen político mendocino estuvo atravesado por el nepotismo y las relaciones de parentesco en función del control que ejercieron sobre los cargos e instituciones políticas orgánicas. En Lacoste subsiste un particular modo de describir la política de "la generación del 80 en Mendoza" en términos de anormalidad y de corrupción política y electoral. Pablo Lacoste, *La Generación del 80 en Mendoza*. EDIUNC, 1995.

Epílogo

[1] Zacarías Moutoukias, "Narración y análisis en la observación de vínculos y dinámicas sociales: el concepto de red personal en la historia social y económica", op. cit., p. 229.

[2] Son numerosas las referencias bibliográficas disponibles. Destacaré aquí algunos ejemplos: Larissa Lomnitz y Marisol Perez-Lizaur, "Dynastic Growth and Survival Strategies: The Solidarity of Mexican Grand-Families", en Elizabeth Jelin (comp.), *Family, Household and Gender Relations in Latin America*, Kegan Paul International-Unesco, 1991, pp.123-132. Mary Lowenthal Felstiner, "Kinship Politics in the Chilean Independence Movement" en *Hispanic American Historical Review*, vol. LVI, Nº 1, 1976, pp. 58-80. Linda Lewin, *Politics and Parentela in Braiba-Brazil. A case of family-based Oligarchy*, Princeton University Press, 1987. Ana María Presta, "Parentela, redes de relaciones personales y negocios entre los encomenderos de Charcas. Los Almendros entre 1536 y 1600", Ponencia presentada en *I Encuentro Argentino-Chileno de Estudios Históricos*, UN-Cuyo, Mendoza, noviembre de 1995; Griselda Tarragó, "Los

Diez de Andino: un linaje colonial santafesino (1660-1822)" en *Cuadernos de Historia Regional*, UNLuján, N° 16, pp. 43-86.

[3] Puede verse el análisis de esos resultados en Elizabeth Anne Kuznesof, "The History of the family in Latin America. A critique of Recent Work" en *Latin American Research Review*, vol XXIV, N° 2, 1989, pp. 168-186.

[4] José Varela Ortega, *Los amigos políticos. Partidos, elecciones y caciquismo en la Restauración (1875-1900)*, Alianza, 1977.

[5] Recordemos que para Natalio Botana la política argentina después del 80 habría estado signada por una suerte de mixtura entre "ciudades imbuidas de temperamento cívico" y los denominados "gobiernos de familia", estilo que define las características de provincias medianas y chicas. Puede verse su "Estudio Preliminar" a la segunda edición de *El Orden conservador...*, Sudamericana, 1995.

BIBLIOGRAFÍA

FUENTES PRIMARIAS

Archivo Familiar Panquegua

Correspondencia personal: Benito González Milleiro (1827-1840); Magdalena Correas de Videla (1840-1847); Benito González Marcó (1847-1873); Daniel González Pintos (1866-1903); Carlos González Pintos (1870-1899); Leonor González Marcó (1863-1867); José Cayetano Borbón (1852;1880). Gregoria Milleiro (copia fiel de AGN, Buenos Aires, 1811).

Copiadores: Daniel González (1870-1872; 1872-1874; 1874-1876; 1876-1878; 1878-1880); Carlos González Videla (1910-1920-1930).

Archivo Histórico de Mendoza

a.*Testamentos y Testamentarías*

Epoca Independiente, Sección Judicial: Juan González Milleiro (Libro de Protocolo 193, Escribano Pacheco 1826); Mónica González Anglada; José María Videla Pacheco (1859). Benito González Milleiro, 1854 (Carpeta 30); José María Videla Pacheco y Magdalena Correas de Videla, 1863 (Carpeta 62, Testamentaría 19522).

b.*Protocolos notariales*. Libros de Protocolos. Años 1818-1870.

180 Barcala (1818); 200 Pacheco (1822); 203 Moreno (1822); 205 Moreno (1822); 206 Moreno (1825); Pacheco (1826); Moreno

(1826); 193 Pacheco (1827); 195 Pacheco (1831); 196 Moreno (1828); 201 Pacheco (1830); Moreno (1827); Moreno (1828); Pacheco (1829); Moreno (1830); 222 Mayorga (1837); 249 Mayorga (1847); 256 Pacheco (1850); 266 Galigniana (1854-55); 267 Mayorga (1853); 268 Rodríguez (1853); 269 Alvarez (1854); 270 Mayorga (1854); 271 Rodríguez (1854); 272 Alvarez (1855); 273 Mayorga (1855); 274 Rodríguez (1855); 275 Alvarez (1856); 276 Mayorga (1856-57-58); 277 Mayorga (1856); 278 Rodríguez (1856); 279 Alvarez (1857); 280 Mayorga (1857); 281 Rodríguez (1857); 282 Alvarez (1858); 283 Mayorga (1858); 284 Rodríguez (1858); 285 Alvarez (1859); 286 Mayorga (1859); 287 Mayorga (1859); 288 Rodríguez (1859); 289; 291 (1859); 295 (1861); 303 (1863); 304 Ortiz (1863); 306 (1863); 307 (1863-1864); 310 (1865); 326 (1868); 327 Ortíz (1868); 329 Rodríguez (1868); 330 Mayorga (1869); 332 Ortíz (1869).

c. *Documentación adicional*

Registros de Alcabalas: Libros 29, 32, 34, 37, 41, 46, 48, 51, 54.

Epoca Independiente. Carpeta 13, doc. 6 y 9 (*Censo de Mendoza 1814*); Carpeta 40, doc. 1 y 2 (Asientos de abasto de carne-Juzgado de Policía); Carpeta 753, doc. 32 y 47; Carpeta 415, doc. 8 y 47 (*Judicial*); Carpeta 755, doc. 55; Carpeta 40, doc. 51 y 57 (*Estadísticas*); Carpeta 370, documentos 12, 16, 17, 29, 42, 43, 44, 45 y 85 (*Hacienda*); Carpeta 201, doc. 37 (*Gobierno*); Carpetas: Nº 133-145 (Capital); Nº 528-530 (Las Heras); Nº 540 (Luján); Nº 558-563 (Junín); Nº 579 (Santa Rosa); Nº 582-591 (La Paz); Nº 592 (San Rafael) de *Municipalidades*.

d.*Periódicos*

El Verdadero Amigo del País, 1822-1824 (Nº 1-64); *El Eco de los Andes, 1824-1825*, edición facsimilar hecha por la Universidad Nacional de Cuyo (1943); *El Iris Argentino, 1826-1827* (Nº 18-56); *El Constitucional, 1861-1875*; *El Debate* (en Biblioteca San Martín, Mendoza).

Archivo Eclesiástico de Mendoza

Libros de Matrimonios: 10; 11; 11a.; 12 y 13.

Archivo Histórico Nacional de Chile

Registros notariales

SAN FELIPE: Libros 36 (1832); 38 (1837/38); 39 (1839); 40 (1842); 41 (1842); 42 (1843); 43 (1844).
LOS ANDES: Libros 18 (1850); 20 (1853); 22 (1857); 26 (1863/64); 28 (1867).

Archivo General de la Nación

Protocolos notariales (5925; 5968; 5978; 5988; 6282; 5991; 6056; 6216; 6313).
Censo Económico-social 1895. Provincia de Mendoza: Boletín 31 Ganadería; 32 Industrial; 34 fabricación de vinos de uva; comercial.

FUENTES ÉDITAS

Publicaciones diversas de época

La Nota y el Credo de los arjentinos residentes en Santiago y la contestación con los documentos justificativos por el Club Constitucional Arjentino instalado en Valparaíso, Valparaíso: Imprenta del Diario, Calle de la Aduana, noviembre de 1852.
Código de las leyes, decretos y acuerdos que sobre administración de justicia se ha dictado en la Provincia de Mendoza, etc., Manual de Ahumada, Mendoza, Imprenta de *El Constitucional,* 1860.
Afiche de propaganda mural, Mendoza,8 de abril de 1870, en Arturo Roig, *El pensamiento de don Manuel Antonio Sáez (1834-1887),* UNCuyo, 1960, pp. 159-166.
"Listas de prestamistas de la Campaña Sanmartiniana" en *Revista de Junta de Estudios Históricos de Mendoza,* tomo II, Nº 8, p. 922, 1975.

Ediciones de la época

ALBERDI, Juan B., "Bases y puntos de partida para la organización política de la República Argentina" en *Organización de la*

Confederación Argentina, Besanzón, Imprenta de José Jacquín, 1858.

ALVAREZ, Agustín, *Breve historia de Mendoza*, 1910.

BIALET MASSÉ, Juan, *Informe sobre el estado de la clase obrera*, II, Hyspamérica, 1986.

DE AMIGORENA, José F., "Descripción de los caminos, pueblos, lugares que hay desde la ciudad de Buenos Ayres ala de Mendoza, en el mismo reino" con presentación de José Ignacio Avellaneda (Archivo Revillagigedo, Rollo de Microfilm Nº 344, University of Florida) en *Cuadernos de Historia Regional*, UNLu, Nº 11, vol. IV, abril de 1988.

GALANTI, A., *La industria vitivinícola argentina*, Centro Vitivinícola de Mendoza, 1900, tomo I.

HEED, F.B., *Las pampas y los Andes*, Hyspamérica, 1986.

HUDSON, Damián, *Recuerdos históricos sobre la Provincia de Cuyo*, Edición oficial, Mendoza, 1966, 2 tomos.

HURET, Jules, *De Buenos Aires al Gran Chaco*, Hyspamérica, 1986.

LEMOS, Abraham, *Memoria descriptiva de la Provincia*, Mendoza, 1888.

MAC CANN, William, *Viaje a caballo por las provincias argentinas*, Hyspamérica, 1986.

MARMOL, José, *Amalia*, Espasa-Calpe, 5ª ed., 1978.

PARISH, Woodbine, *Buenos Aires y las Provincias del Río de la Plata desde su descubrimiento y conquista por los españoles* (traducción aumentada con notas y apuntes de Justo Maeso), Hachette, 1958.

RIVERA INDARTE, José, *Tablas de sangre*, Dos Santos E., 1946.

SAEZ, Manuel A., *Derecho Canónico. El matrimonio clandestino*, Mendoza, Imprenta de *El Constitucional*, 1878.

SARMIENTO, Domingo F., *Facundo*, Buenos Aires, Mundo Moderno, 1952

— *Recuerdos de provincia*, Buenos Aires, Librería La Facultad, 1927. (Noticia preliminar a cargo de Ricardo Rojas.)

VICUÑA MACKENNA, Benjamín, *La Era Colonial*, Santiago, Nascimento, 1974.

— *La Argentina en el año 1855*, Buenos Aires, 1936.

ZINNY, Antonio, *Historia de los gobernadores de las provincias argentinas*, tomo III, 2ª parte, Hyspamérica, 1987.

Acta del Jurado para el Concurso de Ensayo Histórico Diario UNO-Taurus "Juan Draghi Lucero"

Cuatro trabajos recibidos guardan interés y tienen las características adecuadas para ser premiados. Todos tienen un buen nivel de escritura y un aparato crítico serio y actualizado.

A partir de esta consideración, por el voto unánime de los tres jurados: Carlos Salvador La Rosa, Fernando Esteves –por la editorial *Alfaguara/Taurus*– y Jaime Correas –por el Diario *UNO*– resultó ganadora la obra "Los hijos de la revolución. Familia, negocios y poder en Mendoza en el siglo XIX", del pseudónimo Juana de Ancona, que, abierto el sobre, se comprueba que corresponde a E. Beatriz Bragoni.

El trabajo premiado reúne varios méritos. El primero es la originalidad en el abordaje del tema en cuanto a lo metodológico y al material de archivo utilizado. Llega al difícil logro de que sus conclusiones y desarrollos tienen un valor de conocimiento universal, a pesar de que se trata de una temática regional.

Ha sido utilizada una abundante bibliografía sobre problemas sociológicos y políticos desde la perspectiva del estudio de la problemática familiar en el proceso de formación del poder, con inteligencia y creatividad. También es completa la bibliografía general y particular utilizada.

La escritura es amena, debido a una redacción ajustada, y es sólido el conocimiento historiográfico, tanto de la historia mendocina como de los contextos regional y nacional. Adquiere gran interés la utilización de un archivo privado inusualmente conservado, que permite seguir no sólo rasgos de la vida privada de la familia protagonista, sino de su historia económica.

En síntesis, el trabajo premiado conjuga investigación concreta de archivos y documentación histórica con las corrientes más modernas de la historiografía en un esfuerzo importante. Máxime cuando el producto terminado agrega efectivamente cuestiones originales, tanto en datos como en interpretación, a la historia mendocina, a la regional y a la nacional. Reflejar la historia política mendocina a través de las vicisitudes de una familia que construyó un poder gigantesco, nos habla a la vez de los temas generales de la época y del papel de las vidas privadas para incidir en la construcción de lo público. Trabajo de alta seriedad profesional y en el nivel de los mejores en su género.

Los otros tres trabajos que fueron considerados por sus méritos son: "Un hombre olvidado de nuestra historia: Vicente López y Planes. Su vida, su obra y su pensamiento (1784-1856)", del pseudónimo ERAM; "La política anticíclica de Perón (1946-1955)", del pseudónimo Homero; y "Personajes argentinos en la historia del cine (1915-1945), del pseudónimo María.

Este libro se terminó de imprimir
en el mes de julio de 1999
en Colof Efe, Paso 192,
(1870) Avellaneda, Buenos Aires,
República Argentina.